# JUSTIÇA E DEMOCRACIA

# JUSTIÇA E DEMOCRACIA

## John Rawls

Seleção, apresentação e glossário
CATHERINE AUDARD
Tradução
IRENE A. PATERNOT

*wmf* **martinsfontes**

Esta obra foi publicada originalmente em francês com o título
JUSTICE ET DÉMOCRATIE por Éditions du Seuil.
Copyright © 1978, Reidel, Dordrecht, Holanda.
Traduzido com autorização de Kluwer Academic Publishers para
"The Basic Structure as Subject" em VALUES AND MORALS de A. I. Goldman e J. Kim.
Copyright © 1980, The Journal of Philosophy, volume LXXVII, 9 para
"Kantian Constructivism in Moral Theory".
Copyright © 1989, The New York University Law Review, volume 64, para
"The Domain of the Political and Overlapping Consensus".
Copyright © 1993, John Rawls, para os outros textos.
Copyright © outubro 1993, Éditions du Seuil, para a tradução francesa,
a composição da coletânea e o aparelho crítico.
Copyright © Livraria Martins Fontes Editora Ltda.,
São Paulo, 2000, para a presente edição.

1ª edição 2000
2ª edição 2022

**Tradução**
*IRENE A. PATERNOT*

**Revisão técnica**
*Dr. Gildo Rios*
**Revisão da tradução**
*Antonio de Pádua Danesi*
**Preparação do original**
*Andréa Stahel M. da Silva*
**Revisões**
*Helena Guimarães Bittencourt*
*Ivete Batista dos Santos*
**Produção gráfica**
*Geraldo Alves*
**Paginação**
*Studio 3 Desenvolvimento Editorial*
**Capa**
*Katia Harumi Terasaka Aniya*

**Dados Internacionais de Catalogação na Publicação (CIP)**
**(Câmara Brasileira do Livro, SP, Brasil)**

Rawls, John, 1921-2002
  Justiça e democracia / John Rawls ; seleção, apresentação e glossário Catherine Audard; tradução Irene A. Paternot . – 2. ed. – São Paulo : Editora WMF Martins Fontes, 2022. – (Biblioteca jurídica WMF)

  Título original: Justice et démocratie.
  Bibliografia.
  ISBN 978-85-469-0419-8

  1. Democracia 2. Justiça I. Audard, Catherine. II. Título. III. Série.

22-130745                                                      CDD-320.011

**Índices para catálogo sistemático:**
1. Democracia e justiça : Ciência política   320.011
2. Justiça e democracia : Ciência política   320.011

Cibele Maria Dias - Bibliotecária - CRB-8/9427

*Todos os direitos desta edição reservados à*
***Editora WMF Martins Fontes Ltda.***
*Rua Prof. Laerte Ramos de Carvalho, 133  01325-030 São Paulo SP Brasil*
*Tel. (11) 3293.8150  e-mail: info@wmfmartinsfontes.com.br*
*http://www.wmfmartinsfontes.com.br*

# Índice

*Prefácio de John Rawls (1992)*.................................................. VII
*Introdução: John Rawls e o conceito do político, por Catherine Audard* ........................................................ XIII

1. A estrutura básica como objeto (1978)........................ 1
2. O construtivismo kantiano na teoria moral (1980)...... 43
   I. Autonomia racional e autonomia completa........... 45
   II. Representação da liberdade e da igualdade.......... 79
   III. Construção e objetividade..................................... 111
3. As liberdades básicas e sua prioridade (1982)............ 141
4. A teoria da justiça como eqüidade: uma teoria política, e não metafísica .................................................... 199
5. A idéia de um consenso por justaposição (1987)........ 243
6. A prioridade do justo e as concepções do Bem (1988) 291
7. O campo do político e o consenso por justaposição (1989)............................................................................... 333

*Glossário* ........................................................................... 373
*Bibliografia*....................................................................... 385
*Índice onomástico*............................................................. 393
*Índice temático remissivo* ................................................ 397

# Prefácio

Os artigos contidos neste volume (todos baseados, em parte ou no todo, em conferências que pronunciei) foram escritos durante um período em que eu reformulava a interpretação do conceito de justiça, a que chamei de teoria da justiça como eqüidade* e que apresentei no meu livro *Uma teoria da justiça*[1]. A questão principal está em saber se cabe compreendê-la como parte de uma doutrina abrangente*, religiosa, filosófica ou moral, que poderíamos chamar de doutrina do justo como eqüidade*, ou se cumpre ver nela uma concepção política da justiça*, válida para uma sociedade democrática. Somente o texto mais antigo deste volume, "A estrutura básica como objeto" (1978), não trata dessa questão, mas sim do significado e das implicações do fato de tomar a estrutura básica da sociedade como objeto da justiça. Todos os outros textos, começando pela série de conferências que fiz na Universidade de Colúmbia em 1980 e que intitulei (desajeitadamente) "O construtivismo kantiano na teoria moral", tratam mais especificamente desse problema. Eles visam mostrar em que sentido a teoria da justiça como eqüidade deve ser compreendida como uma concepção política da justiça e como uma forma daquilo que fui levado a

---

[1]. *A Theory of Justice*, Cambridge, Mass., Harvard University Press, 1971. [Trad. bras. *Uma teoria da justiça*, São Paulo, Martins Fontes, 1997]. Essa obra será designada como *TJ* ao longo deste livro.

\* Ver Glossário (todas as referências ao Glossário estão indicadas por um \*).

chamar de liberalismo político\*, expressão que aparece pela primeira vez em "A idéia de um consenso por justaposição" (1987).

Em primeiro lugar, gostaria de lembrar, como pano de fundo desses textos, o que disse no Prefácio de *TJ*, ou seja, que meu objetivo era generalizar e levar a um grau mais alto de abstração a doutrina tradicional do contrato social. Queria mostrar que essa doutrina não era vulnerável às objeções mais freqüentes que lhe são feitas e que, freqüentemente, pensamos lhe serem fatais. Esperava elaborar com mais clareza os principais traços estruturais dessa concepção e desenvolvê-la como uma análise sistemática da justiça que representasse uma solução melhor do que a do utilitarismo\*. Pensava que, dentre as concepções morais abrangentes tradicionais, ela representava a melhor aproximação das nossas convicções bem ponderadas\* em matéria de justiça, e via na teoria da justiça como eqüidade a base mais apropriada para as instituições de uma sociedade democrática.

Entretanto, o propósito dos textos aqui reunidos é diferente. No enunciado do propósito de *TJ* indicado acima, a tradição do contrato social é considerada como parte da filosofia moral, e nenhuma distinção é feita entre a filosofia moral e a filosofia política. Não estabeleci ali diferença alguma entre uma doutrina moral da justiça, cuja extensão é abrangente, e uma concepção estritamente política. Nenhuma análise, ali, destaca o contraste entre doutrinas morais e filosóficas abrangentes e concepções limitadas ao campo do político. Nestes textos, ao contrário, essas distinções são fundamentais.

Pode parecer, então, que o objetivo e o conteúdo dos textos que constituem este volume representam uma mudança maior em relação a *TJ*. É certo, como já indiquei, que existem diferenças importantes. Mas, para compreender corretamente sua natureza e extensão, é preciso vê-las como resultantes de um esforço para resolver uma dificuldade interna da teoria da justiça como eqüidade, a saber, o fato de que sua análise da estabilidade* de uma sociedade democrática, na terceira parte, não está de acordo com a teoria tomada como um todo. É o que explico na seção VII de "Le domaine du politique" [O campo do político] (1989). Creio que todas as diferenças, exceto as que estão presentes na formulação e interpretação dos princípios de justiça, assim como nos argumentos em seu favor, decorrem do esforço para suprimir essa incoerência fundamental. Afora isso, esses artigos admitem como aceitos a estrutura e o conteúdo de *TJ*.

Gostaria de falar um pouco mais longamente de uma dificuldade que tenho em mente e que se refere ao caráter irrealista da idéia de sociedade bem ordenada* tal como ela aparece em *TJ*. Um traço essencial dessa idéia é que todos os cidadãos de uma sociedade bem ordenada pela teoria da justiça como eqüidade subscrevem essa concepção com base no que agora eu chamaria de doutrina filosófica abrangente. Eles aceitam seus dois princípios de justiça por pertencerem a essa doutrina. Da mesma forma, na sociedade bem ordenada pelo utilitarismo, os cidadãos em seu conjunto aderem a essa concepção enquanto doutrina filosófica abrangente, e é com base nisso que aceitam o princípio de utilidade. Apesar de a distinção entre uma concepção política da justiça e uma doutrina filosófica abrangente não ser mencionada em *TJ*, quando a questão se apresenta, fica claro, creio eu, que o livro trata a teoria da justiça como eqüidade e o utilitarismo como doutrinas mais ou menos abrangentes.

Ora, aí é que está o problema. Uma sociedade democrática moderna se caracteriza por uma pluralidade de doutrinas abrangentes, religiosas, filosóficas e morais. Nenhuma dessas doutrinas é adotada pelos cidadãos em seu conjunto. E não se deve esperar que isso aconteça num futuro previsível. O liberalismo político pressupõe que, por razões políticas, uma pluralidade de doutrinas abrangentes incompatíveis entre si é o resultado normal do exercício pelos cidadãos de sua razão no seio das instituições livres de um regime democrático constitucional. Ele pressupõe igualmente que existe pelo menos uma doutrina abrangente razoável que não rejeita os elementos essenciais de um regime democrático. É claro que uma sociedade pode também comportar doutrinas irracionais ou mesmo delirantes. O problema, então, será limitá-las para que não destruam a unidade e a justiça da sociedade.

A existência de uma pluralidade de doutrinas abrangentes incompatíveis entre si – o fato do *pluralismo\** – prova que a idéia de uma sociedade bem ordenada e governada pela teoria da justiça como eqüidade, no sentido de *TJ*, não é realista. Ela é incompatível com a própria realização de seus princípios nas melhores condições imagináveis. É por isso que a análise da estabilidade de uma sociedade bem-ordenada que eu propunha na terceira parte de *TJ* é igualmente irrealista e deve ser reformulada. É esse problema que se encontra no segundo plano dos textos mais recentes, a partir de 1980. A ambigüidade de *TJ* fica assim resolvida, e a teoria da justiça como eqüidade é compreendida como uma concepção política da justiça[2].

Em conclusão, o problema do liberalismo político é saber como uma sociedade democrática estável e justa, composta por cidadãos livres e iguais, mas profundamente divididos por doutrinas – religiosas, filosóficas e morais – incompatíveis entre si, pode existir de maneira durável. Dito de outra forma, como é possível que doutrinas profundamente opostas, cada uma delas querendo ser abrangente, coexistam e apóiem a concepção política representada pela democracia constitucional? Quais são a estrutura e o conteúdo de uma concepção política capaz de obter o apoio de tal consenso por justaposição\*?

---

2. Afirmou-se por vezes que as mudanças introduzidas nos meus textos mais recentes se deviam ao fato de que eu respondia a críticas feitas, entre outros, pelos comunitaristas\*. Não creio que haja base para tal afirmação. Bem entendido, o fundamento de meu sentimento depende da possibilidade de explicar essas mudanças de maneira satisfatória e de efetuar uma análise delas que mostre sua coerência com o relato corrigido da estabilidade. Não me cabe certamente decidir a esse respeito.

Essas são questões antigas, que se levantaram a propósito da tolerância religiosa no momento da Reforma protestante e que podem ser talvez até mais antigas. Elas estão sempre presentes, porém, numa democracia, e pedem uma resposta particular. O liberalismo político tenta fornecê-la elaborando uma concepção política da justiça que seja independente e que, a partir das idéias políticas fundamentais, latentes na cultura pública de uma democracia, formule os valores políticos essenciais de um regime constitucional. Essa concepção política da justiça não pressupõe nenhuma doutrina abrangente particular. É por isso que ela funciona como um componente – um módulo, poder-se-ia dizer – que se pode acrescentar ou adaptar a numerosas doutrinas distintas ou que delas se pode derivar. Dessa forma, ela pode ser a base para um consenso, proveniente de uma superposição de doutrinas, em favor das instituições democráticas.

Para finalizar, gostaria de agradecer a Catherine Audard por suas excelentes traduções. Ela já traduziu *Theory of Justice* e, portanto, sou-lhe duplamente grato.

JOHN RAWLS
Universidade Harvard, agosto de 1992

Introdução
# *John Rawls e o conceito do político*

> "A independência e a autonomia da filosofia política ante os outros segmentos da filosofia devem ser postas em paralelo com a liberdade e a autonomia dos cidadãos numa democracia."
>
> JOHN RAWLS,
> "A idéia de um consenso por justaposição",
> p. 282.

Eis portanto, enfim reunida, a maior parte dos textos escritos por Rawls desde *Uma teoria da justiça* (1971). Esses textos devem servir de ajuda para compreender a evolução de seu pensamento e, em particular, para dissipar os mal entendidos suscitados por seu uso do conceito do político. Devem igualmente permitir responder às críticas bastante severas que lhe foram feitas sobre esse ponto, tanto por representantes da tendência "comunitarista" como Charles Taylor e Michael Sandel[1], quanto pelos politólogos que o acusaram de uma visão confusa do "político"[2]. O ponto de vista que pretendo expor aqui consiste em mostrar que Rawls não faz desaparecer o conceito do político, mas sim que ele tenta adaptá-lo ao que chama de "o fato do pluralismo" ou, como poderíamos dizer, do multiculturalismo, destacando o campo do político do das doutrinas filosóficas, morais ou religiosas particulares, que tiveram a tendência de querer do-

---

1. Charles Taylor, "Le juste et le bien", *Revue de métaphysique et de morale*, n.º 1, 1988; e Michael Sandel, *Liberalism and the Limits of Justice*, Cambridge, 1982.
2. Ver também Chantal Mouffe, "Rawls: Political Philosophy without Polities", em *Universalism versus Communitarianism*, org. por D. Rasmussen, Cambridge, MIT Press, 1990, e os críticos dos politólogos americanos, como Benjamin Barber, *The Conquest of Politics*, Princeton University Press, 1988.

miná-lo, sem contudo o identificar, como certos representantes do liberalismo o fizeram, com um conjunto de trocas puramente instrumentais e "neutras" do ponto de vista moral[3].

O conceito do político, assim como a realidade do político, o poder e a violência, parece, segundo alguns, ter sido completamente eliminado do pensamento liberal e do de Rawls em particular. Seu individualismo seria incapaz de compreender a natureza de uma verdadeira comunidade política, distinta de todas as outras formas de comunidade e necessariamente proveniente da ameaça da violência e da emergência do Estado protetor. Carl Schmitt já declarava em 1927: "O pensamento liberal elide ou ignora o Estado e a política para se mover na polaridade de duas esferas heterogêneas: a moral e a economia [...] O conceito político de luta se transforma em *concorrência* do lado da economia e em *debate* do lado do espírito."[4] Será que esse julgamento ainda é pertinente para os desenvolvimentos contemporâneos do pensamento liberal nos Estados Unidos, em particular no que se refere à obra de John Rawls que aqui nos interessa?

Uma das reações à leitura de um livro como *Uma teoria da justiça* de John Rawls, de fato, é esperar dele uma teoria política da social-democracia[5], mas em que sentido? A questão central da justiça política e social o obrigou, como mostram esses textos, a repensar a questão da comunidade política em outra perspectiva, pois ela leva a refletir nos meios para justificar os cerceamentos e as limitações das condutas individuais que a justiça implica, meios que de-

---

3. Ver em particular, neste volume, pp. 319-22 e 344-8.
4. C. Schmitt, *La notion de politique*, 1927, 1963, trad. fr. Paris, Calmann-Lévy, 1972, pp. 117-8.
5. Jacques Bidet, no seu livro *Théorie de la modernité* [Teoria da modernidade] (Paris, PUF, 1990, p. 124), fala inclusive de uma teoria socialista de justiça a propósito de Rawls.

vem ser objeto de um *consenso*. Mas em que bases? Reintroduzir os imperativos da justiça social não deve suprimir as liberdades e os direitos dos indivíduos, mas neles fincar raízes. É somente daí que pode nascer um consenso. "Cada pessoa possui uma inviolabilidade fundada na justiça que nem mesmo o bem-estar da sociedade como um todo pode ignorar" (*TJ*, p. 4). Para tanto, excluído qualquer apelo à autoridade tirânica do Estado, a comunidade política deve ter outras fontes. De onde o recurso de Rawls à doutrina do contrato social, como ele explica longamente no Capítulo 1 deste volume, "A estrutura básica como objeto".

Fica então evidente que essa empreitada vai levá-lo a transformar o conceito tradicional do político, assim como o da filosofia política. Estando excluído o recurso ao poder autoritário na ideologia liberal, é também o recurso à autoridade do "saber" e da "verdade" que desaparece, como testemunham[6] as análises em "O construtivismo kantiano". Ora, isso significa igualmente uma mudança na própria concepção de filosofia política. As intuições, em particular as opiniões e os julgamentos "bem ponderados", vão ser valorizados e a *epistéme* rejeitada fora do campo do político. Voltando as costas para a tradição racionalista do Iluminismo e reencontrando, de certa maneira, a dos sofistas gregos[7] ao afirmar a prioridade do político sobre a filosofia, da retórica e da persuasão sobre a força (ou a Razão), Rawls dá então ao termo "político" um sentido diferente, correspondente a uma concepção da filosofia política que é, ela própria, modificada. O lugar da filosofia já não pode consistir em fornecer uma legitimação da autoridade política por um discurso normativo que justificaria o recurso à violência ou o

---

6. Ver, especialmente, a terceira conferência, "Construção e objetividade", pp. 111-40.

7. Romain Laufer, "Rawls, Dworkin, Perelman: fragments d'une grande argumentation", *Philosophie*, n.º 28, outono de 1990, p. 68.

ataque às liberdades individuais quando a comunidade parece ameaçada, assim como não consiste na procura de uma solução de substituição desse discurso de legitimação. É o que diz Rawls no Capítulo 4 deste volume, "A teoria da justiça como eqüidade: uma teoria política, e não metafísica": "[...] a filosofia, enquanto busca da verdade no tocante a uma ordem moral e metafísica independente, não pode, a meu ver, proporcionar uma base comum e aplicável para uma concepção política da justiça numa democracia" (p. 212). É de um outro tipo de filosofia, de uma espécie de "analítica da opinião", que as democracias precisam para se compreenderem a si próprias. Permanecendo no nível da *doxa\**, a teoria "política" da justiça em nada comprometeria as filiações filosóficas e religiosas pessoais de cada um. Ecumênica e consensual, ela se adaptaria a compromissos teóricos variados e renunciaria a falar de verdade, mas se situaria no interior de um quadro definido por um "*overlapping consensus*", um consenso por justaposição, e não proveniente da homogeneidade das convicções. E é nesse sentido que ela seria "política", porque aceitável por todos os membros da *pólis*.

## O conceito do político na tradição liberal

Em primeiro lugar, tentemos clarificar as razões dessa rejeição do conceito do político como luta pelo liberalismo.

Para simplificar, partirei de uma definição bipolar do político. Pode-se, inicialmente, defini-lo como a aparição na sociedade de uma esfera de interesses novos que não se reduz à soma dos interesses particulares. São os interesses da "comunidade" como tal e de sua sobrevivência, isto é, em outros termos, o "bem comum". Este último necessita das instituições e de um poder correspondente de um tipo igualmente novo. O problema está em saber se essa emergência é racional ou originada da força e da violência. A emergência da *politeia* segundo Aristóteles e sua reaparição no final da Idade Média pressupõem, por sua vez, cooperação, consenso e até solidariedade em vista do bem comum. Essa abordagem faz a justificação do político residir na opinião racional, na crença, compartilhada, de que os interesses de cada um serão assim mais bem protegidos. É a abordagem de Locke quando ele diz que "o poder da sociedade ou da autoridade legislativa nunca pode ser considerado como estendendo-se mais longe do que o bem público requer[8]. Para resumir, poderemos dizer que o político é constituído para proteger a esfera bem mais vasta do não-político, do privado.

O outro pólo, na constituição do político, é o da violência e da dominação, ameaças "existenciais", como diria Schmitt, que obrigam os indivíduos a estreitar seus laços e a aceitar a ação coercitiva do Estado com vistas a preservar ou a restaurar a ordem e a segurança. Não podendo os interesses de cada um ser harmonizados espontaneamente, e estando ameaçados do exterior, a sociedade civil acaba por ser permeada por conflitos tais que a insegurança e a desordem nela reinam sem limites. Daí a emergência do político, que, em razão do caráter quase sagrado de sua missão[9], escapa necessariamente ao controle da opinião e domina a sociedade civil. Sabe-se que, de fato, nessa perspectiva, o que chamamos de político é somente uma forma institucionalizada e legitimada da dominação e da coerção, assim como de seu

---

[8]. John Locke, *Deuxième traité du gouvernement civil* (1690), Paris, 1984, § 131.

[9]. Schmitt insiste, com toda a razão, no elemento teológico do político, uma vez que as comunidades humanas só podem ser constituídas sobre um fundo de pecado original e de busca da salvação. "Num mundo bom, entre homens bons, evidentemente reinam somente a paz, a segurança e a perfeita harmonia entre todos. Nesse mundo, padres e teólogos são tão supérfluos quanto os políticos e estadistas" (*op. cit.*, p. 111). Quereria isso dizer que o liberalismo não tem as mesmas fontes teológicas e religiosas que o estatismo? É bastante provável.

recurso à força e à violência. Essa visão, que opõe a sociedade civil e a política, não deixa de exercer um certo fascínio mesmo naqueles que a condenam, pois se pode encontrar a atração pelas análises de Schmitt em todo o tabuleiro de xadrez político. Nesse contexto, as liberdades são facilmente sacrificadas ao objetivo final, e compreende-se como, pouco a pouco, "tudo se torna político".

Entre esses dois pólos, sabe-se que, por motivos complexos, foi a concepção hegeliana, e depois dela a weberiana, que teve mais influência na França, e sabe-se como, participando de um fascínio pela Alemanha, ela tornou, de fato, bastante enfadonhas as idéias de Locke e de Mill. Mas isso não nos deve impedir de reconhecer que os dois pólos existem e que não se pode reduzir o político exclusivamente a uma dessas duas dimensões. Se, vista da França ou da Alemanha, a filosofia política anglo-norte-americana é freqüentemente incompreendida, talvez seja porque a julgam em nome de um conceito do político que não é nem nunca foi o seu, em razão de seu contexto histórico e institucional. De fato, quando se viveu mais de dois séculos de constitucionalismo, não se pode compartilhar o mesmo conceito do político da França ou da Alemanha. Isso seria absurdo. Eis por que se pode chegar a se perguntar se a democracia liberal não seria um tipo de organização política em que a própria filosofia política mudaria de sentido, perderia em parte sua carga emocional e trágica, suas raízes teológicas, tornar-se-ia prosaicamente uma análise dos valores vigentes na vida pública, empregando os termos da moral ordinária, de um "sentido" intuitivo da justiça, por exemplo. Essa é uma hipótese que tentarei explorar aqui para sair da leitura habitual que vê nas obras dos filósofos anglo-norte-americanos contemporâneos muita ingenuidade ou muita cumplicidade, mas certamente nenhuma resposta às nossas inquietações atuais sobre o futuro das democracias.

Por exemplo, o simples fato de propor uma teoria da justiça ecumênica que não seja, apesar das aparências, utópica ou puramente ideológica, mas sim uma ferramenta de trabalho aceitável por políticos, magistrados e "decididores" vindos de horizontes diferentes, poderá chocar. Isso significa que o filósofo assume responsabilidades positivas, e não somente críticas, perante o sistema político que for o seu. Ele trabalha, como no caso de Bentham no século XIX, para a crítica e a democratização das instituições, mas no âmbito e nos limites existentes. Compartimos todos, filósofos e não-filósofos, de uma mesma cultura, e é essa cultura que interrogamos e discutimos, sem que seja possível escapar dela, mesmo pela crítica filosófica. Para os filósofos anglo-saxões, um dos traços mais estranhos da abordagem francesa é justamente o ter por vezes querido negar essa vinculação, esse "etnocentrismo" insuperável, para retomar a fórmula instigante de Richard Rorty[10]. E isso em nome de uma crítica radical, feita de um ponto de vista que se queria "desmistificante", exterior e superior a essa cultura, portanto impossível de ser julgado pelos critérios partilhados. Ora, queiramos ou não, "nós, intelectuais liberais ocidentais, devemos aceitar o fato de que precisamos começar por onde estamos, o que quer dizer que há todas as espécies de concepções que não podemos partilhar seriamente"[11]. Essa opção por "permanecer na caverna", para empregar a fórmula de Michael Walzer[12], não necessariamente para justificar as opiniões, mas para executar um trabalho modesto de análise e elucidação, e o "estilo" que lhe corresponde podem ser percebidos como traição de um ideal filosófico subversivo e emancipador que procuraria libertar-se da opinião domi-

---

10. R. Rorty, *Objectivity, Relativism and Truth*, Cambridge, Philosophical Papers, 1991, vol. l, pp. 15 e 221.
11. *Ibidem*, p. 29.
12. Michael Walzer, *Spheres of Justice*, Oxford, 1983, p. XIV.

nante da comunidade. Vê-se, pois, que as postulações da filosofia anglo-americana provocam debates de fundo que são igualmente políticos e se referem à presença da democracia no próprio interior da atividade filosófica.

Para compreender a razão de tais divergências, é preciso insistir no fato de que o filósofo, na sociedade anglo-norte-americana, não admite ter nenhuma autoridade específica em matéria de normas coletivas. O critério último é o querer dos indivíduos, e seu bem-estar, tanto pessoal como coletivo, é que define o bem, assim como o justo, no plano político. Se o bem é, essencialmente, o que querem os indivíduos, a diferença entre moral e política não é portanto de natureza, mas de escala, se assim se pode dizer, pois no utilitarismo, por exemplo, passa-se de maneira contínua do bem-estar pessoal para o bem comum como se se mudasse apenas a quantidade em questão. Aliás, a idéia mestra de Hume é que não há salto qualitativo entre as demandas naturais do bem-estar individual e as da moral, social e pública. Da mesma forma, passa-se continuamente do apelo à racionalidade e à prudência para as considerações morais. Uma vez que a sociedade é considerada como um sistema de cooperação entre indivíduos, do qual cada um espera extrair benefícios, os critérios morais, assim como as decisões políticas, não podem ser superiores ou estranhos às demandas dos indivíduos. Eles não podem ser objeto de um saber exterior à cidade, fornecido pelo filósofo, mas resultam das cédulas de votação. Reconhece-se aí uma das teses do utilitarismo segundo a qual os problemas da comunidade podem ser resolvidos de maneira mais ou menos sistemática como o seriam os de indivíduos racionais motivados apenas por seu interesse. Por isso a teoria liberal não procura dar um sentido particular à violência, aos conflitos, ao irracional, que no entanto estão presentes na vida política, assim como não poderia ver nisso os sinais dolorosos da emancipação coletiva. Nada de tom profético aqui, porque ninguém pretende ultrapassar e compreender as paixões e cegueiras melhor que nós. Elas fazem parte da mesma realidade humana incontornável, ao lado do *common sense* e da racionalidade.

Para captar a razão desses mal entendidos, seria necessário remontar à atitude perante o indivíduo que caracteriza a cultura democrática anglo-americana. Nela o indivíduo é sagrado *ab initio* de uma maneira difícil de compreender para um observador exterior. O liberalismo, não se deve esquecer, reivindica para si a grande tradição da tolerância religiosa de Locke (*Carta sobre a tolerância*, 1690) e de Hume (*Diálogos sobre a religião natural*, 1779) e se caracteriza pela confiança no indivíduo e no respeito à sua integridade pessoal. Essa cultura democrática foi alimentada, pelo menos em parte, por uma forte tradição religiosa, o individualismo protestante, enquanto no exterior, pelo menos na França, a emancipação do indivíduo se fez contra a coerção da Igreja[13]. Isso não pode deixar de ter conseqüências sobre a concepção que se tem do político. Assim, será muito mais difícil do que o seria na França ou na Alemanha justificar uma *Realpolitik* em que a possibilidade de sacrificar valores individuais em nome da eficácia política é moeda corrente. Esse não é um discurso aceitável. Poder-se-ia mesmo dizer que a democracia liberal anglo-norte-americana tem uma base quase religiosa no caráter sagrado do indivíduo e no seu direito a dispor de si próprio, o que constitui uma defesa contra o autoritarismo e é diametralmente oposto à base teológica do poder do Estado e da submissão do indivíduo que podemos observar em alguém como Carl Schmitt.

---

13. Richard Rorty, a propósito do "Religious Statute of Virginia", cita Jefferson e seu robusto senso da hierarquia dos valores: "Que meu vizinho diga que tem vinte deuses ou um só não me causa nenhum mal" (T. Jefferson, *Notes on the State of Virginia*, citado por R. Rorty, *op. cit.*, p. 175). É porque o indivíduo é sagrado que nenhuma religião pode tornar-se hegemônica, pelo menos quando se trata da constituição e das leis do Estado.

Minha hipótese, no entanto, é que a história – constitucionalismo de um lado, monarquia absoluta de outro – certamente não basta para explicar esse contraste e que é preciso fazer intervir quase mitos de origem, como o do *estado de natureza*, para elucidar divergências tão profundas. Assim é que em Locke, antes do contrato, os indivíduos em estado de natureza são completos, dotados de todas as suas características civilizadas, quer dizer, da razão, do julgamento moral, do direito de propriedade e da liberdade. Vê-se logo o contraste com Jean-Jacques Rousseau e com a tradição francesa, para a qual é o Estado que cria, a partir do indivíduo natural, ainda não efetivamente humano, um ser novo a quem deverá ensinar tudo[14]. De fato, ao contrário de Locke, no estado de natureza o homem ainda é apenas um animal. É preciso destruí-lo como indivíduo para fazê-lo renascer como cidadão. Daí o embargo do Estado sobre o indivíduo e a constante luta para educá-lo e emancipá-lo – "Vamos forçá-lo a ser livre" – e, inversamente, a luta para reconquistar as liberdades individuais contra os abusos do poder. Para Locke, ao contrário, o papel do Estado e do poder político é totalmente limitado: garantir um máximo de segurança para cada um sem intrometer-se na esfera privada individual, que permanece sagrada. No fundo, Locke não ataca apenas a monarquia absoluta, mas qualquer forma de soberania: "[...] toda a sua doutrina tende a estabelecer a soberania do indivíduo"[15].

Há portanto uma violência original para com o indivíduo em Rousseau e na tradição estatal francesa, caracterizada por um "racionalismo construtivista" (Hayek) que se reencontra em numerosos aspectos de nossa vida política, real e imaginária, e que está totalmente ausente na tradição libe-

---

14. R. Derathé, *Jean-Jacques Rousseau et la science politique de son temps*, Paris, 1970, pp. 113-20.
15. *Ibidem*, p. 118.

ral[16]. Nisso ela é mesmo profundamente incompreensível. Por que será necessário que alguém sofra para ser ele próprio, quer dizer, livre? Por que ter de ser educado, quando cada qual dispõe de uma capacidade de julgamento (*common sense*) que lhe permite ver muito melhor do que quem quer que seja onde está o seu bem? Não é absurdo dizer, como Rousseau, que "o povo quer o seu bem, mas nem sempre o vê", quando o povo se compõe de indivíduos que sabem muito bem julgar o que é bom para eles mas não podem alcançá-lo?

Para resumir, pode-se dizer, como Rawls no Capítulo 7 deste volume, que "o campo do político e o consenso por justaposição", que "convém ao pluralismo", constituem a marca característica da democracia "anglo-saxônica" (com matizes, evidentemente), manifestando a um só tempo a liberdade dos indivíduos de escolherem seu sistema de valores e a igualdade desses sistemas entre si, pois, a menos que se recorra à violência e à perseguição, nenhum dentre eles pode tornar-se dominante e coercitivo para com os outros.

**Teoria da justiça e constituição do político em Rawls**

Essas poucas reflexões sobre as diferenças culturais que nos separam do liberalismo moral e político devem permitir compreender melhor o que Rawls pretende dizer quando define o seu projeto, no Capítulo 4 deste volume, como a busca de uma "concepção política, e não metafísica, da justiça".

É que o conceito do político, em Rawls, é inseparável desse contexto intelectual e moral da democracia norte-

---

16. Sobre essa comparação, ver também Jean-Pierre Dupuy, *Le sacrifice et l'envie*, Paris, Calmann Lévy, 1992, pp. 16 e 29.

americana. Assim, preocupações que são capitais em nossa abordagem não parecem ter para ele a mesma importância. Ele trata apenas superficialmente os abusos do Estado e seu recurso à coerção. Vê nisso uma possibilidade que certamente poderia ocorrer até mesmo numa democracia liberal, mas parece implicitamente achar que os controles e os contrapoderes já existentes serão suficientes para proteger a constituição. Por outro lado, ele praticamente não se interessa pela ação política. Contenta-se em esboçar, na segunda parte de *TJ* (pp. 211 ss.), indicações para a aplicação, pelas instituições, dos seus dois princípios de justiça nos níveis constitucional e legislativo.

Porém, o que o preocupa antes de tudo e constitui o tema de seu livro e, sobretudo, dos artigos que a ele se seguem são os *princípios* que, numa democracia, guiam a legislação e a esfera jurídica, assim como a forma como os cidadãos os percebem e a eles aderem. Por quê? Como? Qual pode ser a base moral das democracias se ela já não deriva de uma ideologia comum porque imposta? Ainda haverá nelas uma base moral? A idéia central de Rawls é que esses princípios[17] derivam necessariamente das convicções expressas pelos membros da comunidade num dado momento. Eles devem justificar de maneira satisfatória, quer dizer, publicamente reconhecida e aceitável, o que reconhecemos todos num dado momento como sendo injusto – por exemplo, nossa rejeição da escravatura, da perseguição por motivos políticos, religiosos ou sexuais, das desigualdades de direitos resultantes da arbitrariedade natural ou social etc. Trata-se de intuições morais básicas, partilhadas por quase todos os membros de uma sociedade democrática num dado momento sem que estejam, no entanto, necessariamente em rigoro-

---

17. Ver, sobre essa questão, meu artigo "Principes de justice et principes du libéralisme", em *Individu et justice sociale*, p. 158.

so acordo com outras convicções morais, porém "privadas" e não mais políticas. E, no momento em que se quer dar uma justificativa mais precisa delas, o consenso desmorona. A arbitragem entre as diferentes convicções deve portanto ser feita sem exercer pressão sobre as consciências ou mesmo sobre as opiniões minoritárias, o que parece uma tarefa impossível de levar a termo.

Assim, o problema do político transformou-se nas democracias liberais e se tornou o da unificação pela persuasão de uma sociedade pluralista, do *consenso* entre crenças individuais divergentes e princípios políticos. O que interessa a Rawls, ou igualmente a alguém como Dworkin[18], são as crenças embasadas, os "julgamentos bem ponderados" de cada um, como os evocados mais acima, sua formação, tanto no nível dos simples cidadãos como no dos juristas e dos legisladores, sua coerência e suas convergências, sua estabilidade e a justificação que delas podemos dar. Não que se neguem os riscos de manipulação e de condicionamento. Voltaremos a esse ponto mais adiante. Mas não há só isso em nossas convicções, há também justaposições, donde a fórmula "consenso por justaposição" empregada no texto de 1987, "A idéia de um consenso por justaposição" (Capítulo 5 deste volume) e no de 1989, "O campo do político e o consenso por justaposição" (Capítulo 7 deste volume). Rawls, aliás, compara a demonstração do "senso da justiça" ao trabalho do lingüista que, à maneira de Chomsky, procura explicitar o "senso de correção gramatical" que cada locutor tem em relação à sua própria língua (*TJ*, p. 50). É aí que se encontra, para ele, o lugar do político, no qual a filosofia tem um papel a desempenhar.

Com efeito, traduzir a opinião pública não quer absolutamente dizer não criticá-la. Muito pelo contrário. A opi-

---

18. Ronald Dworkin, *Taking Rights Seriously*, Cambridge, 1977.

nião pública tornou-se, na democracia norte-americana em particular, cada vez mais tirânica e contraditória. Muitas vezes ela representa o aspecto mais corrompido e desprezível das democracias liberais. As crises do final dos anos 60 (Guerra do Vietnã, movimentos pelos direitos civis), assim como as que se seguiram, mostraram as fraquezas do sistema e a necessidade de reformular claramente os princípios e os valores que constituem, apesar de todas as suas imperfeições, a essência da democracia. Tal é a responsabilidade assumida por *TJ*.

Encontra-se em *TJ* uma crítica moral da tirania da opinião pública majoritária e da assimilação discutível da sociedade ao mercado ideal. A "teoria econômica" da democracia e sua concepção da opinião e da decisão públicas são severamente criticadas nessa obra (*TJ*, pp. 399-400). Chegou-se, diz Rawls, a privilegiar a opinião pública no momento de tomar uma decisão como se privilegiaria a opinião do consumidor. "A natureza da decisão tomada pelo legislador ideal não é, portanto, substancialmente diferente da de um empreendedor que decide como maximizar seus lucros por meio da produção desta ou daquela mercadoria, ou da de um consumidor que decide como maximizar sua satisfação mediante a compra deste ou daquele conjunto de bens" (*TJ*, p. 29).

Os legisladores, assim como os magistrados, já não desempenham plenamente o seu papel. São por demais escravos da opinião pública, das pesquisas de opinião, de sua reeleição, dos *lobbies* variados que os apóiam, e por isso não se pode confiar em seu julgamento para decidir em favor do interesse comum. Essa crítica bem conhecida da democracia americana é igualmente a que R. Dworkin dirige ao poder judiciário e a seus abusos. "Quando se trata de direito público – por exemplo, da possibilidade para os Estados, aos olhos da constituição federal, de incriminar as relações homossexuais –, a opinião dominante sustenta que uma espécie de 'democracia de mercado' deve motivar a decisão, quer dizer, o ponto de vista mais popular num momento dado na opinião deve ser o que os juízes adotam. No caso do homossexualismo, isso significava, para a Corte Suprema, que a decisão tomada pelo povo da Geórgia de fazer do homossexualismo um delito não deveria ser anulada."[19] Também no caso da crítica recente que Dworkin fez à confirmação do juiz Thomas na Corte Suprema, o que se incrimina é essa democracia de mercado e a ausência de princípios de justiça claramente enunciados por um futuro juiz da Corte Suprema. O juiz Thomas teria sido escolhido por motivos eleitorais e para satisfazer à opinião pública (enfim um juiz conservador *e* negro), sem que tenha sido levada em consideração sua "filosofia constitucional" tal como figurava nas suas declarações anteriores sobre a interrupção de gravidez ou sobre a proteção da vida privada. Ora, o teste que o candidato à Corte Suprema deve enfrentar tem como objetivo mostrar que "ele pode propor uma filosofia constitucional que comporte garantias para os indivíduos e para as minorias e que esteja igualmente de acordo com suas declarações anteriores" (senador Herbert Kohl, membro da Comissão de Justiça do Senado norte-americano[20]). O problema, portanto, consiste em encontrar uma base mínima de acordo que, ao mesmo tempo, seja fiel ao espírito, aos valores morais encarnados pela constituição (seria evidentemente muito diferente para um país sem constituição escrita, como o Reino Unido), referência moral abandonada com demasiada facilidade.

É nesse nível que se apresenta o problema político como problema do consenso numa sociedade pluralista. Este último é portanto, em Rawls como em Locke, o da proteção dos indivíduos e dos seus direitos: as sociedades civis de-

---

19. Ronald Dworkin, "L'impact de la théorie de Rawls sur la pratique et la philosophie du droit", em *Individu et justice sociale, op. cit.*, p. 40.
20. Ronald Dworkin, "Justice for Clarence Thomas", *New York Review of Books*, 7 de novembro de 1991.

vem garantir um máximo de segurança e de justiça a cada um, sem se imiscuir na esfera privada individual, que permanece sagrada. As únicas limitações da liberdade devem ser feitas em nome da liberdade. Esse é o tema do artigo de 1982, "As liberdades básicas e sua prioridade" (Capítulo 3 deste volume). Porém, a semelhança com a tradição liberal inglesa pára aí. De fato, ser fiel à Constituição americana quer dizer, para Rawls, respeitar não somente a liberdade mas também a *igualdade* dos direitos dos cidadãos. Ora, essa preocupação de justiça exige imediatamente que se leve em consideração a estrutura básica da sociedade, que não é nem pode ser uma simples coleção de desejos individuais. "Ele [o cidadão] é convidado a ponderar interesses que diferem dos seus, e a guiar-se por alguma concepção da justiça e do bem público e não por suas próprias inclinações" (*TJ*, p. 256). A comunidade política é assim constituída, e o político designa a esfera em que os interesses particulares se encontram e devem ser harmonizados com uma preocupação de justiça e de igualdade, sob pena de se destruírem mutuamente: o problema político torna-se portanto o problema da justiça. "O objeto primário da justiça é a estrutura básica da sociedade ou, mais exatamente, a maneira pela qual as instituições sociais mais importantes distribuem direitos e deveres fundamentais e determinam a divisão de vantagens provenientes da cooperação social" (*TJ*, pp. 7-8). Como o objeto da justiça é essa estrutura básica, e não esta ou aquela situação contingente de tal ou qual indivíduo, o problema político está colocado, e a comunidade política constituída, sem que seja necessário fazer intervir o perigo do inimigo exterior, único capaz de transcender essas divergências entre indivíduos, segundo Carl Schmitt.

Portanto não se pode dizer que a questão do político tenha desaparecido. Foram os ultraliberais (ou "libertários\*"), e não Rawls, que reduziram ao mínimo a questão do político, já que para eles a sociedade funciona como o mercado e é regulada por uma "mão invisível". Para Rawls, ao contrário, "uma sociedade bem ordenada assim definida pela teoria da justiça como eqüidade não é portanto uma 'sociedade privada', pois nela os cidadãos têm de fato fins últimos em comum" (Capítulo 5 deste volume, p. 321). E, "embora uma sociedade seja um empreendimento cooperativo visando vantagens mútuas, ela é tipicamente marcada por um conflito bem como por uma identidade de interesses" (*TJ*, p. 4; o grifo é meu). A vantagem de sua posição (veremos mais adiante se ela mantém suas promessas) é recusar tanto a metáfora do mercado e da "mão invisível" quanto a da guerra permanente de cada um contra cada um (Hobbes e Marx). Sua visão da sociedade é a de uma cooperação, mas que esbarra sem cessar em conflitos de interesses; de um consenso, mas sem homogeneidade de crenças. Ela evoca a abordagem kantiana da "insociável sociabilidade humana", confirmada pela referência explícita ao "construtivismo kantiano", e a afirmação por Rawls da prioridade do justo sobre o bem no artigo de 1988 "A prioridade do justo e as concepções do Bem" (Capítulo 6 deste volume). Isso significa que, em nome da justiça, devemos aceitar restrições e limitações aos nossos desejos, mesmo racionais. A finitude humana exclui que a procura individual do bem-estar e da felicidade, mesmo racional, conduza a uma harmonia sem a interferência de cerceamentos. Numa sociedade liberal, todo o problema reside portanto na aceitação dos cerceamentos apesar de terem um caráter subjetivo e emanarem de princípios não autoritários. Formulado dessa maneira, o problema político do consenso[21] teve recentemente no mundo anglo-americano várias soluções, entre as quais a teoria da justiça de Rawls.

---

21. Ver meu artigo "Pluralisme et consensus: une philosophie pour la démocratie?", *Critique*, n.os 505-6, junho-julho de 1989.

## A solução de Rawls: a justiça como eqüidade

Os utilitaristas do século XIX pretenderam trazer uma "solução científica" para esse problema. Um exemplo é Bentham, que propôs um critério simples, objetivo e compreensível por todos para dirigir a legislação e a justiça: o critério do prazer ou da felicidade. Seria aceitável em uma sociedade liberal, como critério de justiça, justificando restrições das liberdades individuais, "o princípio da maior felicidade possível para o maior número". O único valor pelo qual se pode livremente consentir em uma limitação das liberdades individuais é a maximização do prazer ou da felicidade, da qual a liberdade é inseparável. De fato, não se procura ser livre para ser livre, mas para ser feliz. Foi portanto do utilitarismo do século XIX que nasceu a idéia de que se podia subordinar a atividade do legislador a uma teoria "científica" da justiça, definida pela maximização do prazer, a um algoritmo que daria automaticamente a solução "correta" e que permitiria fazer a economia do político. Mas John Stuart Mill já criticava essa pretensão científica e insistia nos aspectos qualitativos e incomparáveis do prazer e da felicidade individuais, obrigando os economistas do bem-estar (*Welfare economics*) a refinar consideravelmente os seus modelos. O próprio Rawls, mesmo criticando o utilitarismo e os libertários, como acabo de mostrar, deu a impressão, em *TJ*, de que também tinha a possibilidade de fornecer uma solução milagrosa que nos evitaria o momento do conflito e do enfrentamento político aberto. São essas respostas que eu gostaria de examinar agora.

O ponto de partida das análises de Rawls situa-se numa crítica moral da democracia liberal e do utilitarismo, mas igualmente do ultraliberalismo, cujos efeitos se fizeram sentir mais recentemente. Como o essencial da primeira parte de *TJ* é dedicado à crítica do utilitarismo, está fora de questão, nos limites desta introdução, fazer mais que esboçar os seus traços principais.

No plano *filosófico*, ao sustentar a existência de um fim dominante, a felicidade, definida em termos quantitativos e mensuráveis, o utilitarismo se coloca em contradição com a sua rejeição de qualquer verdade dogmática e com o seu caráter científico. Hume, que foi considerado o primeiro utilitarista, ao fundar uma moral racional baseada na autoconservação, era muito mais prudente e nunca pretendeu poder derivar todos os valores morais de um único critério natural. O utilitarismo do século XIX, e infelizmente também o do século XX, sofreu a deriva científica que tampouco havia poupado os seus contemporâneos "continentais", Augusto Comte e Karl Marx. Nesse plano, portanto, o utilitarismo é inaceitável para Rawls por causa do seu dogmatismo, que contradiria a base da democracia liberal, quer dizer, o pluralismo dos valores proveniente da capacidade que o indivíduo tem de escolher livremente seus próprios fins.

A solução de Rawls, que ele reviu em 1971 e à qual permaneceu fiel, como mostram os artigos aqui apresentados, consiste, à maneira de Kant, em basear o consenso na forma da justificação ou do procedimento seguido sem que o conteúdo dos princípios entre em jogo, quer dizer, sem que uma doutrina particular possa impor as suas respostas. Aqui seria necessário traçar um paralelo entre a epistemologia kantiana e a epistemologia subjacente à teoria da justiça, paralelo apresentado no artigo de 1980, "O construtivismo kantiano na teoria moral" (Capítulo 2 deste volume).

A noção-chave é a da *eqüidade*, que traduz mais ou menos bem a expressão *fairness*. Em lugar de um critério único de arbitragem, Rawls propõe uma *situação mental*, uma espécie de experiência pelo pensamento que cada indivíduo pode fazer quando compreende que deve restringir (no sentido de recusa da *pleonexia* em Aristóteles) sua busca da felicidade para torná-la compatível com a dos outros. Irá então procurar quais são os princípios que deverá adotar para guiar essa arbitragem de forma que ela lhe seja benéfica, claro, mas também aceitável pelos outros, no respeito da liberdade de cada um, pois é assim que seus interesses serão protegidos de maneira duradoura. Vê-se que o ponto de partida é bastante complexo, pois supõe que os indivíduos são *racionais*, no sentido de serem capazes de raciocinar para otimizar seus interesses, mas também *razoáveis*, capazes de fazer abstração de suas preocupações imediatas para imaginar situações afastadas deles no espaço social e a longo prazo. Essa situação mental hipotética, que Rawls chama de "posição original" (*TJ*, pp. 13-24), é, em um sentido a ser determinado, comparável ao contrato social original em Locke, Rousseau e Kant. Ela se caracteriza pela igualdade entre os contratantes e sobretudo pela imparcialidade, sob a forma do "véu da ignorância". "Entre as características essenciais dessa situação está o fato de que ninguém conhece o seu lugar na sociedade [ ... ], e ninguém conhece sua sorte na distribuição de dotes e habilidades naturais [...] Os princípios da justiça são escolhidos sob um véu de ignorância. Isso garante que ninguém é favorecido ou desfavorecido na escolha dos princípios pelo acaso resultado do natural ou pela contingência de circunstâncias sociais" (*TJ*, p. 13). De um procedimento de escolha eqüitativa deveriam decorrer princípios também eqüitativos.

Já não há um critério único de arbitragem dos conflitos, mas uma conduta mental, individual e voluntária, que deverá ser refeita sempre que necessário, e que conduz a um certo resultado, eqüitativo porque as condições da escolha, assim como o procedimento seguido, também o foram e que, em seguida, guiará legisladores e magistrados em suas decisões. Esse resultado são os princípios de justiça "que pessoas livres e racionais, preocupadas em promover seus próprios interesses, aceitariam numa posição inicial de igualdade como definidores dos termos fundamentais de sua associação" (*TJ*, p. 12). Apenas raramente somos essas pessoas racionais e livres, imparciais e objetivas, mas o único meio de saber onde está a justiça nos casos particulares, sem fazer intervir princípios transcendentes nem verdades reveladas e autoritárias, é adotar o ponto de vista desses contratantes imaginários e artificiais numa situação original ideal e raciocinar segundo os princípios que eles escolheriam.

**Pluralismo moral e consenso político**

Após essa exposição sucinta da teoria de Rawls, gostaria agora de voltar à análise do sentido que tomou o termo "político", e primeiramente à relação entre a moral e o político, sendo os dois termos freqüentemente confundidos, a tal ponto que se pôde concluir pela ausência de uma filosofia política em Rawls. A originalidade do discurso de Rawls não provém tanto da existência de um vínculo reconhecido entre a moral e o político, que está presente em todos os discursos de legitimação de um regime político, seja ele qual for, quanto da natureza desse vínculo. Digamos, para resumir, que, como bem mostra a seção VII do Capítulo 6, esse vínculo é indireto. O político remete a um conjunto de valores morais não neutros que regula a vida pública, como notaram os críticos de Rawls, em particular Thomas Nagel, para quem a concepção da justiça é na realidade individualista e liberal, portanto incapaz de tolerância para com ideais diferentes. No entanto esses valores "políticos" não são mais unificados na qualidade de aplicações diretas de uma mesma doutrina moral geral e "abrangente" ao conjunto da sociedade do que esta última constitui uma "comunidade". Eles têm somente, diz Rawls, uma *estrutura* semelhante, decorrente de um consenso numa sociedade não homogênea e pluralista. Por meio das instituições políticas e do seu funcionamento se exprimem valores morais com os quais os cidadãos podem se identificar, mas por motivos diferentes e apesar de, por outro lado, se identificarem como pessoas privadas de valores muito diferentes. Eles fazem parte da sua cultura política, da sua identidade política[22], e renunciar a eles significaria renunciar ao tipo de sociedade que os engendrou. Essas intuições exprimem o que entendemos por democracia e as razões da nossa adesão a esse tipo de regime político.

Para Rawls, o problema está em que esses valores morais não estão naturalmente de acordo entre si, ainda que filosoficamente se possa mostrar que eles se justapõem, pois provêm de fontes históricas e culturais variadas, e que os indivíduos podem livremente fazer combinações diversas desses valores aplicando o princípio democrático da liberdade de pensamento, de consciência etc. Os indivíduos não estão de acordo nem com eles próprios, nem têm de estar. Os princípios políticos não podem portanto ser diretamente originados de uma simples coleção disparatada de intuições morais. É preciso encontrar uma *mediação*. É essa mediação que Rawls designa como a "concepção política da sociedade e da pessoa". A concepção "política" da sociedade e da pessoa não pode portanto ser "cultural" (Rawls diz mesmo "metafísica" no Capítulo 4, o que dá a mesma idéia) porque ela ex-

---

22. Charles Taylor (*Sources of the Self*, Harvard University Press, 1989) sustenta que o não-realismo moral, tal como aparece em Rawls, torna impossível a compreensão da identidade pessoal como identidade política. Esse é um dos aspectos essenciais de sua crítica a Rawls. Parece-me, ao contrário, que, ao insistir no fato de que o objeto da justiça é a estrutura básica da sociedade, e não tal ou qual situação individual, Rawls descreve um indivíduo que tem um ideal de vida coletiva, o que ele chama de cooperação social, do qual não pode em hipótese alguma ser separado: este define sua identidade. Isso posto, trata-se de um dos debates mais apaixonantes da filosofia moral contemporânea, que está longe de ter sido encerrado.

primiria as idéias de uma parte da população e não poderia ser objeto de um consenso de conjunto. Portanto ela é "*estrutural*", sem contudo ser "formal" e desprovida de conteúdo. Isso significa que ela define o modo como os membros da sociedade desejam ser tratados e se tratarem entre si. Ela não é neutra moralmente, mas tampouco é marcada ideologicamente. Essa concepção define a sociedade como devendo concretizar um ideal de cooperação eqüitativo entre cidadãos que querem ser tratados como pessoas morais, livres e iguais. E, qualquer que seja a família ideológica à qual se pertença, pode-se reconhecer aí o ideal "político" público da democracia ao qual se aspira por razões privadas extremamente variadas. Portanto a moral está bem presente no campo político, porém não de uma maneira simplista, não como uma ideologia dominante e condicionante sem falhas, nem como uma simples força de aglutinação, mas, bem ao contrário, sob a forma de um consenso não hegemônico, sempre por ser reconstituído e reforçado pela discussão e pelo debate.

Portanto, a tarefa que Rawls se propôs nos seus textos mais recentes foi a de verificar se não haveria o que ele chama de "consenso por justaposição", e não por identificação ou convergência entre essas intuições morais, entre essas percepções que temos do que é essencial a uma sociedade ou a uma instituição democrática, consenso que definiria o "campo do político". Reconhece-se aqui, é claro, a influência do constitucionalismo norte-americano, no qual os problemas políticos são resolvidos pelo recurso ao "fórum dos princípios", quer dizer, à constituição e à sua interpretação pela Corte Suprema, para retomar a expressão utilizada por Ronald Dworkin[23]. A originalidade da democracia adviria

---

23. Ronald Dworkin, *A Matter of Principle*, Cambridge, Cambridge University Press, 1985; ver em particular pp. 181-204, "The Forum of Principles", sobre o constitucionalismo e a forma pela qual ele engendra a comunidade política como

do fato de esses valores morais não serem dominantes ou condicionantes e de não proporcionarem *diretamente* a justificação moral da democracia e de seus princípios políticos de justiça. O vínculo entre princípios políticos e intuições morais é, definitivamente, um vínculo de *expressão*. Deve ser possível identificar essas regras de arbitragem como a tradução do ideal da sociedade e da pessoa contido na noção de democracia, e a tarefa do filósofo é a de um tradutor.

Se definirmos classicamente a democracia como a busca de soluções negociadas, não violentas, para os conflitos que não cessam de renascer no seio da sociedade e até mesmo são ampliados pelas liberdades que nela reinam, veremos então claramente que a idéia de uma "comunidade" política, unificada por sua cultura e suas crenças, é exatamente o oposto disso. Ao contrário, o ponto de vista de Rawls, que, como ele mesmo indica, é muito próximo do de Max Weber e do pessimismo de Isaiah Berlin[24], reconhece como inseparável do desenvolvimento das democracias a existência de um mundo definitivamente dividido. Mas isso não nos deve levar a renunciar à idéia de um objetivo comum, de valores compartidos que estão no centro da nossa "identidade pública" e lhe dão um sentido. Com a condição de definir esses valores como "políticos", eles são compatíveis com a democracia e alimentam a nossa adesão a ela. Embora venhamos de horizontes diferentes, a própria *estrutura* da nossa situação requer locais de arbitragem, princípios de justiça comuns. Ao mostrar-nos como as regras de arbitragem e de justiça que nos devem governar podem ao mesmo tempo vincular-se às nossas convicções morais do que é uma de-

---

uma comunidade não de crenças morais, mas de princípios. Ver também o Capítulo VI do novo livro de John Rawls, *Political Liberalism*, Columbia University Press, 1993.

24. De Isaiah Berlin pode-se consultar *Concepts and Categories*, Oxford University Press, 1980, e *The Crooked Timber of Mankind*, John Murray, 1990. Ver também o Capítulo 6 deste volume, nota 24, p. 315.

mocracia e serem independentes de qualquer doutrina particular e necessariamente exclusiva, a teoria da justiça pode restituir-nos o nosso senso da cidadania e definir o novo lugar do político. Porém com a condição de mudar o que entendemos por "político".

CATHERINE AUDARD

# 1. A estrutura básica como objeto

## Observação

Nesse texto, Rawls retoma e desenvolve uma idéia já apresentada em *TJ*. "É um erro, escreve ele, focalizar nossa atenção sobre as posições relativas variáveis dos indivíduos e exigir que toda mudança, considerada como uma transação única e isolada, seja em si mesma justa. É a organização da estrutura básica que deve ser julgada, e julgada a partir de um ponto de vista geral" (p. 93). As conseqüências dessa observação são consideráveis. Em primeiro lugar, ela permite mostrar o que distingue Rawls tanto do utilitarismo como do libertarismo de Robert Nozick, os quais não distinguem entre os dois níveis e lhes aplicam os mesmos princípios. Com isso eles ignoram a *dimensão social* da doutrina do contrato. O argumento, desenvolvido por Rawls, de uma especificidade da estrutura deveria permitir-lhe subtrair-se à acusação de individualismo. Em seguida, essa distinção acentua o aspecto *kantiano* de sua doutrina, mostrando que distinguir entre estrutura e instituições particulares significa distinguir entre o cidadão como pessoa moral e o indivíduo "privado", assim como entre dois tipos de interesses e motivações. Contra as críticas de inspiração hegeliana, por outro lado, Rawls espera mostrar de maneira convincente que ele leva em consideração a natureza social do homem (determinada por sua dependência de uma estrutura) sem sacrificar a integridade e a autonomia da pessoa. É interessante notar que os principais adversários "comunitaristas" de Rawls o acusam de ter falado aqui de "estrutura" e não de "comunidade" histórica. Enfim, a última conseqüência dessa importância da estrutura básica, para Rawls, é que esta exprime um *ideal* moral e político que lhe é próprio e que não corresponde a menos interesses privados (seção IX), afirmação que os textos seguintes (particularmente o de 1980) não cessarão de desenvolver.

# 1. A estrutura básica como objeto[a]

I

Um traço essencial da concepção contratualista da justiça é que a estrutura básica* da sociedade é o objeto primeiro da justiça. A perspectiva do contrato social tem como ponto de partida uma tentativa de elaborar uma teoria da justiça para esse caso particular, mas que é de grande importância. E a concepção da justiça que dela resulta tem uma certa primazia reguladora em relação aos princípios e aos critérios que são apropriados em outros casos. Entende-se como estrutura básica a maneira pela qual as principais instituições sociais se arranjam em um sistema único, pelo qual consignam direitos e deveres fundamentais e estruturam a distribuição de vantagens resultante da cooperação social. A constituição política, as formas de propriedade legalmente admitidas, a organização da economia e a natureza da família, todas, portanto, fazem parte dela. O objetivo inicial da

---

*a.* Este ensaio é uma versão consideravelmente revisada [publicada em *Values and Morals*, ed. por A. Goldman e J. Kim, Dordrecht, Países Baixos, Reidel, 1978] de um artigo apresentado sob o mesmo título nos encontros da Associação Americana de Filosofia (Seção do Pacífico) em Portland, Oregon, em março de 1977, e retomado no *American Philosophical Quarterly*, n.º 14, abril de 1977. As seções II e III são novas. Sou grato a Joshua Cohen, Joshua Rabinowitz, T. M. Scanlon e Quentin Skinner pelas preciosas discussões sobre o tema deste artigo. Agradeço a Burton Dreben por numerosas melhorias e a Thomas Hill e Hugo Bedau por seus instrutivos comentários.

teoria é chegar a uma concepção cujos princípios primeiros* forneçam respostas razoáveis às questões clássicas e familiares da justiça social levadas a esse complexo de instituições. Essas questões definem, por assim dizer, os dados que a teoria procura explicar. Não se busca formular princípios primeiros que se aplicariam igualmente a todos os objetos. Segundo essa perspectiva, uma teoria deve antes desenvolver os princípios que correspondem aos objetos em questão etapa por etapa, seguindo uma seqüência apropriada.

Neste ensaio, gostaria de investigar por que a estrutura básica é tomada como objeto primeiro da justiça. É claro que é perfeitamente legítimo, numa primeira etapa, restringir a investigação à estrutura básica. É preciso começar em algum lugar, e esse ponto de partida poderá ser justificado posteriormente pela maneira como o conjunto funciona. Mas deveria existir uma resposta mais esclarecedora do que essa, uma resposta que, além do mais, sublinhasse os traços característicos da estrutura básica de outras configurações sociais e ligasse esses traços ao papel particular e ao conteúdo dos princípios da justiça. Espero fornecer uma resposta que justamente chegue a isso[1].

Um contrato social é (1) um acordo hipotético entre todos os membros de uma sociedade e não somente entre alguns deles, (2) enquanto membros da sociedade (enquanto cidadãos) e não enquanto indivíduos que ocupam uma posição ou um papel particular no seio da sociedade. Na versão kantiana* dessa doutrina, a que chamo teoria da justiça como eqüidade*, (3) os parceiros* são considerados e se consideram eles próprios como pessoas morais* livres e iguais; e

---

1. Em *TJ*, a estrutura básica era considerada como o objeto primeiro da justiça e a discussão era centrada nela. Por exemplo, pp. 7 ss. Mas as razões dessa escolha do objeto da justiça e suas conseqüências não estavam suficientemente explicadas.

(4) o conteúdo do acordo trata dos princípios primeiros que vão governar a estrutura básica. Pressupomos como estabelecida uma curta lista de concepções da justiça desenvolvidas pela tradição da filosofia moral, e perguntamos aos parceiros qual delas eles escolheriam, levando em conta essa limitação das opções disponíveis. Supondo que temos uma idéia suficientemente clara das circunstâncias requeridas para se estar seguro de que um acordo, qualquer que seja, será eqüitativo, o conteúdo da justiça para a estrutura básica é estabelecido, ou pelo menos delineado, pelos princípios que forem adotados. (É claro que isso pressupõe o caráter razoável da tradição; mas de onde poderíamos partir sem isso?). Assim, a justiça processual pura é requerida no nível mais elevado; a eqüidade das circunstâncias transfere-se para a eqüidade dos princípios adotados.

Tratarei dos seguintes pontos: *primeiramente*, uma vez que concebemos os parceiros como pessoas morais, livres e iguais (e racionais), é natural tomar a estrutura básica como objeto primeiro (seções IV-V). *Em segundo lugar*, e levando-se em conta os traços característicos dessa estrutura, o acordo inicial e as condições nas quais ele é concluído devem ser compreendidos de um modo especial, que os distingue de qualquer outro acordo (seções VI-VII); e, *em terceiro lugar*, uma concepção kantiana pode, dessa forma, levar em consideração a natureza profundamente social das relações humanas. Enfim, *em quarto lugar*, apesar de um amplo elemento de justiça processual pura se transmitir aos princípios de justiça, esses princípios devem contudo encarnar uma forma da estrutura básica, à luz da qual os processos institucionais correntes devem ser conduzidos e os resultados acumulados das transações individuais continuamente ajustados (seção IX).

## II

Gostaria de fazer uma advertência antes de tratar desses diferentes pontos: partir da estrutura básica e desenvolver em seguida outros princípios de forma seqüencial confere um caráter especial à teoria da justiça como eqüidade[2]. Para ilustrar essa advertência, consideremos primeiramente o contraste com o utilitarismo*: no mais das vezes, este é interpretado como uma teoria totalmente geral. É certamente esse o caso da doutrina clássica na formulação definitiva dada por Sidgwick[3]. O princípio de utilidade se aplica da mesma maneira a todas as formas sociais, assim como às ações dos indivíduos. Além do mais, a avaliação do caráter e das disposições de cada um, assim como a prática social do elogio ou da censura, deve ser guiada por esse princípio. Certamente, o utilitarismo da regra* reconhece que certas distinções entre os objetos podem levantar problemas particulares. Porém a distinção entre regra e ato, além de ser muito geral, é uma distinção categorial ou metafísica, e não uma distinção no seio da classe das formas sociais. Ela visa à questão da aplicação do princípio de utilidade por meio das diferenças de categorias; e a maneira como o utilitarismo da regra trata essa questão permanece afastada da perspectiva do contrato.

É claro que a teoria utilitarista reconhece as particularidades dos diferentes tipos de casos, mas essas particularidades são tratadas como resultantes de diferentes tipos de efeitos e de relações causais que se devem levar em conta. Ela poderá assim admitir que a estrutura básica é um complexo

---

2. Agradeço a Hugo Bedau por ter-me indicado a necessidade de insistir nesse ponto. Em seus comentários de uma versão precedente deste artigo, ele assinalava que o último parágrafo da seção 2 de *TJ* é particularmente enganador a esse respeito [ver *TJ*, pp. 11-2].

3. Ver *The Methods of Ethics*, 7.ª ed., Londres, 1907.

importante de instituições, dadas a natureza profunda e a extensão de seus efeitos sociais e psicológicos. Ela poderia igualmente admitir a utilidade de distinguir essa estrutura das associações particulares no seu interior, assim como no do sistema mais vasto do meio internacional. Essas distinções podem ser úteis no âmbito de uma aplicação sistemática do princípio de utilidade. Entretanto, em caso algum há mudança do princípio primeiro, muito embora, evidentemente, diversos preceitos e normas secundárias, derivados da utilidade, possam ser justificados, dadas as características próprias dos diferentes problemas. Portanto, para o utilitarismo, nem o número dos indivíduos em questão, nem as formas institucionais que organizam suas decisões e suas atividades afetam o alcance universal do princípio de utilidade: o número e a estrutura só são pertinentes de forma indireta, por seu efeito sobre a maneira como a maior soma total de satisfação (calculada por adição para todas as pessoas em questão) é mais seguramente atingida.

É claro que os princípios primeiros da teoria da justiça como eqüidade não convêm a uma teoria geral[4] desse gênero. Seus princípios requerem (ver mais adiante o primeiro parágrafo da seção VI) que a estrutura básica estabeleça certas liberdades básicas iguais para todos e garanta que as de-

---

4. Esse fato é considerado como uma objeção aos seus princípios por J. C. Harsanyi, "Can the Maximin Principle serve as a Basis for Morality?" [O princípio do maximin pode servir como base para a moralidade?], *American Political Science Review*, 69, junho de 1975, pp. 594-606. Não posso responder aqui convenientemente às objeções muito fortes de Harsanyi, mas assinalo o seguinte: o princípio do maximin nunca foi proposto como base para a moralidade; sob a forma do princípio de diferença, é um princípio submetido a outros princípios e que se aplica à estrutura básica. Quando se compreende esse princípio nesse papel limitado, como critério da justiça do contexto social, suas implicações nos casos ordinários (ver, mais adiante, nota 9) não são, creio, improváveis. Enfim, o fato de limitar a aplicação dos princípios de justiça à estrutura básica não implica, contrariamente à sugestão de Harsanyi (p. 605), que apenas o número das pessoas implicadas determine quais princípios valem para um dado caso. A esse respeito, ver o último parágrafo desta seção, p. 9.

sigualdades econômicas e sociais conduzam para a maior vantagem dos mais desfavorecidos, no âmbito de uma justa igualdade das oportunidades. Aplicados à maior parte dos casos, se não a todos, esses princípios dariam instruções não razoáveis. Por exemplo, é evidente que, para as igrejas ou universidades, outros princípios são mais bem adaptados. Seus membros defendem em geral certos objetivos e metas que têm em comum e que formam o critério essencial para a escolha da forma de organização mais apropriada. Tudo o que se pode dizer é o seguinte: as igrejas e as universidades são associações no seio da estrutura básica e devem adaptar-se às exigências que essa estrutura básica impõe, com vistas a estabelecer a justiça do contexto social* (*background justice*). Assim, igrejas e universidades podem ser limitadas de diferentes maneiras – por exemplo, em função do que é necessário para manter iguais para todos as liberdades básicas (incluindo a liberdade de consciência) e a justa igualdade das oportunidades.

À primeira vista, a doutrina do contrato pode parecer incapaz de produzir uma visão sistemática: como, com efeito, esses princípios que se aplicam a diferentes objetos devem ser ligados entre eles? Há no entanto outras formas de unidade teórica além da definida por princípios primeiros absolutamente gerais. Pode ser possível encontrar uma seqüência apropriada dos tipos de objetos e supor que os parceiros de um contrato social vão proceder segundo essa seqüência, entendendo-se que os princípios de cada acordo posterior devem ser subordinados aos de todos os acordos anteriores ou ajustados a eles segundo certas regras de prioridade. A unidade subjacente é fornecida pela idéia de que pessoas morais, livres e iguais, devem elaborar orientações razoáveis e úteis para a reflexão moral, em função da necessidade que têm desses princípios organizadores e do papel que se supõe terão na vida social esses princípios e os objetos correspondentes.

É preciso notar aqui, para evitar qualquer mal-entendido, que, quando desenvolvemos uma concepção da justiça para a estrutura básica ou, na verdade, para qualquer objeto, não supomos que as variações do número de pessoas envolvidas sejam a explicação por si mesmas de que tais ou quais princípios sejam apropriados. São sobretudo as diferenças na estrutura e o papel social das instituições que são essenciais, ainda que as variações de número sejam por vezes condições necessárias e favoreçam certas formas institucionais. Assim, uma democracia constitucional é maior do que uma família: são necessárias mais pessoas para fornecer os elementos que a compõem. Porém são os objetivos e os papéis distintos dos elementos na estrutura social e a forma como eles se adaptam uns aos outros que explicam a existência de princípios diferentes para gêneros distintos de objetos. De fato, parece natural supor que o caráter próprio e a autonomia dos diversos elementos da sociedade exijam que, numa certa esfera, eles ajam segundo princípios próprios, concebidos para se adaptar à sua natureza particular.

### III

Uma teoria absolutamente geral como o utilitarismo não é o único gênero de concepção que rejeita a idéia de que princípios primeiros especiais sejam necessários para a estrutura básica. Tomemos, por exemplo, a teoria libertária* que sustenta que só se justifica um Estado mínimo, estreitamente limitado às funções de proteção contra a força, o roubo, a fraude, de garantia dos contratos etc., e que todo Estado com poderes mais extensos transgride os direitos dos indivíduos. No presente contexto, os principais traços dessa teoria são os que se seguem[5].

---

5. Sigo o relato de Robert Nozick, *Anarchy, State and Utopia*, Nova York, Basic Books, 1974 (trad. fr. *Anarchie, état et utopie*, Paris, PUF, 1988).

O objetivo é determinar como o Estado mínimo teria podido aparecer a partir de uma situação perfeitamente justa, por uma série de etapas, cada uma das quais é moralmente permitida e não transgride os direitos de ninguém. Se conseguirmos compreender como seriam as coisas se cada um agisse como deveria, e por que um Estado mais desenvolvido não poderia aparecer, então teremos justificado o Estado mínimo, com a condição, é claro, de que esteja correta a teoria moral que identifica a situação inicial como justa e a partir daí define o que é permitido. Para essa finalidade, supomos que existiu um estado de natureza com uma abundância relativa, no qual a configuração real das posses de cada um não levantava questões morais. A configuração então existente era justa, e cada um era convenientemente dotado. Esse estado de natureza caracteriza-se também pela ausência de qualquer instituição (como o Estado) que garanta certas regras e estabeleça, em conseqüência, uma base institucional para a expectativa no que se refere ao comportamento dos demais.

Em seguida, uma teoria libertária define certos princípios de justiça básicos que regem a aquisição dos bens (a apropriação das coisas que antes não pertenciam a ninguém) e a transferência das posses de uma pessoa (ou de uma associação) para outra. A configuração justa das posses é então definida de forma recorrente: uma pessoa tem um título (no sentido jurídico) para a posse de tudo o que ela tiver adquirido em conformidade com os princípios de justiça relativos à aquisição e à transferência, e ninguém tem direito a alguma coisa fora da aplicação reiterada desses princípios. Se partirmos de um estado de natureza no qual o estado existente das posses é justo, e se cada um agir sempre depois em conformidade com a justiça das aquisições e das transferências, então todas as configurações posteriores devem da mesma forma ser reconhecidas como justas. A teoria sustenta que os princípios de justa aquisição e de justa transferência preservam a justiça das posses pelo desenrolar das transações na história, por mais extenso que seja. A única maneira pela qual se considera que a injustiça possa ocorrer é pela transgressão deliberada desses princípios ou pelo erro e a ignorância de suas exigências, e assim por diante.

Enfim, e isso é o mais importante para o nosso propósito, uma grande variedade de associações e de modos de cooperação pode se formar, segundo o que os indivíduos fazem efetivamente e segundo os acordos que são concluídos. Não é necessária uma teoria especial que abranja essas transações e essas atividades coordenadas: a teoria necessária já é fornecida pelos princípios de justiça das aquisições e das transferências, corretamente interpretados à luz de certas estipulações. Todas as formas de cooperação social legítima são portanto obra de indivíduos que nela consentem voluntariamente; não há poderes nem direitos exercidos legalmente por associações, inclusive pelo Estado, que não sejam direitos já possuídos por cada indivíduo que age sozinho no justo estado de natureza inicial.

Um traço notável dessa doutrina é que o Estado é equivalente a qualquer outra associação privada. Ele nasce da mesma maneira que as outras associações, e sua formação, no hipotético processo histórico perfeitamente justo, se rege pelos mesmos princípios[6]. Naturalmente o Estado está a serviço de objetivos específicos, mas o mesmo acontece com

---

6. Aqui e mais adiante faço a distinção entre processo (ou procedimento) hipotético histórico e hipotético não histórico. Nos dois casos, o processo é hipotético na medida em que não acontece realmente ou pode não ter acontecido. Mas os processos hipotéticos históricos podem ter acontecido: não se devem excluí-los em função de leis sociais fundamentais ou de fatos naturais. Assim, segundo a concepção libertária, se todo o mundo tivesse seguido os princípios de justiça da aquisição e da transferência, o que é possível, o processo hipotético histórico que conduz à formação do Estado teria sido realizado. Ao contrário, um processo hipotético não histórico, como, por exemplo, o procedimento que conduz ao acordo na posição original, não pode acontecer. Ver, mais adiante, seção VI, pp. 23-5.

as associações em geral. Além do mais, a relação dos indivíduos com o Estado (Estado mínimo legítimo) equivale à sua relação com qualquer associação privada com a qual tenham concluído um acordo. Assim, a fidelidade política é interpretada como uma obrigação contratual privada com, por assim dizer, uma grande firma monopolista bem sucedida: a saber, a agência de proteção localmente dominante. De forma geral, não há leis públicas uniformes que se apliquem igualmente a todas as pessoas, mas sim uma rede de acordos privados: essa rede representa os procedimentos que a agência de proteção dominante (o Estado) decidiu utilizar com seus clientes, por assim dizer, e esses procedimentos podem variar de um cliente para outro em função do mercado que cada uma estava em condição de ter com a agência dominante. Ninguém pode ser forçado a entrar em tal acordo, e todos têm sempre a possibilidade de se tornar independentes: ser um dos clientes do Estado é uma escolha, exatamente como ocorre em relação às outras associações. Embora a concepção libertária faça grande uso da noção de acordo, ela não é em absoluto uma teoria do contrato social, pois uma teoria do contrato social encara o pacto original como o estabelecimento de um sistema de leis públicas comuns que define e regula a autoridade política e se aplica a cada um enquanto cidadão. A autoridade política e a cidadania devem ambas ser compreendidas por meio da concepção do próprio contrato social. Concebendo o Estado como uma associação privada, a doutrina libertária rejeita as idéias fundamentais da teoria do contrato. É portanto bastante natural que ela não ofereça espaço para uma teoria especial da justiça que se aplicasse à estrutura básica.

Para concluir estas advertências preliminares, eu diria que a importância dessas reflexões sobre as diferenças em relação às doutrinas utilitarista e libertária está em colocar em evidência, pelo exemplo e pelo contraste, os traços específicos da teoria da justiça como eqüidade, quer dizer, sua insistência na estrutura básica. Diferenças análogas existem com o perfeccionismo\*, o intuicionismo\* e outras concepções morais correntes. O problema aqui é mostrar por que a estrutura básica tem um papel especial e por que é razoável procurar princípios especiais para regê-la.

## IV

Começarei apontando várias considerações suscetíveis de nos levar a ver a estrutura básica como o objeto primeiro da justiça, pelo menos quando trabalhamos no âmbito de uma teoria kantiana do contrato social.

A primeira consideração é a seguinte. Se partimos da idéia, sedutora no início, de que o contexto social e as relações entre as pessoas devem se desenvolver no decorrer do tempo em conformidade com acordos livremente consentidos ao termo de um processo eqüitativo e plenamente honrados, segue-se imediatamente que devemos saber quando os acordos são livres e quais são as circunstâncias necessárias para que sejam eqüitativos. Além disso, embora essas condições possam ter sido justas numa época anterior, os resultados acumulados de um grande número de acordos, cada qual aparentemente justo, produzirão efetivamente ao longo do tempo, em combinação com as contingências históricas e as tendências da sociedade, alterações das relações entre os cidadãos, assim como possibilidades que lhes são oferecidas, de tal forma que as condições para acordos livres e eqüitativos não mais ocorrerão. O papel das instituições que fazem parte da estrutura básica é garantir condições justas para o contexto social, pano de fundo para o desenrolar das ações dos indivíduos e das associações. Se essa estrutura não for convenientemente regulada e ajustada, o processo social deixará de ser justo, por mais justas e eqüitativas que possam parecer as transações particulares consideradas separadamente.

Reconhecemos esse fato quando dizemos, por exemplo, que em geral a repartição resultante de transações voluntárias de mercado (mesmo que as condições ideais de eficácia econômica estivessem presentes) não é eqüitativa, a menos que a distribuição da riqueza e da receita anterior à transação, assim como o sistema dos mercados, tivessem sido eqüitativos. As riquezas existentes devem ter sido adquiridas corretamente, e cada um deve ter iguais oportunidades de auferir uma receita, de adquirir as habilidades necessárias etc. Uma vez mais, as condições necessárias para a justiça do contexto social podem ser minadas, mesmo quando ninguém age de maneira injusta nem se dá conta da forma como o resultado global de numerosos intercâmbios separados afeta as oportunidades dos outros. Nenhuma regra considerada como tal e que possa ser imposta na prática aos agentes econômicos nas suas transações do dia-a-dia pode impedir essas conseqüências indesejáveis. Essas conseqüências são quase sempre tão remotas no futuro ou tão indiretas que seria impossível, ou de uma lentidão insuportável, evitá-las por meio de regras restritivas que se aplicassem aos indivíduos.

É preciso assinalar quatro pontos nessas observações bem conhecidas: *primeiramente*, não podemos dizer se acordos concluídos são justos ou eqüitativos, do ponto de vista social, simplesmente observando a conduta de indivíduos ou de associações em seu contexto imediato (ou local). Isso se deve a que essa avaliação depende, em grande parte, das características da estrutura básica, a saber, se ela consegue manter a justiça do contexto social. Por exemplo, a eqüidade dos acordos salariais depende da natureza do mercado de trabalho: é preciso evitar um poder excessivo do mercado, e deveria existir um poder de negociação eqüitativo entre empregadores e empregados. Além do mais, a eqüidade depende de condições sociais subjacentes, como a justa igualdade das oportunidades, que se estendem no passado e no futuro, para além de uma visão limitada.

*Em segundo lugar*, condições eqüitativas no contexto social podem existir num dado momento e em seguida degradar-se pouco a pouco, mesmo que ninguém aja de forma injusta, se julgarmos pelas regras que se aplicam no nível da situação localmente circunscrita, correspondente às transações consideradas. O fato de cada um ter boas razões para crer que age de forma eqüitativa respeitando escrupulosamente as normas que regem os acordos, não é suficiente para garantir a justiça do contexto social. É um ponto importante, apesar de evidente: na medida em que o nosso mundo social é invadido pela duplicidade e pelo logro, ficamos inclinados a pensar que a lei e o governo só são necessários por causa da propensão dos indivíduos para agir injustamente. É o contrário, a justiça do contexto social tende a erodir-se sobretudo quando os indivíduos agem eqüitativamente: o resultado global de transações independentes e separadas se afasta, em vez de se aproximar, da justiça do contexto social. Poder-se-ia dizer que, nesse caso, a mão invisível guia as coisas na direção errada e favorece uma forma oligopolística de acumulação que consegue manter as desigualdades injustificadas e restrições à justa igualdade das oportunidades. Em conseqüência, temos necessidade de instituições especiais para garantir a justiça do contexto social, e de uma concepção especial da justiça para definir como essas instituições devem ser estabelecidas.

*Em terceiro lugar*, a observação precedente pressupõe que não há regra considerada como tal e aplicável que seja aconselhável impor aos indivíduos e que possa evitar a erosão da justiça do contexto social. Isso porque as regras que regem os acordos e as transações individuais não podem ser muito complexas, nem exigir demasiadas informações para serem corretamente aplicadas, tampouco exigir dos indivíduos que entrem em negociações com outras partes muito numerosas e dispersas, pois isso imporia custos de transação excessivos. Afinal de contas, as regras que se aplicam aos acordos são diretrizes práticas e públicas, e não funções matemáticas, que podem ser complicadas tanto quanto a imaginação o permitir. Ademais, qualquer sistema de regras judicioso não deverá exceder a capacidade dos indivíduos em compreendê-lo e segui-lo com bastante facilidade, nem impor aos cidadãos exigências de conhecimento e de precisão que eles sejam incapazes de atingir. Os indivíduos e as associações não são capazes de compreender as ramificações de suas ações particulares de um ponto de vista coletivo. Não se pode tampouco esperar deles que prevejam as circunstâncias futuras que podem determinar e transformar as tendências presentes. Isso é bastante evidente se considerarmos os efeitos cumulativos, no decorrer das gerações, das compras e vendas de terrenos e sua transmissão por herança. É obviamente insensato impor aos pais (como chefes de família) o dever de ajustar seus legados ao que eles consideram como os efeitos da totalidade dos legados sobre a geração seguinte, *a fortiori* mais além.

Enfim, e *em quarto lugar*, chegamos à idéia de uma divisão do trabalho entre dois tipos de regras sociais e entre as diferentes formas institucionais que concretizam essas regras. A estrutura básica compreende primeiramente as instituições que definem o contexto social e inclui também as operações que ajustam e compensam continuamente as inevitáveis tendências a distanciar-se da eqüidade do contexto – por exemplo, o imposto sobre a renda e a herança com vistas a igualar o acesso à propriedade. Essa estrutura aplica igualmente, por meio do sistema das leis, um outro conjunto de regras que regem as transações e os acordos entre indivíduos e entre associações (a legislação dos contratos etc.). As regras relativas à fraude, à violência etc. fazem parte desse conjunto e satisfazem à exigência de simplicidade e exeqüibilidade. Elas são constituídas para deixar os indivíduos e as associações livres para agir com eficácia a fim de atingir suas metas sem excessivo cerceamento.

Concluindo, partimos da estrutura básica e tentamos ver como essa estrutura deveria ela própria efetuar os ajustes necessários para garantir a justiça do contexto social. O que procuramos de fato é uma divisão institucional do trabalho entre a estrutura básica e as regras aplicáveis diretamente aos indivíduos e às associações, que eles devem seguir nas suas transações particulares. Se essa divisão do trabalho puder ser estabelecida, os indivíduos e as associações estarão livres para buscar suas metas de forma mais eficaz, no âmbito da estrutura básica, com a segurança de saber que, em outra parte no sistema social, são efetuadas as correções necessárias para garantir a justiça do contexto.

## V

Outras reflexões assinalam igualmente o papel especial da estrutura básica. Até aqui, vimos que são necessárias certas condições no contexto social para que as transações entre indivíduos sejam eqüitativas: essas condições caracterizam a situação objetiva dos indivíduos uns em relação aos outros. Mas e quanto ao caráter e interesses dos próprios indivíduos? Eles não são fixados ou dados. Uma teoria da justiça deve levar em conta a forma como as metas e as aspirações das pessoas são formadas, e isso faz parte do quadro de pensamento mais amplo à luz do qual uma concepção da justiça deve ser explicada.

Todo o mundo reconhece que a forma institucional da sociedade afeta seus membros e determina em grande parte o tipo de pessoas que eles querem ser, da mesma forma que o tipo de pessoas que eles são. A estrutura social limita igualmente de diferentes maneiras as esperanças e as ambições das pessoas; pois a idéia que têm de si mesmas depende em parte, e com razão, de seu lugar na sociedade e leva em consideração os meios e as oportunidades com os quais elas podem racionalmente contar. Assim, um regime econômico não é somente, digamos, um quadro institucional para a satisfação dos desejos e das aspirações que virão. Mais comumente, a estrutura básica influencia a forma como o sistema social produz e reproduz, no curso do tempo, uma certa forma de cultura partilhada pelas pessoas e certas concepções do que é bom para eles.

Uma vez mais, não podemos considerar as capacidades e os talentos dos indivíduos como dons naturais fixados de uma vez por todas. Certamente, mesmo na forma como esses dons são utilizados há um componente genético importante. Contudo essas capacidades e esses talentos não se podem concretizar independentemente de condições sociais, e quando se efetivam é sempre sob uma forma dentre muitas outras possíveis. As capacidades naturais que desenvolvemos são sempre uma seleção, e uma seleção restrita, dentre as possibilidades que poderiam ter-se concretizado. Além do mais, uma capacidade não é algo como um computador cerebral, com características mensuráveis independentes das circunstâncias sociais. Entre os elementos que afetam a efetivação das capacidades naturais figuram as atitudes sociais de ajuda e estímulo e as instituições encarregadas de seu aprendizado e de sua utilização. Mesmo uma capacidade potencial em um dado momento não é independente das formas sociais existentes e dos acontecimentos particulares e anteriores que sobrevêm no curso da vida. Não são portanto somente nossos fins últimos e nossas esperanças pessoais, mas também nossas capacidades e nossos talentos efetivados que refletem, em grande parte, nossa história pessoal, nossas oportunidades, nossa posição social. Não há como saber o que teríamos sido se esses dados tivessem sido diferentes.

Enfim, as considerações precedentes devem levar em conta o fato de que a estrutura básica autoriza muito provavelmente desigualdades econômicas e sociais importantes nas perspectivas de vida dos cidadãos, em função de sua origem social, dos dons naturais que eles concretizam, dos acasos e acidentes que formaram sua história pessoal. Podemos supor que essas desigualdades são inevitáveis: ou elas são necessárias, ou altamente vantajosas para a manutenção de uma cooperação social eficaz. Provavelmente há várias razões para isso, sendo a necessidade de motivações apenas uma dentre elas.

Pode-se adquirir uma visão mais clara da natureza das desigualdades no que se refere às perspectivas de vida contrapondo-as às outras desigualdades. Imaginemos uma universidade com um corpo docente composto de três níveis no qual cada um passe o mesmo tempo em cada nível e receba o mesmo salário. Mesmo havendo sempre desigualdades de grau e de salário, não há desigualdades nas perspectivas de vida entre os membros do corpo docente. Dá-se o mesmo quando os membros de uma associação adotam um sistema de rotatividade para preencher certos postos privilegiados ou mais bem remunerados, porque, por exemplo, eles implicam maiores responsabilidades. Se o sistema for concebido de forma tal que, salvo acidente, morte etc., todos ocuparão essas posições por igual duração de tempo, não haverá desigualdades nas perspectivas de vida.

O que a teoria da justiça deve reger são as desigualdades de perspectivas de vida entre cidadãos, resultantes das posições sociais de partida, das vantagens naturais e das contingências históricas. Mesmo que essas desigualdades sejam por vezes mínimas, seu efeito pode ser suficientemente significativo para que elas tenham, a longo prazo, conseqüências cumulativas importantes. A forma kantiana da doutrina do contrato social se concentra nas desigualdades da estrutura básica com a convicção de que são as mais relevantes; se encontrarmos princípios adequados para regê-las, e as instituições correspondentes forem estabelecidas, o problema da regulamentação das outras desigualdades poderá ser resolvido muito mais facilmente.

## VI

Na teoria da justiça como eqüidade, as instituições da estrutura básica são consideradas como justas desde que satisfaçam aos princípios que pessoas morais, livres e iguais, e colocadas numa situação eqüitativa, adotariam com o objetivo de reger essa estrutura. Os dois princípios mais importantes enunciam-se da seguinte maneira:

*(1) Cada pessoa tem um direito igual ao sistema mais extenso de liberdades básicas iguais para todos que seja compatível com um mesmo sistema de liberdades para todos.*
*(2) As desigualdades sociais e econômicas são autorizadas, com a condição (a) de que estejam dando a maior vantagem ao mais desfavorecido e (b) de que estejam ligadas a posições e funções abertas para todos, nas condições de justa igualdade de oportunidades*[7].

---

7. Esses princípios são discutidos em *TJ*, seções 11-3, e em outros passos. Uma formulação restrita, que inclui o justo princípio de poupança e as regras de prioridade, é dada em *TJ*, pp. 333-4.

Examinemos de que forma o papel especial da estrutura básica afeta as condições do acordo inicial e exige que esse acordo seja entendido como hipotético e não histórico. Por definição, a estrutura básica é o sistema social global que determina a justiça do contexto social. (Observe-se que deixei de lado aqui o problema da justiça entre as nações[8].) Assim, em primeiro lugar, toda situação eqüitativa em relação a indivíduos concebidos como pessoas morais, livres e iguais, deve ser tal que reduza de forma satisfatória as desigualdades devidas à influência das contingências no seio desse sistema. Os acordos reais concluídos quando as pessoas conhecem o seu lugar no decorrer da vida social são influenciados por contingências, naturais e sociais, de toda espécie. Os princípios adotados dependem do curso real dos acontecimentos que se dão no seio da estrutura institucional dessa sociedade. Não podemos, por acordos reais, ultrapassar os acontecimentos fortuitos nem encontrar um critério suficientemente independente.

Compreende-se também por que, se concebermos os parceiros como pessoas morais, livres e iguais, eles devem saber muito pouca coisa sobre si próprios (remeto aqui às restrições do véu de ignorância*). Isso porque proceder de outra forma permitiria que efeitos contingentes e disparatados influenciassem os princípios destinados a reger suas relações sociais enquanto pessoas morais. Pressupomos portanto que

---

8. Num primeiro enfoque, a razão é que o problema da justiça social se refere à estrutura básica na medida em que ela constitui um contexto social e um sistema fechados. Começar pela sociedade das nações só faria avançar um grau na tarefa de encontrar uma teoria da justiça para o contexto social. Deve existir em certo nível um sistema fechado, e esse é o objeto para o qual queremos uma teoria. Estamos mais bem preparados para tratar desse problema para uma sociedade (caso ilustrado por uma nação) concebida como um sistema de cooperação social mais ou menos auto-suficiente e que possua uma cultura mais ou menos completa. Se tivermos êxito no caso de uma sociedade, poderemos tentar estender e adaptar nossa teoria inicial em função de novas investigações.

os parceiros não conheçam o seu lugar na sociedade, a sua boa ou má sorte na distribuição dos talentos e das capacidades naturais, tudo isso nos limites de variações normais[9]. Os parceiros tampouco conhecem seus fins últimos e seus interesses, nem seu temperamento psicológico específico.

Enfim, para estabelecer a eqüidade entre as gerações (por exemplo, no acordo sobre o justo princípio de poupança), os parceiros, que se pressupõe serem contemporâneos, não conhecem o estado presente da sociedade. Não têm informações sobre o nível dos recursos naturais nem sobre o dos meios de produção e da tecnologia, além do que pode ser inferido do que se sabe do contexto da justiça*. A boa ou má sorte de sua geração não é conhecida. Isso porque, quando os contemporâneos são influenciados por uma descrição geral do estado presente da sociedade no momento em que se põem de acordo sobre a maneira de se tratarem uns aos outros e de tratar as gerações futuras, ainda não puseram de lado os acidentes da História e das contingências sociais na estrutura básica. É assim que chegamos à versão máxima mais do que mínima do véu de ignorância: os parceiros devem ser encarados, na medida do possível, unicamente como pessoas morais, abstração feita das contingências. Para ser eqüitativa, a situação inicial trata os parceiros de forma simétrica, pois eles são iguais enquanto pessoas morais: cada um é definido pelas mesmas propriedades essenciais. Partimos de uma situação de não-informa-

---

9. As variações normais são especificadas como segue: na medida em que o problema fundamental da justiça se refere às relações entre pessoas que participam plenamente da sociedade e que são associadas conjuntamente, direta ou indiretamente, por todo o decurso de sua vida, é razoável supor que as necessidades físicas e as capacidades psicológicas de cada uma variem dentro de limites normais. Deixa-se portanto de lado o problema das pessoas que precisam de cuidados médicos particulares, assim como o tratamento dos deficientes mentais. Se pudermos construir uma teoria viável nos limites normais, poderemos tentar tratar desses outros casos mais tarde.

ção e só introduzimos as informações necessárias para que o acordo seja racional, mas suficientemente independente das circunstâncias históricas, naturais e sociais. Uma informação muito mais importante seria compatível com a condição de imparcialidade, mas uma concepção kantiana é mais exigente[10].

A razão pela qual o contrato social deve ser considerado como hipotético e não histórico é portanto evidente. A explicação é que o acordo na posição original* representa o resultado de um processo racional de deliberação nas condições ideais e não históricas, que exprimem certos cerceamentos razoáveis. Não existe na prática meio algum para conduzir esse processo de deliberação na realidade nem para ter certeza de que ele responde às condições impostas. Por isso o resultado não pode ser verificado pela justiça processual pura tal como ela resultaria de uma deliberação dos parceiros numa situação real. O resultado deve ser determinado por um raciocínio analítico, isto é, a posição original deve ser caracterizada com suficiente precisão para que seja possível estabelecer, a partir da natureza dos parceiros e da situação em que eles se encontram, a concepção da justiça que será preferida durante a confrontação dos argumentos. O conteúdo da justiça deve ser descoberto pela razão, ou seja, resolvendo-se o problema de concordância suscitado pela posição original.

Com o fim de preservar a interpretação original no momento presente, todas as questões de justiça são tratadas no respeito das limitações que se aplicam aos contemporâneos. Tomemos o exemplo de uma poupança justa: como a sociedade é um sistema de cooperação no tempo entre gerações, é preciso um justo princípio de poupança. Em vez de imagi-

---

10. Devo a Joshua Rabinowitz essa maneira de formular a diferença entre as versões máxima (*thick*) e mínima (*thin*) do véu de ignorância.

nar um acordo direto (hipotético e não histórico) entre todas as gerações, pode-se pedir aos parceiros que entrem em acordo sobre um justo princípio de poupança, submetido à condição de que eles deveriam querer que todas as gerações *precedentes* o tivessem seguido. O princípio correto é portanto aquele que os membros de qualquer geração (portanto de todas) adotariam como o princípio que sua geração deve seguir e que eles quereriam que as gerações precedentes tivessem seguido (e que as gerações seguintes o sigam), qualquer que seja o distanciamento no passado (ou no futuro)[11].

O caráter hipotético e não histórico da situação inicial só levanta um problema, portanto, quando se compreende o seu objetivo teórico. Na interpretação segundo a qual se entra na posição original no momento presente, podemos portanto nos colocar nessa situação em qualquer momento, simplesmente por nosso raciocínio moral sobre os princípios primeiros no respeito aos cerceamentos processuais prescritos. Nossos julgamentos bem ponderados* situam-se em diferentes níveis de generalidade, do mais particular para o mais abstrato. Assim, quando aprovamos os juízos expressos por esses cerceamentos, isto é, os valores que correspondem à idéia de um tratamento eqüitativo entre pessoas morais iguais (na situação inicial), devemos igualmente acei-

---

11. Essa formulação das condições do acordo sobre o justo princípio de poupança difere da de *TJ*, pp. 138-9 ss. Esta última não implicava que os parceiros precedentes tivessem seguido o princípio que adotam como contemporâneos. Como se supõe que as gerações são mutuamente desinteressadas*, nada as impede de se recusarem a fazer qualquer poupança. Para superar essa dificuldade, presumia-se que os parceiros tivessem preocupação com seus descendentes. Tratava-se de uma cláusula razoável, mas a condição suposta aqui tem a propriedade de resolver a dificuldade sem modificar a hipótese sobre as motivações. Ela preserva igualmente a interpretação segundo a qual se entra na posição original no momento presente e é coerente com a condição de obediência estrita e com a teoria ideal em geral. Devo esta revisão a Thomas Nagel e a Derek Parfit; ela foi igualmente proposta por Jane English, que assinala o vínculo com a teoria ideal. Ver seu artigo "Justice between Generations", *Philosophical Studies*, n.º 31, 1977, p. 98.

tar as limitações das concepções da justiça que dela decorrem. A situação inicial é uma tentativa de representar e unificar os temas formais e gerais de nosso pensamento moral em uma construção brilhante e aplicável; ela busca utilizá-los para determinar quais seriam os princípios de justiça mais razoáveis.

Concluirei assinalando que, uma vez que notamos o papel particular da estrutura básica e fizemos abstração das diversas contingências com o fim de encontrar uma concepção apropriada da justiça para regê-la, algo como a posição original parece inevitável. É um prolongamento natural da idéia de contrato social quando a estrutura básica é tomada como o objeto primeiro da justiça.

## VII

Passo agora a examinar as razões pelas quais o acordo inicial tem traços que o distinguem de qualquer outro acordo. Uma vez mais, a explicação reside no papel da estrutura básica; devemos distinguir entre, de um lado, as associações e os acordos particulares no seio dessa estrutura e, de outro, o acordo inicial e a dependência em relação à sociedade. Consideremos primeiro os acordos particulares. É próprio desses acordos o estarem fundados nos recursos, aptidões, possibilidades e interesses conhecidos (ou supostos) dos parceiros, tais como se efetivaram no seio das instituições que constituem o contexto social. Podemos pressupor que cada parceiro, indivíduo ou associação, dispõe de diversas possibilidades cujas vantagens e inconvenientes previsíveis ele pode comparar, com o fim de agir como convém. Em certas condições, pode-se avaliar a contribuição de alguém para uma ação cooperativa pontual ou para uma associação duradoura; basta constatar de que forma a ação cooperativa ou a associação funcionariam se essa pessoa não participasse dela – o que mede o seu valor para a ação cooperativa ou para a associação. Quanto aos indivíduos, eles avaliam o interesse que existe para si em participar por comparação com suas próprias possibilidades. Assim, os acordos particulares são concluídos no contexto de configurações de relações preexistentes e previsíveis, na medida em que foram e provavelmente serão concretizadas na estrutura básica; e são essas configurações que dão uma base às avaliações contratuais.

O contexto de um contrato social é consideravelmente diferente. Ele deve levar em conta, entre outros, os três fatos que se seguem: que a participação na nossa sociedade é dada, que não podemos saber o que teríamos sido se não pertencêssemos a ela (a própria idéia talvez não faça sentido algum) e que a sociedade tomada como um todo não tem fins nem hierarquia dos fins, no sentido em que os indivíduos e as associações têm. O alcance desses fatos fica claro no momento em que tentamos ver o contrato social como um contrato ordinário e a maneira como se poderia desenvolver a deliberação que a ele conduz. Como a participação na sociedade é dada, não tem sentido, para os parceiros, fazer comparações com as vantagens oferecidas por outras sociedades. Além do mais, não é possível medir a contribuição potencial à sociedade de um indivíduo que ainda não é membro dela, pois essa potencialidade não pode ser conhecida e de qualquer forma não é pertinente na situação presente. Por outro lado, do ponto de vista da sociedade considerada como um todo em relação aos seus membros, não existe um conjunto de fins comuns com respeito aos quais se pudesse medir a contribuição social potencial de um indivíduo. As associações e os indivíduos têm fins desse tipo, mas não uma sociedade bem ordenada\*; apesar de seu objetivo ser o de proporcionar justiça a todos os cidadãos, esse objetivo não pode fornecer uma classificação das contribuições esperadas, nem definir sobre essa base os papéis sociais de cada um ou o seu valor de um ponto de vista social. A noção de contribuição individual à sociedade, como se se tratasse de uma associação (onde as condições para se tornar membro são legitimamente derivadas dos objetivos fixados pelos que já fazem parte dela), não tem lugar numa concepção kantiana. Daí a necessidade de construir o contrato social de uma maneira especial que o distinga dos outros acordos.

Na teoria da justiça como eqüidade, esse resultado é obtido pela construção da noção de posição original. Essa construção deve refletir a distinção fundamental assinalada acima e fornecer os elementos que faltam para que um acordo apropriado seja concluído. Consideremos sucessivamente os três fatos mencionados no parágrafo precedente. Em ligação com o *primeiro*, os parceiros na posição original supõem que sua participação na sociedade é fixa. Essa suposição reflete o fato de que nascemos na nossa sociedade e de que é no seu âmbito que efetivamos uma das formas possíveis, dentre muitas outras, da nossa pessoa, não se colocando a questão da entrada numa outra sociedade. Trata-se portanto, para os parceiros, de entrarem num acordo sobre os princípios que se aplicarão à estrutura básica da sociedade na qual se supõe que sua vida vai se desenvolver. Se os princípios adotados levam em conta, sem dúvida alguma, a emigração (ressalvadas especificações adequadas), eles não autorizam arranjos que só seriam justos se a emigração tivesse sido autorizada. Os vínculos que se fazem com as pessoas e os lugares, as associações e as comunidades, assim como os laços culturais, são geralmente fortes demais para serem abandonados, e esse fato não deve ser deplorado. O direito de emigrar não afeta portanto os critérios de uma estrutura básica justa, pois essa estrutura deve ser concebida como um meio no qual as pessoas nascem e onde supostamente cumprirão uma vida completa.

Voltemos ao *segundo* fato mencionado acima. Pode-se observar que o véu de ignorância não estabelece somente uma situação de eqüidade entre pessoas morais iguais, porém, excluindo informações relativas às capacidades e aos interesses efetivos dos parceiros, ele corresponde igualmente ao fato de que, fora do nosso lugar e da nossa história numa sociedade, nem as nossas capacidades potenciais podem ser conhecidas nem os nossos interesses e o nosso caráter ainda estão formados. Eis por que a situação inicial exprime de forma adequada o fato de, fora da sociedade, nossa natureza nada mais ser do que um potencial para uma ampla gama de possibilidades. Enfim, *em terceiro lugar*, não há fins sociais fora daqueles que os princípios de justiça estabelecem; ora, esses princípios ainda não foram adotados.

Entretanto, apesar de os cálculos que influenciam os acordos no seio da sociedade não terem lugar na posição original, outros aspectos desta fornecem o quadro de uma deliberação racional. As soluções possíveis não oferecem possibilidades de acesso a outras sociedades; elas constituem mais uma lista de concepções da justiça destinadas a reger a sociedade à qual pertencemos. Os interesses e as preferências dos parceiros são dados por seu desejo de bens primários*[12]. Seus fins últimos e suas metas já estão formados, apesar de eles não os conhecerem; e são esses interesses já formados, da mesma forma que as condições necessárias para preservar a personalidade moral, que eles buscam proteger, classificando as concepções propostas na base de sua preferência (na posição original) pelos bens primários. Para terminar, a teoria geral da sociedade que está disponível for-

---

12. Esses bens são definidos como as coisas que para os parceiros, do ponto de vista da posição original, é racional desejar, quaisquer que sejam os seus fins últimos (que eles não conhecem). Estes servem, por assim dizer, de meios generalizados com vistas à realização de todos, ou de quase todos, os sistemas racionais de fins. Ver *TJ*, pp. 97-101, 438 ss.

nece uma base suficiente para se avaliar a possibilidade de aplicar as diferentes concepções da justiça, assim como suas conseqüências. Tendo em vista esses aspectos da posição original, a idéia do contrato social como empresa racional pode ser defendida, a despeito da natureza pouco habitual desse acordo.

## VIII

Consideremos agora, e por três maneiras, de que forma o conteúdo dos próprios princípios de justiça reflete o caráter social das relações humanas. *Primeiramente*, o princípio de diferença* (que rege as desigualdades econômicas e sociais) não faz distinção entre o que é adquirido pelos indivíduos enquanto membros da sociedade e o que eles teriam adquirido se não fossem membros dessa sociedade[13]. De fato, para um indivíduo, a idéia de obter uma parte das vantagens sociais que excederia o que ele poderia ter obtido em outra sociedade ou no estado de natureza não faz sentido. Podemos, se quisermos, introduzir o estado de natureza na construção do argumento da posição original, sob a forma de um "ponto de não-acordo". Esse ponto pode ser definido como o egoísmo generalizado e suas conseqüências, e pode representar o estado de natureza[14]. Mas essas condições não

---

13. Um dos objetivos das seções VII-VIII é indicar uma resposta à crítica muito pertinente do princípio de diferença por David Gauthier, "Justice and Natural Endowment", *Social Theory and Practice*, n.º 3, 1974, pp. 3-26. Refiro-me aqui a essa discussão, pois seu argumento repousa na possibilidade de distinguir entre o que é adquirido pelos indivíduos enquanto membros da sociedade e o que eles teriam adquirido num estado de natureza. Se essa distinção não tem significado útil, creio que o princípio da resposta à objeção de Gauthier aparece claramente. Obviamente, seria necessário dizer muito mais. Em todo caso, estou inteiramente de acordo com suas observações, pp. 25 ss., e meu argumento é concebido em boa parte para mostrar de que forma uma concepção kantiana do contrato pode ser formulada de acordo com elas.

14. Cf. *TJ*, pp. 145-6, 159 e § 80.

definem um estado determinado. Tudo o que se sabe na posição original é que cada uma das concepções da justiça disponíveis para os participantes tem conseqüências preferíveis ao egoísmo generalizado. Não se trata de determinar a contribuição de cada um para a sociedade, nem de calcular as vantagens que resultariam para cada um de sua não participação na sociedade e ajustar as vantagens sociais dos cidadãos em função dessa estimativa. Apesar de podermos fazer esse tipo de distinção para os acordos concluídos no seio da sociedade, cálculos análogos no caso da adoção dos princípios para a estrutura básica não têm fundamento. Nem nossa situação numa outra sociedade nem o estado de natureza podem ter um papel qualquer na avaliação das concepções de justiça. E é claro que essas noções não têm pertinência alguma para a aplicação dos dois princípios de justiça.

*Em segundo lugar*, e em ligação com o ponto precedente, os dois princípios de justiça regem a aquisição de títulos (no sentido jurídico) em contrapartida às associações ou a outras formas de cooperação no seio da estrutura básica. Como se viu, essas contribuições são avaliadas com base nas metas particulares dos indivíduos e das associações, e a contribuição de cada um depende em parte de seus esforços e de suas realizações, em parte do acaso e das contingências sociais. As contribuições só podem ser definidas relativamente a tal ou qual associação em tal ou qual situação. Essas contribuições refletem a utilidade marginal de um indivíduo para um grupo particular. Elas não devem ser confundidas com contribuições para a própria sociedade ou com o valor dos cidadãos enquanto membros da sociedade. A soma dos títulos (no sentido jurídico) de um indivíduo ou mesmo de suas contribuições sem contrapartida para as associações no seio da sociedade não deve ser considerada como uma contribuição para a sociedade. Numa concepção kantiana, não há lugar para a idéia de uma contribuição para uma associação no seio da sociedade. Se quisermos, contudo, comparar o valor dos cidadãos, este será sempre igual numa sociedade justa e bem ordenada[15], e essa igualdade está refletida no sistema das liberdades básicas iguais para todos e da justa igualdade das oportunidades, assim como na aplicação do princípio de diferença[16].

*Em terceiro* e *último lugar*, lembremos que, numa concepção kantiana, os parceiros são considerados como pessoas morais, livres e iguais. Dizer que são pessoas morais significa que têm uma concepção do bem (um sistema de fins últimos) e uma capacidade de compreender uma concepção da justiça e de segui-la em sua vida (um senso da justiça). Ora, a liberdade das pessoas morais pode ser interpretada de duas formas. *Primeiramente*, enquanto pessoas livres, elas consideram que é de seu interesse superior submeter à regra da razão, isto é, à regra de princípios racionais e razoáveis que exprimem sua autonomia, todos os seus outros interesses, até os mais fundamentais. Além do mais, pessoas livres não se vêem como indissoluvelmente ligadas a algum fim último particular, ou a uma família de fins desse tipo; elas se consideram como capazes de apreciar e de revisar seus fins à luz de considerações razoáveis. *Em segundo lugar*, supomos que pessoas livres são responsáveis por seus interesses e por seus objetivos; elas são capazes de controlar e de revisar suas necessidades e seus desejos, e, quando as circunstâncias assim o exigem, aceitam a responsabilidade deles decorrente[17].

---

15. O valor dos cidadãos numa sociedade bem ordenada é sempre igual porque, numa sociedade desse tipo, supõe-se que cada um se conformará às instituições justas e cumprirá todos os seus deveres e obrigações, animado, quando necessário, por um senso de justiça suficientemente forte. As desigualdades não vêm de uma moral desigual; sua explicação está em outra parte.

16. Ver, mais adiante, o segundo parágrafo da seção IX, p. 33.

17. Essas observações estão expostas de forma um pouco mais completa em "Reply to Alexander and Musgrave" (Resposta a Alexander e Musgrave). *The Quarterly Journal of Economics*, nº 88, novembro de 1974, pp. 639-43.

Ora, a liberdade, quando aplicada às instituições sociais, significa uma certa configuração de direitos e liberdades. Liberdade igual quer dizer que certas liberdades e certas possibilidades básicas são iguais para todos e que as desigualdades econômicas e sociais são regidas por princípios corretamente ajustados, com vistas a garantir o justo valor dessas liberdades. A partir das definições precedentes da liberdade aplicada às pessoas morais e às formas sociais, fica claro que as pessoas livres e iguais não são definidas como aquelas cujas relações sociais correspondam aos próprios princípios que seriam escolhidos na posição original. Isso minaria a argumentação em favor desses princípios, que repousa no fato de que eles seriam adotados na posição original. Porém, uma vez que os parceiros são descritos em termos que têm uma expressão institucional, não é por acaso que, dado o papel da estrutura básica, os princípios primeiros da justiça se aplicam diretamente à estrutura básica. A liberdade e a igualdade das pessoas morais devem ter uma forma pública, e o conteúdo dos dois princípios responde a essa expectativa. Isso se contrapõe, por exemplo, ao utilitarismo clássico que considera como fundamental a capacidade de experimentar prazer e sofrimento ou de fazer certas experiências que têm um valor intrínseco sem que nenhuma expressão institucional seja especialmente exigida, apesar de certas formas sociais serem evidentemente superiores a outras na medida em que são meios mais eficazes para se atingir uma soma total de satisfação ou de valor mais elevados.

## IX

Chego agora ao quarto e último ponto (ver o final da seção I). Trata-se de saber quais as razões por que, apesar de a sociedade poder apoiar-se razoavelmente num largo elemento de justiça processual pura para determinar as partes a serem distribuídas, uma concepção da justiça deve incorporar uma forma ideal da estrutura básica, à luz da qual os resultados acumulados dos processos sociais correntes devem ser limitados e ajustados[18].

Ora, dado o papel particular da estrutura básica, é natural levantar a seguinte questão: em virtude de que princípio pessoas morais, livres e iguais, poderiam aceitar que as desigualdades econômicas e sociais fossem fortemente influenciadas pelos acasos da vida social e por contingências naturais e históricas? Uma vez que os parceiros se consideram como pessoas desse tipo, segue-se que eles assumem, no ponto de partida, a hipótese de que todos os bens sociais, incluindo a renda e a riqueza, devem ser iguais, quer dizer, cada um deve ter uma parte igual desses bens. Entretanto, devem levar em conta as exigências organizacionais e de eficácia econômica. Portanto, não é razoável ater-se a uma repartição igual. A estrutura básica deveria autorizar as desigualdades organizacionais e econômicas na medida em que elas melhoram a situação de cada um, inclusive a dos mais desfavorecidos, e desde que essas desigualdades sejam compatíveis com uma liberdade igual para todos e com a justa igualdade das oportunidades. Como partem de uma distribuição em partes iguais, os que recebem menos (tomando-se a repartição igual como ponto de referência) têm, por assim dizer, um direito de veto. É assim que os parceiros chegam ao princípio de diferença. Aqui, a repartição igual é aceita como ponto de referência porque reflete o modo como as pessoas se situam quando são representadas como pessoas livres e iguais. Entre pessoas assim definidas, os que ganharam mais do que outros devem agir de forma que

---

18. Sobre a justiça processual pura, ver *TJ*, pp. 89, 95, 35 ss., e igualmente pp. 68, 70, 76 ss., 84, 303 ss., 335-43.

melhore a situação dos que ganharam menos. Essas considerações intuitivas mostram os motivos pelos quais o princípio de diferença é o critério apropriado para governar as desigualdades econômicas e sociais.

Para compreender o princípio de diferença, é preciso ter presentes no espírito vários elementos. *Primeiramente*, os dois princípios de justiça, com seu funcionamento conjunto, incorporam um elemento importante de justiça processual pura para a determinação efetiva das partes. Eles se aplicam à estrutura básica e ao seu sistema de aquisição de títulos (no sentido jurídico); em limites apropriados, todo resultado de uma distribuição de partes é justo. Uma distribuição eqüitativa só pode resultar da execução efetiva, no curso do tempo, de um processo social eqüitativo no qual, conforme regras publicamente formuladas, títulos (no sentido jurídico) sejam adquiridos e honrados. Esses traços definem a justiça processual pura. É por isso que, se se perguntar abstratamente se uma distribuição de uma dada quantidade de coisas entre indivíduos determinados, com desejos e preferências conhecidos, é mais justa do que outra, a pergunta simplesmente não terá resposta[19].

Por conseqüência, os princípios de justiça, em particular o princípio de diferença, aplicam-se aos princípios e aos programas políticos públicos que regem as desigualdades econômicas e sociais. Eles servem para ajustar o sistema dos títulos (no sentido jurídico) e dos ganhos e para equilibrar as normas e preceitos familiares que esse sistema utiliza na vida cotidiana. O princípio de diferença vale, por exemplo, para a taxação da propriedade e da renda, para a política econômica e fiscal. Ele se aplica ao sistema conhecido do direito e dos regulamentos públicos, porém não às transações e distribuições particulares nem às decisões dos indi-

---

19. *TJ*, pp. 93-4.

víduos e das associações, mas preferencialmente ao contexto institucional no qual elas acontecem. Não há interferências imprevisíveis ou previamente desconhecidas nas expectativas e aquisições dos cidadãos. Os títulos (no sentido jurídico) são adquiridos e honrados conforme o que determina o sistema público de regras. Toda taxa ou restrição é, em princípio, previsível, e os haveres são adquiridos sabendo-se que certas correções intervirão. A objeção segundo a qual o princípio de diferença impõe interferências contínuas e caprichosas repousa num mal-entendido.

Uma vez mais, os dois princípios de justiça não postulam que a repartição efetiva deva ser conforme, num dado momento (nem a longo prazo), a uma estrutura observável qualquer, digamos a igualdade, nem que o grau de desigualdade calculado a partir da repartição deva manter-se em certos limites – por exemplo, os valores de um coeficiente de Gini[20]. O requisito é que as desigualdades (autorizadas) tragam certa contribuição funcional para as expectativas dos menos favorecidos, resultando essa contribuição funcional da execução do sistema de títulos (no sentido jurídico) estabelecido nas instituições públicas. Entretanto, o objetivo não é eliminar as diversas contingências da vida social, pois estas são, em parte, inevitáveis. Mesmo que uma distribuição igual dos atributos naturais pareça mais propícia à igualdade entre pessoas livres, a questão da redistribuição desses atributos (caso ela fosse concebível) não se apresenta por ser incompatível com a integridade da pessoa. Também não é necessário levantar nenhuma hipótese sobre a amplitude dessas diferenças naturais; supomos somente que, por se realizarem no curso da vida, esses atributos são influenciados por todos os tipos de contingências. As instituições devem or-

---

20. Sobre essa medida da desigualdade e outras medidas, ver A. K. Sen, *On Economic Inequality*, Nova York, W.W. Norton, 1973, Capítulo 2.

ganizar a cooperação social de modo que favoreça os esforços construtivos. Temos direito às nossas capacidades naturais e a tudo aquilo de que adquirimos um título (no sentido jurídico) ao participar de um processo social eqüitativo. O problema está, é claro, em saber como caracterizar esse processo. Os dois princípios exprimem a idéia de que ninguém deveria ter menos do que houvesse recebido por uma divisão dos bens primários em partes iguais e de que, quando a produtividade da cooperação social permite uma melhoria geral, as desigualdades existentes devem concorrer para a vantagem daqueles cuja situação tiver melhorado menos, se se toma a divisão em partes iguais como ponto de referência.

Os dois princípios especificam igualmente uma forma ideal da estrutura básica à luz da qual os processos processuais e institucionais correntes são limitados e ajustados. Entre esses cerceamentos figuram os limites fixados para a acumulação da propriedade (em particular se existe uma propriedade privada dos meios de produção), limites que decorrem das exigências do justo valor da liberdade política e da justa igualdade das oportunidades, e daquelas que são fundadas nas considerações relativas à estabilidade da sociedade e à inveja justificada, ambas ligadas a esse bem primário essencial que é o respeito a si próprio*[21]. Temos necessidade desse ideal para orientar os ajustes necessários à manutenção da justiça do contexto social. Como já vimos (seção IV), mesmo que todos ajam eqüitativamente, vale dizer, seguindo as regras que é ao mesmo tempo razoável e realista impor aos indivíduos, o resultado de numerosas transações separadas pode minar a justiça do contexto social. Isso se evidencia desde o momento em que concebemos a sociedade, como devemos fazê-lo, levando em conta a cooperação entre gera-

---

21. Ver *TJ*, pp. 244-9, 305 ss., 593 ss., 603-8.

ções. Assim, mesmo numa sociedade bem ordenada são sempre necessários ajustes na estrutura básica. Deve-se portanto estabelecer uma divisão institucional do trabalho entre a estrutura básica e as regras que se aplicam diretamente às transações particulares. Os indivíduos e as associações permanecem livres para promover seus fins no âmbito das instituições do contexto social que efetuam as operações necessárias à manutenção de uma estrutura básica justa.

A necessidade de um ideal estrutural para especificar os cerceamentos e guiar as correções não depende portanto da injustiça. Mesmo em caso de obediência estrita a todas as regras razoáveis e realistas, tais ajustes são continuamente necessários. O fato de existirem muitas injustiças na vida política e social real só sublinha essa necessidade. Uma teoria puramente processual e desprovida dos princípios estruturais necessários a uma ordem social justa não seria de utilidade alguma no nosso mundo, já que o objetivo político é eliminar a injustiça e orientar a mudança para uma estrutura básica eqüitativa. Uma concepção da justiça deve especificar os princípios estruturais necessários e indicar a orientação geral da ação política. Na falta dessa forma ideal das instituições do contexto social, não há base racional para o ajuste contínuo do processo social com vistas a garantir a sua justiça nem para a eliminação da injustiça existente. A teoria ideal que define uma estrutura básica perfeitamente justa é, portanto, um complemento necessário para a teoria não ideal. Sem ela, o desejo de mudança ficaria privado de objetivo.

## X

Isso completa a discussão dos quatro pontos expostos no final da seção I. Um dos resultados do que foi dito é uma resposta às objeções do idealismo. O problema é o seguinte.

Para se desenvolver uma concepção kantiana da justiça, parece desejável destacar a estrutura da doutrina de Kant de seu pano de fundo de idealismo transcendental e lhe dar uma interpretação processual por meio da construção da posição original. (Isso é importante, ao menos para nos permitir ver até onde é possível levar uma interpretação processual da concepção kantiana no âmbito de um empirismo razoável.) Mas para atingir esse objetivo devemos mostrar que a construção da posição original que recorre à idéia de contrato social resiste às objeções legítimas que os idealistas levantaram contra a doutrina do contrato em sua época.

Assim, Hegel pensava que essa doutrina confundia a sociedade e o Estado com uma associação de pessoas privadas, que ela levava a forma e o conteúdo geral do direito público a serem determinados pelos interesses privados específicos e contingentes dos indivíduos e que ela não podia dar conta do fato de que não depende de nós termos nascido em nossa sociedade e a ela pertencermos. Para Hegel, o contrato social era uma extensão ilegítima e não crítica de idéias que pertenciam ao que ele chamava de sociedade civil e que se limitavam a ela. Ele objetava, além do mais, que a doutrina do contrato social não chegava a reconhecer a natureza social dos seres humanos e repousava na atribuição aos homens de certas capacidades naturais, de desejos particulares determinados, independentes da sociedade e, no que se refere à teoria, anteriores a ela[22].

Tentei responder a essas críticas em primeiro lugar sustentando que o objeto primeiro da justiça é a estrutura básica da sociedade, que tem a tarefa fundamental de estabelecer a justiça do contexto social (seções IV-V). À primeira vista, essa posição poderia parecer uma concessão, mas não é assim; a posição original sempre pode ser caracterizada de

---

22. Ver os seus *Principes de la philosophie du droit*, Paris, Gallimard, 1940.

forma que produza uma situação de acordo eqüitativo entre pessoas morais, livres e iguais, e na qual estas podem chegar a um acordo racional. Essa caracterização repousa numa certa maneira de conceber as pessoas morais, livres e iguais, e na interpretação de seus desejos e necessidades sob a forma de uma lista de bens primários (para atender às necessidades da argumentação na posição original). Certamente devemos distinguir o acordo sobre uma concepção da justiça e todos os outros acordos, mas essa exigência nada tem de surpreendente; devemos esperar que o acordo que estabelece princípios para a estrutura básica tenha traços que o distingam de todos os acordos concluídos no seio dessa estrutura (seções VI-VII). Enfim, indiquei o modo pelo qual a teoria da justiça como eqüidade pode levar em consideração a natureza social dos seres humanos (seção VIII). Ao mesmo tempo, como essa concepção moral se apóia numa base suficientemente individualista (a posição original como relação eqüitativa entre pessoas morais livres e iguais), ela concede aos valores sociais o lugar que lhes convém, sem sacrificar nem a liberdade nem a integridade da pessoa.

Talvez outras concepções contratualistas não possam responder à crítica idealista. Doutrinas do processo histórico, como as de Hobbes, ou de Locke, ou a concepção libertária, apesar de comportarem entre si diferenças importantes, parecem todas sujeitas a essa objeção. *Primeiramente*, dado que o contrato social foi concluído entre seres humanos num estado de natureza (em Hobbes e em Locke), ou que indivíduos aceitam tornar-se clientes de uma agência de proteção dominante (segundo o modelo libertário), parece inevitável que os termos desses acordos, ou as circunstâncias que os ratificam, sejam necessariamente afetados de maneira substancial pelas contingências e pelos acidentes do processo histórico hipotético, até que nada leve a garantir a justiça do contexto social nem a dele se aproximar. A doutrina de Locke ilustra essa dificuldade de forma surpreendente. Ele afirma que, como conseqüência do pacto social, os membros da sociedade não obtêm todos os direitos políticos iguais; os cidadãos têm o direito de voto enquanto proprietários, de forma que os não-proprietários não têm nem direito de voto nem direito de exercer autoridade política[23]. É provável que as acumulações que aconteceram no curso das gerações durante o hipotético processo histórico justo tenham privado muitas pessoas de propriedade, sem que isso possa ser considerado como culpa delas; e, apesar de o contrato social e a delegação da autoridade política que dele resulta serem perfeitamente racionais do seu ponto de vista e não contradizerem seus deveres para com Deus, eles não garantem esses direitos políticos básicos. De um ponto de vista kantiano, a doutrina de Locke submete indevidamente as relações sociais entre as pessoas morais a contingências históricas e sociais estranhas à sua liberdade e à sua igualdade e suscetíveis de enfraquecê-las. Os cerceamentos impostos por Locke ao processo histórico hipotético não são fortes o bastante para definir uma concepção da justiça do contexto social que seja aceitável por pessoas morais, livres e iguais. Poderemos mostrar isso se supusermos que o pacto social foi concluído imediatamente depois da criação dos seres humanos como pessoas livres e iguais no estado de natureza. Supondo-se que a situação deles, uns em relação aos outros, represente convenientemente a sua liberdade e igualdade, e que (é a posição de Locke) Deus não tenha conferido a nenhum deles o direito de exercer a autoridade política, é provável que eles reconheçam princípios que asseguram direitos básicos iguais (incluindo os direitos políticos) para todo o prosseguimento do processo histórico. Essa

---

23. Ver o seu *Second Traité du gouvernement civil*, lendo junto os §§ 140 e 158 (Paris, Vrin, 1967, trad. fr. E. Gilson).

leitura de Locke forneceria uma doutrina hipotética e não histórica se supuséssemos que, durante todo o período em questão, as pessoas estivessem por demais dispersas para que um acordo qualquer pudesse ser concluído. O fato de Locke não ter imaginado essa outra possibilidade põe em evidência o aspecto histórico de sua teoria[24].

Sugeri também que qualquer teoria do contrato deve reconhecer a necessidade de uma divisão do trabalho entre, de um lado, as operações da estrutura básica que visam manter a justiça do contexto social e, de outro, a definição e a execução, pelo sistema legal, das regras que se aplicam diretamente aos indivíduos e às associações e que regem suas transações particulares. Enfim, numa concepção kantiana do contrato, é inútil distinguir entre a situação dos indivíduos no estado de natureza e sua situação na sociedade. Esse tipo de comparação pertence unicamente aos acordos concluídos no âmbito das instituições do contexto social e não pode ter nenhum papel na determinação dos direitos básicos dos membros de uma sociedade. Além do mais, todo critério de comparação entre as vantagens relativas aos cidadãos deve ser fundado em suas relações presentes, na forma como as instituições sociais funcionam agora, e não na forma como a sucessão histórica real (ou uma sucessão hipotética justa), no decorrer das gerações passadas, melhorou (ou melhoraria) a condição de cada um em relação ao estado de natureza inicial (ou hipotético).

Meu objetivo aqui não é criticar as outras teorias do contrato. Para isso seria necessária uma outra discussão. Tentei explicar por que a teoria da justiça como eqüidade toma a estrutura básica como objeto primeiro da justiça e tenta desenvolver uma teoria especial para esse caso parti-

---

24. Devo a Quentin Skinner essa forma de compreender o aspecto histórico da teoria de Locke.

cular. Dados o caráter e o papel únicos dessa estrutura, a própria idéia de um acordo deve, por conseqüência, ser transformada, se se quiser concretizar a intenção da doutrina do contrato sob sua forma kantiana. Procurei mostrar como as transformações necessárias podem ser efetuadas.

*Tradução francesa de Philippe de Lara,*
*revista por Catherine Audard.*

# 2. O construtivismo kantiano na teoria moral

## Observação

Este artigo é o mais longo e também o mais importante de toda esta coletânea, na medida em que representa a feição "kantiana" da teoria da justiça como eqüidade e transforma os conceitos centrais de racionalidade e de bens primários utilizados por Rawls até então. Por um lado, a *racionalidade*, no sentido da teoria da escolha racional, é aqui completada pelo conceito do "razoável", ao qual está subordinada. Por outro lado, os *bens primários* aqui são descritos não mais como aquilo que satisfaz às necessidades vitais, mas como aquilo que é indispensável à realização pelo ser humano de sua "personalidade moral" no sentido kantiano. Paralelamente, as considerações epistemológicas da segunda conferência levam Rawls a explicar de modo mais claro em que sentido sua doutrina é *construtivista* e como, por sua própria abordagem, ela exprime a autonomia moral dos cidadãos de uma "sociedade bem ordenada" ao repudiar qualquer noção "externa" do justo e da justiça. Enfim, esse artigo apresenta com muito mais nitidez a questão da natureza da "pessoa" no sentido kantiano, questão tratada muito esquematicamente em *Uma teoria da justiça*. Observar-se-ão, entretanto, imprecisões e flutuações em relação à natureza e ao papel das crenças morais numa teoria da justiça que levarão Rawls a rever o conjunto do problema. Daí sua tentativa posterior de fazer uma distinção entre o "político" e o "metafísico" e seu esforço para precisar as condições de um consenso mínimo ou "consenso por justaposição", político e não mais moral.

# 2. O construtivismo kantiano na teoria moral[a]

I

**Autonomia racional e autonomia completa**

Nestas conferências vou examinar a idéia de uma concepção moral construtivista ou, de forma mais exata, dado que existem vários tipos de construtivismo\*, a variante kantiana\* de tal concepção. A variante que examino aqui é a da teoria da justiça como eqüidade\* tal como aparece em meu livro *TJ*[1]. Tenho para isso duas razões: a primeira é que assim me é possível examinar certos aspectos da teoria da justiça como eqüidade sobre os quais não havia ainda insistido

---

a. "Kantien Constructivism in Moral Theory".
Este artigo [publicado em *The Journal of Philosophy*, vol. 77, n.º 9, 1980, pp. 515-72] proveio de três conferências pronunciadas na Universidade de Colúmbia em abril de 1980. Essas conferências constituem a quarta série das John Dewey Lectures, instituídas em 1967 em honra de John Dewey, que foi professor de filosofia na Universidade de Colúmbia de 1905 a 1930.
Ao rever essas conferências com vistas a sua publicação, beneficiei-me de úteis debates com Burton Dreben, que levaram a numerosas melhorias e pelas quais lhe sou grato. Agradeço igualmente a Joshua Cohen e a Samuel Scheffler por suas valiosas críticas da primeira versão deste texto, que havia sido preparada para a Howison Lecture em Berkeley em maio de 1979 e que foi utilizada nas conferências II e III. Como sempre, devo muito às opiniões de Joshua Rabinowitz.
1. *A Theory of Justice*, Cambridge, Mass., Harvard University Press, 1971 (indicado pela sigla *TJ*). [Trad. fr. de Catherine Audard, *Théorie de la justice*, Paris, Éd. du Seuil, 1987. Todas as referências se reportam à tradução francesa, feita do texto em inglês modificado por Rawls para a tradução em língua estrangeira em 1975.]

e dessa maneira mostrar mais claramente as suas raízes kantianas. A segunda é que a forma kantiana do construtivismo não é tão bem compreendida como outras concepções morais tradicionais bem conhecidas, como o utilitarismo*, o perfeccionismo* e o intuicionismo*. Parece-me que essa situação retarda o progresso da teoria moral. É por isso que julgo útil começar por explicar as características distintivas do construtivismo kantiano, dizer o que ele é a partir do exemplo da teoria da justiça como eqüidade, sem procurar por enquanto defendê-la. Numa certa medida, que me é difícil avaliar, minha argumentação pressupõe uma relativa familiaridade com a *TJ*. Porém espero que, no conjunto, um simples conhecimento de suas intuições principais seja suficiente. Eu as recordarei, aliás, à medida em que for desenvolvendo o tema.

Gosto de pensar que John Dewey, em honra de quem são realizadas estas conferências, teria achado que seu tema está em harmonia com suas próprias preocupações. Nós tendemos a considerá-lo como o fundador de um naturalismo instrumental característico dos Estados Unidos. Ao fazer isso, porém, perdemos de vista o fato de que Dewey tinha começado sua carreira filosófica, como muitos outros no final do século XIX, sob a influência de Hegel. Seu gênio consistiu em adaptar o que havia de mais válido no idealismo de Hegel a uma forma de naturalismo específico de nossa cultura. Um dos objetivos de Hegel era ultrapassar os inúmeros dualismos que, segundo ele, deturpavam o idealismo transcendental de Kant, e Dewey, ao longo de toda a sua obra, compartilhou essa preocupação, sublinhando com muita freqüência o caráter contínuo daquilo que Kant havia separado de maneira tão radical. Esse tema está presente de modo particular nos primeiros textos de Dewey, nos quais as origens históricas de seu pensamento estão mais em evidência². No desenvolvimento de sua teoria moral, seguindo rumos inspirados em parte por Hegel, Dewey se opõe a Kant, às vezes de maneira completamente explícita e com freqüência a respeito de pontos em que a teoria da justiça como eqüidade se separa igualmente de Kant. Existem portanto pontos em comum entre a minha teoria e a de Dewey que se explicam por um desejo comum de superar os dualismos da doutrina kantiana.

I

O que distingue a versão kantiana do construtivismo é, essencialmente, que ela propõe uma concepção particular da pessoa e que faz disso um elemento de um procedimento razoável de construção cujo resultado determina o conteúdo dos princípios primeiros de justiça*. Em outras palavras, ela estabelece um certo procedimento de construção que satisfaz a certo número de exigências razoáveis, e no âmbito desse procedimento as pessoas caracterizadas como agentes racionais desse processo de construção definem, por sua concordância, os princípios primeiros de justiça. (Utilizo os termos *razoável\** e *racional\** para exprimir noções distintas, como explicarei mais adiante, na seção V.) A idéia diretora consiste em estabelecer uma relação satisfatória entre uma concepção particular da pessoa e os princípios primeiros de justiça por meio de um procedimento de construção. Numa ótica kantiana, a concepção da pessoa, o procedimento e os

---

2. Ver, por exemplo, de John Dewey, *Outlines of a Critical Theory of Ethics* (1891) e *The Study of Ethics: A Syllabus* (1894), reeditados em *John Dewey: The Early Works, 1882-1898*, Carbondale, Southern Illinois University Press, 1971, vols. 3 e 4 respectivamente. Pode-se ver claramente a dívida de Dewey para com o idealismo a partir de sua crítica de Kant em *Outlines*, pp. 290-300, e da formulação de sua própria doutrina da auto-realização, pp. 300-27.

princípios primeiros devem estar ligados de uma certa maneira que, é claro, permite variações. A teoria da justiça como eqüidade, evidentemente, não é uma teoria kantiana no sentido estrito. Ela se afasta do texto de Kant em inúmeros pontos. O adjetivo *kantiano* exprime apenas uma analogia, não uma identidade; ele indica que minha doutrina se parece, em boa parte, com a de Kant, e isso se dá a respeito de muitos pontos fundamentais, pelo que ela está bem mais próxima dela do que das outras doutrinas morais tradicionais que nos servem como termos de comparação.

Na doutrina kantiana que vou apresentar, as condições que permitem justificar uma concepção da justiça só são válidas se, no contexto da cultura política, for estabelecida uma base que permita a argumentação e o entendimento políticos. O papel social de uma concepção da justiça consiste assim em permitir a todos os membros da sociedade compreenderem por que as instituições e as disposições básicas que eles compartilham são aceitáveis, bem como em fazer com que os demais igualmente o compreendam. Isso será possível se eles recorrerem a argumentos reconhecidos publicamente como sendo razões válidas num sentido definido por essa concepção. Para se ter êxito nessa tarefa, ela deve definir quais são as instituições sociais que são aceitáveis, como elas podem ser coordenadas em um só sistema, isso de maneira que todos os cidadãos as julguem justificadas, quaisquer que sejam sua posição social ou seus interesses mais particulares. Desse modo, em todos os casos em que ainda não seja conhecida ou aceita uma base que permita o acordo entre os cidadãos, a tarefa que consiste em justificar uma concepção da justiça vem a ser a seguinte: Como podem as pessoas pôr-se de acordo a respeito de uma concepção da justiça que preencherá esse papel social e que será (a mais) razoável para elas, dada a maneira como elas concebem sua pessoa e encaram os traços gerais da cooperação social entre tais pessoas?

Se seguirmos essa idéia de justificação, veremos que o exame da concepção kantiana da justiça permite tratar de um impasse na nossa história política recente. Nestes últimos dois séculos, aproximadamente, o desenvolvimento do pensamento democrático mostrou que, na verdade, não existe concordância sobre o modo de organizar as instituições sociais básicas de maneira que elas respeitem a liberdade e a igualdade dos cidadãos, considerados como pessoas morais. Não existe, expresso de maneira que reúna a aprovação geral, um acordo satisfatório a respeito das idéias de liberdade e de igualdade implícitas na cultura pública das democracias. O mesmo acontece quando se trata de encontrar uma conciliação entre essas duas aspirações. Ora, uma concepção kantiana da justiça busca dissipar o conflito entre as diferentes interpretações da liberdade e da igualdade formulando a seguinte pergunta: Quais seriam os princípios de liberdade e de igualdade reconhecidos tradicionalmente, e quais seriam as variantes naturais desses princípios, a respeito das quais as próprias pessoas morais, sendo livres e iguais, poderiam se pôr de acordo, se fossem eqüitativamente representadas sob esse único ponto de vista e se elas se considerassem como cidadãos, ou seja, como membros integrais e por toda a vida de uma sociedade real? Sua concordância – se é que uma concordância é possível – deveria ressaltar os princípios de liberdade e de igualdade mais satisfatórios e por esse modo definir os princípios de justiça.

Uma conseqüência imediata dessa limitação da nossa indagação sobre o conflito entre liberdade e igualdade é que não tentaremos encontrar uma concepção da justiça que seja válida para todas as sociedades, independentemente de suas situações históricas ou sociais particulares. Queremos resolver um conflito fundamental quanto à forma justa que as instituições básicas das democracias modernas deveriam ter. Nosso objeto somos nós mesmos, nosso futuro e nossos debates a partir, digamos, da declaração da Independência. Saber se nossas conclusões são igualmente válidas num contexto mais amplo é outra questão.

Eis por que gostaríamos de chegar, pelo menos entre nós, a um acordo sobre os princípios primeiros de justiça que possamos pôr em prática. Nossa esperança é que exista uma vontade comum de chegar a um acordo e que as pessoas compartilhem uma quantidade suficiente de idéias subjacentes, de princípios implicitamente respeitados, a fim de que o esforço para encontrar uma solução esteja relativamente alicerçado. O papel da filosofia política na cultura pública das democracias é, então, definir e tornar explícitas essas noções e esses princípios que compartimos e que estão, ao que parece, já latentes no senso comum\*; ou então se, como freqüentemente acontece, o senso comum se mostra hesitante e incerto, sem saber o que pensar, ela deve propor-lhe certas concepções e certos princípios que estão no cerne de suas convicções e de suas tradições históricas mais importantes. Justificar uma concepção kantiana no quadro de uma sociedade democrática não quer dizer simplesmente argumentar de maneira correta a partir de certas premissas ou a partir de premissas publicamente compartilhadas e mutuamente aceitas. A verdadeira tarefa consiste em descobrir e em formular as bases mais profundas desse acordo que se pode esperar estejam enraizadas no bom senso. Ela pode chegar a criar e a moldar pontos de partida para esse acordo exprimindo, sob uma forma nova, as convicções que pertencem à tradição histórica e vinculando-as à gama variada das convicções mais sólidas, daquelas que resistem ao exame crítico. Ora, como disse mais acima, o que é específico de uma doutrina kantiana é a relação entre o conteúdo da justiça e uma certa concepção da pessoa como livre e igual, como capaz de agir ao mesmo tempo de modo racional e razoável e, por conseguinte, como capaz de participar da cooperação social entre pessoas assim concebidas. O construtivismo kantiano pretende recorrer a uma concepção da pessoa que seja aquela que a cultura adota implicitamente ou, pelo menos, que se revela aceitável pelos cidadãos uma vez que lhes tenha sido apresentada e explicada corretamente.

Devo agora ressaltar que o que denomino "tarefa verdadeira" não é, em primeiro lugar, um problema epistemológico. A procura de argumentos razoáveis que permitiriam chegar a um acordo e que estejam enraizados na nossa concepção de nós mesmos, bem como na nossa relação com a sociedade, substitui a procura de uma verdade moral fixada por uma ordem de objetos e de relações independente e anterior, seja ela divina ou natural, uma ordem distinta e separada da nossa concepção de nós mesmos. A tarefa consiste em elaborar uma concepção pública da justiça que seja aceitável para todos os que consideram sua pessoa e sua relação com a sociedade de uma determinada maneira. Mesmo que isso implique ter de resolver dificuldades teóricas, a tarefa social e prática continua sendo primordial. O que justifica uma concepção da justiça não é, portanto, que ela seja verdadeira em relação a uma determinada ordem anterior a nós, mas que esteja de acordo com a nossa compreensão em profundidade de nós mesmos e o fato de que reconheçamos que, dadas a nossa história e as tradições que estão na base da nossa vida pública, ela é a concepção mais razoável para nós. Não poderíamos encontrar melhor mapa fundamental para a nossa sociedade. O construtivismo kantiano sustenta que a objetividade moral deve ser compreendida como um ponto de vista social corretamente construído e aceitável para todos. Fora do procedimento pelo qual se constroem os princípios de justiça, não existem fatos morais. Só se pode saber se certos fatos devem ou não ser reconhecidos como razões em matéria de justo e de justiça, ou qual o peso a lhes ser atribuído no âmbito do procedimento da própria construção e, por conseguinte, do ponto de vista das ações de agentes racionais de um processo de construção, com a condição de que sejam corretamente representados como pessoas livres e iguais. (Na minha terceira conferência voltarei com mais detalhes às idéias apresentadas neste último parágrafo.)

II

Essas primeiras observações eram introdutórias e visavam apenas sugerir os temas de minha exposição. Tentemos agora definir de maneira mais exata o impasse da nossa cultura política pública, que mencionei mais acima, a saber, o conflito entre duas tradições do pensamento democrático, uma associada com Locke, a outra com Rousseau. Se utilizar a distinção feita por Benjamin Constant entre a liberdade dos Modernos* e a liberdade dos Antigos*, eu direi que a tradição derivada de Locke dá prioridade à primeira, isto é, às liberdades civis, e em particular à liberdade de consciência e de pensamento, a certos direitos básicos da pessoa e aos direitos de propriedade e de associação. Ao contrário, a tradição oriunda de Rousseau atribui a prioridade às liberdades políticas iguais para todos e aos valores da vida pública e considera as liberdades civis como subordinadas. Claro está que essa oposição é, em grande parte, artificial e historicamente inexata. Porém ela serve para fixar as idéias e nos permite ver que uma simples acomodação entre essas duas tradições (mesmo que cheguemos a nos pôr de acordo quanto à melhor interpretação de cada uma) seria pouco satisfatória. De um modo ou de outro, devemos encontrar uma formulação pertinente da liberdade e da igualdade, bem como de sua prioridade relativa, que esteja enraizada nas noções mais fundamentais de nossa vida política e que esteja de acordo com a nossa concepção da pessoa.

Mas como chegar a esse objetivo? A teoria da justiça como eqüidade tenta descobrir as idéias fundamentais (latentes no bom senso) relativas à liberdade, à igualdade, à cooperação social ideal e à pessoa formulando o que eu chamarei de concepções-modelos. A argumentação, em seguida, se desenrola no âmbito dessas concepções, que só é necessário precisar a fim de obter uma interpretação pública aceitável daquilo que são a liberdade e a igualdade. Para julgar se a doutrina que dela resulta preenche sua finalidade, é preciso ver como ela funciona. Uma vez enunciada, ela deve propor uma concepção satisfatória de nós mesmos e da nossa relação com a sociedade e em seguida vincular esta aos princípios primeiros de justiça que sejam aplicáveis. Somente depois de refletirmos podemos aceitar a doutrina proposta.

As duas concepções-modelos básicas na teoria da justiça como eqüidade são as de uma sociedade bem ordenada* e de uma pessoa moral*. Seu interesse está em destacar os aspectos essenciais da nossa concepção de nós mesmos como pessoas morais e da nossa relação com a sociedade enquanto cidadãos livres e iguais. Elas descrevem certos traços gerais que seriam característicos de uma sociedade se os seus membros considerassem publicamente a si próprios e a seus laços sociais de uma certa maneira. A posição original* é uma terceira concepção-modelo desse gênero que tem um papel mediador. Ela serve para vincular a concepção-modelo da pessoa moral aos princípios de justiça que caracterizam suas relações entre cidadãos na concepção-modelo da sociedade bem ordenada. Ela desempenha esse papel fornecendo um modelo da maneira pela qual os cidadãos de uma sociedade bem ordenada, isto é, definidos como pessoas morais, selecionariam idealmente os princípios primeiros de justiça que se aplicassem à sua sociedade. Os cerceamentos impostos aos parceiros* na posição original e a maneira de descrevê-los têm por objetivo representar a liberdade e a igualdade que as pessoas morais devem possuir em tal sociedade. Se, de fato, um acordo sobre certos princípios de justiça fosse conseguido dessa maneira (ou caso se chegasse a isolar uma certa família limitada de princípios da qual eles fizessem parte), então se concretizaria o objetivo do construtivismo kantiano, isto é, estabelecer uma relação entre princípios determinados e uma concepção particular da pessoa.

No momento, porém, só considerarei os parceiros na posição original como os agentes racionalmente autônomos de um processo de construção. Como tais, eles representam o aspecto da racionalidade que faz parte da concepção da pessoa moral própria dos cidadãos de uma sociedade bem ordenada. A autonomia racional dos parceiros na posição original difere da autonomia completa exercida pelos cidadãos na sociedade. A autonomia *racional* é aquela dos parceiros na medida em que são agentes de um processo de construção. Essa é uma noção relativamente estreita que se precisa colocar em paralelo com a noção kantiana de um imperativo hipotético (ou a de racionalidade* que se encontra na economia neoclássica). A autonomia *completa* é aquela dos cidadãos na vida cotidiana, que têm uma certa visão de si próprios, defendendo e aplicando os princípios primeiros de justiça a respeito dos quais se puseram de acordo. Na seção V examinarei os cerceamentos impostos aos parceiros graças aos quais a posição original pode representar os elementos essenciais da autonomia completa.

Recordemos agora, sucintamente, os traços de uma sociedade bem ordenada pertinentes ao nosso propósito[3]. *Em primeiro lugar*, uma sociedade desse tipo é de fato regida

---

3. Esses traços característicos não estão descritos de forma satisfatória em parte alguma de *TJ*. Aqui e nas conferências subseqüentes procurarei fornecer uma apresentação mais clara e mais sistemática dessa noção, bem como indicar seu papel básico enquanto concepção-modelo.

por uma concepção pública da justiça, ou seja, é uma sociedade na qual cada um aceita, e sabe que os demais também aceitam, os mesmos princípios de justiça. Além disso, a estrutura básica* da sociedade – a organização de suas principais instituições num único sistema social – respeita de fato esses princípios, e a opinião pública tem boas razões para acreditar que assim é. Enfim, os princípios públicos de justiça estão eles próprios alicerçados em crenças razoáveis, que foram estabelecidas por métodos de indagação geralmente reconhecidos nessa sociedade. O mesmo ocorre com o uso desses princípios para julgar as instituições da sociedade.

*Em segundo lugar*, os membros de uma sociedade bem ordenada são pessoas morais, livres e iguais, e eles se consideram a si mesmos e aos outros como tais em suas relações políticas e sociais (na medida em que elas dizem respeito a questões de justiça). Há aqui três noções distintas, definidas independentemente: a liberdade, a igualdade e a pessoa moral. Os membros de uma sociedade bem ordenada são pessoas morais no sentido de que, a partir do momento em que atingem a idade da razão, todos possuem e reconhecem nos demais um senso de justiça, bem como uma compreensão do que é uma concepção do seu bem. Os cidadãos são iguais na medida em que se consideram uns aos outros como detentores de um direito igual de determinar e de avaliar de maneira ponderada os princípios primeiros de justiça que devem reger a estrutura básica da sua sociedade. Eles são livres na medida em que pensam ter o direito de intervir na elaboração de suas instituições comuns em nome de seus próprios objetivos fundamentais e de seus interesses superiores. Entretanto, na condição de pessoas livres, eles não se consideram ligados de forma indissolúvel à perseguição de fins particulares que podem ter num momento dado, mas antes como capazes de revisar e de modificar esses fins com base em argumentos racionais e razoáveis.

Há outras características de uma sociedade bem ordenada, como a sua estabilidade no que diz respeito ao seu senso de justiça, o fato de ela existir no que Hume chama de "o contexto da justiça"* (*"the circumstances of justice"*) que torna a justiça necessária e assim por diante. Por enquanto, porém, podemos deixar de lado essas questões. O essencial é que, quando formularmos a concepção-modelo da posição original, consideremos os parceiros como escolhendo princípios que devem servir de princípios efetivos e públicos de justiça para uma sociedade bem ordenada e, por conseguinte, para a cooperação social entre pessoas que se consideram a si próprias como livres e iguais. Se bem que essa descrição de uma sociedade bem ordenada seja formal, já que seus elementos, tomados por si mesmos, não implicam um conteúdo específico para os princípios de justiça, ela impõe diversas condições ao estabelecimento dessa posição original. Em especial, a concepção das pessoas morais como livres e iguais e a distinção entre autonomia racional e autonomia completa devem aparecer de maneira apropriada nessa descrição. De outro modo, a posição original não poderia desempenhar o seu papel mediador. Ela não poderia vincular uma certa concepção da pessoa a princípios primeiros bem definidos por meio de um procedimento no qual os parceiros, agentes autônomos e racionais de um processo de construção, adotam princípios de justiça e no qual, uma vez aplicados pelos cidadãos de uma sociedade bem ordenada em sua vida cotidiana, esses princípios lhes permitem tornar-se pessoas plenamente autônomas.

III

Desçamos dessas abstrações, pelo menos por enquanto, e tentemos agora resumir o que é a posição original. Como já disse, a teoria da justiça como eqüidade começa com a idéia de que a concepção da justiça mais apropriada para a estrutura básica de uma sociedade democrática é aquela que seus cidadãos adotariam numa situação eqüitativa em relação a si mesmos e na qual eles seriam representados unicamente enquanto pessoas morais, livres e iguais. Essa é a situação da posição original. Nós pressupomos que a eqüidade das circunstâncias nas quais o acordo é atingido se transfere para os princípios de justiça escolhidos. Dado que a posição original situa as pessoas livres e iguais de maneira eqüitativa umas em relação às outras, a concepção de justiça, seja ela qual for, que elas adotarão será igualmente eqüitativa. Daí o nome de "teoria da justiça como eqüidade".

Se quisermos certificar-nos de que a posição original é eqüitativa em relação aos indivíduos, considerados unicamente como pessoas morais livres e iguais, deveremos exigir que, no momento de adotar os princípios para a estrutura básica, os parceiros fiquem privados de certas informações. Eles são colocados por trás do que eu denominei um véu de ignorância\*. Por exemplo, eles não conhecem o seu lugar na sociedade nem o seu *status* social, não conhecem tampouco o seu quinhão na distribuição de talentos e de dons naturais. Pressupor-se-á igualmente que não conhecem sua própria concepção do bem, isto é, seus fins últimos particulares e, para concluir, que ignoram suas tendências e suas disposições psicológicas específicas. É necessário excluir essa informação caso se queira que ninguém tenha alguma vantagem ou desvantagem pelas contingências naturais ou pelo acaso social na adoção dos princípios. De outro modo, os parceiros disporiam de trunfos disparatados nas negociações, os quais afetariam o acordo concluído. A posição original representaria os parceiros não unicamente como pessoas morais, livres e iguais, mas como pessoas afetadas pelo acaso social e pelas contingências naturais. Por isso esse gênero de limitações de informação é necessário a fim de fazer imperar a eqüidade nos relacionamentos entre os parceiros, tratando-os como pessoas livres e iguais, e para garantir que é nessa capacidade que os parceiros chegam a um acordo sobre os princípios básicos da justiça social.

Vê-se então que a posição original, tal como a descrevi, comporta um grau muito elevado de justiça processualística pura\*. Isso quer dizer que, quaisquer que sejam os princípios selecionados pelos parceiros da lista das escolhas possíveis, eles serão justos. Em outras palavras, o resultado da posição original define o que se poderia chamar de os "bons" princípios de justiça. Isso se contrapõe à justiça processualística perfeita, na qual já existe um critério independente e estabelecido previamente daquilo que é justo (ou eqüitativo) e na qual há um procedimento que garante um resultado que respeita esse critério independente. Pode-se tomar como ilustração o exemplo bem conhecido da divisão de um bolo: se se supõe que a divisão em partes iguais é eqüitativa, basta então que a pessoa que corta o bolo se sirva por último. (Passo por cima das outras hipóteses que tornariam esse exemplo realmente irrefutável.) A característica essencial da justiça processualística pura, distinta da justiça processualística perfeita, é a ausência de um critério independente de justiça. O que é justo se define apenas pelo resultado do próprio procedimento.

Uma das razões para descrever a posição original como caracterizada por essa justiça processualística pura é a de nos permitir explicar em que sentido os parceiros, enquanto agentes racionais do processo de construção, são igualmente autônomos (enquanto agentes). O recurso à justiça processualística pura implica, de fato, que os próprios princípios de justiça são construídos por um processo de deliberação, processo que se pode tornar visível graças à deliberação dos parceiros na posição original. O peso apropriado que possuem as considerações em favor dos diferentes princípios, ou contra eles, é fornecido pelo peso que elas têm para os parceiros, e seu peso final é dado pelo acordo que se efetiva. Recorrer à justiça processualística pura na posição original significa que, em suas deliberações, os parceiros não precisam aplicar os princípios de justiça estabelecidos anteriormente e que, portanto, eles não estão limitados por um cerceamento desse tipo. Em outras palavras, não existe instância exterior à perspectiva própria dos parceiros que os limite em nome de princípios anteriores e independentes para julgar as questões de justiça que se podem apresentar para eles enquanto membros de uma determinada sociedade.

Gostaria agora de chamar a atenção para os pontos seguintes. Acabei de dizer que não existe instância exterior no que diz respeito às questões de justiça que a eles se possa apresentar. Aqui a expressão "a eles" é essencial. Ela significa que deixo de lado dois problemas importantes: o primeiro é o da justiça entre as nações (o direito internacional público); o segundo, o do nosso relacionamento com a ordem natural e com os outros seres vivos. Essas duas questões são muito importantes e extremamente difíceis de tratar. Salvo um pequeno número de casos precisos, *TJ* não tentou tratar delas[4]. Continuarei apenas com a idéia de que podemos razoavelmente tomar como ponto de partida a estrutura básica da sociedade considerada como um sistema de cooperação fechado e auto-suficiente. Se, para esse caso, conseguirmos encontrar uma concepção satisfatória, poderemos então ao mesmo tempo limitá-la e deduzir dela princípios válidos para associações e práticas e ampliá-la para o direito internacional público e para a ordem natural. Não se pode, evidentemente, prever se essa ampliação é viável, nem em que medida a concepção de justiça para a estrutura básica deverá ser revisada durante esse processo. Gostaria simplesmente de assinalar aqui esses limites da minha reflexão.

---

4. Ver *TJ*, § 58, onde vários casos de objeção de consciência são examinados em relação à questão da guerra justa. No que se refere às nossas relações com a ordem natural, poder-se-á consultar o último parágrafo (§ 77) em *TJ*.

Até aqui, defini a autonomia dos parceiros pelo fato de serem livres para dar sua concordância a qualquer concepção da justiça que lhes seja proposta com base na sua avaliação racional das probabilidades que ela terá de favorecer os seus interesses. Em suas deliberações, eles não precisam aplicar nem levar em conta princípios de justiça particulares. Devem tomar sua decisão respeitando apenas o que ordenam os princípios de racionalidade*, nos limites de sua situação. Porém a pertinência do termo *autonomia*, aplicado aos parceiros, depende igualmente de seus interesses e da natureza dos cerceamentos aos quais estão submetidos. É isso que nos cabe examinar agora.

## IV

Recordemos que os parceiros devem adotar princípios que servirão de concepção pública efetiva da justiça numa sociedade bem ordenada. Ora, os cidadãos de uma sociedade desse tipo se consideram a si mesmos como pessoas morais que têm uma concepção do seu bem (um sistema ordenado dos seus fins últimos) e é por isso que se crêem justificados para intervir na elaboração de suas instituições comuns. Desse modo, na posição original, podemos descrever os parceiros seja como os representantes (ou os guardiães) de pessoas que têm certos interesses, seja como estando eles próprios movidos por esses interesses. Isso na verdade não faz diferença alguma, porém a segunda conduta é mais simples e descreverei a situação sobretudo dessa maneira.

Consideramos portanto que as pessoas morais se caracterizam por duas faculdades morais* e por dois interesses superiores* que consistem na realização e no exercício dessas faculdades. A primeira permite dar mostras de um verdadeiro senso de justiça, isto é, de uma capacidade para compreender e aplicar os princípios de justiça, para agir segundo eles e não apenas de acordo com eles. A segunda consiste em formar, revisar e defender de modo racional uma concepção do bem. Dois interesses superiores, que correspondem a essas capacidades, animam as pessoas. Ao dizer que eles são superiores, quero com isso significar que, dada a maneira pela qual se define a concepção-modelo da pessoa, esses interesses governam a nossa vida no grau mais elevado e de maneira eficaz. Isso implica que, cada vez que as circunstâncias exercem um impacto sobre a sua efetivação, esses interesses governam a nossa deliberação e a nossa conduta. Dado que os parceiros representam pessoas morais, eles são, por conseguinte, movidos por esses mesmos interesses que buscam garantir o desenvolvimento e o exercício das faculdades morais.

Além do mais, pressuponho que os parceiros representam pessoas morais desenvolvidas, isto é, pessoas que, num dado momento, possuem um sistema determinado de fins últimos, uma concepção particular do bem. Desse modo, a concepção-modelo define as pessoas morais como determinadas, ainda que, do ponto de vista da posição original, elas não conheçam o conteúdo dessa concepção do bem, seus fins últimos. Essa concepção produz igualmente uma terceira motivação, isto é, um interesse mais elevado que busca proteger e efetivar a sua concepção do bem da melhor forma que possam, seja ela qual for. A razão pela qual se trata apenas de um interesse mais elevado, e não superior, está em que, como vamos ver mais adiante, ele está subordinado, em certos aspectos essenciais, aos interesses superiores.

Ora, com relação a esses três interesses reguladores, o véu de ignorância suscita o seguinte problema: como devemos constituir a posição original de maneira que os parceiros, enquanto representantes de pessoas que possuem esses interesses, cheguem a um acordo? É nesse momento que se introduz a análise dos bens primários*. Ao estipularmos que é com relação a suas preferências por esses bens primários que os parceiros avaliam as concepções da justiça, nós os dotamos, na medida em que eles são os agentes racionais de um processo de construção, de desejos suficientemente específicos para que suas deliberações tenham um resultado preciso. Procuramos verificar quais são, no segundo plano, as condições sociais e os meios gerais polivalentes necessários, em geral, para o desenvolvimento e o exercício das duas faculdades morais mencionadas, bem como para a concretização eficaz de uma concepção do bem. Desse modo, muito sucintamente, seria a seguinte uma explicação das razões que têm os parceiros para preferir os bens primários enumerados em $TJ^5$:

> *(I)* As liberdades básicas (liberdade de pensamento e liberdade de consciência etc.) são as instituições do contexto social necessárias para o desenvolvimento e o exercício da capacidade de escolher, de revisar e de efetivar racionalmente uma certa concepção do bem. Do mesmo modo, essas liberdades permitem o desenvolvimento e o exercício do senso da justiça em condições sociais caracterizadas pela liberdade.
> *(II)* A liberdade de movimento e a livre escolha de sua ocupação, num contexto de oportunidades diversas, são necessárias para a consecução de fins últimos e para a eficácia da nossa decisão de revisá-las e modificá-las se o desejarmos.
> *(III)* Os poderes e as prerrogativas das funções e dos postos de responsabilidade são necessários para desenvolver as diversas capacidades autônomas e sociais do eu (*self*).

---

5. *TJ*, § 15. Para um exame mais completo, ver Allen Buchanan, "Revisability and Rational Choice", *Canadian Journal of Philosophy*, V, 3, novembro de 1975, pp. 395-408. Para uma análise mais geral da qual o uso do conceito de bens primários seria um exemplo particular, ver T. M. Scanlon, "Preferences and Urgency", *The Journal of Philosophy*, vol. 72, n.º 19, 6 de novembro de 1975, pp. 655-69.

*(IV)* A renda e a riqueza, consideradas no sentido amplo, são meios polivalentes (providos de um valor de troca) que permitem concretizar, direta ou indiretamente, quase todos os nossos fins, sejam eles quais forem.

*(V)* As bases sociais do respeito por si mesmo\* são constituídas pelos aspectos das instituições básicas que são, em geral, essenciais para os indivíduos a fim de que eles adquiram uma noção verdadeira de seu próprio valor enquanto pessoas morais e para que sejam capazes de concretizar os seus interesses de ordem mais elevada e de fazer progredirem os seus próprios fins com entusiasmo e autoconfiança.

Se essas observações estão corretas, a preferência demonstrada pelos parceiros por esses bens primários é racional. (Suporei, neste contexto, que a nossa noção intuitiva de racionalidade é suficiente aqui e não a examinarei antes da próxima seção.)

Há numerosos pontos referentes aos bens primários que requereriam exame. Aqui, ater-me-ei à idéia diretora, a saber, que os bens primários são definidos quando se indaga qual o gênero de condições sociais e de meios polivalentes que permitiriam aos seres humanos concretizar e exercer suas faculdades morais, bem como buscar seus fins últimos (que se supõe não excederem certos limites). Precisamos portanto considerar aqui as necessidades sociais e as circunstâncias da existência humana numa sociedade democrática. Ora, importa observar que a concepção que define as pessoas morais como tendo certos interesses superiores bem precisos condiciona a definição dos bens primários no quadro das concepções-modelos. Desse modo, esses bens não devem ser entendidos como meios gerais essenciais à consecução de quaisquer fins últimos, que um estudo empírico permitiria atribuir de maneira habitual ou normal às pessoas, sejam quais forem as condições sociais. Há poucos fins desse tipo, se é que existem. Quanto aos que existem, eles sem dúvida não podem servir para construir uma concepção da justiça razoável para nós. A lista dos bens primários não se apóia portanto em fatos gerais desse tipo, ainda que dependa efetivamente de fatos sociais gerais, uma vez fixados a concepção da pessoa e seus interesses superiores. (Devo assinalar aqui que, ao basear a análise dos bens primários numa concepção da pessoa, faço uma revisão das sugestões de *TJ*, já que nesse texto poderia parecer que a lista dos bens primários era o resultado de um levantamento puramente psicológico, estatístico ou histórico[6].)

Qual é a pertinência dessas observações a respeito dos bens primários para a nossa questão inicial, que tinha como objeto a autonomia racional? Observamos que essa autonomia depende certamente, em parte, dos interesses que mobilizam os parceiros e não apenas pelo fato de eles estarem ligados por algum princípio de justiça autônomo e anterior. Se os parceiros fossem movidos somente por impulsos de ordem inferior, como, por exemplo, a alimentação e a bebida, ou por certas vinculações a esse ou àquele grupo de pessoas, associação ou comunidade, nós os consideraríamos como heterônomos, e não como autônomos. Contudo, na base do desejo pelos bens primários encontram-se interesses superiores da personalidade moral e a necessidade de garantir nossa própria concepção do bem (seja ela qual for). Desse modo os parceiros não fazem mais do que assegurar e efetivar as condições necessárias para o exercício das faculdades que os caracterizam enquanto pessoas morais. É certo que uma motivação assim não é nem heterônoma nem egocêntrica. Esperamos e até queremos que as pessoas se preocu-

---

6. Ver, por exemplo, *TJ*, § 15, pp. 97-8, onde os bens primários são examinados pela primeira vez de modo bastante extenso; ver também pp. 153-4, 278-9, 287 e 479. Não examino a questão de saber se a análise dos bens primários é uma questão de teoria social ou se depende essencialmente de uma concepção da pessoa. Sou grato a Joshua Cohen, Joshua Rabinowitz, T. M. Scanlon e Michael Teitelman por suas valiosas críticas e sua clarificação desse ponto importante.

pem com as suas liberdades e oportunidades a fim de efetivar essas faculdades e pensamos que, ao renunciar a isso, elas carecem de respeito por si mesmas e demonstram fraqueza de caráter. É por isso que a hipótese segundo a qual os parceiros são mutuamente desinteressados\* e, portanto, se preocupam com a proteção de seus interesses superiores (ou dos que eles representam) não deve ser confundida com o egoísmo.

Em conclusão, por conseguinte, os parceiros, enquanto agentes racionais de um processo de construção, são descritos na posição original como seres autônomos sob dois pontos de vista. *Em primeiro lugar*, nas suas deliberações eles não precisam aplicar nem seguir princípios de justiça que seriam prévios e anteriores. É o que se expressa pelo uso da justiça processualística pura. *Em segundo lugar*, eles são descritos como não sendo mobilizados por seus interesses superiores, aqueles que têm por objeto suas faculdades morais, e por sua preocupação em efetivar seus fins últimos, determinados, ainda que desconhecidos. A análise dos bens primários e sua definição exprimem esse aspecto da autonomia. Dada a existência do véu de ignorância, os parceiros só podem ser movidos por esses interesses superiores, que, por sua vez, eles devem concretizar por meio de sua preferência pelos bens primários.

V

Assim se conclui a análise da noção de autonomia racional aplicada aos parceiros considerados como agentes de um processo de construção. Tratarei agora de outra noção, a da autonomia completa. Ainda que ela só se efetive com os cidadãos de uma sociedade bem ordenada no curso de sua vida cotidiana, seus traços essenciais devem, não obstante, figurar de maneira apropriada na posição original. De fato, é aprovando os princípios primários que seriam adotados em tal situação e reconhecendo publicamente o procedimento que permite chegar a um acordo, tanto quanto agindo com base nesses princípios e em conformidade com os imperativos de seu senso da justiça que os cidadãos alcançam sua completa autonomia. É por isso que nos devemos perguntar como a posição original integra os elementos necessários para essa autonomia completa.

Ora, esses elementos não estão presentes na descrição das deliberações e das motivações dos parceiros. Estes últimos não passam de agentes artificiais e são apresentados como sendo apenas racionalmente autônomos, e não completamente autônomos. Para explicar essa idéia, notemos dois elementos presentes em qualquer concepção da cooperação social. O primeiro é o dos *termos eqüitativos da cooperação*. Trata-se de termos que se pode esperar ver razoavelmente aceitos por cada participante com a condição de que os demais também os aceitem. A noção inclui portanto uma idéia de reciprocidade e de mutualidade. Todos os que cooperam devem ser beneficiários ou compartir dos encargos comuns de um modo relativamente satisfatório, avaliado por um critério adequado de comparação. Chamarei de *Razoável* esse elemento presente na cooperação social. O outro elemento corresponde ao *Racional*. Ele exprime a concepção que cada participante tem de sua vantagem racional e que ele tenta, enquanto indivíduo, concretizar. Como vimos, a interpretação do Racional na posição original corresponde ao desejo que têm as pessoas de efetivar e exercer as suas faculdades morais e garantir o avanço da sua concepção do bem. Com a condição de precisar quais são os interesses superiores dos parceiros, dir-se-á que eles são racionais em suas deliberações na medida em que os princípios judiciosos de escolha racional guiarem as suas decisões. Eis alguns exemplos bem conhecidos desses princípios: a adoção de meios eficazes para atingir fins; a escolha entre diferentes fins últimos em função da sua importância para o nosso projeto de vida em seu conjunto, da sua compatibilidade e da sua complementaridade relativas; finalmente, o fato de atribuir mais peso às conseqüências mais prováveis etc. Ainda que não pareça existir uma melhor interpretação possível do que seja a racionalidade, não é aí que residem as dificuldades principais do construtivismo kantiano. Ignorarei portanto essas questões e me concentrarei na noção mais problemática do Razoável e em sua representação na posição original.

Essa representação se expressa por meio de cerceamentos que delimitam o quadro das deliberações dos parceiros e definem a sua situação uns em relação aos outros. O Razoável fica incorporado às disposições da posição original que enquadram os debates dos parceiros e os situam de maneira simétrica. Mais precisamente, além das diversas e bem conhecidas condições formais* que pesam sobre os princípios primeiros, tais como a generalidade e a universalidade, a relação de ordem e a irrevocabilidade, os parceiros têm a obrigação de adotar uma concepção pública da justiça e devem avaliar seus princípios primeiros tendo em mente essa condição. (Na conferência seguinte falarei mais sobre o tema da condição de publicidade.)

O véu de ignorância implica que as pessoas sejam representadas unicamente como pessoas morais, e não como pessoas beneficiadas ou prejudicadas pelas contingências de sua posição social, pela distribuição das aptidões naturais ou pelo acaso e pelos acidentes da História durante o desenrolar de sua vida. Resulta daí que elas ficam situadas de maneira igual, sendo todas pessoas morais, e, portanto, de maneira eqüitativa. Refiro-me aqui à idéia segundo a qual a única característica pertinente para o estabelecimento dos termos básicos da cooperação social é a posse de faculdades morais mínimas e apropriadas que constituem a personalidade moral (as faculdades com que somos equipados a fim de podermos ser normalmente membros cooperadores da sociedade durante toda a nossa vida). Essa hipótese, acrescentada ao preceito segundo o qual os seres iguais sob todos os pontos de vista devem ser representados de maneira igual, assegura a eqüidade da posição original.

O último cerceamento que mencionarei aqui é o seguinte. Ao estipular que o objeto primeiro da justiça é a estrutura básica da sociedade, isto é, o conjunto das suas principais instituições e a maneira pela qual elas se organizam para formar um sistema único, justifico o fato de situar os parceiros de maneira igual e de limitar sua informação pelo véu da ignorância. De fato, essa estipulação exige que os parceiros avaliem as concepções propostas à sua escolha considerando que elas devem fornecer princípios primeiros de justiça para o que vamos denominar de justiça do contexto social* (*background justice*). Somente quando a estrutura básica satisfaz às exigências da justiça do contexto social é que uma sociedade trata os seus membros como pessoas morais iguais. Do contrário, as disposições fundamentais que a governam não estão conformes aos princípios que os seus membros adotariam se estivessem representados de maneira eqüitativa e unicamente enquanto pessoas morais.

Vamos resumir essas observações do seguinte modo. O Razoável pressupõe e condiciona o Racional. Ele define os termos eqüitativos da cooperação que seriam aceitos por todos os membros de um grupo qualquer, constituído por pessoas identificáveis separadamente, cada um deles possuindo e exercendo as duas faculdades morais que indicamos. Todos têm uma concepção do seu bem, que permite definir onde está a sua vantagem racional, e cada um tem, de forma geral, um senso efetivo da justiça, isto é, a capacidade de respeitar os termos eqüitativos da cooperação. O Razoável pressupõe o Racional porque, sem as concepções do bem que mobilizam os membros do grupo, a cooperação social não teria sentido algum, como tampouco o teriam as noções de justo e de justiça, ainda que uma cooperação desse tipo concretize valores que vão muito além do que podem propor concepções do bem tomadas isoladamente. O Razoável condiciona o Racional porque os seus princípios limitam e até mesmo, tomado num sentido kantiano, limitam de modo absoluto os fins últimos que podem ser visados.

Dessa maneira, na posição original, consideramos que o Razoável é expresso pelo conjunto dos cerceamentos aos quais estão submetidas as deliberações dos parceiros (enquanto agentes racionais de um processo de construção). Os representantes desses cerceamentos são a condição de publicidade, o véu de ignorância e a simetria da situação dos parceiros uns em relação aos outros, bem como a estipulação de que a estrutura básica seja o objeto primeiro da justiça. Os princípios de justiça habituais são exemplos de princípios razoáveis, e os princípios correntes da escolha racional constituem exemplos de princípios racionais. A maneira de representar o Razoável na posição original conduz aos dois princípios de justiça. Esses princípios são construídos, na teoria da justiça como eqüidade, como sendo o conteúdo que teria o Razoável para a estrutura básica de uma sociedade bem ordenada.

## VI

Com isso se encerra a minha análise da distinção entre a autonomia racional e a autonomia completa e se explica como essas noções são expressas na posição original. Mas, visto de outros ângulos, o contraste entre o Racional e o

Razoável, tal como o apresentei nos dois últimos parágrafos, é por demais pronunciado e pode conduzir a uma interpretação errônea da maneira pela qual se deve entender essas duas noções. Para maior clareza examinarei uma objeção que se poderia fazer-me e que é paralela à crítica que Schopenhauer fez da doutrina kantiana do imperativo categórico[7]. Schopenhauer sustentava que, ao analisar as razões que justificam o dever de assistência a outrem em caso de infortúnio (é o quarto exemplo de dever nos *Fondements de la métaphysique des moeurs*, Paris, Delagrave, 1964, p. 141), Kant fazia intervir motivos que agentes racionais, isto é, seres finitos com necessidades específicas, poderiam impor sem contradição como lei universal. Dada a nossa necessidade de amor e simpatia, não podemos, pelo menos em certas ocasiões, querer um mundo social no qual os outros ficassem sempre indiferentes à nossa sorte em tais situações. A partir daí, Schopenhauer sustentava que a concepção de Kant era no fundo egoísta e que, por conseqüência, ela não era, afinal, mais do que uma forma disfarçada de heteronomia.

Aqui eu não gostaria tanto de defender Kant mas apenas mostrar que a objeção paralela dirigida à teoria da justiça como eqüidade não tem fundamento. Para isso se observará que a objeção de Schopenhauer é motivada, à primeira vista, por duas coisas. *Primeiramente*, ele acha que Kant nos pede que ponhamos à prova as máximas à luz de suas conseqüências gerais para as nossas inclinações e necessidades

---

7. Ver Schopenhauer, *Les fondements de la morale* (1840), 2.ª parte, § 7 (trad. fr. 1879). Agradeço a Joshua Cohen por me haver apontado que minha primeira resposta a essa crítica não tinha captado plenamente a força da objeção de Schopenhauer (ver *TJ*, p. 159). Graças a ele, espero que minha resposta atual seja melhor e corresponda à minha revisão da análise dos bens primários. Agradeço igualmente a Stephen Darwall por sua ajuda; ver "A Defense of the Kantian Interpretation", *Ethics*, The University of Chicago Press, 86, n.º 2, janeiro de 1976, pp. 164-70.

naturais quando essas máximas se tornam leis universais, e essas inclinações e necessidades são encaradas como egoístas. *Em segundo lugar*, as regras que definem esse procedimento de pôr à prova as máximas são interpretadas por Schopenhauer como cerceamentos exteriores, impostos, por assim dizer, do exterior pelas limitações da nossa situação e que nós gostaríamos de poder superar, e não como cerceamentos derivados das características essenciais do nosso ser enquanto pessoa moral. Essas duas considerações levaram Schopenhauer a dizer que o imperativo categórico é um princípio de reciprocidade que o egoísmo tem a inteligência de aceitar como uma acomodação; nessa condição, ele pode ser aceitável para uma confederação de Estados-nação, mas não como um princípio moral.

Examinemos agora a objeção paralela dirigida à teoria da justiça como eqüidade e baseada nesses dois argumentos. No que diz respeito ao primeiro, ainda que seja efetivamente certo que os parceiros, na posição original, são mutuamente desinteressados e avaliam os princípios de justiça em termos de bens primários, são levados de forma prioritária, por seus interesses superiores, a desenvolver e a exercer suas faculdades morais. A lista dos bens primários, bem como o seu índice, são explicados, na medida do possível, em referência a esses mesmos interesses. Como se pode considerar que estes últimos determinam as necessidades dos parceiros enquanto pessoas morais, suas metas não são egoístas, mas totalmente corretas e honestas. Da concepção que as democracias formam da liberdade da pessoa decorre que os cidadãos procuram assegurar as condições que permitem a efetivação e o exercício de suas faculdades morais, bem como as bases e os meios sociais do seu auto-respeito. Isso se opõe à suposição de Schopenhauer segundo a qual, na doutrina de Kant, as máximas são julgadas em função das suas conseqüências para a concretização das necessidades e das inclinações naturais do agente.

Quanto ao segundo ponto, o que eu chamei de "os cerceamentos impostos aos parceiros na posição original" são efetivamente os cerceamentos exteriores aos parceiros enquanto agentes racionais num processo de construção. Não obstante, esses cerceamentos exprimem o Razoável e, por conseguinte, as condições formais que estão implícitas nas faculdades dos membros de uma sociedade bem ordenada representados pelos parceiros. Isso se opõe à segunda suposição de Schopenhauer, segundo a qual os cerceamentos do imperativo categórico decorrem das limitações da nossa natureza finita que, impelidos por nossas inclinações naturais, gostaríamos de superar. Na teoria da justiça como eqüidade, o Razoável enquadra o Racional e deriva de uma concepção da pessoa moral como livre e igual. Uma vez compreendido esse ponto, os cerceamentos da posição original não são mais exteriores. Assim sendo, nem um nem outro desses argumentos que estão na base da objeção de Schopenhauer têm fundamento.

Enfim, a maneira pela qual o Razoável enquadra o Racional na posição original representa uma característica da unidade da razão prática. Segundo os termos utilizados por Kant, a razão prática empírica é representada pelas deliberações racionais dos parceiros; a razão prática pura é, por sua vez, representada pelos cerceamentos no âmbito dos quais essas deliberações ocorrem. A unidade da razão prática é expressa pela definição do Razoável como enquadrando o Racional e condicionando-o de modo absoluto. Isso significa que, numa sociedade bem ordenada, os princípios de justiça que foram escolhidos têm uma prioridade léxica* em relação às reivindicações do bem. Entre outras coisas, isso faz com que, numa sociedade desse tipo, os princípios de justiça e as liberdades por eles definidas não possam ser anulados por considerações de eficácia e pela busca de uma dose maior de bem-estar social. Isso ilustra uma característica dessa unidade da razão: o Razoável e o Racional ficam unificados num esquema único de argumentação prática que estabelece a estrita prioridade do Razoável em relação ao Racional. Essa prioridade do justo sobre o bem é a característica do construtivismo kantiano.

Ora, numa sociedade bem ordenada, estipulamos que o fato de a justificação dos princípios de justiça ser o resultado da posição original é o objeto de um acordo público. Assim, não apenas os cidadãos têm um desejo de ordem superior – seu senso de justiça – de agir segundo os princípios de justiça como compreendem que esses princípios são oriundos de uma construção na qual a concepção que têm de si mesmos como pessoas morais, livres e iguais, ao mesmo tempo razoáveis e racionais, está corretamente representada. Agindo a partir desses princípios e defendendo-os na vida pública em razão dessa origem, eles exprimem a sua autonomia completa. A autonomia racional dos parceiros é apenas a autonomia de agentes artificiais que habitam uma construção feita para modelar essa concepção mais completa. É esta última que exprime o ideal a ser concretizado no nosso mundo social.

É natural responder que, não obstante, cidadãos completamente autônomos numa sociedade ordenada agem bem em função dos seus desejos e, portanto, são heterônomos porque não são mobilizados somente pela razão[8]. A isso eu responderia dizendo que uma concepção kantiana não nega que nós agimos em função de desejos. O que importa aqui é o tipo de desejos que nos faz agir, bem como a sua hierarquia, isto é, a maneira pela qual eles nascem do eu (*self*) e estão vinculados a ele, o modo pelo qual sua estrutura e sua

---

8. Esse parece ser o ponto de vista de Olivier A. Johnson em sua resposta a Darwall; ver minha nota 7, p. 70. Ver *Ethics*, 87, n.º 3, abril de 1977, pp. 251-9, 253 ss.

prioridade são determinadas por princípios de justiça ligados à concepção da pessoa que defendemos. A concepção mediadora da posição original nos permite vincular certos princípios precisos de justiça a uma certa concepção da pessoa que a trata como livre e igual. Dada essa relação, o senso efetivo da justiça, isto é, o desejo de agir a partir de princípios de justiça, não está no mesmo plano que as inclinações naturais. É um desejo de ordem superior, eficaz e regulador, de agir a partir de certos princípios em razão de seu vínculo com uma concepção da pessoa livre e igual. Um desejo desse tipo não é heterônomo; de fato, saber se um desejo é heterônomo é decidido por seu modo de origem e por seu papel no interior do eu, bem como por seu objeto. Ora, nesse caso o desejo é efetivamente o de ser um certo tipo de pessoa em conformidade com a concepção dos cidadãos completamente autônomos de uma sociedade bem ordenada.

VII

Vou concluir com algumas observações que devem permitir dar mais nitidez ao debate. Em primeiro lugar, é importante distinguir *três* pontos de vista:
– o dos parceiros na posição original,
– o dos cidadãos de uma sociedade bem ordenada e, finalmente,
– o nosso, seu e meu, quando examinamos a teoria da justiça como eqüidade para ver se ela pode servir de base a uma concepção da justiça que produziria uma interpretação satisfatória da liberdade e da igualdade.

Os *dois* primeiros pontos de vista estão presentes na doutrina da justiça e são elementos de duas concepções-modelos. Ao passo que as concepções de uma sociedade bem ordenada e da pessoa moral são fundamentais, a posição original é a concepção mediadora, uma vez estipulado que os parceiros, enquanto agentes racionais de um processo de construção, estão submetidos a cerceamentos razoáveis e devem considerar-se a si mesmos como tendo o dever de adotar princípios que servirão de concepção pública da justiça para uma sociedade bem ordenada. A intenção da teoria da justiça como eqüidade será inteiramente mal compreendida se as deliberações dos parceiros e sua autonomia racional se confundirem com a autonomia completa. Esta última é um ideal moral e faz parte do ideal mais amplo de uma sociedade bem ordenada. A autonomia racional não é de modo algum, na sua condição, um ideal, mas apenas um instrumento de representação utilizado para vincular a concepção das pessoas a princípios de justiça precisos. (Mas, evidentemente, não se trata de negar que a deliberação racional corretamente delimitada seja um aspecto do ideal da autonomia completa.)

O *terceiro* ponto de vista, o de você e eu, é aquele a partir do qual a teoria da justiça como eqüidade e, certamente, qualquer outra doutrina devem ser avaliadas. Aqui, a prova é a de um grande equilíbrio ponderado*. Procura-se ver até que ponto a doutrina, tomada como um todo, alia e articula entre si nossas convicções mais firmes e mais ponderadas, em todos os níveis de generalidade, depois de um exame sério, uma vez feitos todos os ajustes e revisões que pareçam necessários. Uma doutrina que satisfaça a esse critério é a doutrina que, na medida em que podemos agora estar seguros dela, é a mais razoável para nós.

Terminarei assinalando que é igualmente útil distinguir entre o papel de uma concepção da pessoa e o de uma teoria da natureza humana[9]. Na teoria da justiça como eqüidade, essas idéias são elementos distintos e aparecem em lugares

---

9. Agradeço a Norman Daniels, que me ajudou a esclarecer esse ponto.

diferentes. Para começar, a concepção da pessoa é um ideal moral que caminha junto com o de uma sociedade bem ordenada. Como com qualquer outro ideal, deveria ser possível respeitá-lo e aproximar-se dele. É por isso que os ideais da pessoa que são realizáveis são aqueles que reconhecem os limites constituídos pelas capacidades da natureza humana e as necessidades da vida social. É nessa medida que um ideal desse tipo pressupõe uma teoria da natureza humana e, de maneira geral, uma teoria social, enquanto a tarefa de uma doutrina moral é precisar uma concepção apropriada da pessoa compatível com os dados gerais da natureza humana e da sociedade. Supondo inicialmente que a autonomia completa é um ideal realizável na vida política, representamos seus diferentes aspectos na posição original sob as denominações do Razoável e do Racional. Assim esse ideal é refletido pela maneira com que essa posição é estabelecida.

Ao contrário, uma teoria da natureza humana está presente nos fatos gerais que são acessíveis aos parceiros no curso do seu processo de avaliação das conseqüências dos diversos princípios de justiça e quando eles decidem quais são os princípios melhores para garantir os seus interesses superiores e conduzir a uma sociedade bem ordenada e estável no que se refere à sua concepção pública da justiça. Quando formulamos a teoria da justiça como eqüidade sob esse terceiro ponto de vista, fornecemos aos parceiros os fatos gerais necessários que pensamos serem verdadeiros, ou suficientemente verdadeiros, tendo-se em conta o estado do conhecimento público na nossa sociedade. O acordo dos parceiros guarda então relação com essas crenças. Não há outro modo de proceder, dado que devemos começar partindo da nossa situação presente. Digamos que uma teoria da natureza humana não faz parte do contexto da posição original, salvo na medida em que tais teorias limitam a possibilidade de concretizar os ideais da pessoa e da sociedade incluídas nesse contexto. Uma teoria da natureza humana é sobretudo uma estrutura a ser preenchida em função de fatos gerais próprios dos seres humanos e do funcionamento da sociedade que são acessíveis aos parceiros para as suas deliberações.

Nesta conferência, insisti na distinção entre autonomia racional e autonomia completa dizendo pouca coisa sobre as noções de liberdade e igualdade das pessoas e menos ainda sobre a maneira pela qual essas noções estão representadas na posição original. Vou tratar delas agora na próxima conferência.

## II

**Representação da liberdade e da igualdade**

Na conferência precedente, insisti sobretudo na distinção entre a autonomia racional e a autonomia completa. A autonomia racional se expressa nas deliberações dos parceiros enquanto agentes artificiais de um processo de construção na posição original. A autonomia completa é a noção mais ampla que expressa um ideal da pessoa compartido pelos cidadãos de uma sociedade bem ordenada na sua vida social. Contudo, embora tenha descrito os parceiros como representantes de pessoas livres e iguais, só indiquei sucintamente o significado da liberdade e da igualdade e o modo como essas características da pessoa estão representadas na posição original. Tampouco desenvolvi a condição formal de publicidade, que é um elemento distintivo de uma concepção kantiana. A exploração desses diferentes temas ajudará a completar a descrição da posição original e a mostrar de que maneira a teoria da justiça como eqüidade é uma ilustração do construtivismo kantiano aplicado à teoria moral.

I

Começarei com algumas observações complementares referentes à concepção-modelo de uma sociedade bem ordenada. Afirmei anteriormente que existem diferentes formas de construtivismo. Pode-se, aliás, apresentar desse modo um determinado número de concepções que comumente não seriam consideradas como construtivistas[1]. Isso sugere que as três principais concepções-modelos da teoria da justiça como eqüidade – a sociedade bem ordenada, a pessoa e a posição original – são formulações particulares de noções mais gerais. O que caracteriza uma doutrina kantiana é a sua maneira particular de interpretar essas três concepções-modelos, em especial a sua concepção da pessoa como razoável, racional e completamente autônoma. Não examinarei aqui quais são essas concepções-modelos mais gerais, tampouco o modo pelo qual elas podem ser definidas. Só menciono essas questões para sublinhar o fato de que as concepções-modelos que examino são casos particulares que definem uma doutrina moral particular.

Comecemos por recordar que uma sociedade bem ordenada é uma sociedade que se perpetua, uma associação auto-suficiente de seres humanos que, como um Estado-nação, controla um território determinado. Seus membros vêem a sua comunidade se expandir no tempo, ao longo de gerações sucessivas, e procuram reproduzir a si mesmos, bem como sua vida social e cultural, de maneira quase perpétua. Isso significa que eles considerariam inadmissível e estranho à própria concepção da sua associação o fato de terem de considerar uma data para pôr termo a tudo isso. Enfim, uma sociedade bem ordenada é um sistema fechado; não há

---

1. Assim, por exemplo, o utilitarismo baseado na utilidade média* pode ser apresentado como uma forma de construtivismo. Ver *TJ*, § 27.

relações importantes com outras sociedades, ninguém entra nela vindo do exterior, pois todos nascem nela e nela passam toda a sua vida.

Em seguida devemos pressupor que, como se trata de uma sociedade que se perpetua, o sistema das atividades econômicas e sociais estabelecido e enquadrado pela estrutura básica nela existente se mostra produtivo e fecundo. Isso implica, por exemplo, que uma sociedade bem ordenada não possui uma economia de abundância, mas que sua organização econômica não é um jogo de soma zero, isto é, na qual o ganho de um é a perda do outro. Ao contrário, ela está submetida ao contexto da justiça (*the circumstances of justice*), ou seja, aos seguintes cerceamentos: *em primeiro lugar*, a circunstâncias *objetivas*, da escassez relativa dos recursos e, *em segundo lugar*, a circunstâncias *subjetivas*, a saber, as pessoas e as associações têm concepções contrapostas do bem, assim como dos caminhos para atingi-lo, e essas diferenças criam conflitos entre elas, os quais as levam a exigências contraditórias em relação a suas instituições. Elas têm crenças filosóficas e religiosas contrapostas e pregam não apenas doutrinas políticas e morais diferentes como também modos de avaliação dos argumentos e das provas que estão em conflito mesmo quando tentam conciliar esses pontos de vista contrapostos. Dado o contexto da justiça, os membros de uma sociedade bem ordenada não ficam indiferentes à maneira pela qual os frutos da sua cooperação social serão partilhados, e, para que a sua sociedade permaneça estável, a distribuição presente e a que se espera no futuro devem ser percebidas como sendo (suficientemente) justas.

Como já observamos mais atrás, a estabilidade de uma sociedade bem ordenada não está baseada simplesmente na percepção de um equilíbrio de forças sociais cujo resultado é aceito por todos porque ninguém poderia obter melhor resultado por si mesmo. Ao contrário, os cidadãos as defendem porque têm boas razões para pensar que as suas instituições atuais estão em conformidade com a sua concepção pública efetiva da justiça. Ora, a noção de publicidade tem três níveis que se podem distinguir da maneira seguinte[2].

O *primeiro* nível já foi mencionado. Ele implica que a sociedade é efetivamente governada por princípios públicos de justiça. Cada qual aceita e sabe que os demais igualmente aceitam os mesmos princípios e esse conhecimento, por sua vez, é reconhecido publicamente. Além disso, as instituições que compõem a estrutura básica da sociedade satisfazem de modo efetivo esses princípios de justiça e cada qual o reconhece, com toda a razão, com base em convicções comuns compartidas que confirmam os métodos de pesquisa e as modalidades de argumentação que foram aceitos como apropriados para as questões de justiça social.

O *segundo* nível se refere às crenças gerais à luz das quais os próprios princípios primeiros de justiça podem ser aceitos, isto é, a teoria da natureza humana e das instituições sociais de maneira geral. Os cidadãos de uma sociedade bem ordenada estão, no seu conjunto, de acordo com essas crenças, porque elas podem ser provadas (como no primeiro nível) por métodos de pesquisa compartilhados publicamente e por meio de modalidades de argumentação reconhecidos como apropriados para esse caso. Suponho que esses métodos e essas modalidades de argumentação são bem conhecidos do senso comum e que eles incluem os procedimentos e as conclusões da ciência quando estes estão bem estabelecidos e escapam à controvérsia. É preciso não esquecer que buscamos uma concepção da justiça adaptada a uma sociedade democrática no contexto moderno. Temos então boas razões para supor que, na sua cultura pública, os métodos e

---

2. Agradeço a Joshua Cohen por ter esclarecido essas distinções.

as conclusões da ciência desempenham um papel influente. São exatamente essas crenças gerais – que refletem as concepções públicas correntes numa sociedade bem ordenada – que são conhecidas dos parceiros na posição original e que lhes permitem avaliar os princípios de justiça contraditórios.

O *terceiro* e último nível de publicidade se refere à justificação completa da concepção pública da justiça, tal como ela será apresentada em seus próprios termos. Essa justificação comportaria tudo o que nós diríamos – você e eu – no momento de estabelecer a teoria da justiça como eqüidade e reflete as nossas razões para agirmos desta e não daquela maneira. No terceiro nível, suponho que essa justificação completa também é conhecida publicamente ou, pelo menos, que ela está disponível publicamente. Essa condição mais frágil autoriza a possibilidade de que alguns não queiram levar tão longe a reflexão moral e de que, em todo caso, não sejam obrigados a isso. Porém, se a quiserem, a justificação está presente na cultura pública; ela está refletida no direito e nas instituições políticas, nas tradições históricas e filosóficas de sua interpretação. Mais exatamente, a justificação completa implica um vínculo entre as concepções-modelos da doutrina moral e a concepção da pessoa, bem como da cooperação social que é peculiar à sociedade. Essa concepção fica visível na maneira pela qual os cidadãos se consideram enquanto membros de uma comunidade democrática quando examinam a doutrina como um todo e descobrem, depois de uma reflexão, que ela está de acordo com os seus julgamentos bem ponderados* em todos os níveis de generalidade.

Uma sociedade bem ordenada satisfaz àquilo que eu chamaria de *a condição de publicidade completa* quando os três níveis se concretizam (reservo o adjetivo *completo* para os elementos que entram na formulação completa e integral da concepção de uma sociedade bem ordenada). Ora, essa condição pode parecer excessivamente forte. Perguntemo-nos então por que ela é adotada. Uma razão para isso está em que a concepção-modelo de uma sociedade bem ordenada deve incorporar diversas noções morais formais para se formular um ideal de cooperação social entre as pessoas encaradas de uma certa maneira. Esse ideal deve ser aquele que é defendido por pessoas morais, livres e iguais, e significa que a cooperação social não é apenas uma atividade socialmente coordenada e produtiva, mas implica também uma noção de cooperação em termos de eqüidade e de vantagem mútua, noção que exprime a distinção entre o Racional e o Razoável. Assim sendo, gostaríamos de encontrar uma concepção da justiça que responda à condição completa. Esta última parece necessariamente impor cerceamentos mais precisos às concepções da justiça e é portanto capaz de fornecer uma base mais estreita para escolher entre interpretações contrapostas da liberdade e da igualdade, bem como para determinar o equilíbrio relativo de suas respectivas exigências. Recordemos que é esse conflito de interpretações que está na origem da tarefa prática atual da filosofia política.

Outra razão que impele à adoção da condição de publicidade completa (em todos os seus níveis, na realidade) é que ela parece particularmente adaptada ao caso de uma concepção da justiça social e política. É certo que a publicidade é menos necessária para outras noções morais. Mas os princípios de justiça se aplicam à constituição, às instituições básicas da sociedade que normalmente incluem, mesmo em condições favoráveis, instrumentos de coação legal, quando mais não fosse para garantir a estabilidade da cooperação social[3]. Além disso, essas instituições podem ter efeitos sociais deci-

---

3. Gostaria de explicar aqui que, numa sociedade bem ordenada, as sanções coercitivas raramente são aplicadas, se é que alguma vez o são (já que se supõe que nela os delitos são muito raros), e que não é necessário autorizar legalmente

sivos a longo prazo e modelar de forma significativa o caráter e os objetivos dos membros da sociedade, o tipo de pessoas que eles são e querem ser. Parece portanto normal que os termos fundamentais da cooperação social entre pessoas morais, livres e iguais sejam submetidos às exigências da publicidade completa. De fato, se as instituições podem recorrer a sanções coercitivas – mesmo que raramente necessárias e por mais escrupulosamente que sejam aplicadas –, e se elas influenciam as aspirações mais profundas das pessoas, então os fundamentos e as tendências dessas instituições deveriam ser submetidos a um exame pelo público. Quando os princípios políticos satisfazem à condição de publicidade completa, e as disposições sociais e as ações individuais são igualmente justificáveis os cidadãos podem justificar plenamente suas crenças e sua conduta para com outros membros da sociedade com a certeza de que o próprio reconhecimento público reforçará, em vez de enfraquecer, o entendimento público. A manutenção da ordem social não depende de ilusões historicamente contingentes ou institucionalizadas, nem de crenças errôneas quanto ao funcionamento das instituições. A publicidade garante que, na medida em que a forma realizável das instituições o permita, as pessoas livres e iguais estão em condições de conhecer e aceitar as influências do contexto social que modelam a concepção que elas têm de si mesmas como pessoas, bem como o seu caráter e a sua concepção do bem. Encontrar-se numa situação assim é uma condição prévia da liberdade, o que significa que nada é ocultado nem tem necessidade de sê-lo[4].

---

sanções severas. A estabilidade significa que, de modo geral, as regras institucionais são respeitadas e que o papel da máquina penal é manter a expectativa que os cidadãos têm, uns em relação aos outros, de que cada um respeitará sua firme intenção de obedecer às normas. Ver *TJ*, pp. 297 ss., 372, 641 ss.

4. Em outras palavras, uma sociedade bem ordenada não tem necessidade de uma ideologia para alcançar a estabilidade, se se entende por "ideologia" (no sentido de Marx) uma espécie de falsa consciência ou de sistema mistificador de crenças públicas.

Contudo, dado o contexto da justiça (*the circumstances of justice*), a condição de publicidade completa se aplica somente aos princípios da justiça política, e não a todas as noções morais. Entretanto, mesmo que, segundo a teoria da justiça como eqüidade, a condição *objetiva* de escassez relativa de recursos possa ser superada ou, em todo caso, amplamente reduzida, persiste a condição *subjetiva*, isto é, a existência de diferenças profundas e extensas entre as doutrinas religiosas, filosóficas e éticas. No caso de numerosas noções morais e filosóficas, não se pode chegar a um acordo público. O consenso ao qual se aplica a condição de publicidade fica portanto limitado, em sua amplitude, pela constituição moral pública e pelos termos fundamentais da cooperação social. O fato de os cidadãos de uma sociedade bem ordenada poderem pôr-se de acordo entre si a respeito dos princípios de justiça e reconhecer suas instituições como justas significa que eles se puseram igualmente de acordo para que, em certas dimensões de sua vida coletiva, as considerações de justiça ocupem um lugar particular. Em compensação, razões de outra ordem não seriam reconhecidas como válidas, enquanto em outro lugar – por exemplo, na vida das associações – elas podem ter um papel determinante. Nas questões públicas, as modalidades de argumentação utilizadas e as regras para estabelecer as provas que permitem atingir as crenças gerais verdadeiras, em nome das quais se pode decidir se uma instituição é justa, deveriam ser de tal tipo que cada um pudesse reconhecê-las. Numa sociedade democrática moderna, essas normas são os princípios e as práticas correntes do senso comum e da ciência (não sujeitos a controvérsia), e sua aplicação a outras convicções seria outra questão.

Para concluir, direi que a concepção de uma sociedade bem ordenada inclui e generaliza a idéia de liberdade religiosa. Ela dá à concepção que as pessoas têm do bem um *sta-*

*tus* público análogo ao da religião. Ainda que uma sociedade bem ordenada seja dividida e pluralista, seus cidadãos chegaram, não obstante, a um acordo sobre os princípios que devem reger as suas instituições básicas. Mesmo que não possam chegar a um acordo sobre tudo, esse acordo público sobre questões de justiça política e social reforça os laços de amizade cívica e garante a força da associação.

II

Vou agora examinar o modo pelo qual a condição de publicidade é representada na posição original, bem como os outros pontos necessários para o esclarecimento da questão. Na realidade, a representação da publicidade (em todos os níveis) é muito simples. Requer-se apenas que os parceiros, enquanto agentes de um processo de construção, avaliem as concepções da justiça respeitando a condição seguinte, a saber, que os princípios que irão adotar sirvam de concepção pública da justiça no sentido que indiquei. Princípios que funcionariam muito bem desde que não fossem reconhecidos publicamente (no sentido do primeiro nível de publicidade), ou desde que as crenças gerais sobre as quais repousam não fossem compreendidas pelo conjunto dos cidadãos, ou princípios que seriam reconhecidos como falaciosos (no sentido do segundo nível de publicidade), devem ser rejeitados. Assim, bem consideradas as coisas, os parceiros devem avaliar as conseqüências sociais e psicológicas de diferentes tipos de conhecimento público com relação a um pano de fundo de crenças comuns, e essas conseqüências afetarão sua escolha de uma concepção da justiça.

Como a representação dessa condição de publicidade parece relativamente simples, é mais útil examinar, no momento, alguns pontos problemáticos. Para começar, é impossível atender mesmo ao primeiro nível de publicidade na sociedade, sem um acordo dos parceiros sobre as regras que servem para administrar as provas e as formas de argumentação que se podem utilizar para avaliar em que medida as instituições existentes respeitam os princípios de justiça. Um acordo sobre uma concepção da justiça é estéril na ausência de um entendimento sobre a aplicação desses princípios. Ora, dado o contexto *subjetivo* da justiça (a existência de divergências profundas nos planos religioso e filosófico), as razões admitidas para julgar se as instituições são justas ou injustas devem limitar-se àquelas permitidas pelas formas de argumentação autorizadas pelo senso comum, incluindo os procedimentos geralmente aceitos nas ciências. Senão, nada de eficaz poderá ser empreendido. Numa sociedade bem ordenada, os julgamentos dos cidadãos relativos à justiça de suas instituições básicas repousam sobre um conhecimento comum e sobre métodos de pesquisa compartilhados. Como já assinalei, essas restrições só se aplicam à justiça social e política. Apoiando-se em razões filosóficas, religiosas ou outras, as pessoas podem, é claro, pensar que certas instituições e certos programas de ação são ruins. Mas, quando essas razões e crenças não têm uma base comum (no sentido por mim definido), elas se proíbem de insistir nessas considerações. As exigências da justiça têm a prioridade e são reconhecidas como determinantes quando se trata de encarar a estrutura básica da sociedade. Os parceiros reconhecem então que o acordo na posição original comporta duas vertentes: em primeiro lugar, um acordo sobre princípios de justiça e, em segundo, um acordo relativo às modalidades de argumentação e às regras que permitem avaliar as provas que regem a aplicação desses dois princípios. Em razão do contexto subjetivo da justiça, esse segundo acordo fica limitado às crenças comuns e aos procedimentos reconhecidos da ciência e do senso comum.

Essas observações estão ligadas às restrições contidas no véu de ignorância da maneira seguinte. O segundo nível de publicidade significa que as crenças gerais da teoria social e da psicologia moral de que se servem os parceiros para hierarquizar as concepções da justiça devem também ser conhecidas publicamente. Os cidadãos de uma sociedade bem ordenada sabem quais são as crenças que alicerçam os princípios de justiça adotados e que, por conseguinte, fazem parte da sua justificação pública completa. Isso pressupõe que, quando a posição original é constituída, nós estipulemos que os parceiros devem argumentar unicamente a partir de convicções gerais e comuns. Surge então a questão de saber qual é a razão que leva a limitar os parceiros a essas crenças e a não autorizá-los a tomar em consideração todas as outras crenças verdadeiras. Seguramente, certas doutrinas religiosas e filosóficas devem ser verdadeiras, ainda que se contentem em negar outras doutrinas, falsas e incoerentes. Por que a concepção mais razoável não é a que estaria alicerçada na verdade em seu conjunto, e não apenas numa parte da verdade, menos ainda nas crenças oriundas simplesmente da opinião comum, que são publicamente aceitas num dado momento, embora provavelmente erradas?

Para responder de maneira satisfatória a essa questão, seria preciso examinar toda sorte de dados, o que não posso fazer aqui. Limitar-me-ei, portanto, à resposta prática que está implícita no que eu disse mais acima[5]. Dado o que constitui a tarefa prática da filosofia política, seria um erro rejeitar essa resposta porque ela seria apenas prática. Como indicarei na última destas três conferências, o construtivismo kantiano nos permite dizer que a concepção mais razoável da justiça (que haja uma ou várias delas) é que seria adotada

---

5. Agradeço a Thomas Nagel, Derek Parfit e T. M. Scanlon por seu instrutivo debate desse problema, bem como de outros pontos que a ele se ligam.

pelos parceiros se eles conhecessem todas as crenças verdadeiras e pertinentes a respeito da natureza humana e da teoria social. Essa concepção da justiça tem uma preeminência natural. Contudo, é essencial observar que mesmo esta última não é escolhida em função da verdade total, caso isso signifique levar em conta as verdades da religião e da filosofia e das doutrinas morais e políticas. De fato, numa sociedade democrática bem ordenada do tipo moderno, não existe acordo definitivo e duradouro nesse campo. Tal é o significado do contexto *subjetivo* da justiça. Se nos perguntamos por que razões é preciso supor esse contexto, a resposta é que, diferentemente do contexto *objetivo*, a relativa escassez de recursos pode ser superada, o contexto *subjetivo* parece dever permanecer salvo se o poder coercitivo do Estado for exercido de maneira contínua para efetivar a desejada unanimidade. Não há outra solução. Não se pode alicerçar uma concepção da justiça válida para uma sociedade democrática bem ordenada senão sobre uma verdade parcial, e não total, senão sobre as nossas crenças atuais, tais como elas existem nas nossas comunidades.

É importante sublinhar que essa resposta prática não implica ceticismo nem indiferença para com doutrinas religiosas, filosóficas ou morais. Não pretendemos que elas sejam todas duvidosas ou falsas, nem que tratem de questões em relação às quais não se possa falar de verdade ou de falsidade. Dizemos que, dada uma longa experiência nesse campo, a reflexão permite concluir, com bastante verossimilhança, que não se pode esperar acordo sem intervenção da força para apoiar tais doutrinas. As concepções religiosas e filosóficas exprimem visões do mundo e da nossa vida com os outros, separada e coletivamente, tomadas como um todo. Nossos pontos de vista como indivíduos e membros de um grupo, nossas afinidades intelectuais e nossos vínculos afetivos são por demais variados, em particular numa sociedade democrática livre, para permitir um acordo duradouro e ponderado. Numerosas concepções do mundo, todas plausíveis, podem ser construídas a partir de diferentes pontos de partida. A diversidade nasce naturalmente das nossas capacidades limitadas e das nossas perspectivas distintas. É pouco provável que todas as nossas diferenças sejam apenas o produto da ignorância e do espírito de contradição ou das rivalidades que resultam da escassez de recursos. Na teoria da justiça como eqüidade, a existência de divergências de opinião profundas e irreconciliáveis, e que dizem respeito a questões capitais para o ser humano, é considerada como um dado permanente da condição humana e deve ser tomada em consideração quando se constrói uma concepção da justiça. Essa diversidade pode, sem dúvida, ter lados bons, porém com a condição de se poder precisar quais são as medidas sociais que permitem aproveitar as suas vantagens possíveis.

Uma última observação. Para explicar por que razões o véu de ignorância exclui certos tipos de convicções, mesmo que, enquanto indivíduos, estejamos convencidos de que elas são verdadeiras, citei o papel público que uma concepção da justiça desempenha numa sociedade bem ordenada. Seus princípios devem servir de ponto de vista comum entre os cidadãos que professam convicções opostas em questões filosóficas, religiosas, morais, que têm diferentes concepções do bem. Por conseqüência, ela deve permanecer relativamente imparcial diante dessas diferenças. Vê-se então com muito mais clareza quais são os objetivos práticos e o papel social de uma concepção da justiça. Os princípios primeiros de justiça – que é preciso distinguir dos critérios e dos preceitos que deles derivam – têm um conteúdo que é em si mesmo determinado, pelo menos em parte, por essa tarefa prática da filosofia política. Estamos habituados à idéia de que as normas secundárias e os critérios que permitem traduzir na prática as nossas concepções morais devem ser adaptados às exigências normais da vida social, assim como às limitadas capacidades do raciocínio humano, e assim por diante. Mas temos a tendência de considerar que esses ajustes são efetuados em relação com diversos princípios primeiros – ou mesmo com um princípio único. Os próprios princípios primeiros não parecem dever ser afetados por limitações práticas ou exigências sociais. Pelo menos é o que se pensa em geral. No caso do construtivismo kantiano, porém, a situação é diferente – diz-se que os princípios primeiros dependem igualmente desse tipo de considerações práticas.

### III

Voltemo-nos agora para a liberdade e a igualdade. Afirmei que os cidadãos de uma sociedade democrática bem ordenada se consideram como pessoas morais e iguais, ou seja, caracterizadas por duas faculdades: a capacidade de agir a partir de um senso da justiça e a capacidade de formar uma concepção do bem, e buscá-lo racionalmente. As pessoas morais são movidas por duas forças superiores correspondentes a desenvolver e exercer essas duas faculdades. Vimos como, na posição original, a personalidade moral é representada por elementos que pertencem à categoria do Razoável e do Racional e como, por sua vez, essa distinção está ligada à da autonomia racional e da autonomia completa.

Começarei pela liberdade. Afirmei que os cidadãos se consideram livres de duas maneiras. *Em primeiro lugar*, eles sentem que têm o direito de intervir na elaboração das instituições sociais em nome dos seus interesses superiores e dos seus fins últimos, com a condição de que esses fins fiquem dentro de certos limites. Podemos desenvolver isso dizendo que os cidadãos se consideram como fontes autônomas de reivindicações fundamentadas. Com a condição de que os seus fins últimos não sejam diretamente contrários aos princípios públicos de justiça, estes, do mesmo modo que os seus interesses superiores, justificam essas reivindicações, cujo peso depende, é claro, de circunstâncias particulares. As pessoas são fontes autônomas de reivindicações no sentido de que estas têm um valor próprio, que não deriva de deveres ou de obrigações anteriores em relação à sociedade ou a outras pessoas, nem é determinado por seu papel social específico. As reivindicações, que são consideradas como decorrentes dos deveres para consigo mesmo, se pensarmos que tais deveres existem, são igualmente consideradas como autônomas tendo em vista uma concepção da justiça social.

Assim sendo, um aspecto da liberdade é constituído pelo fato de ser uma fonte autônoma de reivindicações. Isso fica ainda mais claro quando distinguimos entre essa base de reivindicações e a que é constituída por nosso papel social, como, por exemplo, as reivindicações implicadas pelos deveres que devemos cumprir em certas posições de autoridade ou que resultem de obrigações que assumimos. Do mesmo modo, pessoas que atuam como agentes de outra têm direitos e poderes que dependem dos direitos e das intenções de quem as autorizou a serem seus agentes. Para tomar um caso extremo, os escravos são seres humanos que não contam de forma alguma como fontes autônomas de reivindicações, pois estas têm sua origem nos proprietários deles ou nos direitos de uma certa classe da sociedade. É provável que essa situação extrema seja às vezes atenuada até certo ponto, mas mesmo quando o sistema legal autoriza os escravos a fazer reivindicações, a explicação disso não está em que os escravos tenham direitos enquanto pessoas morais, mas sim no fato de o sistema se contentar em reconhecer as conseqüências desastrosas que uma forma extrema de escravidão acarretaria para o resto da sociedade. Pelo contraste com a escravidão é que se pode compreender melhor por que o fato de tratar a personalidade moral como uma fonte de reivindicações é um aspecto da liberdade.

*Em segundo lugar*, enquanto pessoas livres, os cidadãos se reconhecem mutuamente como moralmente capazes de ter uma concepção do bem. Isso significa que eles não se consideram como ligados para sempre à concepção particular do bem e dos fins últimos que tenham vindo a abraçar num dado momento[6]. Ao contrário, enquanto cidadãos eles são considerados como capazes de revisar e modificar essa concepção sobre bases razoáveis e racionais. É portanto permissível afastar-se dessas concepções e examinar, julgar seus diversos fins últimos. De fato, é isso o que se precisa fazer cada vez que eles entram em conflito com os princípios de justiça, pois nesse caso será necessário revisá-los. Eu acrescentaria, para ser exato, que uma concepção do bem não é apenas um conjunto de fins últimos mas também uma visão das nossas relações, uns com os outros e com o mundo, que dá sentido a esses fins.

Em suma, os cidadãos, enquanto pessoas livres, têm o direito de considerar sua pessoa como independente, como distinta de um sistema particular de fins. Eles têm a faculdade moral de formar, de revisar e de efetivar racionalmente uma concepção do bem. Por conseguinte, sua identidade pública enquanto pessoa moral e fonte autônoma de reivindicações não é afetada pelas transformações das suas convicções ao longo do tempo, na medida em que estas sejam contínuas e tenham explicações satisfatórias. Infelizmente, essas observações continuam muito vagas. Seu objetivo é

---

6. Gostaria de agradecer a Sydney Morgenbesser pelas melhorias introduzidas aqui e no parágrafo seguinte.

indicar qual é a concepção da pessoa que acompanha a concepção pública da justiça numa sociedade bem ordenada e, portanto, os princípios de justiça que se aplicam às suas instituições básicas. Contudo, em seus assuntos pessoais ou na vida interna das associações, os cidadãos podem tratar os seus fins e as suas aspirações de maneira muito diferente. Eles podem ter ligações e vínculos afetivos dos quais não querem nem podem separar-se. Para alguns, pode ser impensável considerar a sua vida sem certas convicções e certos engajamentos filosóficos e religiosos. Mas nada disso deve afetar a concepção da pessoa que acompanha a concepção pública da justiça na sociedade e seu ideal de cooperação social. Podemos encarar a nossa pessoa a partir de diferentes pontos de vista, em contextos variados e sem contradição no momento em que todos esses pontos de vista forem coerentes quando as circunstâncias o exigem. Como sempre, a ênfase é posta na concepção pública da justiça que é subjacente aos princípios da justiça social[7].

Um terceiro aspecto da liberdade, que acrescento de passagem, é constituído pela responsabilidade para com os nossos fins. Isso significa que, se existem instituições justas no contexto social e todas dispõem de um índice eqüitativo de bens primários (como exigem os princípios de justiça), os cidadãos são capazes de ajustar seus objetivos e suas ambições em função daquilo que podem razoavelmente esperar e podem limitar as suas reivindicações concernentes à justiça a certos tipos de bens. Eles reconhecem que o peso de suas reivindicações não é medido pela força ou pela intensidade de seus desejos ou de suas necessidades, mesmo quando são

---

7. As observações feitas neste parágrafo dão os elementos para responder, segundo penso, a algumas objeções apresentadas por Bernard Williams a respeito de uma concepção kantiana. Ver seu artigo "Persons, Characters and Morality", em *The Identities of Persons*, org. por A. O. Rorty, Berkeley, University of California Press, 1976, pp. 197-216.

racionais. Porém a explicação dessas questões nos afastaria demais do assunto[8]. Limitar-me-ei portanto a dois aspectos da liberdade: o primeiro como fonte autônoma de reivindicações, o segundo como independência em relação aos nossos fins. Falta-me ainda definir em que sentido os cidadãos de uma sociedade bem ordenada são pessoas morais iguais. Mas antes disso gostaria de introduzir outro componente do ideal de uma sociedade bem ordenada. Nossa finalidade é estabelecer qual a concepção da justiça mais apropriada para uma sociedade democrática em que os cidadãos têm uma certa concepção de si mesmos. Acrescentaremos portanto que todos os cidadãos são membros da sociedade que cooperam plenamente ao longo de toda a sua vida. Isso significa que cada um tem as faculdades intelectuais suficientes para desempenhar um papel normal na sociedade e que ninguém tem necessidades especiais que sejam particularmente difíceis de satisfazer, como, por exemplo, a necessidade de equipamentos médicos pouco comuns e custosos. É evidente que os cuidados necessários para esse tipo de caso criam uma questão prática candente. Entretanto, nessa fase inicial, o problema básico da justiça social se apresenta entre as pessoas que são partícipes moralmente conscientes e plenamente ativos na vida social e que estão direta ou indiretamente associados uns com os outros ao longo de toda a sua vida. É conveniente, portanto, deixar de lado certas complicações. Se pudermos formular uma teoria que se aplique ao caso fundamental, poderemos então tentar estendê-la a outros casos. É evidente que uma teoria que fracassasse nesse caso fundamental não teria utilidade alguma.

Voltando à igualdade, diremos que cada um é igualmente capaz de compreender e de aplicar a concepção pública

---

8. Ver a esse respeito meu artigo "Fairness to Goodness", *The Philosophical Review*, 84, n.º 4, outubro de 1975, pp. 536-54, em particular pp. 551-4.

da justiça. Por conseguinte, todos são capazes de respeitar os princípios de justiça e de ser membros integrais da cooperação social ao longo de sua vida. Com base nisso e no fato de que cada indivíduo é uma fonte autônoma de reivindicações legítimas, todos se consideram como igualmente dignos de ser representados em qualquer procedimento destinado a determinar os princípios de justiça que devem reger as instituições básicas de sua sociedade. Essa idéia de dignidade igual está alicerçada na capacidade igual (que suponho concretizada) de compreender e de aplicar a concepção pública da cooperação social.

Ora, certos cidadãos têm uma compreensão mais profunda da justiça do que outros e uma facilidade maior para aplicar seus princípios e para tomar decisões razoáveis, sobretudo nos casos difíceis. As qualidades para julgar dependem de dons particulares e de uma sabedoria adquirida. Ainda que, graças a essas qualidades, alguns possam estar mais qualificados do que outros para certos postos e empregos mais exigentes (os de natureza judiciária, por exemplo), a igualdade significa, não obstante, que o senso da justiça que cada um possui é suficiente para o que dele se peça, dados o lugar que as pessoas efetivamente ocupam nas instituições justas e o *status* de cidadãos iguais que todos eles têm. Isso é o bastante para que cada um seja igualmente representado no procedimento que deve reger os termos fundamentais da cooperação social, já que todos são capazes de ser membros integrais da cooperação social durante toda a sua vida.

Para terminar, os cidadãos de uma sociedade bem ordenada estão (em maior ou menor grau) acima de qualquer reprovação em sua conduta. Quaisquer que sejam as suas ações, todos eles obedecem à maioria das exigências conhecidas da justiça. Isso decorre da hipótese segundo a qual cada um possui um senso da justiça igualmente efetivo. As diferenças habituais referentes ao grau em que as pessoas são suscetíveis de se controlarem a fim de respeitar a justiça não contam aqui. Sem dúvida, existem desigualdades sociais e econômicas [mesmo numa sociedade bem ordenada], porém, quaisquer que sejam as razões, elas não correspondem às diferenças de grau na obediência às medidas justas. Dado que a justiça controla essas desigualdades, a concepção pública, seja ela qual for, não pode querer dizer: a cada um segundo o seu valor moral. É o que decorre de uma descrição geral da sociedade bem ordenada.

## IV

Resta-nos examinar a representação da liberdade e da igualdade na posição original. No entanto assinalarei, para começar, que as duas faculdades das pessoas morais estão aí representadas de maneira puramente formal. É por isso que, como se supõe que haja com os parceiros, enquanto agentes de um processo de construção, um senso efetivo da justiça, isso significa que eles têm uma capacidade de compreender e de aplicar os diferentes princípios de justiça discutidos, bem como um desejo suficientemente forte de agir em função de princípios que serão adotados, sejam eles quais forem. Mas, como ainda não houve um acordo, o senso de justiça dos parceiros carece de conteúdo. Bem ponderadas as coisas, seu senso formal da justiça garante apenas que, enquanto membros da sociedade, eles possam seguir a concepção da justiça mais razoável. Essa condição é preenchida pelo acordo original como um acordo *bona fide*.

A segunda capacidade que caracteriza a personalidade moral é igualmente representada de maneira formal. Ainda que os parceiros tenham a faculdade de desenvolver, de revisar e de realizar racionalmente uma concepção do bem, eles ignoram os seus fins particulares. Supõe-se que essa capacidade se realiza em sociedade e, efetivamente, que tem um conteúdo concreto. Mas as restrições de informação que são a conseqüência do véu de ignorância nos obrigam a descrever as faculdades morais dos parceiros de maneira formal. A fim de evitar mal-entendidos, repito o que já disse mais acima. A motivação dos parceiros está em harmonia com a representação dos cidadãos como pessoas morais. A partir do momento em que eles são descritos como tendo faculdades morais, é normal que busquem concretizar e exercer essas faculdades e que elas sejam dirigidas por aquilo que chamei de interesses superiores. Isso nos leva a dizer que os parceiros são mutuamente desinteressados, isto é, que eles buscam proteger os interesses de sua personalidade moral. Para isso, tentam assegurar as condições sociais objetivas que lhes permitem avaliar racionalmente seus fins últimos e desempenhar o seu papel cooperando com os demais num contexto social eqüitativo. Desse modo eles podem produzir os meios polivalentes de que têm necessidade para atingir tais fins. Dado que os parceiros são pessoas determinadas, eles tentam igualmente proteger sua própria capacidade de atingir suas metas particulares e proteger os objetos de seu afeto, sejam eles quais forem. Em razão dos limites da informação, eles estabelecem um índice dos bens primários, o que constitui o meio mais eficaz para atingir esses objetivos.

Ora, a liberdade das pessoas, vistas como fontes autônomas de reivindicações, é representada pelo fato de não se pedir aos parceiros que justifiquem as reivindicações que desejam fazer. Quer sejam cidadãos agindo como deputados de si mesmos ou os representantes dos interesses de algum outro, eles são livres para agir no quadro dos cerceamentos razoáveis implicados pela posição original. Cabe à autonomia racional dos parceiros não fazer intervir os princípios dados anteriormente e exteriores a seu ponto de vista, aos quais teriam que se submeter. Os interesses que tentam satisfazer não precisam ser derivados de deveres ou de obrigações anteriores, seja em relação a outros, seja em relação à sociedade tomada como um todo. Os parceiros tampouco reconhecem certos valores intrínsecos que se atingiriam graças a uma intuição racional, como, por exemplo, os valores perfeccionistas da excelência humana ou da verdade e da beleza. É pela capacidade de formular reivindicações de maneira autônoma que a liberdade é representada. Mesmo que alguns ou todos os membros da sociedade possam adotar valores perfeccionistas, sua aceitação provém, do ponto de vista da justiça política e social, de sua responsabilidade pessoal, ou então é uma conseqüência de princípios de justiça ainda não adotados.

A liberdade como independência é portanto representada pela motivação seguinte dos parceiros. Eles dão prioridade à proteção das condições sociais que permitirão concretizar seus interesses superiores e à busca de bases para um acordo, malgrado as severas limitações da informação que o véu de ignorância implica. Tudo isso ficará mais claro quando examinarmos a objeção segundo a qual, já que o véu de ignorância exclui o conhecimento dos fins últimos, não se poderia chegar a um acordo racional. A resposta a essa objeção é que ela vincula de modo demasiado estreito as aspirações de uma pessoa à concepção particular do bem que é examinada num dado momento. Considerando-se a maneira como descrevi o que são pessoas livres, a deliberação racional continua sendo possível mesmo que os fins últimos nessa concepção não sejam conhecidos. A explicação para isso é que as pessoas livres têm um desejo regulador e efetivo de ser um certo tipo de pessoa e que, portanto, o véu de ignorância não elimina todos os elementos necessários à deliberação. Se assim fosse, os parceiros não teriam interesses superiores que os impelissem a se assegurar das condições sociais objetivas que permitissem o desenvolvimento e o exercício das suas faculdades morais, bem como o acesso aos meios necessários para a realização do seu projeto de vida. No construtivismo kantiano, uma característica das pessoas (para as necessidades de uma concepção da justiça social) é que elas são capazes de dominar os seus próprios fins últimos e examiná-los com uma visão crítica no que concerne a uma noção do Razoável e do Racional. Desse ponto de vista, elas são independentes das motivações dadas por sua concepção particular do bem e são movidas por outras considerações. O véu de ignorância obriga os parceiros a alguma coisa análoga, porém num nível mais abstrato. Como ignoram os seus fins últimos, bem como muitas outras coisas sobre si mesmos, eles devem tentar descobrir qual é a concepção da justiça que tem maior probabilidade de proteger as condições necessárias para a efetivação dos seus interesses superiores e da sua concepção determinada, porém desconhecida, do bem.

Uma característica suplementar de uma doutrina kantiana é que ela visa a uma versão máxima do véu de ignorância[9]. Eis a explicação disso. Há duas razões distintas para se excluir a informação da posição original, e uma delas conduz a um véu de ignorância mais espesso do que o outro. A argumentação extraída do "espectador judicioso" de Hume (*A Treatise of Human Nature*, vol. III, 3ª parte, seção I) está concebida de maneira que impeça os parceiros de raciocinarem segundo o seguinte princípio: a cada um segundo a vantagem que lhe proporcione sua capacidade de ameaçar. Negando a cada um o conhecimento de sua situação particular, atinge-se uma certa imparcialidade. Começamos por atribuir aos parceiros o acesso a todas as informações

---

9. Devo a Joshua Rabinowitz a distinção entre uma versão máxima e uma versão mínima do véu de ignorância, tal como aparece no parágrafo seguinte.

que lhes dizem respeito: sua posição social, suas vantagens naturais, seus fins e objetivos e assim por diante. A seguir foi excluída a quantidade de informações necessária para se chegar à imparcialidade, isto é, à eliminação da vantagem que a capacidade de ameaçar proporciona. O véu de ignorância é mínimo porque somente está excluída a informação que impediria esse resultado. Os parceiros conhecem sempre a configuração geral da sociedade, sua estrutura política, sua organização econômica e assim por diante. Basta que os fatos particulares pertinentes sejam ignorados e fica suprimida a influência da vantagem devida à capacidade de ameaçar.

A argumentação kantiana procede de maneira inversa. Começa por negar qualquer informação aos parceiros e a seguir acrescenta apenas o que é necessário para que eles possam chegar a um acordo racional. Os princípios primeiros de justiça são aqueles que os agentes racionalmente autônomos escolheriam visando assegurar as condições necessárias para o desenvolvimento e o exercício das suas faculdades morais e dos seus fins últimos determinados (ainda que desconhecidos). Não basta que eles sejam imparciais no sentido de que são incapazes de tirar vantagem de sua posição superior (se a têm). Eles devem, além disso, não ser influenciados por nenhuma informação particular que não faça parte de sua representação de si mesmos como pessoas morais, livres e iguais, dotadas de uma visão determinada (ainda que desconhecida) do bem, a menos que essa informação seja necessária para se chegar a um acordo racional. É por isso que o véu de ignorância é provavelmente mais espesso. Enquanto a argumentação humiana não exclui certas informações particulares, a argumentação kantiana não as pode incluir. Ainda que essas diferentes limitações conduzissem aos mesmos princípios, o véu de ignorância máximo seria preferível, porque desse modo o vínculo entre os princípios de justiça e a concepção das pessoas morais como livres e iguais seria mais claro. Se permitíssemos o conhecimento dos fatos sociais institucionais gerais, autorizaríamos uma informação particular referente ao resultado da história da sociedade, o que toldaria o estreito vínculo que existe entre os princípios adotados e a concepção da pessoa. Ademais, se essa informação produzisse princípios diferentes, ela o faria por motivos inaceitáveis. Num e noutro caso, ela deveria ser excluída a fim de representar claramente a noção de liberdade que caracteriza uma concepção kantiana.

V

A representação da igualdade é uma questão fácil. Descrevemos simplesmente todos os parceiros da mesma maneira e os situamos de modo igual, isto é, numa posição simétrica uns em relação aos outros. Cada qual tem os mesmos direitos e os mesmos poderes no procedimento que permite concluir um acordo. Ora, para a teoria da justiça como eqüidade é essencial que a posição original seja eqüitativa em relação a pessoas iguais, de modo que essa eqüidade possa ser transferida para os princípios que serão adotados. Recordemos então por que a posição original é dita eqüitativa.

Para começar, importa especificar que é a estrutura básica da sociedade que é o objeto primeiro da justiça. Em seguida, quando se trata de determinar os princípios primeiros que se aplicarão a esse objeto, a única propriedade dos seres humanos que é preciso levar em conta é a posse das qualidades mínimas necessárias à personalidade moral (definida por suas duas faculdades morais). Acrescente-se que, como supus, cada um é capaz de ser membro integral da sociedade durante toda a sua vida. Para terminar, sustentamos que as pessoas iguais em todos os aspectos devem ser representadas de maneira igual. Essas hipóteses garantem que a posição original considere eqüitativamente pessoas morais iguais e, portanto, expresse corretamente o modo pelo qual os membros de uma sociedade bem ordenada se tratam uns aos outros. A melhor forma de responder às dúvidas que podemos ter quanto à eqüidade da posição original é responder às diversas objeções que lhe foram feitas.

Por exemplo, muitas vezes se disse que a posição original não é eqüitativa para os que possuem dons naturais superiores, pois, ao excluir o conhecimento desses dons, ela os impede de ter uma influência sobre o resultado. Afirmou-se igualmente que a teoria da justiça como eqüidade não era eqüitativa para os que fizeram o esforço de adquirir certas habilidades na esperança de extrair delas alguma vantagem. Mas essas objeções não levam em conta, a meu ver, traços particulares da justiça do contexto social. É preciso ter em mente que buscamos princípios que governam a estrutura básica da sociedade em que nascemos e na qual levamos toda a nossa vida. Minha tese é que a única relação pertinente que os indivíduos têm em relação a tais princípios é a capacidade de ter uma personalidade moral tal como a defini mais acima. A maneira pela qual concebemos a eqüidade na vida de todos os dias não nos prepara bem para a mudança considerável que é necessária para se compreender a justiça da estrutura básica em si.

Uma vez compreendido isso, devemos distinguir entre os aspectos das pessoas que são pertinentes para a justiça da estrutura básica e os que dizem respeito à eqüidade das distribuições, isto é, a distribuição das vantagens que efetivamente se dá nessa estrutura e que resulta de decisões e de atividades particulares de indivíduos e de associações. Essas distribuições resultam do respeito por expectativas legítimas e são, é claro, afetadas pelo que as pessoas de fato decidem fazer, dado o seu conhecimento das regras institucionais existentes, bem como pelas diversas habilidades e talentos concretizados dos indivíduos. Uma outra distinção essencial é aquela entre a distribuição desigual dos trunfos naturais, que é apenas um fato natural, nem justo nem injusto, e a maneira pela qual a estrutura básica utiliza essas diferenças e lhes permite afetar o destino dos cidadãos na sociedade, as oportunidades que eles podem ter na vida e os termos reais da cooperação entre eles. Está claro que é o modo pelo qual as instituições sociais utilizam as diferenças naturais, permitindo que intervenham as contingências e o acaso, que define o problema da justiça social[10].

Ora, admitamos que a distribuição natural das capacidades não possa estar na origem de uma reivindicação que se basearia unicamente no lugar que um indivíduo ocupa nessa distribuição, e se referiria a um sistema particular de instituições do contexto social que favorecesse os dons particulares dessa pessoa mais do que os de outras. É somente com essa condição que a posição original pode ser considerada como eqüitativa com relação a pessoas morais iguais. Tudo isso parece perfeitamente evidente. O véu de ignorância reflete essa idéia ao excluir qualquer informação sobre tais questões na posição original. Nem o mais favorecido nem o mais desfavorecido têm, enquanto tais, o direito de ser particularmente beneficiado. A estrutura básica e os direitos por ela engendrados, bem como as expectativas legítimas que ela respeita, devem ser regidos por princípios de justiça adotados pelos parceiros enquanto representantes de pessoas morais iguais.

Na teoria da justiça como eqüidade não há, portanto, noção anterior e independente de mérito que possa fazê-la prevalecer sobre os acordos dos parceiros ou cerceá-los. Su-

---

10. Para um exame da estrutura básica como objeto primeiro da justiça, ver anteriormente neste volume, pp. 3-42.

por a existência de tal noção equivaleria a violar a igualdade e a autonomia das pessoas livres e iguais que a autonomia racional dos parceiros, em parte, representa. Desse modo, os cidadãos vêm a merecer essa ou aquela situação particular em razão de suas próprias decisões e de seus esforços no âmbito de um sistema de cooperação efetivo no seio do contexto social, cujas regras são anunciadas publicamente e justificam as expectativas legítimas e os direitos adquiridos[11]. A única noção de mérito que está disponível para julgar esse sistema é derivada dos princípios adotados pelos parceiros. Uma vez reconhecido isso, a posição original é considerada como eqüitativa – ou, de maneira mais exata, como eqüitativa do ponto de vista de uma doutrina kantiana, da sua concepção das pessoas como livres e iguais e da sua autonomia.

## VI

Como fiz na primeira conferência, vou concluir com algumas observações gerais. Em primeiro lugar, minha idéia mestra para representar as pessoas é que, na medida do possível, os parceiros na posição original só deveriam ser limitados ou influenciados na adoção dos princípios de justiça pelas propriedades que remetem ao Razoável e ao Racional e que refletem a liberdade e a igualdade das pessoas morais. A posição original serve portanto para vincular, da maneira mais explícita possível, a visão que os membros de uma sociedade bem ordenada têm de si mesmos como cidadãos e o conteúdo de sua concepção pública da justiça.

Outra observação é que, embora eu considere a teoria da justiça como eqüidade uma doutrina kantiana, ela difere

---

11. Ver *TJ*, § 48 e pp. 109-10.

da doutrina propriamente dita de Kant em pontos importantes. Para começar, minha teoria atribui certa prioridade ao social. Assim, o objeto primeiro da justiça é a estrutura básica da sociedade; os cidadãos devem chegar a um acordo público sobre uma concepção da justiça cujo primeiro objeto é essa estrutura social. Esse acordo é interpretado por meio do acordo unânime na posição original. Ao contrário, a análise kantiana do imperativo categórico se aplica às máximas pessoais de indivíduos sinceros e conscienciosos em sua vida cotidiana. É certo que, enquanto pomos à prova tais máximas, temos que comparar diferentes mundos sociais, aquele que resulta de cada um respeitar a máxima em questão e aquele em que a máxima oposta é seguida. Mas essa comparação de mundos sociais é empreendida individualmente por cada um a fim de julgar uma dada máxima pessoal. Assim, Kant parte do caso particular, e até mesmo pessoal, da vida cotidiana. Achava ele que esse processo, conduzido corretamente, acabaria por produzir um sistema de princípios coerente e bastante completo, incluindo princípios de justiça social. A teoria da justiça como eqüidade procede no sentido inverso. Sua construção se inicia com um acordo coletivo unânime que rege a estrutura básica da sociedade, e a seguir todas as decisões dos indivíduos e das associações devem ser tomadas nesse contexto e em conformidade com esse acordo anterior.

Finalmente, insisti mais acima na condição de completa publicidade e nas suas conseqüências para uma concepção da justiça. Ora, essa condição está ligada à concepção ampliada, por contraposição à estreita, do papel social da moralidade[12]. A concepção estreita limita esse papel à criação das condições mais ou menos mínimas da cooperação social efetiva – por exemplo, especificando os critérios para

---

12. Esses termos foram sugeridos por uma distinção semelhante feita por John Mackie, *Ethics*, Nova York, Penguin Books, 1977, pp. 106 ss., 134 ss.

arbitrar reivindicações em conflito e estabelecendo regras para coordenar e estabilizar os arranjos sociais. As regras morais são consideradas inibidoras das tendências egocêntricas ou centradas no grupo e visam encorajar simpatias menos limitadas. Qualquer doutrina moral aceitará essas cláusulas, mas elas não implicam a condição de completa publicidade. Uma vez imposta essa condição, uma concepção moral desempenha um papel maior como elemento da cultura pública. Seus princípios primeiros estão encarnados nas instituições políticas e sociais e em tradições públicas que são a sua interpretação. Além disso, a derivação dos direitos, das liberdades e das oportunidades dos cidadãos implica uma certa concepção de sua pessoa. É assim que os cidadãos ficam sensibilizados por essa concepção, já que são educados segundo ela. Eles se defrontam com uma maneira de considerar a si próprios que não poderiam adquirir por si mesmos. Desse modo, a aplicação da condição de plena publicidade fornece o meio social que dá sentido à noção de plena autonomia e no qual o seu ideal da pessoa pode provocar um desejo efetivo de se tornar esse tipo de pessoa. Esse papel educativo da concepção moral define a concepção ampliada.

Ora, o próprio Kant assinala a exigência de publicidade sob uma forma ou outra, mas ele parece pensar que a concepção em que consideramos a nós mesmos como plenamente autônomos já nos é dada pelo "fato da razão", isto é, pelo nosso reconhecimento de que a lei moral é a autoridade suprema para nós na medida em que somos seres razoáveis e racionais[13]. Assim, essa concepção de nós mesmos está implícita na consciência moral individual. Kant não insiste nas condições sociais que são necessárias para a sua concre-

---

13. É desse modo que eu tenderia a interpretar as passagens difíceis, porém essenciais, da *Crítica da razão prática*, em que intervém "o fato da razão".

tização e não as inclui na própria doutrina moral. A teoria da justiça como eqüidade se afasta de Kant, portanto, ao mesmo tempo em razão da primazia que atribui ao social e da dimensão nova que a condição de plena publicidade dá a essa primazia. Acredito que essas diferenças permitem evitar alguns dos defeitos que Dewey encontrava na doutrina moral de Kant.

## III

### Construção e objetividade

Na conferência precedente descrevi a idéia principal do construtivismo kantiano, que consiste em estabelecer uma relação entre os princípios primeiros de justiça e uma concepção da pessoa moral que a considera como livre e igual. Esses princípios primeiros são utilizados para estabelecer a interpretação da liberdade e da igualdade que convém a uma sociedade democrática moderna. A relação buscada é fornecida por um procedimento de construção pelo qual agentes racionalmente autônomos e submetidos a condições razoáveis chegam a um acordo sobre princípios públicos de justiça. Agora que essas idéias ficaram mais claras, gostaria de examinar a maneira pela qual uma doutrina kantiana interpreta a noção de objetividade no sentido de um ponto de vista social construído de maneira apropriada e se impondo em relação a todos os pontos de vista individuais ou associativos. Essa análise da objetividade traz a implicação de que é preferível apresentar os princípios de justiça não como verdadeiros, mas sim como os mais razoáveis para nós, dada a nossa concepção da pessoa. [Aqui, "razoável" é utilizado, como explico mais adiante (seção V), em contraposição a "verdadeiro" no sentido do intuicionismo racional, e não, como anteriormente (1ª conferência, seção V), por contraposição a "racional", como na noção da autonomia racional].

I

Para fixar nossas idéias, voltemos uns cem anos para trás, à época de Henry Sidgwick, cujo *The Methods of Ethics* (1874) é, penso eu, uma obra excepcional na teoria moral moderna[1]. Por "teoria moral" entendo o estudo comparativo sistemático das concepções morais, a começar por aquelas que parecem ser as mais importantes tanto do ponto de vista histórico como na opinião dos críticos contemporâneos. A filosofia moral abrange a teoria moral, mas ela considera que sua questão principal é a da justificação, a maneira de apresentá-la e de resolvê-la. Por exemplo, deve-se tratá-la como um problema epistemológico (como no intuicionismo racional) ou como um problema prático (como no construtivismo kantiano)? O livro de Sidgwick é o primeiro trabalho verdadeiramente universitário de teoria moral, moderna ao mesmo tempo em seu método e em seu espírito. Tratando a ética como uma disciplina que se pode estudar como nenhum outro ramo do saber, ele define e trata de maneira exemplar, ainda que não seja pela primeira vez, certas comparações de conjunto que constituem a teoria moral. Ao sintetizar o trabalho de escritores precedentes e por sua influência sobre G. E. Moore e outros, sua obra definiu uma boa parte do âmbito da filosofia moral posterior. A originalidade de Sidgwick reside na sua concepção dessa disciplina, bem como no seu

---

1. A respeito de Sidgwick, ver o livro bastante completo de J. B. Schneewind, *Sidgwick's Ethics and Modern Victorian Moral Philosophy*, Oxford University Press, 1977.

método de apresentação, assim como no seu reconhecimento da importância da teoria moral para a filosofia moral. Assim, é natural que as limitações desse livro sejam tão importantes quanto os seus méritos. Gostaria de mencionar duas dessas limitações. Em primeiro lugar, Sidgwick se interessa relativamente pouco pela concepção da pessoa e pelo papel social da moralidade enquanto elementos principais de uma doutrina moral. Ele começa pela idéia de método na ética, método que se define por certos princípios graças aos quais chegamos a um julgamento sobre o que deveríamos fazer. Ele dá como certo que os métodos procuram chegar a juízos verdadeiros que valem para todos os espíritos racionais. Para ele, o melhor é atacar o problema da justificação somente quando se tiver chegado a um amplo acordo em teoria moral. No Prefácio da primeira edição ele explica que quer resistir à tendência natural de descobrir o verdadeiro método para avaliar o que deveríamos fazer. Preferiria explicar, a partir de uma posição neutra e tão imparcial quanto possível, quais são os diferentes métodos que se encontram na consciência moral da humanidade e que são elaborados nos sistemas filosóficos[2]. Porém essas análises minuciosas – por mais necessárias que sejam – não passam de estudos preparatórios para comparar os diversos métodos e avaliá-los segundo os critérios que deveriam ser respeitados por qualquer método racional que vise à verdade.

Mas, quando se começa por definir os métodos de ética como métodos de busca da verdade, é-se levado não apenas a interpretar a justificação como um problema epistemológico mas, além disso, a dar menos atenção aos princípios primeiros das concepções morais e à maneira pela qual eles podem ser conhecidos. Entretanto, os princípios primeiros

---

2. *The Methods of Ethics*, Londres, Macmillan, 7.ª ed., 1907, pp. V-VI; todas as referências remetem a essa edição.

não passam de um dos elementos de uma concepção moral. Igualmente importantes são as concepções da pessoa e do papel social da moralidade. Enquanto esses outros elementos não forem claramente elucidados, os elementos de uma doutrina construtivista não ficarão disponíveis. O fato de o papel social da moralidade e a concepção da pessoa quase não serem evocados no livro de Sidgwick é muito característico. É por isso que a possibilidade que o construtivismo representava continuou fechada para ele.

Mas essa possibilidade lhe escapou por uma segunda razão. Ele não foi capaz de ver na doutrina de Kant (nem, pela mesma razão, no perfeccionismo) um método particular em ética. Ele considerava o imperativo categórico como um princípio puramente formal, que chamava de "o princípio de eqüidade" (*the principle of equity*): tudo o que vale moralmente para uma pessoa em particular deve valer igualmente para todos os seres parecidos que estão numa mesma situação parecida. Esse princípio era aceito por Sidgwick, mas, visto ser claro que ele constitui uma base insuficiente para uma doutrina moral, ele não considerava a doutrina de Kant como um método concreto (pp. 209-10). Essa interpretação formalista de Kant, bem como o repúdio do perfeccionismo, levaram Sidgwick a limitar as concepções morais tradicionais a três métodos principais: o egoísmo racional, o intuicionismo (pluralista) e o utilitarismo clássico. Ele tinha seguramente razão em se limitar a um pequeno número de doutrinas a fim de poder analisar cada uma delas em detalhe. Somente assim se pode chegar a uma compreensão em profundidade. Porém o egoísmo racional, que ele tratava como um verdadeiro método de ética, não é, de forma alguma, uma concepção moral. É antes um desafio em relação a qualquer concepção desse tipo, mas nem por isso é menos interessante. Dado que só permanecem na liça o intuicionismo e o utilitarismo, não surpreende que o utilitarismo lhe tenha parecido superior, já que ele buscava sobretudo a unidade e a sistematicidade numa doutrina moral.

Ora, a doutrina de Kant é o exemplo histórico principal do que se chama uma doutrina construtivista. Não surpreende, portanto, que o construtivismo não encontre lugar em Sidgwick. A situação é a mesma se tomarmos um outro livro muito importante, *Ethical Studies*, de F. H. Bradley (1ª edição 1876). Seguindo Hegel, Bradley considerava igualmente a ética de Kant como puramente formal e carente de conteúdo, e por isso mesmo ele a classificava entre as doutrinas inadequadas no primeiro momento da dialética[3]. O resultado de todas essas interpretações formalistas de Kant é que o construtivismo não foi reconhecido como uma concepção moral digna de ser estudada e integrada na teoria moral. As coisas não melhoraram durante a primeira metade do século XX. Durante todo esse período, que começa com os *Principia Ethica* (1903) de G. E. Moore, o interesse se dirigia essencialmente para a análise filosófica e seu alcance quanto à questão da justificação, que era tratada como um problema epistemológico, bem como quanto à questão de saber se essas conclusões respaldavam ou não a noção da verdade moral. Durante esse tempo, porém, o utilitarismo e o intuicionismo fizeram progressos consideráveis. Ainda está por se realizar uma interpretação satisfatória do construtivismo de Kant que possa rivalizar com as nossas interpretações dessas doutrinas.

II

Tentemos agora compreender melhor o construtivismo kantiano distinguindo-o do que eu chamaria de *intuicionis-*

---

3. Ver a monografia IV: "Duty for Duty's Sake", em *Ethical Studies*, 2ª ed., Oxford University Press, 1927.

*mo racional.* Essa doutrina foi, é claro, formulada de diversas maneiras. Sob uma forma ou outra, ela dominou a filosofia moral desde Platão e Aristóteles até ser questionada por Hobbes e Hume, bem como, segundo penso, por Kant, porém de uma maneira diferente. Para simplificar, eu diria que o intuicionismo racional é a doutrina representada na tradição inglesa por Clarke e Price, por Sidgwick e Moore, e, reduzida ao essencial, por W. D. Ross[4]. Com modificações, ela foi aceita por Leibniz e Wolff como perfeccionismo, e Kant a conhecia sob essa forma.

Para o meu propósito aqui, resumirei o intuicionismo racional pelas duas teses seguintes: *em primeiro lugar*, os três conceitos morais básicos, isto é, o bem e o justo, assim como o valor moral das pessoas, não podem ser analisados em termos de conceitos não-morais (ainda que possam ser analisados com a ajuda de outros conceitos morais); *em segundo lugar*, os princípios da moral (quer existam um ou vários), quando formulados corretamente, são proposições imediatamente evidentes, indicando quais são as considerações que podem justificar a utilização de um dos três conceitos morais básicos, ou seja, para julgar se alguma coisa é (intrinsecamente) boa, se uma certa ação é o que deveríamos fazer ou, ainda, se um certo traço de caráter tem um valor moral. Essas duas teses implicam que o acordo dos julgamentos morais, que é tão importante para uma concepção pública efetiva da justiça, está baseado no reconhecimento

---

[4]. Ver *The Right and the Good*, Oxford, The Clarendon Press, 1930, em particular os capítulos 1-2. Adotarei a definição de Ross do intuicionismo racional, porém modificada de modo que se admitam princípios primeiros em número tão grande quanto necessário. Assim, ela corresponde tanto ao intuicionismo pluralista como àquele que coloca apenas um único princípio primeiro. Devo acrescentar que, para o meu propósito aqui, trato a doutrina de Aristóteles como combinando o perfeccionismo teleológico e o perfeccionismo metafísico. Ainda que, do ponto de vista dos especialistas contemporâneos, essa não seja uma interpretação bem fundada, foi exatamente assim que Aristóteles foi interpretado até a época de Kant.

de verdades imediatamente evidentes a respeito das razões válidas a serem utilizadas. Ademais, o conteúdo dessas razões é fixado por uma ordem moral que é anterior à nossa concepção da pessoa e do papel social da moralidade, que é independente dela. Essa ordem é dada pela natureza das coisas e é conhecida não pelos sentidos, mas por uma intuição racional. É a essa idéia de verdade moral que contraporei a noção de princípios primeiros razoáveis.

Observar-se-á que o intuicionismo racional é compatível com uma grande variedade de conteúdos dos princípios primeiros de uma concepção moral. Até o utilitarismo clássico, ao qual o próprio Sidgwick era muito favorável (mesmo não sabendo como eliminar o seu rival, o egoísmo racional), era considerado por ele como decorrente de três princípios, cada um imediatamente evidente por si próprio[5]. Essas três proposições são as seguintes:

(1) o princípio chamado princípio de eqüidade, a saber, que não pode ser justo tratar duas pessoas diferentes de maneira diferente pela simples razão de que se trata de indivíduos numericamente diferentes;

(2) um princípio de prudência racional, a saber, que uma simples diferença de posição no tempo não é, por si mesma, uma razão séria para atribuir mais importância ao bem-estar num dado momento e não em outro; e

(3) um princípio de boa vontade racional, a saber, que o bem de uma certa pessoa não tem mais importância, do ponto de vista do universo, do que o bem de qualquer outra.

Esses três princípios se combinam com o princípio segundo o qual, enquanto seres razoáveis, devemos buscar necessariamente aquilo que é bem em geral, e não em particular, e eles produzem assim, segundo Sidgwick, o prin-

---

5. H. Sidgwick, *op. cit.*, Livro III, Capítulo 13, pp. 379-89. Ver análise de Schneewind, *op. cit.*, Capítulo 10, pp. 286-309.

cípio de utilidade, isto é, o princípio que recomenda maximizar o total líquido de felicidade. Compreende-se como era tentador para Sidgwick considerar esse princípio, assim como aqueles que dele decorrem, como imediatamente evidentes.

Entre todas as versões recentes do intuicionismo racional, o apelo à evidência é talvez o mais nítido no "utilitarismo ideal" de Moore, nos *Principia Ethica* (1903). Uma conseqüência do princípio de utilidade orgânica que ele emprega é que a sua doutrina é extremamente pluralista: ela comporta poucos princípios primeiros úteis, se é que os tem, e os diferentes tipos de casos devem ser decididos por intuição quando se apresentam. Moore defendia uma espécie de atomismo platônico[6]; os conceitos morais (tais como outros conceitos) são entidades permanentes e independentes captadas pelo espírito. Que o prazer e o belo sejam bons, e que diferentes combinações destes, sozinhos ou juntos com outras coisas, até um certo grau, sejam igualmente boas, são verdades conhecidas por intuição, captando com os olhos do espírito a maneira pela qual os objetos (universais) distintos e separados se ligam (fora do tempo). Essa visão é ainda mais viva na primeira filosofia matemática de Bertrand Russell, que recomenda examinar a busca de conceitos matemáticos indefiníveis utilizando um telescópio mental (como para procurar um planeta)[7].

Ora, meu objetivo ao evocar essas questões é mostrar que o intuicionismo racional, tal como ilustrado por Sidgwick, Moore e Ross, se contrapõe radicalmente a uma concepção construtivista sobre o modelo da de Kant. Está claro que Kant teria rejeitado como heterônomo o naturalismo psico-

---

6. Tomo essa expressão emprestada de Peter Hylton, *The Origins of Analytic Philosophy* (Diss.), Harvard University, 1978, Capítulo 3.

7. Ver *The Principles of Mathematics* (Londres, 1903). A comparação com o telescópio humano é de Russell.

lógico de Hume[8]. Mas penso que a contraposição ao intuicionismo racional, qualquer que seja o seu conteúdo (utilitarista, perfeccionista ou pluralista), é ainda mais instrutiva. É menos óbvio que Kant teria igualmente considerado o intuicionismo racional como heterônomo. A razão disso é que, dada a primeira tese do intuicionismo racional, os conceitos básicos da moral são conceitualmente independentes dos conceitos naturais. Do mesmo modo, os princípios primeiros são independentes do mundo natural e, quando captados por uma intuição racional, são vistos como sintéticos *a priori*. Isso parece suficiente para que não sejam tratados como princípios heterônomos. Contudo, para que se tornem assim, basta que esses princípios se imponham em razão de relações objetivas cuja natureza não é nem afetada nem determinada pela concepção da pessoa. A idéia kantiana de autonomia exige que não possa existir uma ordem de objetos tal que determinasse os princípios primeiros do justo e da justiça para pessoas morais, livres e iguais. A heteronomia reina não apenas quando os princípios primeiros são fixados pela constituição psicológica particular da natureza humana, como acontece com Hume, mas também quando são fixados por uma ordem de universais ou de conceitos captados por uma intuição racional, como o mundo das formas de Platão ou a hierarquia das

---

8. Como ele formula as definições dos conceitos morais básicos em termos de conceitos não-morais – que é o método que permite encontrar razões válidas para aplicar os conceitos morais básicos –, o naturalismo é uma forma de heteronomia do ponto de vista kantiano. As diversas definições às quais se chega pela análise dos conceitos transformam os juízos morais em enunciados sobre o mundo com o mesmo alcance que os da ciência e do senso comum. É por isso que essas definições, combinadas com a própria ordem natural, vêm a constituir uma ordem moral anterior à nossa concepção de nós mesmos como pessoas livres e iguais e independente dela. Poder-se-ia apoiar essa tese com a análise da doutrina de Hume e do utilitarismo hedonista de Bentham, quando essas opiniões se expressam na linguagem naturalista que convém. (O intuicionismo racional tende a assegurar à ordem moral uma certa independência em relação à ordem natural.)

perfeições em Leibniz[9]. Eu deveria talvez acrescentar, para evitar mal-entendidos, que uma doutrina kantiana da autonomia não tem necessidade de negar que os procedimentos pelos quais se selecionam os princípios primeiros são sintéticos *a priori*. Mas essa tese deve ser corretamente interpretada. A idéia essencial é que tais procedimentos devem estar fundados de maneira satisfatória na razão prática, ou seja, em noções que caracterizem as pessoas enquanto razoáveis e racionais e que são incorporadas no modo pelo qual concebem a si mesmas, enquanto tais, como a sua personalidade moral livre e igual. Em outras palavras, os princípios primeiros de justiça devem decorrer de uma concepção da pessoa graças a uma representação satisfatória dessa concepção, como ilustra o procedimento de construção na teoria da justiça como eqüidade.

Assim, numa doutrina kantiana, uma concepção relativamente complexa da pessoa desempenha um papel central. Já o intuicionismo racional pede apenas uma noção limitada da pessoa, fundada sobre o eu (*self*) como sujeito cognoscitivo. Como o conteúdo dos princípios já está fixado, pede-se ao eu simplesmente que seja capaz de saber o que são esses princípios e que seja movido por esse saber. A hipótese básica é que o reconhecimento dos princípios primeiros de justiça como verdadeiros e imediatamente evidentes suscita, em um ser capaz de ter uma intuição racional disso, um

---

9. Essa tese fundamental fica infelizmente toldada pelo fato de ainda que nos *Fondements de la métaphysique des moeurs* (trad. fr., Paris, 1964, p. 174) Kant classifique as doutrinas de Leibniz e de Wolff como heterônomas, sua crítica é de que se trata de visões circulares e portanto vazias. A mesma coisa ocorre na *Critique de la raison pratique* (trad. fr., Paris, 1943, p. 40) quando Kant sustenta que a noção de perfeição no raciocínio prático significa a adequação de um dado fim seja ele qual for. É portanto uma noção vazia na medida em que esses fins não são determinados de maneira independente. Esses argumentos dão a impressão errônea de que, se o perfeccionismo tivesse um conteúdo suficiente, seria compatível com a autonomia.

desejo de agir em conformidade apenas com eles. A motivação moral se define com referência a desejos que têm uma forma especial de origem causal, a saber, a captação intuitiva de princípios primeiros[10]. Essa concepção limitada da pessoa, aliada a essa psicologia moral, caracteriza o intuicionismo racional de Sidgwick, de Moore e de Ross, ainda que nada force o intuicionismo racional a se contentar com uma noção tão pobre assim. A idéia é antes que, no intuicionismo racional, em que o conteúdo dos princípios primeiros já está dado, diferentemente de uma doutrina kantiana, uma concepção mais complexa da pessoa, capaz de determinar o conteúdo desses princípios, bem como a psicologia moral que lhe corresponde, simplesmente não é necessária.

III

Tendo assim distinguido o construtivismo kantiano e o intuicionismo racional do ponto de vista de uma ordem moral, anterior à nossa concepção da pessoa e independente dela, passo agora a examinar uma segunda distinção, a saber, como cada teoria considera as inevitáveis limitações que pesam sobre as nossas deliberações morais. A concepção construtivista aceita prontamente que uma concepção moral só pode estabelecer para a deliberação uma orientação muito geral, que depende consideravelmente de nossas faculdades de reflexão e de julgamento. Essas faculdades não são fixadas de uma vez por todas, mas se desenvolvem no quadro de uma cultura pública comum que as forma. Na teoria da justiça como eqüidade, isso quer dizer que os princípios adotados pelos parceiros na posição original são concebidos

---

10. Ver, por exemplo, H. Sidgwick, *op. cit.*, pp. 23-8, 34-7, 39 ss., bem como o exame da base imediatamente evidente dos princípios de utilidade, que citei na nota 5, mais atrás.

por eles em vista de um acordo público e aplicável às questões de justiça social, bastando para estabelecer uma cooperação social efetiva e eqüitativa. Do ponto de vista dos parceiros que se definem como os agentes de um processo de construção, os princípios primeiros de justiça não são concebidos como representando, ou revelando, uma ordem moral já dada, como supõe o intuicionismo racional. A idéia essencial é antes a de que uma concepção da justiça preenche o seu papel social se os cidadãos igualmente conscienciosos, e compartindo quase as mesmas convicções, acharem que são conduzidos normalmente a uma convergência suficiente de opiniões quando respeitam o âmbito de deliberação por ela estabelecido. Assim, uma concepção da justiça é feita para satisfazer às exigências práticas da vida social e para fornecer uma base pública que permita aos cidadãos justificarem as suas instituições comuns uns aos outros. Uma concepção, assim, deve ser correta apenas na medida em que produza esse resultado.

No construtivismo, as limitações que pesam sobre nossas deliberações morais afetam as exigências da publicidade e favorecem o recurso a regras de prioridade. Essas limitações nos levam igualmente a tomar como objeto primeiro da justiça a estrutura básica de uma sociedade bem ordenada e a adotar como base das comparações interpessoais os bens primários. Comecemos pela publicidade. No final da conferência precedente, indiquei por que, numa doutrina construtivista, os princípios primeiros devem satisfazer às exigências da publicidade. A concepção moral deve ter um amplo papel social enquanto elemento da cultura pública, e deve permitir aos cidadãos considerar e aceitar a concepção da pessoa como livre e igual. Ora, se ela quer desempenhar esse papel, seus princípios primeiros não devem ser demasiado complexos; eles devem poder ser compreendidos e aplicados de maneira geral nos casos mais importantes. Desse modo, é desejável que, para saber se esses princípios são respeitados, pelo menos no que diz respeito às liberdades e às instituições básicas, não se dependa de informações difíceis de serem obtidas e avaliadas. Para incluir esses *desiderata* numa doutrina construtivista, supõe-se que os parceiros levem em conta essas considerações e prefiram (todas as coisas iguais por outro lado) princípios de simples compreensão e fácil aplicação. A vantagem, no que concerne à obediência e à aceitação dos cidadãos, faz mais do que compensar a natureza simplista das linhas diretoras que dela resultam e o fato de elas negligenciarem certas distinções e certas diferenças. De fato, os parceiros se põem de acordo para excluir certos fatos que não são pertinentes para as questões de justiça próprias da estrutura básica, ao mesmo tempo que reconhecem que, em relação a outras questões de justiça, seria apropriado recorrer a eles. Do ponto de vista da posição original, a circunstância de eliminar esses fatos aumenta suficientemente a capacidade que tem a concepção da justiça para preencher o seu papel social. É evidente que deveríamos ter em mente que a exclusão de tais fatos não implica, por si só, que eles não serviriam como argumentos em outros contextos nos quais se aplicariam noções morais diferentes. De fato, não se exclui nem mesmo que a análise de certas noções deva ser construtivista, ao passo que isso não é necessário no caso de outras.

Vê-se então claramente por que uma doutrina construtivista como a teoria da justiça como eqüidade incorpora no âmbito da deliberação moral um certo número de distinções esquemáticas e práticas como meios que nos permitem enfrentar as limitações inevitáveis das nossas capacidades morais e a complexidade do nosso contexto social. A necessidade de tais distinções apóia e ajuda a compreender o modo pelo qual a utilização de certas regras de prioridade permite avaliar o peso relativo de tipos particulares de argumentos em casos extremamente importantes. Na teoria da justiça como eqüidade, duas dessas regras são, *em primeiro lugar*, a da prioridade da justiça sobre a eficácia (no sentido de Pareto) e sobre o saldo líquido de vantagens (calculadas de acordo com todos os indivíduos na sociedade) e, *em segundo*, a prioridade do princípio de igual liberdade (enunciado em termos de certas liberdades básicas) sobre o segundo princípio de justiça[11]. Essas regras de prioridade são introduzidas para se enfrentar a complexidade das numerosas razões *prima facie* que estamos prontos para utilizar na vida cotidiana, e sua plausibilidade depende em grande parte dos princípios primeiros aos quais elas são acrescentadas. Porém, ainda que essas regras estejam previstas para reduzir a margem de julgamento em certas questões fundamentais de justiça, essa margem não pode jamais ser totalmente eliminada e, no caso de numerosas questões, não se podem em geral deduzir respostas limitadas e precisas. Entretanto, não se tem necessidade alguma de resposta desse tipo se um acordo suficiente estiver para se produzir (ver *TJ*, p. 56).

Considerações da mesma ordem se aplicam quando se começa por tomar a estrutura básica da sociedade bem ordenada como objeto primeiro da justiça e se tenta desenvolver uma concepção da justiça para esse único caso. A idéia é que essa estrutura desempenha um papel muito particular na sociedade, na medida em que ela estabelece o que poderíamos chamar de justiça do contexto social (*background justice*). Se pudermos encontrar princípios primeiros satisfatórios para esse caso, seremos sem dúvida capazes de eliminar suficientemente outras considerações que não se aplicam a esse caso e de desenvolver uma concepção da justiça para a estrutura básica que seja bastante simples e exeqüí-

---

11. Para um enunciado desses princípios e das regras de prioridade, ver *TJ*, pp. 64-5, 275, 333-4.

vel. A complexidade maior dos casos cotidianos que não se pode ignorar numa concepção moral mais geral poderá ser tratada mais tarde nas situações menos gerais que se produzem no seio das diversas associações que dependem da estrutura básica e que, nesse sentido, lhe estão subordinadas[12].

Para terminar, podem-se fazer observações comparáveis quando se tem de buscar uma base que seja viável para as comparações interpessoais de bem-estar e que seja pertinente para as questões de justiça na estrutura básica. Essas comparações devem ser feitas em termos de bens primários (tais como os defini na primeira conferência), bens que são, na medida do possível, propriedades públicas das instituições sociais assim como das posições que as pessoas ocupam em relação a elas, a saber, seus direitos, suas liberdades, as oportunidades que lhes são oferecidas, bem como sua renda e sua riqueza tomadas no sentido amplo. Assim, a comparação entre as partes respectivas obtidas pelos cidadãos na distribuição das vantagens da cooperação social fica grandemente simplificada e menos sujeita a discussão.

Desse modo, a razão da utilização por uma doutrina construtivista das distinções esquemáticas ou práticas que acabamos de assinalar é que elas são necessárias caso se queira chegar a uma concepção da justiça que possa ser aplicada. Essas distinções são incorporadas à teoria da justiça como eqüidade graças à descrição dos parceiros enquanto agentes de um processo de construção e à exposição de suas modalidades de deliberação. Tendo a responsabilidade de chegar a um acordo sobre a concepção da justiça aplicável e que efetive uma convergência suficiente de opiniões, os parceiros não podem encontrar melhor meio para concretizar essa tarefa. Eles aceitam as limitações da existência humana e reconhecem que o melhor que uma concepção da

---

12. Ver mais atrás, neste volume, pp. 13-20.

justiça pode fazer é estabelecer um conjunto de linhas diretoras para a deliberação.

Uma comparação com o utilitarismo clássico esclarecerá o que fica implicado aqui. Para este último – quer se apresente como uma forma de intuicionismo racional (Sidgwick) ou de naturalismo (Bentham) –, cada questão de justiça tem uma resposta. Uma instituição ou uma ação são justas desde que produzam o maior saldo líquido de satisfação. Não podemos jamais estar à altura de conhecer a resposta ou mesmo de nos aproximarmos dela, mas, se admitirmos que há uma medida correta da satisfação, saberemos que existe uma resposta. É claro que o utilitarismo reconhece as necessidades da prática; preceitos aplicáveis e regras secundárias são necessários para guiar a deliberação e coordenar as nossas ações. Essas normas podem ser concebidas a fim de que as nossas ações se aproximem o mais possível daquelas que maximizariam a utilidade, na medida em que isso seja viável. Mas é evidente que tais preceitos e tais regras não são princípios primeiros; são, no máximo, diretivas que, quando seguidas, permitem que o resultado da nossa conduta se aproxime daquilo que o princípio de utilidade recomenda. Nesse sentido, nossas normas de aplicação são claramente aproximações de um dado.

Ao contrário, a teoria da justiça como eqüidade, enquanto doutrina construtivista, sustenta que não há necessariamente resposta para todas as perguntas morais que somos levados a nos fazer na vida cotidiana. De fato, é possível que apenas um pequeno número dentre elas possa ser resolvido graças a concepções morais que podemos compreender e aplicar. As limitações práticas impõem um objetivo bem mais modesto a uma concepção aplicável da justiça, a saber, identificar as questões de justiça mais fundamentais que possam ser tratadas na esperança de que, uma vez feito isso e estabelecidas instituições básicas justas, os conflitos de opinião que persistirem não sejam tão profundos nem tão extensos que não se possa encontrar um acordo. Reconhecer a estrutura básica como objeto prioritário da justiça e analisar os bens primários é um passo no sentido da consecução dessa meta mais modesta. Mas é preciso acrescentar que a idéia de aproximação da verdade moral não tem lugar numa doutrina construtivista. Os parceiros na posição original não reconhecem princípio de justiça algum como verdadeiro ou correto nem como dado previamente; sua meta é simplesmente selecionar a concepção mais racional para eles, dada sua situação. Essa concepção, por sua vez, não é considerada como uma aproximação dos fatos morais que se possa aplicar; não existe algo como fatos morais cujos princípios adotados pudessem constituir uma aproximação.

Como vimos, as diferenças entre o construtivismo e o utilitarismo clássico são particularmente significativas no que diz respeito ao conteúdo do princípio de utilidade, pois este sempre fornece uma resposta que podemos pelo menos descrever verbalmente. No entanto a diferença é menos nítida em relação ao intuicionismo racional (pluralista) de Ross, já que a lista que ele dá de princípios imediatamente evidentes *prima facie* para identificar os argumentos válidos fornece apenas uma orientação geral para guiar a deliberação moral e compartilha muitos dos traços da orientação fornecida pelo construtivismo. Contudo, embora essas semelhanças sejam reais, a idéia subjacente na doutrina de Ross continua sendo essencialmente diferente do construtivismo. Seu intuicionismo pluralista rejeita o utilitarismo (mesmo um utilitarismo ideal) porque este simplifica exageradamente os fatos morais dados, em especial os que dizem respeito ao peso correto dos deveres e obrigações particulares. A complexidade dos fatos morais em certos tipos de casos seria tal que nos forçaria a reconhecer que nenhuma família de princípios primeiros formuláveis caracteriza esses fatos de maneira suficientemente precisa para conduzir a uma conclusão certa. A decisão e o julgamento são quase sempre incertos e devem "ser da alçada da sensação"[13], ou seja, da nossa avaliação intuitiva do saldo líquido mais elevado de razões *prima facie* em cada tipo de caso. Ademais, essa "sensação" recai sobre um saldo líquido de razões das quais cada uma é dada por uma ordem moral independente, conhecida por intuição. Portanto, persiste a diferença essencial em relação ao construtivismo.

## IV

Depois de ter examinado várias diferenças entre o construtivismo e o intuicionismo racional, estamos agora em condições de tratar de um ponto fundamental sugerido pela exposição que acabamos de fazer. Um traço essencial de uma doutrina construtivista tal como a teoria da justiça como eqüidade é que os seus princípios primeiros definem os fatos que os cidadãos de uma sociedade bem ordenada devem considerar como razões de justiça. Fora do procedimento que permite construir esses princípios, não há razão de justiça. Dito de outro modo, não se pode avaliar até que ponto certos fatos vão contar como razões e qual deve ser a sua força relativa senão com base nos princípios que resultam da construção. Isso está ligado à utilização da justiça processualista pura no mais alto nível. Cabe portanto aos parceiros, na posição original, decidir quanto ao nível de complexidade que devem ter os fatos morais, ou seja, decidir quanto ao número e à complexidade dos princípios que identificam quais fatos devem ser aceitos como razões de justiça pelos cidadãos na

---

13. Ver W. T. Ross, *op. cit.*, pp. 41-2. Ross cita a observação de Aristóteles: "A discriminação é da alçada da sensação" (*Éthique à Nicomaque*, 1109b 23, 1126b 4, p. 117, trad. fr. Tricot, Paris, Vrin, 1983).

sociedade (ver *TJ*, pp. 55-6). Não há nada de equivalente a isso no intuicionismo racional. Essa propriedade essencial do construtivismo pode ser toldada pelo fato de que, na teoria da justiça como eqüidade, os princípios primeiros de justiça dependem das crenças gerais relativas à natureza humana e ao funcionamento da sociedade dos quais os parceiros na posição original podem ter conhecimento. Os princípios primeiros, numa doutrina construtivista, não são independentes de tais crenças, como tampouco são verdadeiros em todos os mundos possíveis, como sustentam certas formas de intuicionismo. Em particular, eles dependem das propriedades e das limitações relativamente específicas da existência humana que acarretam o contexto da justiça (*the circumstances of justice*)[14]. Ora, dada a maneira pela qual a posição original é estabelecida, podemos supor, em tese, que as crenças que atribuímos aos parceiros mudam conforme mudam as crenças gerais pertinentes. O mesmo deve acontecer com os princípios primeiros sobre os quais eles se puseram de acordo. Podemos, é claro, dizer que os princípios (os mais razoáveis) de justiça são os que seriam adotados se os parceiros possuíssem todas as informações gerais necessárias e se estivessem prontos para levar em conta os *desiderata* práticos exigidos por uma concepção pública da justiça aplicável. Embora esses princípios tenham uma certa preeminência, eles continuam sendo o resultado de uma construção. Além disso, é importante assinalar que não levantei nenhuma hipótese a respeito de uma teoria da verdade. Uma doutrina construtivista não tem necessidade de uma concepção idealista ou verificacionista, em contraposição à realista, da verdade. Qualquer que seja a natureza da verdade no caso das crenças gerais que incidem sobre a natureza humana e sobre o funcionamento da sociedade, uma doutrina moral construtivista

---

14. Ver segunda conferência, seção I, pp. 80-1.

requer um procedimento de construção distinto para identificar os princípios primeiros de justiça. Na medida em que a doutrina moral de Kant depende daquilo que pode ser definido por alguns como uma concepção construtivista da verdade na *Crítica da razão pura* (não pretendo que essa interpretação esteja correta), a teoria da justiça como eqüidade diverge desse aspecto do kantismo e busca preservar a estrutura de conjunto da sua concepção moral sem levar em conta esse plano de fundo.

No parágrafo precedente afirmei que, dada a maneira pela qual se estabelece a posição original, é possível que, à proporção que vão mudando as crenças gerais dos parceiros, os princípios primeiros de justiça mudem igualmente. Mas para mim isso é apenas uma mera possibilidade, que assinalei com o fim de esclarecer a natureza de uma concepção construtiva. Desenvolverei essa observação recordando que no final da primeira conferência eu distinguira entre o papel de uma concepção da pessoa e o de uma teoria da natureza humana e sublinhara que, na teoria da justiça como eqüidade, são elementos distintos que aparecem em momentos diferentes. Disse que uma concepção da pessoa é um ideal moral que acompanha o de uma sociedade bem ordenada. Uma teoria da natureza humana e uma concepção das exigências da vida social nos dizem se esses ideais são realizáveis, se se podem concretizá-los em condições normalmente favoráveis. As mudanças na teoria da natureza humana ou na teoria social em geral, que não afetam a possibilidade de realizar o ideal da pessoa e o da sociedade bem ordenada, tampouco afetam o acordo dos parceiros na posição original. É difícil imaginar de que maneira um conhecimento novo poderia convencer-nos de que esses ideais não são realizáveis, dado o que sabemos da natureza geral do mundo por contraposição à nossa situação particular, social e histórica. De fato, a informação válida nesse campo se estende por um longo período e está à disposição do senso comum de qualquer pessoa capaz de reflexão. Assim, as transformações que se podem produzir no nosso conhecimento da natureza humana e da sociedade não afetam nossa concepção moral, mas podem antes ser utilizadas para ajudar na aplicação de seus princípios primeiros de justiça e sugerir-nos instituições e programas de ação mais bem concebidos para pô-los em prática[15].

Na teoria da justiça como eqüidade, os ideais principais da concepção da justiça estão portanto na base das duas concepções-modelos da pessoa e de uma sociedade bem ordenada. Ademais, sob a condição de que esses ideais sejam compatíveis com a teoria da natureza humana e realizáveis nesse sentido, os princípios primeiros de justiça aos quais eles conduzem, *via* procedimento construtivista da posição original, determinam as metas a longo prazo das mudanças sociais. Esses princípios não são, como no intuicionismo racional, dados por uma ordem moral anterior e independente da nossa concepção da pessoa e do papel social da moralidade; eles tampouco são, como em certas doutrinas naturalistas, derivados das verdades da ciência e modificados em função dos progressos da psicologia humana e da teoria social. (Essas observações são evidentemente demasiado rápidas, mas precisamos agora retornar ao cerne do debate.)

V

O intuicionista racional pode objetar que é absolutamente incoerente a característica essencial do construtivismo, a saber, a idéia de que os fatos que contam como razões

---

15. É por isso que esses progressos em nosso conhecimento da psicologia humana e na teoria social poderiam ser úteis para as etapas constitucional, legislativa e judiciária da aplicação dos princípios de justiça, mais do que no momento da adoção dos princípios na posição original. Para uma breve exposição dessas etapas, ver *TJ*, § 31.

de justiça são selecionados pelos parceiros na posição original enquanto agentes de um processo de construção e que, fora dessa construção, não há razões de justiça[16]. Essa idéia é incompatível não só com a noção de uma verdade dada por uma ordem moral independente e anterior mas também com as noções de razão e de objetividade, noções das quais nenhuma se refere àquilo que pode ser decidido simplesmente por um acordo e menos ainda por uma escolha. Segundo essa objeção, uma doutrina construtivista depende da idéia de escolha ou da adoção de princípios primeiros. Ora, não faz sentido dizer, a propósito de tais princípios, que o seu *status* depende do fato de eles serem escolhidos ou adotados. Não podemos "escolhê-los"; tudo quanto podemos fazer é optar por respeitá-los nas nossas ações ou segui-los nos nossos raciocínios, exatamente como podemos escolher cumprir ou não os nossos deveres, mas não o fato de que são os nossos deveres.

Para responder, seria preciso distinguir os três pontos de vista que assinalei no final da primeira conferência (seção VII): o dos parceiros na posição original, o dos cidadãos numa sociedade bem ordenada e o de você e eu quando examinamos a teoria da justiça como eqüidade a fim de ver se ela pode servir de base para um acordo satisfatório sobre a liberdade e a igualdade. Sem dúvida, são os parceiros na posição original, cujo acordo seleciona os fatos, que servirão como razões de justiça. Entretanto, seu acordo é submetido a todas as condições da posição original que representam o Razoável e o Racional. Ademais, os fatos selecionados pelos

---

16. Sobre essa objeção ao "construtivismo", ver o comentário sobre *TJ* por Marcus Singer em *Philosophy of Science*, vol. 44, n.º 4, dezembro de 1977, pp. 594-618, 612-5. Sou-lhe grato por ter levantado essa objeção, à qual tento responder aqui. A crítica de Singer recai sobre o trecho de *TJ*, p. 48. Não se deve supor que a posição do próprio Singer seja a do intuicionismo racional. Indico simplesmente que um intuicionista racional poderia fazer essa objeção.

princípios primeiros contam como razões, não para os parceiros, já que eles são motivados por seus interesses superiores, mas para os cidadãos de uma sociedade bem ordenada quando eles têm de dirimir questões de justiça social. Na condição de cidadãos de uma sociedade, estamos de fato ligados por princípios primeiros e por aquilo que são os nossos deveres, e devemos agir à luz de razões de justiça. O construtivismo certamente parecerá incoerente se não distinguirmos com todo o cuidado esses diversos pontos de vista.

Os parceiros na posição original não estão de acordo sobre o que são os fatos morais como se tais fatos já existissem. Não é como se, estando situados imparcialmente, eles tivessem uma visão clara e não deformada de uma ordem moral anterior e independente. É antes como se não existisse tal ordem nem, por conseguinte, tais fatos fora do procedimento de construção no seu conjunto. Os fatos são identificados pelos princípios obtidos. Assim, a objeção do intuicionismo racional deve ser, quando corretamente expressa, a de que nenhum acordo hipotético concluído por agentes autônomos e racionais, mesmo limitado por condições razoáveis num procedimento de construção, pode determinar as razões que decidem aquilo que nós, os cidadãos, deveríamos considerar como justo e injusto. O bem e o mal não são, mesmo nesse sentido, construídos. Porém isso equivale a negar pura e simplesmente o que o construtivismo afirma. Se, em contrapartida, uma construção desse tipo produz os princípios primeiros de uma concepção da justiça que se coadune melhor do que outras com as nossas convicções bem ponderadas num amplo equilíbrio refletido, então o construtivismo pode parecer conseguir uma base conveniente para a objetividade.

O acordo dos parceiros na posição original não é uma pretensa escolha "radical", ou seja, uma escolha não fundada em razões que fixaria por meio de um puro *fiat* o sistema de razões que nós, cidadãos, deveríamos aceitar, pelo menos até que outra escolha desse tipo seja feita. A noção de escolha radical, geralmente associada com Nietzsche e com o existencialismo, não tem lugar na teoria da justiça como eqüidade. Os parceiros na posição original são movidos por sua preferência pelos bens primários, preferência que, por sua vez, está enraizada nos seus interesses superiores que visam desenvolver e exercer suas faculdades morais. Ademais, esse acordo está submetido a cerceamentos que exprimem condições razoáveis.

Na concepção-modelo de uma sociedade bem ordenada, os cidadãos defendem sua concepção pública da justiça porque ela está de acordo com suas convicções bem ponderadas, assim como com o tipo de pessoas que, depois de refletirem, eles gostariam de ser. Não se trata aqui de uma escolha radical. Os ideais da pessoa e da cooperação social não são ideais que os cidadãos escolheriam simplesmente num dado momento de sua vida. Na maioria dos casos, eles descobrem, após um exame, que compartilham esses ideais, que os receberam, em parte, da cultura de sua sociedade.

O parágrafo precedente está ligado ao que afirmei no começo da primeira conferência, mas eu falava então de nós e não de uma sociedade bem ordenada. Lembremos que uma doutrina kantiana, ao se dirigir à cultura pública de uma democracia, espera levar à plena consciência uma concepção da pessoa e da cooperação social que está implícita nessa cultura ou, pelo menos, que está em harmonia com suas tendências mais profundas quando são corretamente exprimidas e apresentadas. Nossa sociedade, em si, não é bem ordenada; nela a concepção pública da justiça e sua interpretação da liberdade e da igualdade são objeto de debates. É por isso que, para nós – você e eu –, falta encontrar uma base para a justificação pública. Ao examinar a concepção da justiça como eqüidade, devemos perguntar se os ideais incluídos em suas concepções-modelos estão suficientemente em harmonia com as nossas convicções bem ponderadas e podem ser adotados como uma base possível para a justificação pública. Uma adoção desse tipo não seria uma escolha radical (se é que porventura é uma escolha); é preciso não confundi-la com a adoção dos princípios na posição original. Pelo contrário, sua raízes se encontrariam no fato de essa doutrina kantiana, no seu conjunto, ter conseguido, de modo mais completo do que outras doutrinas de que dispomos, organizar as nossas convicções bem ponderadas.

Dadas as numerosas diferenças que existem entre o construtivismo kantiano e o intuicionismo racional, mais vale dizer que, no construtivismo, os princípios primeiros são antes razoáveis (ou não razoáveis) que verdadeiros (ou falsos) – e, melhor ainda, que eles são inteiramente razoáveis para os que concebem sua personalidade em conformidade com o procedimento de construção. Ademais, "razoável" aqui é utilizado em lugar de "verdadeiro", não por causa de alguma teoria da verdade, mas simplesmente com o fim de conservar os termos que remetem ao ponto de vista construtivista por contraposição ao intuicionismo racional. Entretanto, essa utilização não significa que não haja empregos naturais para a noção de verdade no raciocínio moral. Ao contrário, pode-se, por exemplo, considerar como verdadeiros juízos particulares ou normas secundárias quando decorrem de princípios primeiros razoáveis ou quando são aplicações corretas deles. Esses princípios primeiros podem ser chamados de verdadeiros no sentido de que eles seriam adotados se os parceiros, na posição original, dispusessem de todas as crenças gerais verdadeiras correspondentes.

A teoria da justiça como eqüidade não exclui, aliás, a possibilidade de que exista um fato determinante para se decidir se existe uma única concepção inteiramente razoável. Pois parece muito provável que apenas um pequeno número de concepções viáveis da pessoa seja ao mesmo tempo bastante geral para fazer parte de uma doutrina moral e compatível com as maneiras por que teremos de considerar a nós mesmos numa democracia. Ademais, só uma dessas concepções pode estar representada num procedimento de construção que produza princípios aceitáveis e que possam ser postos em prática, dadas as crenças gerais correspondentes[17]. Tudo isso não passa, claro, de conjetura e visa apenas indicar que o construtivismo é compatível à existência, de fato, de uma única concepção da justiça inteiramente razoável e, portanto, que ele é compatível com o objetivismo nesse sentido. Entretanto isso não é um pressuposto do construtivismo e pode acontecer que, para nós, não exista nenhuma concepção razoável e aplicável da justiça. Isso significaria que a tarefa prática da filosofia política está fadada ao fracasso.

VI

Terminei aqui a minha exposição sobre o construtivismo kantiano como teoria moral (tal como o ilustra a teoria da justiça como eqüidade). Gostaria contudo de insistir no fato de que, malgrado tudo o que eu disse, ainda é possível para o intuicionismo racional mostrar que não provei nem que o intuicionismo racional é falso, nem que não pode servir de base para chegar ao acordo de que temos necessidade nos nossos julgamentos de justiça. Minha intenção foi descrever o construtivismo a partir de comparações, e não defendê-lo ou menos ainda demonstrar que o intuicionismo racional está errado. Em todo caso, o construtivismo kantiano, sob a forma que o apresentei aqui, procura apenas esta-

---

17. Agradeço a Samuel Scheffler por uma discussão útil desse ponto.

belecer que a noção de objetividade que se encontra no intuicionismo racional não é necessária. Certamente continua sendo possível dizer, se porventura chegarmos a um equilíbrio ponderado ao mesmo tempo geral e amplo, que então, afinal, teremos uma intuição das verdades morais fixadas por uma dada ordem moral. Mas o construtivismo preferirá dizer que a nossa concepção da justiça, dados todos os critérios que podemos pensar em aplicar, é no momento presente a mais razoável para nós.

Chegamos à idéia de que a objetividade não é dada pelo "ponto de vista do universo", para empregar a expressão de Sidgwick. A objetividade deve ser compreendida com referência a um ponto de vista social corretamente construído, do qual o contexto fornecido pelo procedimento da posição original é um exemplo. Esse ponto de vista é social sob diversos aspectos. É o ponto de vista publicamente compartido pelos cidadãos de uma sociedade bem ordenada, e os princípios que daí decorrem são reconhecidos por eles como vigentes no que diz respeito às reivindicações dos indivíduos e das associações. Além disso, esses princípios governam a estrutura básica da sociedade no âmbito da qual se desenrolam as atividades desses indivíduos e dessas associações. Enfim, ao representar a pessoa como o cidadão livre e igual de uma sociedade bem ordenada, o procedimento construtivista produz princípios que concretizam os interesses superiores de cada um e definem os termos eqüitativos da cooperação social entre tais pessoas. Quando os cidadãos invocam esses princípios, falam enquanto membros de uma comunidade política e recorrem a esse ponto de vista comum seja em seu favor, seja em favor de outrem. Nesse sentido, o acordo essencial a respeito dos julgamentos de justiça não advém de uma ordem moral anterior e independente, mas da adoção por cada um da mesma perspectiva social determinante. O lugar central ocupado nestas conferências pelo conceito de pessoa me impele a concluir com uma nota de advertência dirigida tanto a mim mesmo quanto a qualquer outro. Desde que a noção de pessoa começou a desempenhar um papel central em filosofia moral, ou seja, desde Rousseau, Kant e a filosofia idealista, sua utilização padeceu de um excesso de ambigüidade e imprecisão. Portanto, é essencial encontrar um método que discipline o nosso pensamento e limite esses defeitos. A meu ver, essa é a meta das três concepções-modelos que estão subjacentes à teoria da justiça como eqüidade.

Suponhamos que definimos o conceito de pessoa como o de um ser humano capaz de ser um membro integral da cooperação social, de respeitar seus compromissos e suas relações durante toda a sua vida. É evidente que há numerosas descrições possíveis dessa capacidade segundo, por exemplo, a maneira pela qual se compreenda a cooperação social ou o que seja uma vida inteira, e cada descrição exata produz uma concepção diferente da pessoa e atribui um outro sentido ao conceito. Por outro lado, concepções desse tipo devem ser distinguidas das definições do conceito do eu como sujeito cognoscitivo que se utiliza em epistemologia e em metafísica, ou do conceito do eu como receptáculo contínuo de estados psicológicos, isto é, como substância ou alma. Trata-se de noções claramente distintas, e a questão da identidade pessoal, por exemplo, se apresenta diferentemente em cada caso, pois todas elas levantam problemas diferentes. Tudo isso provavelmente é óbvio. Porém a conseqüência disso é que existem numerosas concepções da pessoa, considerada como a unidade básica da ação e da responsabilidade na vida social, bem como das capacidades intelectuais, morais e ativas que lhe correspondem. A descrição precisa dessas concepções apenas pela análise filosófica, fora de qualquer estrutura teórica no plano de fundo ou de exigências gerais, corre um grande risco de ser estéril.

Isoladas, essas noções não desempenham papel algum que pudesse fixar ou limitar a sua utilização, e assim as suas propriedades permanecem vagas e indeterminadas.

Uma das metas de uma concepção-modelo como a da posição original, ao estabelecer um quadro preciso dentro do qual deve ser concluído um acordo vinculante baseado em princípios, é a de servir para fixar as idéias. Vemo-nos então diante de um problema preciso, que deve ser resolvido, e somos obrigados a descrever os parceiros e suas relações mútuas no processo de construção, de maneira que se cheque a princípios de justiça satisfatórios. O contexto do problema nos ajuda ao suprimir a imprecisão e a ambigüidade na concepção da pessoa e nos indica o grau de precisão de que temos necessidade. Não há clareza nem exatidão no absoluto; tudo o que precisamos é ser claros ou exatos em função da tarefa que temos de executar. Assim, a estrutura definida pela posição original pode permitir-nos cristalizar a nossa noção da pessoa, que de outro modo seria amorfa, e identificar com bastante precisão as características da personalidade moral, livre e igual.

O construtivismo nos permite igualmente explorar a flexibilidade e o poder da idéia de escolha racional submetida a cerceamentos adequados. As deliberações racionais dos parceiros na posição original servem de método de seleção entre concepções da justiça promissoras, tradicionais ou não. Compreendida desse modo, a posição original não é uma base axiomática (ou dedutiva) a partir da qual se extrairiam princípios, mas sim um procedimento para selecionar os princípios mais bem adaptados à concepção da pessoa mais difundida, pelo menos implicitamente, numa sociedade democrática moderna. Por via das deliberações dos parceiros, operamos uma espécie de cálculo e esperamos assim atingir uma clareza e um rigor suficientes em teoria moral. De fato, é difícil imaginar uma relação mais direta entre a concepção que trata as pessoas como livres e iguais e os princípios primeiros de justiça que não aquela permitida por essa construção. Porque aqui as pessoas assim concebidas e movidas por seus interesses superiores são elas próprias, em suas deliberações racionalmente autônomas, os agentes que selecionam os princípios que vão governar a estrutura básica de sua vida social. Que relação poderia ser mais estreita do que essa?

Enfim, se indagarmos se a clareza e a exatidão são suficientes, a resposta será que elas são suficientes para encontrar uma interpretação da liberdade e da igualdade que produza um acordo público e aplicável com relação ao peso das suas respectivas reivindicações. É com essa afirmação que vamos encontrar o impasse atual a respeito da interpretação da liberdade e da igualdade que perturba a nossa tradição democrática e que evoquei no começo dessas conferências. Encontrar uma saída para esse impasse define a tarefa prática imediata da filosofia política. É assim que concluirei essas conferências, retornando ao meu ponto de partida.

*Tradução francesa de Catherine Audard.*

# 3. As liberdades básicas e sua prioridade

## Observação

Se a questão do conflito entre a igualdade e a liberdade é o problema que Rawls tentou resolver (em particular graças às regras de prioridade léxica que introduziu entre seus dois princípios de justiça), foi-lhe feita a crítica de que sua análise das liberdades em *Uma teoria da justiça* era demasiado imprecisa, tanto do ponto de vista das motivações em favor das liberdades como do da hierarquia das próprias liberdades. Sua argumentação em favor da prioridade da liberdade, ou seja, do *primeiro* princípio de justiça sobre o segundo, pretende apoiar-se unicamente, em *TJ*, numa racionalidade instrumental, enquanto, como mostra Hart, um ideal da pessoa está aí subjacente. A resposta de Rawls é que, de fato, a referência a interesses e a bens primários de um novo tipo é inaceitável para justificar a prioridade do *primeiro* princípio sobre o segundo. Esses interesses e esses bens são aqueles que decorrem da "personalidade moral" dos cidadãos, em conformidade com as novas idéias apresentadas no artigo de 1980 a respeito do "construtivismo kantiano". A liberdade não pode ser considerada um bem como qualquer outro, não é um fim em si mesma nem um simples instrumento a serviço da nossa vantagem racional. Ora, o problema que vai apresentar-se agora é o de saber se uma tal visão da pessoa e de suas liberdades pode ou não servir de base *pública* para uma concepção democrática da justiça ou se ela já não está demasiado marcada "ideologicamente", sendo portanto inaceitável para um consenso político. Daí a feição que tomará a seguir o pensamento de Rawls e suas investigações sobre o "político". Entre as acusações de parcialidade e as de neutralidade, a via a encontrar é perigosa.

# 3. As liberdades básicas e sua prioridade[a]

Herbert Hart mostrou que a análise das liberdades básicas e de sua prioridade, que proponho em meu livro *Uma teoria da justiça*, continha, entre outros defeitos, duas grandes lacunas. Esboçarei aqui, sem poder ir além, a maneira como essas lacunas podem ser preenchidas. A primeira delas é que os motivos nos quais os parceiros* se baseiam na posição original* para adotar as liberdades básicas e se pôr de acordo sobre a sua prioridade não foram suficientemente explicados[1]. Essa lacuna está ligada a uma segunda, a saber, que quando os princípios de justiça* são aplicados às etapas constitucional, legislativa e judiciária não é dado nenhum critério satisfatório que permita definir de modo mais preciso e adaptar umas às outras as liberdades básicas, a partir do momento em que é conhecido o contexto social[2]. Tentarei

---

a. "Basic Liberties and Their Priority."
Esta tradução é a [do texto condensado, com a concordância de John Rawls – faltam as seções VI, X, XI, XII e XIII] de uma conferência pronunciada no contexto das Tanner Lectures em abril de 1981 na Universidade de Michigan, que foi publicada na sua versão integral em *Liberty, Equality and Law*, org. por Sterling M. Mcmurrin, Cambridge, Cambridge University Press, 1987. [Esta tradução foi retomada da tradução francesa feita por Florence Piron, que apareceu na *Critique*, junho-julho de 1989.] Gostaria de agradecer aqui àqueles que, com as suas críticas, me ajudaram consideravelmente, em particular Herbert Hart, mas também Samuel Scheffler, Anthony Kronman e Burton Dreben.
1. Ver H. L. A. Hart, "Rawls on Liberty and its Priority", em *Reading Rawls*, org. por Norman Daniels, Nova York, Basic Books, 1975.
2. *Ibidem*, pp. 239-44.

preencher essas duas lacunas continuando com as revisões já introduzidas com meu artigo "O construtivismo kantiano na teoria moral"[3]. Mostrarei como as liberdades básicas e as razões da sua prioridade podem ser alicerçadas na concepção que trata os cidadãos como pessoas* livres e iguais, isso em conjunção com uma melhoria da minha análise dos bens primários*. Essas revisões mostram que as liberdades básicas e a sua prioridade repousam numa concepção da pessoa que provém do liberalismo* e não, como pensava Hart, do fato de se levarem em conta unicamente os interesses racionais[4]. Não obstante, a estrutura e o conteúdo da teoria da justiça como eqüidade* continuam sendo quase os mesmos. À parte uma mudança importante na formulação do primeiro princípio de justiça, o enunciado dos dois princípios de justiça permanece idêntico, do mesmo modo que a prioridade do primeiro princípio sobre o segundo.

## I

Antes de examinar as duas lacunas da minha análise das liberdades básicas, são necessárias algumas observações preliminares. Para começar, os dois princípios de justiça são enunciados como se segue:

> (1) *Cada pessoa tem um direito igual a um sistema plenamente adequado de liberdades básicas iguais para todos, que seja compatível com um mesmo sistema de liberdades para todos.*
> (2) *As desigualdades sociais e econômicas devem satisfazer a duas condições:*
> (a) *elas devem primeiro ser ligadas a funções e a posições abertas a todos, em condições de justa* (fair) *igualdade de oportunidades e*

---

3. Ver, neste volume, pp. 45-77.
4. H. L. A. Hart, *loc. cit.*, p. 252.

(b) *devem proporcionar o maior benefício aos membros mais desfavorecidos da sociedade.*

A mudança, mencionada mais acima no enunciado do primeiro princípio de justiça, consiste numa substituição da expressão "mais abrangente sistema total", utilizada em *TJ*, pela expressão "sistema plenamente adequado"[5]. Essa mudança tem por conseqüência a inserção das palavras "que seja" antes da palavra "compatível". As razões dessa mudança serão explicadas mais adiante. Quanto à noção de sistema plenamente adequado de liberdades básicas, ela será examinada na oitava seção. Por ora, deixo de lado essa questão.

Por outro lado, as liberdades básicas iguais para todos no primeiro princípio de justiça são definidas pela lista seguinte: a liberdade de pensamento e a liberdade de consciência, as liberdades políticas e a liberdade de associação, bem como as liberdades incluídas na noção de liberdade e de integridade da pessoa e, finalmente, os direitos e liberdades protegidos pelo Estado de direito\*. Não se atribui prioridade alguma à liberdade como tal; se assim fosse, o exercício de uma coisa chamada "liberdade" teria um valor preeminente e seria a meta principal, se não a única, da justiça social e política. Existe, sem dúvida, uma presunção geral contra o fato de se impor, sem razão válida, restrições legais ou de outro tipo ao comportamento. Mas essa presunção não acarreta nenhuma prioridade particular para qualquer forma de liberdade. Entretanto, Hart assinalou que na versão de 1971 de *TJ* eu utilizava às vezes argumentos e expressões que sugeriam a prioridade da liberdade enquanto tal; mas, como ele viu muito bem, essa não era a interpreta-

---

5. A expressão "o mais abrangente" é utilizada nos principais enunciados dos princípios de justiça nas pp. 64, 275 e 333-4 de *TJ*. A expressão "sistema total" é utilizada no segundo e no terceiro desses enunciados.

ção correta da minha exposição[6]. Ao longo de toda a história do pensamento democrático, a ênfase foi posta na efetivação de certas liberdades específicas e na obtenção de garantias constitucionais, o que se encontra, por exemplo, em diversas cartas e declarações dos direitos humanos. Minha análise das liberdades básicas segue essa tradição.

Algumas pessoas podem pensar que o fato de definir as liberdades básicas com uma lista é um expediente que deveria ser evitado por uma concepção filosófica da justiça. Estamos habituados às doutrinas morais apresentadas sob a forma de definições gerais e de princípios primeiros abrangentes. Assinalemos contudo que, se podemos encontrar uma lista de liberdades que, quando essas liberdades estão integradas aos dois princípios de justiça, levam os parceiros na posição original a se entenderem mais a respeito desses princípios do que de outros, então se atinge o que podemos chamar de "a meta inicial" da teoria da justiça como eqüidade. Essa meta é mostrar que os dois princípios de justiça permitem compreender melhor as reivindicações da liberdade e da igualdade numa sociedade democrática do que o fazem os princípios primeiros associados às doutrinas tradicionais do utilitarismo*, ao perfeccionismo* e ao intuicionismo*. São esses mesmos princípios que, juntamente com os meus dois princípios de justiça, constituem as soluções possíveis de que dispõem os parceiros na posição original quando essa meta inicial é definida.

Entretanto, há duas maneiras de estabelecer uma lista de liberdades básicas. Uma delas é histórica: trata-se de exa-

---
6. No decurso de uma análise aprofundada, Hart se pergunta se, no primeiro princípio de justiça, eu entendo por "liberdade" o que chamo em outro lugar de "liberdade enquanto tal". Essa questão se apresenta porque, no primeiro enunciado do princípio (p. 91), eu utilizo as expressões "liberdade base" e "liberdade", quando deveria ter escrito "liberdades de base" (o mesmo ocorre com outros enunciados). No conjunto, estou de acordo com a análise de Hart. Ver H. L. A. Hart, *loc. cit.*, pp. 234-7.

minar as constituições dos Estados democráticos a fim de elaborar uma lista das liberdades que nelas, em geral, são protegidas e de estudar o papel dessas liberdades nas constituições que funcionaram bem. Embora esse tipo de informação não esteja disponível para os parceiros na posição original, ele o está para nós – você e eu, que estamos formulando a teoria da justiça como eqüidade. É portanto possível que esse conhecimento histórico influencie o conteúdo dos princípios de justiça que admitimos como escolhas possíveis pelos parceiros[7]. A segunda maneira de elaborar a lista é examinar quais são as liberdades que constituem condições sociais essenciais que permitem o desenvolvimento adequado e o pleno exercício das duas faculdades da personalidade moral ao longo de uma vida completa. Dessa maneira, as liberdades básicas ficam ligadas à concepção da pessoa utilizada na teoria da justiça como eqüidade. Voltarei a esses pontos importantes nas seções III a V.

Suponhamos que encontramos uma lista das liberdades básicas que atinja a meta inicial da teoria da justiça como eqüidade. Tratamos essa lista como um ponto de partida que pode ser melhorado e se transformar numa segunda lista tal que os parceiros na posição original se entendam melhor sobre os princípios de justiça que integram a segunda lista do que sobre os que integram a primeira. Esse processo pode prosseguir indefinidamente, mas o poder de análise da reflexão filosófica no estádio da posição original pode se esgotar rapidamente. Caso isso ocorresse, deveríamos resolver adotar a última lista escolhida e em seguida definir com mais precisão essa lista nas etapas constitucional, legislativa e judiciária, quando estarão acessíveis os conhecimentos gerais relativos às instituições e ao contexto da sociedade em

---

7. Ver, neste volume, "O construtivismo kantiano", primeira conferência, pp. 74-5, e terceira conferência, pp. 131-2.

questão. Basta que as considerações invocadas na posição original determinem a forma e o conteúdo gerais das liberdades básicas e expliquem a adoção dos dois princípios de justiça, os únicos dentre todas as escolhas possíveis que incorporam essas liberdades e lhe atribuem a prioridade. Por isso, do ponto de vista do método, nada é sacrificado quando se procede desse modo, etapa por etapa, para se estabelecer uma lista das liberdades básicas e defini-las com maior precisão.

Uma última observação sobre a utilização de uma lista das liberdades. A argumentação em favor da prioridade da liberdade, como todas as argumentações estabelecidas a partir da posição original, é sempre relativa a uma dada enumeração das escolhas possíveis que se oferecem aos parceiros. Umas dessas escolhas possíveis, os dois princípios de justiça, contém, enquanto elementos de sua definição, tanto uma lista das liberdades básicas como sua prioridade. A fonte dessas escolhas possíveis é a tradição histórica da filosofia moral e política. Devemos considerar a posição original e a caracterização das deliberações dos parceiros como um meio de selecionar os princípios de justiça a partir de outras possibilidades já conhecidas. E isso tem uma conseqüência importante: para estabelecer a prioridade da liberdade, não é necessário mostrar que a concepção da pessoa, combinada com diversos outros aspectos da posição original, basta por si só para produzir uma lista satisfatória de liberdades, assim como os princípios de justiça que lhes atribuem a prioridade. Tampouco é necessário mostrar que os dois princípios de justiça (assim como a prioridade da liberdade que eles comportam) seriam escolhidos no seio de qualquer enumeração das escolhas possíveis, quaisquer que sejam os complementos que outros princípios poderiam trazer a esta última[8]. O que me interessa aqui é a meta inicial da teoria da

---

8. Sobre esse ponto, ver *TJ*, p. 647.

justiça como eqüidade. Tal como foi definida mais acima, essa meta consiste apenas em mostrar que os princípios de justiça seriam adotados de preferência às outras escolhas tradicionais possíveis. Essa é a condição prévia para em seguida refinar mais nossas análises.

II

Terminadas essas preliminares, vou agora insistir em várias características das liberdades básicas e da sua prioridade. Para começar, a prioridade da liberdade significa que esse é o primeiro princípio de justiça que atribui um *status* particular às liberdades básicas, tais como constam da lista. Essas liberdades têm um valor absoluto em relação aos argumentos fundados no bem público e nos valores perfeccionistas[9]. Por exemplo, não se podem negar a certos grupos sociais as liberdades políticas iguais para todos sob o pretexto de que, se eles as exercessem, isso lhes permitiria bloquear políticas essenciais à eficácia e ao crescimento econômicos. Não se poderia tampouco justificar (em tempo de guerra) um decreto discriminatório e seletivo de recrutamento sob o pretexto de que é a maneira menos desvantajosa socialmente de formar um exército. Tais considerações não podem se superpor às reivindicações das liberdades básicas.

Dada a fatalidade do enfrentamento entre si das diferentes liberdades básicas, as regras institucionais que definem essas liberdades devem ser ajustadas de maneira que

---

9. As expressões "bem público" e "valores perfeccionistas" são utilizadas para fazer referência às noções de "bem" que aparecem, respectivamente, nas doutrinas morais teleológicas do utilitarismo e do perfeccionismo. Por conseguinte, essas noções são definidas independentemente da noção de justo – por exemplo, no utilitarismo (ou numa boa parte da economia do bem-estar), enquanto satisfação dos desejos, dos interesses ou das preferências dos indivíduos. Ver *TJ*, pp. 26-9.

estas últimas constituam um sistema coerente. A prioridade da liberdade implica, na prática, que uma liberdade básica só pode ser limitada ou negada a fim de salvaguardar uma ou várias das outras liberdades básicas, e jamais, como eu disse mais acima, em nome do bem público ou de valores perfeccionistas. Essa restrição permanece válida mesmo quando os que se beneficiam da maior eficácia ou compartilham a maior soma de vantagens são aqueles mesmos cujas liberdades básicas são limitadas ou negadas. Como as liberdades básicas podem ser limitadas quando entram em conflito umas com as outras, nenhuma dentre elas é absoluta e não se pode exigir, uma vez instalado o sistema final, que todas as liberdades básicas sejam tratadas igualmente (qualquer que seja o sentido de tal exigência). O que se pode exigir é sobretudo que esse sistema seja garantido de maneira igual para todos os cidadãos, qualquer que seja o modo pelo qual essas liberdades são organizadas a fim de proporcionar um sistema coerente único.

Para entender corretamente a prioridade das liberdades básicas, devemos fazer a distinção entre sua restrição e sua regulamentação[10]. A prioridade dessas liberdades não é infringida quando estas últimas são simplesmente regulamentadas de maneira que se possa combiná-las num sistema único ou adaptá-las a certas condições sociais necessárias para a sua permanência. Enquanto aquilo que chamo de "o campo central de aplicação" das liberdades básicas for preservado, os princípios de justiça serão respeitados. Por exemplo, regras de ordem são essenciais para regulamentar o li-

---

10. Essa distinção é corrente e importante em direito constitucional. Ver, por exemplo, Lawrence Tribe, *American Constitutional Law*, Mineola, Nova York, The Foundation Press, 1978, Capítulo 12, seção 2, onde essa distinção é aplicada à liberdade da palavra tal como ela é protegida pela Primeira Emenda. Em *TJ*, deixei de fazer essa distinção em passagens cruciais da minha análise das liberdades básicas. Sou grato a Joshua Rabinowitz por ter esclarecido esse ponto.

vre debate[11]. Sem um entendimento geral sobre os procedimentos razoáveis de pesquisa e sobre os preceitos a utilizar para conduzir os debates, a liberdade de expressão não serviria ao seu fim. Não é possível que todo o mundo fale ao mesmo tempo ou utilize ao mesmo tempo o mesmo serviço público para fins diferentes. Instituir liberdades básicas, bem como satisfazer a diversos desejos, exige um planejamento e uma organização social. A necessidade dessas regulamentações não deve ser compreendida como uma maneira de impor restrições ao conteúdo dos discursos e impedir, por exemplo, os debates entre as diversas doutrinas religiosas, filosóficas ou políticas, ou ainda as discussões que incidem sobre dados, gerais ou particulares, pertinentes para se avaliar a justiça da estrutura básica* da sociedade. O uso público da nossa razão*[12] deve ser controlado, mas a prioridade da liberdade exige que isso se faça de maneira que se preserve tanto quanto possível a integridade do campo central de aplicação de cada liberdade básica.

Acho que é prudente limitar as liberdades básicas àquelas que são verdadeiramente essenciais, esperando que as liberdades que não são liberdades básicas sejam levadas em conta de maneira satisfatória pela pressuposição geral. São então as outras exigências dos dois princípios de justiça que têm a responsabilidade de demonstrar sua importância. É o *status* particular das liberdades básicas que constitui o motivo para limitar a lista delas. Cada vez que ampliamos essa

---

11. Ver Alexander Meiklejohn, *Free Speech and its Relation to Self-Government*, Nova York, Harper and Row, 1948, Capítulo l, seção 6, para uma análise bem conhecida da distinção entre as regras de ordem e as regras que reduzem o conteúdo do discurso.

12. A expressão "o uso público de nossa razão" foi adaptada da monografia de Kant intitulada "*O que é o Iluminismo?*" (1784), em especial do quinto parágrafo, no qual Kant contrapõe o uso público da razão, que é livre, e o uso privado, que não pode sê-lo; não endosso necessariamente esse ponto de vista. [Ver Kant, *Oeuvres*, Paris, Gallimard-Pléiade, 1985, t. II, p. 211.]

lista, corremos o risco de debilitar a proteção das liberdades mais essenciais e de recriar, no seio do sistema das liberdades, os problemas decorrentes de um equilíbrio indeterminado e mal controlado, problemas que tínhamos esperado evitar graças à noção convenientemente circunscrita de prioridade. Por conseguinte, admitirei ao longo de todo este artigo, mesmo sem mencioná-lo, que as liberdades básicas da lista sempre têm a prioridade, o que aparecerá claramente no curso dos argumentos em seu favor.

Acrescentarei, para terminar, que essa prioridade da liberdade não é exigível em todos os casos. Entretanto, dados os nossos objetivos aqui, admito que ela é exigível naquilo que chamo de "condições bastante favoráveis", isto é, um contexto social que, desde que exista a vontade política, permita a efetivação eficaz e o pleno exercício dessas liberdades. Essas condições são determinadas pela cultura de uma sociedade, suas tradições, sua habilidade adquirida para fazer as instituições funcionarem, seu nível de desenvolvimento econômico (que não é necessariamente elevado), e, sem dúvida alguma, também por outros fatores. Suponho que esteja suficientemente evidente, para o nosso propósito, que na atualidade, em nosso país, estão de fato reunidas condições relativamente favoráveis, de modo que para nós a prioridade das liberdades básicas é exigível. É claro que o problema da existência (ou não) da vontade política é uma questão inteiramente diferente. Enquanto essa vontade existe, por definição, numa sociedade bem ordenada, boa parte da tarefa política, em nossa sociedade, consiste em contribuir para moldá-la.

Eis agora um resumo de várias características do sistema de liberdades básicas. Em primeiro lugar, como indiquei, admito que cada uma dessas liberdades básicas possui o que chamo de um "campo central de aplicação". A proteção institucional desse campo de aplicação é uma condição para o desenvolvimento adequado e o pleno exercício das duas faculdades morais dos cidadãos considerados como pessoas livres e iguais. Desenvolverei esse ponto nas duas próximas seções. Em segundo lugar, as liberdades básicas podem ser compatibilizadas entre si, pelo menos no âmbito dos seus campos centrais de aplicação. Dito de outra maneira, em condições bastante favoráveis é possível instituir um sistema viável de liberdades tal que o campo central de cada liberdade seja protegido. Mas não se pode concluir pela existência de tal sistema a partir apenas da concepção da pessoa como possuidora das duas faculdades morais. Isso tampouco é possível a partir apenas do fato de certas liberdades e outros bens primários considerados como meios polivalentes serem necessários para o desenvolvimento e o exercício dessas faculdades. Cada um desses elementos deve ajustar-se no seio de uma organização constitucional viável. A experiência histórica das instituições democráticas e a reflexão sobre os princípios dos projetos constitucionais sugerem que é efetivamente possível encontrar um sistema de liberdades desse tipo.

Já assinalei que o sistema das liberdades básicas não é definido em detalhe pelas considerações disponíveis na posição original. Basta que a forma e o conteúdo gerais das liberdades básicas possam ser delineados e que os motivos de sua prioridade possam ser compreendidos. A definição mais precisa dessas liberdades está reservada para as etapas constitucional, legislativa e judiciária. Mas ao delinear essa forma e esse conteúdo gerais devemos indicar o papel particular e o campo central de aplicação das liberdades básicas de um modo que seja suficientemente claro para poder guiar o processo de definição para as etapas ulteriores. Por exemplo, entre as liberdades básicas da pessoa figura o direito de obter o uso exclusivo da propriedade pessoal e dela dispor. O papel dessa liberdade é conseguir uma base material suficiente para criar o senso de independência pessoal e do autorespeito*, ambos essenciais para o exercício e o desenvolvimento das faculdades morais. Existem duas outras concepções mais amplas do direito de propriedade considerado como liberdade básica que devem ser evitadas. Uma dessas concepções estende esse direito de modo que nele se incluam certos direitos de aquisição e de herança, bem como o direito de possuir meios de produção e recursos naturais. Na outra concepção, o direito de propriedade compreende o direito legal de participar do controle dos meios de produção e dos recursos naturais, que devem ser possuídos socialmente. Essas concepções mais amplas não são utilizadas aqui porque não podem, a meu ver, ser consideradas como necessárias para o desenvolvimento e o exercício das faculdades morais. Os seus méritos, assim como os de outras concepções do direito de propriedade, são decididos nas etapas posteriores, quando ficam disponíveis mais informações relativas ao contexto e às tradições históricas da sociedade[13].

Finalmente, não se considera que as liberdades básicas sejam igualmente importantes ou apreciadas pelas mesmas razões. Assim uma parte da tradição liberal considera que as liberdades políticas têm um valor intrínseco menor em relação à liberdade de pensamento, à liberdade de consciência e às liberdades civis em geral. O que Benjamin Constant chamava de "liberdade dos Modernos"* é valorizado em relação à "liberdade dos Antigos"*[14]. Numa grande sociedade moderna, malgrado aquilo que pode ter sido verdade para uma cidade-Estado da época clássica, considera-se que as liber-

---

13. Uma versão mais elaborada desse parágrafo se encontra em *TJ*, pp. 298-302, 309-12, quando analiso a questão da propriedade privada numa democracia liberal por contraposição ao socialismo. Os dois princípios de justiça por si mesmos não resolvem essa questão.

14. Ver a monografia de Benjamin Constant *Da liberdade dos Antigos comparada à dos Modernos* (1819).

dades políticas ocupam um lugar menor nas concepções do bem da maioria das pessoas. O papel das liberdades políticas é talvez sobretudo um instrumento que preserva as outras liberdades[15]. No entanto, mesmo que essa doutrina esteja correta, nada impede de incluir certas liberdades políticas entre as liberdades básicas e protegê-las com a prioridade da liberdade. De fato, para lhes atribuir uma prioridade, basta que essas liberdades sejam suficientemente importantes como meios institucionais essenciais para garantir as outras liberdades básicas no contexto de um Estado moderno. E o fato de lhes atribuir essa prioridade ajuda a justificar os julgamentos de prioridade que estamos prontos para sustentar depois de uma reflexão madura.

III

Passo agora a considerar a primeira lacuna da minha análise da liberdade. Recordo que essa lacuna diz respeito às razões nas quais os parceiros na posição original se baseiam para aceitar o primeiro princípio de justiça e para se porem de acordo sobre as prioridades de suas liberdades básicas, prioridade que se exprime pela primazia do primeiro princípio de justiça sobre o segundo. Para preencher essa lacuna, introduzirei uma concepção particular da pessoa, bem como uma concepção associada da cooperação social[16]. Comecemos pela concepção da pessoa. É possível distinguir como particularmente significativos muitos aspectos diferentes da nossa natureza, em função da nossa meta e do

---

15. Para um enunciado recente e essencial desse ponto de vista, ver Isaiah Berlin, "Two Concepts of Liberty", em *Four Essays on Liberty*, Oxford University Press, 1969; ver, por exemplo, pp. 165-6.

16. Nesta seção e na subseqüente, a nota 3, p. 54 deste volume, fornece o plano de fundo necessário para a argumentação que se segue.

nosso ponto de vista. A utilização de expressões como *homo politicus*, *homo oeconomicus* e *homo faber* demonstra esse fato. A meta da teoria da justiça como eqüidade é elaborar uma concepção da justiça política e social, em harmonia com as convicções e tradições mais enraizadas de um Estado moderno. Uma concepção desse tipo nos permitirá ver se podemos resolver a dificuldade característica de nossa história política recente, a saber, que não pode haver acordo sobre a maneira pela qual as instituições sociais básicas deveriam ser organizadas, se elas devem respeitar a liberdade e a igualdade dos cidadãos considerados como pessoas. Portanto, desde o início, a concepção da pessoa é considerada como fazendo parte de uma concepção da justiça política e social. De fato, essa concepção da pessoa caracteriza a maneira pela qual os cidadãos devem tomar consciência de si mesmos e dos demais no seio de suas relações sociais e políticas, definidas pela estrutura básica. Essa concepção não deve ser confundida com um ideal de vida pessoal (por exemplo, um ideal de amizade), nem com um ideal partilhado pelos membros de uma associação, e menos ainda com um ideal moral tal como o ideal estóico do Sábio.

O vínculo entre a noção de cooperação social e a concepção da pessoa pode explicar-se do seguinte modo. A noção de cooperação social não é simplesmente a de uma atividade social coordenada, eficazmente organizada e guiada por regras reconhecidas publicamente a fim de se atingir uma meta de conjunto. A cooperação social deve sempre visar a um benefício mútuo, o que implica os dois elementos seguintes. O *primeiro* deles consiste numa noção comum dos termos eqüitativos da cooperação. Pode-se razoavelmente esperar de cada participante que aceite esses termos, desde que cada outro participante também os aceite. Os termos eqüitativos da cooperação comportam as idéias de reciprocidade e mutualidade. Todos os que cooperam devem auferir disso vantagens ou compartilhar os ônus comuns, de um modo apropriado, avaliado a partir de um ponto de comparação conveniente. Chamo de razoável\* esse elemento de cooperação social. O *segundo* elemento corresponde ao Racional\*: refere-se à vantagem racional de qualquer participante, vantagem que, na qualidade de indivíduos, os participantes tentam aumentar. Enquanto a noção de termos eqüitativos de cooperação é comum, as concepções que os participantes têm de sua própria vantagem racional costumam diferir. A unidade da cooperação social depende do acordo das pessoas quanto aos termos eqüitativos que essa cooperação pressupõe.

Ora, a noção apropriada de termos eqüitativos de cooperação depende da natureza da própria atividade cooperativa, do seu contexto social, das metas e aspirações dos participantes, da maneira pela qual eles se consideram a si mesmos e aos demais como pessoas e assim por diante. Os termos eqüitativos em vigor para parcerias e associações, ou para pequenos grupos e equipes, não convêm à cooperação social. Isso porque, neste último caso, consideramos, desde o início, a estrutura básica da sociedade em seu conjunto como uma forma de cooperação. Essa estrutura compreende as principais instituições sociais (a constituição, o regime econômico, a ordem jurídica e sua definição da propriedade etc.) e a maneira pela qual essas instituições se articulam num sistema único. O que é próprio da estrutura básica é que ela proporciona o contexto de um sistema auto-suficiente de cooperação, no seio do qual uma variedade de associações e de grupos contribui para a concretização dos fins essenciais da vida humana. Como pressuponho que essa sociedade é fechada, devemos imaginar que só se pode entrar nela e dela sair pelo nascimento e pela morte. Por conseguinte, as pessoas nascem numa sociedade considerada como um sistema auto-suficiente de cooperação, e devemos conceber as pessoas como capazes de ser, durante toda a sua vida, membros normais e plenamente cooperativos de uma sociedade. Assim, se a cooperação pode ser conduzida de bom grado e harmoniosamente e, nesse sentido, voluntariamente, ela não será voluntária no sentido de que o fato de nos juntarmos ou de pertencermos a associações e grupos no seio da sociedade é voluntário. Não há outra escolha possível fora da cooperação social, a não ser a má vontade, ou a obediência reticente, ou a resistência e a guerra civil.

Nosso interesse recai, portanto, nas pessoas na medida em que elas são capazes de ser, durante toda a sua vida, membros normais e plenamente cooperativos da sociedade. A capacidade de cooperar socialmente é considerada fundamental porque a estrutura básica da sociedade é adotada como o objeto primeiro da justiça. Os termos eqüitativos da cooperação social, nesse caso, definem o conteúdo de uma concepção política e social da justiça. Mas se as pessoas são consideradas dessa maneira é porque lhes atribuímos as duas faculdades* da personalidade moral. Essas duas faculdades consistem na capacidade de formar um senso do justo e da justiça (a capacidade de respeitar os termos eqüitativos da cooperação e portanto de ser razoável) e na capacidade de ter uma concepção do bem (e portanto ser racional). De modo mais preciso, ser capaz de um senso de justiça é ser capaz de compreender, de aplicar e normalmente de ser movido por um desejo eficaz de agir a partir de princípios de justiça (e não simplesmente de acordo com eles) na condição de termos eqüitativos de cooperação social. Ser capaz de uma concepção do bem é ser capaz de formar, de revisar e de buscar racionalmente uma concepção assim, isto é, uma concepção do que é, para nós, uma vida humana que merece ser vivida. Uma concepção do bem consiste normalmente em um sistema determinado de metas e de finalidades ao qual se acrescenta o desejo de que prosperem certas pessoas

## AS LIBERDADES BÁSICAS E SUA PRIORIDADE 159

e certas associações, que são o objeto de compromissos e de fidelidade. Tal concepção abrange igualmente uma visão da nossa relação com o mundo – religiosa, filosófica ou moral – visão do mundo com referência à qual são abrangidos esses compromissos e finalidades.

A etapa seguinte consiste em considerar as duas faculdades morais como condição necessária e suficiente para que um membro da sociedade seja tratado como membro igual em todos os aspectos nas questões de justiça política. Os que podem tomar parte na cooperação social durante toda uma vida e os que desejam respeitar os termos eqüitativos apropriados da cooperação são considerados cidadãos iguais. Aqui pressupomos que as faculdades morais são efetivadas no grau mínimo necessário e associadas, num dado instante qualquer, a uma concepção determinada do bem. Dadas essas hipóteses, as variações e as diferenças nas capacidades e nos dons naturais são de menor importância. Elas não afetam o *status* de cidadãos iguais das pessoas e se tornam pertinentes somente quando aspiramos a certas funções e situações ou quando pertencemos ou desejamos juntar-nos a certas associações na sociedade. Por isso a justiça política diz respeito à estrutura básica enquanto contexto institucional no seio do qual as capacidades e os dons naturais dos indivíduos são desenvolvidos e exercidos e no qual existem as diversas associações da sociedade.

Até aqui nada falei acerca do conteúdo dos termos eqüitativos da cooperação, nem daquilo que nos interessa aqui, as liberdades básicas e sua prioridade. Para tratar dessa questão, resumamos o que precede. Os termos eqüitativos da cooperação são termos a partir dos quais desejamos, enquanto pessoas iguais, cooperar de boa-fé com todos os membros da sociedade durante toda a nossa vida, e isso com base no respeito mútuo. O acréscimo dessa cláusula torna explícito o fato de os termos eqüitativos da cooperação poderem ser reconhecidos por cada um sem ressentimento nem humilhação (nem, nesse caso, consciência pesada) quando os cidadãos se consideram a si mesmos ou aos demais como dotados no grau mínimo necessário das duas faculdades morais que constituem a base da cidadania igual. Dado esse plano de fundo, a questão da definição das liberdades básicas e do fundamento de sua prioridade pode ser considerada como a questão da determinação dos termos eqüitativos apropriados da cooperação com base no respeito mútuo. Até as guerras de religião dos séculos XVI e XVII, esses termos eqüitativos estavam fixados de modo restrito; a cooperação social com base no respeito mútuo era considerada como impossível entre os adeptos de credos diferentes ou, segundo os termos que empreguei, entre os que sustentavam concepções fundamentalmente diferentes do bem. A origem do liberalismo* enquanto doutrina filosófica data dessa época, quando se desenvolveram os diversos argumentos em favor da tolerância religiosa[17]. No século XIX, a doutrina liberal foi formulada nos seus aspectos principais por Benjamin Constant, Tocqueville e J. S. Mill para o contexto de um Estado democrático moderno, cuja iminência eles previam. Uma hipótese crucial do liberalismo consiste no fato de os cidadãos iguais terem concepções diferentes, e efetivamente incomensuráveis e irreconciliáveis, do bem[18]. Numa sociedade democrática moderna, a existência de modalidades de vida

---

17. Para um exame instrutivo desses argumentos, ver J. W. Allen, *A History of Political Thought in the Sixteenth Century*, Londres, Methuen, 1928, bem como J. W. Allen, *English Political Thought, 1603-1660*, Londres, Methuen, 1938. As idéias de Locke na *Carta sobre a tolerância* (1689) e as de Montesquieu em *O espírito das leis* (1748) têm uma longa pré-história.

18. Esse postulado é central no liberalismo, como assinalou I. Berlin, *loc. cit.*, pp. 167-71, nota 15. Acho que esse postulado permanece implícito nos autores citados, mas não posso aprofundar aqui essa questão. Para um enunciado mais recente, ver Ronald Dworkin, "Liberalism", em *Public and Private Morality*, org. por Stuart Hampshire, Cambridge, Cambridge University Press, 1978.

tão diversas é considerada uma circunstância normal que só pode ser suprimida pelo uso autocrático do poder de Estado. Por conseguinte, o liberalismo aceita a pluralidade das concepções do bem como um fato da vida moderna, desde que, é claro, essas concepções respeitem os limites definidos pelos princípios de justiça apropriados. O liberalismo tenta mostrar ao mesmo tempo que uma pluralidade das concepções do bem é desejável e como um regime de liberdade pode tratar essa pluralidade de maneira que se desenvolvam as numerosas vantagens da diversidade humana.

Meu objetivo neste texto é indicar, por um lado, o vínculo existente entre as liberdades básicas e sua prioridade e, por outro, os termos eqüitativos da cooperação social entre pessoas iguais definidos mais acima. O interesse que existe em se introduzir a concepção da pessoa que utilizei, bem como sua concepção associada da cooperação social, é o de tentar fazer avançar um pouco as idéias liberais. Para isso, procurei enraizar essas hipóteses em duas concepções filosóficas subjacentes e, depois, indicar como as liberdades básicas e sua prioridade podem ser consideradas como fazendo parte dos termos eqüitativos da cooperação social, quando a natureza dessa cooperação satisfaz às condições impostas por essas concepções. A comunidade social já não se baseia numa concepção do bem tal como ela era dada por uma fé religiosa ou uma doutrina filosófica comuns, mas numa concepção pública compartilhada da justiça, de acordo com a concepção que considera os cidadãos num Estado democrático como pessoas livres e iguais.

## IV

Para explicar esse ponto, passo agora a resumir muito sucintamente o que disse em outro lugar a propósito do papel do que eu chamo de "posição original" e a maneira pela qual ela molda a concepção da pessoa[19]. A idéia principal é que a posição original vincula a concepção da pessoa, assim como sua concepção associada da cooperação social, a certos princípios de justiça particulares. (Esses princípios definem o que chamei mais acima de "termos eqüitativos da cooperação social".) O vínculo entre essas duas concepções filosóficas e princípios de justiça particulares é estabelecido pela posição original da seguinte maneira. Os parceiros nessa posição são descritos como representantes racionalmente autônomos dos cidadãos na sociedade. Nessa qualidade, os parceiros devem fazer o melhor que podem por aqueles a quem representam, sempre respeitando as restrições da posição original. Por exemplo, os parceiros estão situados simetricamente uns em relação aos outros e, nesse sentido, são iguais. O que chamei de "véu de ignorância"* significa que os parceiros não conhecem das pessoas que representam, nem a situação social, nem a concepção do bem (seus compromissos e suas metas particulares), nem as capacidades efetivadas e as tendências psicológicas, nem muitas outras coisas. E, como já observei a esse respeito, os parceiros devem pôr-se de acordo sobre certos princípios de justiça a partir de uma curta lista de escolhas possíveis propostas pela tradição da filosofia moral e política. O acordo dos parceiros sobre certos princípios precisos estabelece o vínculo entre esses princípios e a concepção da pessoa representada pela posição original. É dessa maneira que se fixa o conteúdo dos termos eqüitativos da cooperação para as pessoas assim concebidas.

É preciso distinguir cuidadosamente entre duas partes diferentes da posição original. Essas duas partes correspondem às duas faculdades da personalidade moral, ou seja, o

---

19. Sobre a posição original, ver o índice remissivo de *TJ*. Para a maneira pela qual essa posição molda a pessoa, ver, neste volume, a nota 3, p. 54.

que chamei de capacidade de ser razoável e capacidade de ser racional. Enquanto a posição original no seu conjunto representa as duas faculdades morais, e portanto a concepção completa da pessoa, os parceiros, enquanto representantes racionalmente autônomos das pessoas na sociedade, representam apenas o Racional. Eles se põem de acordo a respeito dos princípios que crêem ser os melhores para aqueles a quem representam, do ponto de vista da concepção do bem dessas pessoas e de sua capacidade de formar, revisar e buscar racionalmente tal concepção, na medida em que os parceiros possam conhecer algo a seu respeito. O Razoável, isto é, a capacidade das pessoas de terem um senso da justiça, o que, aqui, equivale à capacidade de respeitar os termos eqüitativos da cooperação social, é representado pelas restrições diversas às quais se devem submeter os parceiros na posição original e pelas condições que pesam sobre seu acordo. Quando os princípios de justiça adotados pelos parceiros são proclamados e seguidos por cidadãos iguais na sociedade, estes últimos agem então com uma autonomia completa. A diferença entre a autonomia completa e a autonomia racional é a seguinte: a autonomia racional só se efetiva a partir da nossa capacidade de ser racional e a partir da concepção determinada do bem que temos num dado momento. A autonomia completa abrange não apenas essa capacidade de ser racional, mas também a capacidade de fazer com que a nossa concepção do bem avance de maneira compatível com o respeito dos termos eqüitativos da cooperação social, a saber, os princípios de justiça. Numa sociedade bem ordenada, em que os cidadãos sabem que podem contar com o senso da justiça do outro, podemos pressupor que uma pessoa queira normalmente agir de modo justo e ser reconhecida pelos outros como alguém com quem se pode contar como membro plenamente cooperativo da sociedade durante toda a sua vida. As pessoas completamente autônomas reconhecem portanto publicamente os termos eqüitativos da cooperação social e agem em função deles segundo os motivos definidos pelos princípios de justiça comuns. Os parceiros, entretanto, são apenas racionalmente autônomos, já que os cerceamentos do Razoável lhes são simplesmente impostos de fora. Na verdade, a autonomia racional dos parceiros não passa de autonomia de agentes artificiais, no âmbito de uma construção cuja meta é modelar a concepção completa da pessoa, que é ao mesmo tempo razoável e racional. Os cidadãos de uma sociedade bem ordenada* são completamente autônomos porque aceitam livremente os cerceamentos do Razoável; assim, sua vida política reflete a concepção da pessoa que considera fundamental a sua capacidade de cooperar socialmente. É essa autonomia completa dos cidadãos ativos que exprime o ideal político a ser concretizado no mundo social[20].

Assim, podemos dizer que os parceiros na posição original são, na condição de representantes racionais, racionalmente autônomos sob dois aspectos. *Em primeiro lugar*, não lhes pedimos que, nas suas deliberações, apliquem princípios prévios ou anteriores do justo e da justiça, nem que sejam guiados por eles. *Em segundo lugar*, para chegarem a um acordo sobre os princípios de justiça a adotar entre as escolhas possíveis disponíveis, os parceiros só devem ser guiados por aquilo que pensam ser um bem determinado para as pessoas que representam, na medida em que os limites de

---

20. Utilizo a distinção entre as duas partes da posição original, que correspondem ao Razoável e ao Racional, com o fim de formular de maneira marcante a idéia de que essa posição molda a concepção completa da pessoa. Espero que isso evite vários contra-sensos a respeito dessa posição, a saber, que ela se propõe ser moralmente neutra ou que molda apenas a noção de racionalidade* e que, portanto, a teoria da justiça como eqüidade tenta selecionar princípios de justiça somente com base na concepção da escolha racional definida em economia ou na teoria da decisão. Para um ponto de vista kantiano, tal tentativa está fora de questão e é incompatível com sua concepção da pessoa.

sua informação lhes permitem determinar qual é esse bem. O acordo na posição original sobre os dois princípios de justiça deve ser um acordo fundado em razões racionalmente autônomas nesse sentido. Assim, utilizamos as deliberações racionalmente autônomas dos parceiros para selecionar, entre as escolhas possíveis dadas, os termos eqüitativos da cooperação entre as pessoas representadas pelos parceiros.

Haveria muito a acrescentar para explicitar o resumo supra. Porém aqui devo voltar-me para as considerações que fazem agir os parceiros na posição original. É claro que sua meta de conjunto é assumir sua responsabilidade e fazer o melhor possível para avançar o bem determinado das pessoas que representam. O problema reside no seguinte: dadas as restrições impostas pelo véu de ignorância, pode parecer impossível que os parceiros estabeleçam o que é o bem para essas pessoas e que, portanto, produzam um acordo racional em seu nome. Para resolver esse problema, introduzimos a idéia de bens primários e enumeramos uma lista dos diversos elementos que entram sob essa designação. A idéia principal é a de que se distingam os bens primários dos outros procurando quais são os bens geralmente necessários como condições sociais e como meios polivalentes que permitam às pessoas buscar suas concepções determinadas do bem e desenvolver e exercer suas duas faculdades morais. Aqui devemos interessar-nos pelas necessidades sociais e pelas circunstâncias normais da vida humana numa sociedade democrática. O fato de os bens primários serem condições necessárias para efetivar as faculdades morais e meios polivalentes para uma gama suficientemente extensa de fins últimos pressupõe o conhecimento de diversos dados gerais a respeito dos desejos e das capacidades humanos, de suas fases e exigências características, das relações de interdependência social etc. Basta-nos uma análise sumária dos projetos racionais de vida que mostre por que em geral eles têm uma certa estrutura e dependem dos bens primários para sua formação, revisão e execução. Não decidimos o que deve ser contado entre os bens primários perguntando quais são os meios gerais essenciais que permitem atingir os fins últimos compartidos pela maioria das pessoas, como um exame empírico ou histórico mostraria. Tais fins, se é que existem, são raros, e os que existem podem não servir para as metas de uma concepção da justiça. A caracterização dos bens primários não repousa sobre tais fatos históricos ou sociais. Mesmo que a determinação dos bens primários invoque um conhecimento das circunstâncias e necessidades gerais da vida social, ela só é possível à luz de uma concepção da pessoa dada previamente.

As cinco categorias de bens primários enumeradas em *TJ* (que faço acompanhar de uma indicação quanto à razão de sua utilização) são as seguintes:

1. As *liberdades básicas* (liberdade de pensamento e liberdade de consciência etc.): essas liberdades são condições institucionais subjacentes necessárias ao desenvolvimento e ao exercício completo e informado das duas faculdades morais (particularmente naquilo que chamarei mais adiante, na seção VII, de "os dois casos fundamentais"); essas liberdades são igualmente indispensáveis para se proteger uma gama extensa de concepções determinadas do bem (dentro dos limites da justiça).

2. A *liberdade de movimento* e a *livre escolha da ocupação* num fundo de possibilidades diversas: essas possibilidades permitem buscar diversos fins últimos e tornam efetiva a decisão de revisá-los e modificá-los se assim o desejarmos.

3. Os *poderes* e as *prerrogativas* das funções e dos postos de responsabilidade: eles permitem desenvolver as diversas capacidades autônomas e sociais do Eu.

4. A *renda* e a *riqueza*, consideradas no sentido amplo como meios polivalentes (providos de um valor de troca):

temos necessidade delas para concretizar direta ou indiretamente uma gama extensa de fins, sejam eles quais forem.

5. As *bases sociais do respeito próprio*: trata-se daqueles aspectos das instituições básicas que são em geral essenciais aos cidadãos para que tenham um senso agudo de seu próprio valor enquanto pessoas e para que sejam capazes de desenvolver e exercer suas faculdades morais e de fazer avançar suas metas e seus fins com confiança em si próprios[21].

Observemos que os dois princípios de justiça avaliam a estrutura básica da sociedade segundo a maneira pela qual as suas instituições protegem e distribuem alguns dos bens primários – por exemplo, as liberdades básicas – e regem a produção e a distribuição de outros bens primários, como, por exemplo, a renda e a riqueza. Portanto, em geral, o que deve ser explicado é a razão pela qual os parceiros utilizam essa lista de bens primários e por que é racional para eles adotar os dois princípios de justiça.

Não me é possível aqui examinar essa questão geral. Salvo no que diz respeito às liberdades básicas, pressuporei que os motivos que nos permitem confiar nos bens primários são suficientemente claros para o nosso propósito. Meu objetivo nas seções que se seguem é explicar por que, dada a concepção da pessoa que caracteriza os cidadãos representados pelos parceiros, as liberdades básicas são de fato bens primários e, além disso, por que o princípio que garante essas liberdades deve ter a prioridade sobre o segundo princípio de justiça. Às vezes, a razão dessa prioridade fica evidente quando se explica por que uma liberdade é uma liberdade básica, como no caso da liberdade de consciência igual para todos (examinada na seção V). Em outros casos, a prioridade deriva do papel processual de certas liberdades

---

21. Para uma análise mais completa dos bens primários, ver J. Rawls, "Social Unity and Primary Goods", em *Utilitarianism and Beyond*, org. por Amartya Sen e Bernard Williams, Cambridge, Cambridge University Press, 1982.

e de seu lugar fundamental na regulamentação da estrutura básica no seu conjunto; é o caso das liberdades políticas iguais para todos (analisado na seção VIII). Finalmente, certas liberdades básicas são condições institucionais indispensáveis, uma vez garantidas as outras liberdades básicas; assim, a liberdade de pensamento e a liberdade de associação são necessárias para tornar efetivas a liberdade de consciência e as liberdades políticas. Minha análise é muito breve e ilustra simplesmente os tipos de motivos que levam os parceiros a considerar certas liberdades como liberdades básicas. Ao considerar várias liberdades básicas diferentes, estando cada uma fundada em motivos um tanto diferentes, espero explicar o seu lugar na teoria da justiça como eqüidade e as razões de sua prioridade.

## V

Estamos agora em condições de examinar as razões nas quais se baseiam os parceiros na posição original para adotar princípios que garantam as liberdades básicas e lhes atribuam uma prioridade. Não posso apresentar aqui, de maneira rigorosa e convincente, a argumentação em favor de tais princípios, mas indicarei simplesmente como se poderia proceder.

Notemos inicialmente que, dada a concepção da pessoa, existem três tipos de consideração que os parceiros devem distinguir quando deliberam a respeito do bem das pessoas que representam. Essas considerações estão ligadas ao desenvolvimento e ao exercício completo e informado das duas faculdades morais, e cada faculdade dá lugar a considerações de um tipo particular. Finalmente, o terceiro tipo de consideração é relativo à concepção determinada do bem de uma pessoa. Nesta seção, examino os dois últimos tipos de considerações evocadas a respeito da capacidade de ter uma concepção do bem e a concepção determinada do bem de uma pessoa. Começo com esta última. Recordemos que, mesmo que os parceiros saibam que as pessoas que representam têm concepções determinadas do bem, eles não conhecem o conteúdo dessas concepções, isto é, não conhecem nem os fins últimos particulares que essas pessoas buscam, nem os objetos de seus compromissos e de suas fidelidades, nem a visão que têm da sua relação com o mundo (religiosa, filosófica ou moral) com referência à qual essas finalidades e essas fidelidades são compreendidas. Entretanto, os parceiros conhecem a estrutura geral dos projetos de vida racionais das pessoas (dados os fatos gerais conhecidos a respeito da psicologia humana e o funcionamento das instituições sociais) e, a partir daí, conhecem os principais elementos de uma concepção do bem que acabo de enumerar. O conhecimento dessas questões acompanha a sua compreensão e o seu uso dos bens primários como expliquei mais acima.

Para fixar as idéias, concentrar-me-ei na liberdade de consciência e examinarei os motivos que os parceiros utilizam para adotar princípios que garantam essa liberdade básica quando ela se aplica às concepções religiosas, filosóficas e morais que temos da nossa relação com o mundo[22]. É claro que, mesmo que os parceiros não possam ter certeza de que as pessoas que representam defendem tais idéias, adotarei a hipótese de que essas pessoas o fazem de modo geral. Seja como for, os parceiros devem deixar lugar para essa possibilidade. Pressuponho também que essas visões do mundo religiosas, filosóficas e morais já estão constituídas e afirmadas com vigor e que, nesse sentido, já estão

---

22. Neste parágrafo e nos dois subseqüentes enuncio de forma algo diferente em relação à seção 33 de *TJ* o argumento principal apresentado em favor da liberdade de consciência.

dadas. Ora, se dentre as escolhas possíveis de princípios de justiça disponíveis para os parceiros só existe um princípio que garante a liberdade de consciência igual para todos ou, pelo menos, se a concepção de justiça de onde provém esse princípio é viável, esse princípio deve ser adotado. Isso porque o véu de ignorância implica que os parceiros não sabem se as crenças adotadas pelas pessoas que eles representam correspondem a uma visão do mundo majoritária ou minoritária. Eles não podem correr o risco de dar menos liberdade de consciência às minorias religiosas baseando-se na possibilidade de que aqueles a quem representam tenham adotado uma religião majoritária ou dominante e que, assim, se beneficiarão de uma liberdade ainda maior. Isso porque também pode ocorrer que essas pessoas pertençam a um credo minoritário e, por conseqüência, sejam penalizadas. Se os parceiros se pusessem a apostar dessa maneira, mostrariam que não levavam a sério as convicções religiosas, filosóficas ou morais das pessoas e que, de fato, não sabem o que é uma convicção religiosa, filosófica ou moral.

Notemos que, falando estritamente, essa primeira razão em favor da liberdade de consciência não é um argumento. Não se faz mais do que chamar a atenção para a maneira pela qual o véu de ignorância, combinado com a responsabilidade que têm os parceiros de proteger uma visão do mundo religiosa, filosófica ou moral desconhecida, mas determinada e afirmada, dá aos parceiros as razões mais sólidas para garantir essa liberdade. É fundamental aqui que o fato de afirmar essas visões do mundo, bem como as concepções do bem às quais elas dão origem, seja, por assim dizer, reconhecido como não negociável. As concepções do bem são consideradas como formas de crença e de conduta cuja proteção não podemos abandonar, e tampouco podemos ser persuadidos a colocar em perigo em nome do tipo de considerações inscritas no segundo princípio de justiça. Sem dúvida há conversões religiosas, e as pessoas mudam de visão filosófica ou moral do mundo. Mas pode-se supor que essas conversões e essas mudanças não decorrem de questões de poder e de situação, ou de riqueza e *status*, e que são o resultado de convicções, da razão e da reflexão. Ainda que, na prática, essa suposição seja muitas vezes falsa, isso não afeta a responsabilidade que têm os parceiros de proteger a integridade da concepção do bem daqueles a quem representam.

A razão pela qual a liberdade de consciência é uma liberdade básica e detém a prioridade de uma liberdade desse tipo fica então clara. Se compreendemos o que é uma visão religiosa, filosófica ou moral do mundo, o tipo de considerações inscritas no segundo princípio de justiça não pode ser alegado para restringir o campo central dessa liberdade. Se alguém negar que essa liberdade de consciência é uma liberdade básica e sustentar que todos os interesses humanos são comensuráveis e que, entre duas visões do mundo, existe sempre uma taxa de câmbio segundo cujos termos é racional equilibrar a proteção de uma contra a proteção da outra, estaremos então num impasse. Um modo de continuar a análise é tentar mostrar que o sistema das liberdades básicas enquanto família faz parte de uma concepção coerente e viável da justiça que convém à estrutura básica de um regime democrático e que, ademais, não é contraditória com suas convicções mais essenciais.

Voltemo-nos agora para considerações que incidem sobre a capacidade de ter uma concepção do bem. Essa capacidade foi definida mais acima como a capacidade de formar, revisar e buscar racionalmente uma concepção determinada do bem. Podem-se perceber aqui dois motivos estreitamente ligados, podendo essa capacidade ser considerada de duas maneiras. Segundo a *primeira*, o desenvolvimento e o exercício adequado dessa capacidade, tais como são exigidos pelo contexto, são considerados como os meios do bem de uma pessoa. Enquanto meios, eles não fazem parte (por definição) da concepção determinada do bem que tem essa pessoa. As pessoas exercem essa faculdade buscando racionalmente seus fins últimos e desenvolvendo a sua noção do que é uma vida completa. Em qualquer momento dado, essa faculdade está a serviço da concepção determinada do bem assim defendida. Contudo não se deve negligenciar o papel dessa faculdade na formação de novas concepções do bem, mais racionais, e na revisão das que existem. Não há garantia alguma de que todos os aspectos de nossa atual maneira de viver sejam os mais racionais para nós e que não necessitem de uma revisão, maior ou menor. Por essas razões, o exercício completo e adequado da capacidade de ter uma concepção do bem é um meio a serviço do bem dessa pessoa. Assim, graças à hipótese segundo a qual a liberdade de consciência, e portanto a liberdade de cometer erros e de se enganar, faz parte das condições sociais necessárias para o desenvolvimento e o exercício dessa faculdade, os parceiros têm outro motivo para adotar os princípios que garantem essa liberdade básica. Aqui deveríamos observar que a liberdade de associação é necessária para tornar efetiva a liberdade de consciência, pois, a menos que tenhamos a liberdade de nos associarmos com outros cidadãos que têm a mesma visão do mundo, o exercício da liberdade de consciência é negado. Essas duas liberdades básicas são inseparáveis.

A *segunda* maneira de considerar a capacidade de ter uma concepção do bem leva a um motivo suplementar em favor da liberdade de consciência. Esse motivo repousa sobre a extensão e a natureza reguladora dessa capacidade, bem como sobre os princípios inerentes que guiam suas operações (os princípios da deliberação racional). Os traços particulares dessa capacidade nos permitem tomar consciência de nós mesmos, nós que estamos em via de afirmar a nossa maneira de viver, de acordo com o exercício completo, decidido e ponderado das nossas faculdades intelectuais e morais. E essa relação colocada de modo racional entre a nossa razão deliberativa e a nossa maneira de viver se torna, ela própria, parte da nossa concepção determinada do bem. Essa possibilidade está contida na concepção da pessoa. Desse modo, além de avaliar nossas crenças como verdadeiras, nossas ações como justas e nossas finalidades como boas, devemos também esforçar-nos por avaliar as *razões* pelas quais nossas crenças são verdadeiras, nossas ações justas e nossas finalidades boas e adequadas para nós. Como diria J. S. Mill, podemos procurar fazer da nossa concepção do bem nossa "própria" concepção; não nos contentamos com recebê-la já pronta por parte da nossa sociedade ou dos nossos pares[23]. Sem dúvida, a concepção que sustentamos não tem necessidade alguma de nos ser particular nem de ser uma concepção que conformamos para nós mesmos. Ela pode simplesmente provir da tradição religiosa, filosófica ou moral na qual fomos criados e educados e que, quando chegamos à idade da razão, se encontra no centro dos nossos compromissos e das nossas fidelidades. Nesse caso, essa tradição comporta ideais e virtudes que passaram com êxito pelo exame da nossa razão e que respondem aos nossos mais profundos desejos e afeições. É claro que numerosas pessoas podem não submeter a exame suas crenças e suas finalidades e nelas acreditar, ou então ficarem satisfeitas por saber que são questões de costume e de tradição. Não se devem criticá-las por isso, pois na visão liberal das coisas não existe avaliação política ou social das concepções desde que elas respeitem os limites da justiça.

---

23. Ver J. S. Mill, *On Liberty* (1859), Capítulo 3, § 5, onde ele diz: "Até certo ponto, admite-se que nosso entendimento deveria ser o nosso; porém não se admite com tanta facilidade que nossos desejos e nossos impulsos deveriam ser igualmente os nossos, ou que possuir impulsos como coisa particular, qualquer que seja a sua força, seja outra coisa que não um perigo e uma armadilha". Ver o conjunto dos §§ 2 a 9 sobre o livre desenvolvimento da individualidade.

Caso se considere dessa maneira a capacidade de ter uma concepção do bem, ela já não é apenas um meio, mas passa a ser uma parte essencial de uma concepção determinada do bem. O lugar particular dessa concepção na teoria da justiça como eqüidade é o seguinte: ela nos permite considerar as nossas fidelidades e os nossos fins últimos de um modo que efetive em toda a sua envergadura uma das duas faculdades morais que caracterizam as pessoas nessa concepção política da justiça. Para que essa concepção do bem seja possível, devemos ter o direito, de maneira ainda mais clara do que no caso do motivo precedente, de cometer erros e de nos enganarmos dentro dos limites estabelecidos pelas liberdades básicas. É para garantir a possibilidade dessa concepção do bem que os parceiros, enquanto nossos representantes, adotam princípios que protegem a liberdade de consciência.

Os três motivos precedentes em favor da liberdade de consciência estão portanto ligados da seguinte forma. No primeiro, as concepções do bem são consideradas como estabelecidas e firmemente enraizadas. Como existe uma pluralidade dessas concepções, cada uma estando em condição não negociável, os parceiros reconhecem que por trás do véu de ignorância os princípios de justiça que garantem a liberdade de consciência igual para todos são os únicos que eles podem adotar. Nos dois motivos seguintes, as concepções do bem são consideradas como sujeitas a revisão, de acordo com a razão deliberativa, que faz parte da capacidade de formar uma concepção do bem. Mas, como o exercício completo e informado dessa capacidade requer as condições sociais garantidas pela liberdade de consciência, esses motivos conduzem à mesma conclusão que o primeiro.

## VI

Podemos resumir as seções precedentes da seguinte maneira. Dado, em primeiro lugar, que o procedimento próprio da posição original situa os parceiros simetricamente e os submete a cerceamentos que exprimem o Razoável, e dado que, em segundo lugar, os parceiros são representantes racionalmente autônomos cujas deliberações exprimem o Racional, cada cidadão está eqüitativamente representado no procedimento que leva à seleção dos princípios de justiça que devem reger a estrutura básica da sociedade. Os parceiros devem escolher entre os diferentes princípios baseando-se em considerações que derivam unicamente do bem das pessoas que representam. Devido às razões que acabamos de examinar, os parceiros preferem princípios que protejam uma gama extensa de concepções determinadas (porém desconhecidas) do bem e que garantam da melhor forma as condições políticas e sociais necessárias para o desenvolvimento adequado e o exercício completo e informado das duas faculdades morais. Caso se pressuponha que as liberdades básicas e sua prioridade garantem essas condições (em circunstâncias relativamente favoráveis), os dois princípios de justiça – o primeiro sendo prioritário em relação ao segundo – são os princípios escolhidos. Isso concretiza o que chamei mais acima de "meta inicial" da teoria da justiça como eqüidade. Mas a isso se pode objetar legitimamente que não considerei as disposições necessárias para garantir os meios materiais que permitam às pessoas fazer avançar o seu bem. Que os princípios em favor das liberdades básicas e de sua prioridade sejam aceitáveis depende do complemento que lhes poderiam proporcionar outros princípios que garantissem uma distribuição eqüitativa desses meios materiais.

A questão em jogo aqui é a seguinte: de que modo a teoria da justiça como eqüidade enfrenta o problema tradicional segundo o qual as liberdades básicas poderiam revelar-se como simplesmente formais[24]? Muitas pessoas, notadamente democratas radicais e socialistas, pretenderam que mesmo que possa parecer que os cidadãos são efetivamente iguais, são muito grandes as desigualdades sociais e econômicas que se podem produzir se a estrutura básica abranger as liberdades básicas e a justa igualdade de oportunidades. As que têm maior quantidade de responsabilidades e de riquezas podem controlar o desenvolvimento da legislação em seu benefício. Para responder a esse problema, façamos a distinção entre as liberdades básicas e o *valor* dessas liberdades da seguinte maneira: as liberdades básicas são definidas por direitos e deveres institucionais que dão aos cidadãos o direito de agir como desejarem e que impedem os outros de interferir. As liberdades básicas constituem um conjunto articulado de meios e possibilidades legalmente protegidos. É claro que a ignorância e a pobreza, assim como a falta em geral de meios materiais, impedem as pessoas de exercer os seus direitos e de se beneficiar dessas aberturas. Porém, em vez de considerarmos que esses obstáculos, bem como outros análogos, como restringindo a liberdade das pessoas, nós os consideramos como afetando o valor da liberdade, ou seja, a utilidade dessas liberdades para as pessoas. Ora, na teoria da justiça como eqüidade, essa utilidade se define nos termos de um índice dos bens primários, regulamentado pelo segundo princípio de justiça. Ela não se define pelo nível de bem-estar da pessoa (ou por uma função de utilidade), mas sim por esses bens primários. As reivindicações que dizem respeito a estes últimos são tratadas como reivindicações que incidem sobre necessidades especiais, definidas segundo os objetivos de uma

---

24. Devo a Norman Daniels o ter suscitado a questão que tento resolver nesta seção. Ver N. Daniels, "Equal Liberty and Unequal Worth of Liberty", em *Reading Rawls*, pp. 253-81, nota 1. Sou grato a Joshua Rabinowitz por sua análise e seus comentários aprofundados.

concepção política da justiça. Certos bens primários, tais como a riqueza e a renda, são compreendidos como sendo meios polivalentes que permitem aos cidadãos fazer avançar os seus fins, no seio do quadro definido pelas liberdades iguais para todos e pela justa igualdade de oportunidades.

Na teoria da justiça como eqüidade, então, as liberdades básicas iguais para todos são as mesmas para cada cidadão, e a questão relativa à maneira pela qual se pode compensar uma liberdade menor não se apresenta. Entretanto, o valor, ou a utilidade, da liberdade não é o mesmo para todo o mundo. Como autoriza o princípio da diferença, certos cidadãos têm, por exemplo, uma riqueza maior e uma renda mais alta e, por conseguinte, muito mais meios que lhes permitem concretizar os seus fins. Quando esse princípio é respeitado, porém, esse valor menor da liberdade é compensado no seguinte sentido: os meios polivalentes disponíveis para que os membros menos favorecidos da sociedade concretizem os seus fins seriam ainda menores se as desigualdades sociais e econômicas, medidas pelo índice dos bens primários, fossem diferentes do que são. A estrutura básica da sociedade está organizada de tal maneira que maximiza os bens primários à disposição dos menos favorecidos para que eles utilizem as liberdades básicas que estão à disposição de todos. Isso constitui uma das metas centrais da justiça política e social.

Essa distinção entre a liberdade e o valor da liberdade é, obviamente, apenas uma definição e não responde a nenhuma questão concreta. A idéia é combinar as liberdades básicas iguais para todos com um princípio que regula certos bens primários, considerados como meios polivalentes para fazer avançar os nossos fins. Essa definição representa uma primeira etapa na direção da combinação da liberdade e da igualdade numa única noção coerente. O valor dessa combinação se decide segundo ela produza ou não uma concepção viável da justiça que se considere conforme, após madura reflexão, com as nossas convicções bem ponderadas. Mas para se chegar a esse acordo devemos transpor uma nova etapa importante e tratar as liberdades políticas iguais para todos de uma maneira particular. Isso pode ser feito incluindo no primeiro princípio de justiça a garantia das liberdades políticas e somente essas liberdades são garantidas pelo que eu denomino seu "justo valor"[25].

Essa garantia significa que o valor das liberdades políticas para todos os cidadãos, qualquer que seja a sua situação social ou econômica, deve ser aproximadamente igual ou pelo menos suficientemente igual, no sentido de que cada qual tenha uma oportunidade eqüitativa (*fair*) de ocupar uma função pública e de influenciar no resultado das decisões políticas. Essa noção de oportunidade eqüitativa acompanha a de justa (*fair*) igualdade das oportunidades no segundo princípio de justiça[26]. Quando adotam a prioridade da liberdade, os parceiros na posição original compreendem que as liberdades políticas iguais para todos são tratadas de maneira particular. Quando julgamos o caráter apropriado da combinação da liberdade e da igualdade numa só noção, devemos ter em mente o lugar específico das liberdades políticas nos dois princípios de justiça.

Equivale a ir além dos limites de uma doutrina filosófica o considerar em detalhe os tipos de organização necessários para se garantir o valor das liberdades políticas iguais para todos, bem como o considerar as leis e os regulamen-

---

25. Embora a idéia do justo valor das liberdades políticas iguais para todos seja um aspecto importante dos dois princípios de justiça, ela não estava suficientemente explicada ou desenvolvida em *TJ*. Era portanto fácil não captar a sua importância. Ver pp. 221, 245-8. No exame das liberdades políticas iguais para todos consideradas como uma base do respeito próprio (pp. 605-7), o justo valor dessas liberdades não é mencionado, embora devesse sê-lo.

26. A propósito da justa igualdade das oportunidades, ver *TJ*, pp. 76-9, bem como a seção 14.

tos necessários para assegurar a competição numa economia de mercado. Não obstante, devemos reconhecer que a questão da garantia do justo valor das liberdades políticas tem uma importância igual, se não superior, à da competitividade real dos mercados. Isso porque, a menos que o justo valor dessas liberdades seja quase todo preservado, justas instituições do contexto social (*background institutions*) não podem ser estabelecidas nem mantidas. Saber qual é a melhor maneira de proceder a fim de garantir esse justo valor é uma questão complexa e difícil. Atualmente, é possível que faltem a experiência histórica e a teorização requeridas, de tal modo que devemos avançar por meio de tentativas e erros. Porém um meio que permite assegurar esse justo valor parece ser, por um lado, numa democracia baseada na propriedade privada, tornar os parceiros políticos independentes das grandes concentrações do poder pessoal econômico e do poder social, e, por outro lado, num regime socialista liberal, do controle governamental e do poder burocrático. Em cada caso, a sociedade deve arcar com pelo menos uma grande parte do custo da organização e da execução do processo político e supervisionar a realização das eleições. A garantia do justo valor das liberdades políticas é, para a teoria da justiça como eqüidade, um modo de tentar enfrentar a objeção segundo a qual as liberdades básicas são simplesmente formais.

    Ora, essa garantia do justo valor das liberdades políticas comporta várias características que merecem ser mencionadas. *Em primeiro lugar*, ela assegura a cada cidadão um acesso eqüitativo e bastante igual à utilização dos serviços públicos destinados a servir a um objetivo político definido, isto é, aos serviços públicos definidos pelas regras e procedimentos constitucionais que regem o processo político e controlam o acesso às situações de autoridade política. Como veremos mais adiante (seção VIII), essas regras e procedimentos devem formar um processo eqüitativo, destinado a produzir uma legislação justa e eficaz. O ponto a assinalar é que as reivindicações válidas dos cidadãos iguais são mantidas dentro de certos limites normais, graças à noção de um acesso eqüitativo e justo ao processo político considerado como serviço público. *Em segundo lugar*, esse serviço público dispõe de um espaço limitado, se assim se pode dizer. É por isso que, na ausência da garantia do justo valor das liberdades políticas, os que possuem meios relativamente importantes podem resolver as coisas entre si e excluir os que possuem menos. Não podemos ter certeza de que as desigualdades autorizadas pelo princípio de diferença serão suficientemente reduzidas para impedir isso. É certo que, na ausência do segundo princípio de justiça, o resultado se concluirá por antecipação, pois a limitação do espaço do processo político tem como conseqüência o fato de que a utilidade de nossas liberdades políticas depende, muito mais do que as nossas outras liberdades básicas, da nossa posição social e do nosso lugar na distribuição da renda e da riqueza. Quando consideramos igualmente o papel particular do processo político na determinação das leis e dos programas que regem a estrutura básica, é compreensível que somente essas liberdades recebam a garantia particular do justo valor. Essa garantia é, por um lado, um ponto natural de focalização entre, de um lado, a liberdade simplesmente formal e, de outro, uma espécie de garantia mais ampla de todas as liberdades básicas.

A menção desse ponto natural de focalização suscita a seguinte questão: por que o princípio de justiça não inclui uma garantia mais ampla? Mesmo que saber em que consiste uma garantia mais ampla do justo valor seja problemático, a resposta a essa pergunta é que uma garantia assim é irracional, supérflua ou fonte de divisão social. Assim, comecemos por imaginar que essa garantia prescreve uma distribuição igual de todos os bens primários e não simplesmente das liberdades básicas. Levanto a hipótese de que esse princípio deva ser rejeitado como irracional, já que ele não permite à sociedade enfrentar certas necessidades da organização social, tirar partido das considerações que incidem sobre a eficácia etc. Essa garantia mais ampla pode ser compreendida de uma segunda maneira. Nesse caso, ela requer que uma certa soma fixa de bens primários seja assegurada a cada cidadão como um modo de ilustrar publicamente o ideal que consiste em atribuir um valor igual às liberdades de cada um. Quaisquer que sejam os méritos dessa sugestão, ela é supérflua tendo em vista o princípio de diferença, pois cada fração do índice dos bens primários de que se beneficia o cidadão mais desfavorecido pode já ser considerada dessa maneira. Essa garantia pode ser compreendida de uma terceira e última maneira como requerendo que a distribuição dos bens primários se faça segundo o conteúdo de certos interesses considerados como particularmente centrais, por exemplo, o interesse religioso. Assim sendo, pode haver pessoas que incluam entre suas obrigações religiosas o fato de ir em peregrinação a lugares longínquos ou de construir catedrais ou templos imponentes. Considera-se então que assegurar o valor igual da liberdade religiosa requer que essas pessoas se beneficiem de disposições particulares que lhes permitam enfrentar essas obrigações. Segundo essa posição, portanto, as necessidades religiosas dessas contam mais, do ponto de vista da justiça, que as daquelas cujas crenças religiosas as obrigam a fazer apenas demandas modestas em termos de meios materiais e que não se beneficiam de tais disposições (suas necessidades religiosas são muito menos importantes). Esse tipo de garantia é nitidamente uma fonte de divisão social, de controvérsia religiosa, quando não de guerra civil. Criam-se conseqüências análogas, penso eu, cada vez que a concepção pública da justiça ajusta as reivindicações dos cidadãos aos recursos sociais, de tal modo que alguns recebem mais do que outros segundo os fins últimos e as fidelidades determinadas que provêm de sua concepção do bem. Assim, o princípio da satisfação proporcional é, do mesmo modo, uma fonte de divisão social. Esse princípio reparte os bens primários regidos pelo princípio de diferença de tal maneira que a fração K (em que $0 < K \leq 1$), que mede o grau de efetivação da concepção do bem de um cidadão, é a mesma para todo o mundo e é idealmente maximizada. Como já examinei esse princípio em outro lugar, não o farei aqui[27]. Basta dizer que uma das razões principais que conduzem à utilização de um índice de bens primários para se avaliar a força das reivindicações dos cidadãos nas questões de justiça política é precisamente a eliminação das fontes de divisão social e dos conflitos insolúveis a que tais princípios darão origem[28].

Finalmente, cabe esclarecer as razões pelas quais as liberdades políticas iguais para todos são tratadas de um modo particular, o que exprime a garantia de seu justo valor. Isso não é devido a que a vida política e a participação de cada um numa forma de governo autônomo e democrático sejam consideradas como o bem dominante por cidadãos plenamente autônomos. Ao contrário, atribuir um lugar central na vida política não passa de uma concepção do bem entre outras. Dada a dimensão de um Estado moderno, o exercício das liberdades políticas está destinado a ocupar na concepção do bem da maioria dos cidadãos um lugar menor do que o do exercício das outras liberdades básicas. A garantia do justo valor das liberdades políticas está incluída no primeiro princípio de justiça porque ela é essencial para se estabelecer uma justa legislação e também para se assegurar que o

---

27. Ver J. Rawls, "Fairness to Goodness", *Philosophical Review*, 84, n.º 4, 1975, pp. 551-3.
28. Ver J. Rawls, "Social Unity and Primary Goods", *loc. cit.*, seções IV-V.

processo político eqüitativo definido pela constituição seja acessível a cada um, com base numa relativa igualdade. A idéia é incorporar na estrutura básica da sociedade um procedimento político eficaz, que reflita nessa estrutura a representação eqüitativa das pessoas efetivada pela posição original. É a justiça (*fairness*) desse procedimento, garantida pelo justo valor das liberdades políticas e pelo segundo princípio de justiça (incluindo o princípio de diferença), que responde à questão de saber por que as liberdades básicas não são simplesmente formais.

## VII

Volto-me agora para a maneira pela qual se pode preencher a segunda lacuna na minha análise das liberdades básicas e da sua prioridade. Recordemo-nos da origem dessa lacuna: uma vez que temos certo número de liberdades que devem ser mais bem definidas e ajustadas umas às outras nas etapas posteriores, temos necessidade de um critério relativo à maneira pela qual isso deve ser feito. Devemos estabelecer o melhor sistema de liberdades básicas, ou pelo menos um sistema plenamente adequado, dado o contexto da sociedade. Ora, em *TJ* eu pareço sugerir como critério que as liberdades básicas devem ser definidas e ajustadas de maneira que se obtenha o sistema mais extenso dessas liberdades. Esse critério é puramente quantitativo e não distingue casos mais importantes que outros. Ademais, ele não se aplica de modo geral e não é seguido de maneira conseqüente. Como assinalou Hart, somente nos casos mais simples e menos importantes o critério da maior extensão é ao mesmo tempo aplicável e satisfatório[29]. Em *TJ* eu proponho um segundo critério de acordo com o qual, no procedimento ideal

---

29. Ver H. L. A. Hart, *loc. cit.*, pp. 239-40.

da aplicação dos princípios de justiça, devemos adotar o ponto de vista de um cidadão representativo igual e ajustar o sistema das liberdades à luz dos interesses racionais desse cidadão, tais como eles são considerados do ponto de vista da etapa posterior apropriada. Entretanto, Hart pensava que o conteúdo desses interesses não estava descrito com suficiente clareza para que o conhecimento desse conteúdo pudesse servir como critério[30]. De qualquer modo, os dois critérios parecem entrar em conflito, e eu não desejava dizer que o melhor sistema das liberdades é o mais extenso[31].

Devo esclarecer essa ambigüidade a respeito do critério. É tentador pensar que esse critério deveria permitir-nos definir e ajustar as liberdades básicas da melhor maneira ou de uma maneira ótima. Isso sugere, por seu turno, que há algo que o sistema das liberdades básicas deve maximizar. De outro modo, como identificar o melhor sistema? Na realidade, porém, está implícito na análise precedente, que mostrava como preencher a primeira lacuna, que o sistema de liberdades básicas não foi elaborado de maneira a maximizar o que quer que seja, em particular o desenvolvimento e o exercício das faculdades morais[32]. As liberdades básicas e

---

30. *Ibidem*, pp. 240-4.
31. Ver *TJ*, p. 287, onde eu disse, no enunciado da regra de prioridade, que uma "redução da liberdade deve reforçar o sistema total das liberdades partilhadas por todos". Nesse caso, o "sistema da liberdade" remete ao "sistema total de liberdades básicas iguais" que se encontra no enunciado do primeiro princípio, na mesma página.
32. Considero evidente aqui que agir a partir das melhores razões e do equilíbrio das razões definidas por uma concepção moral não chega, em geral, a maximizar o que quer que seja. Algo ser maximizado depende da natureza da concepção moral. Assim, nem o intuicionismo pluralista de W. D. Ross apresentado em *The Right and the Good* (Oxford, 1930), nem o liberalismo de Isaiah Berlin (*loc. cit.*) definem o que deve ser maximizado. Aliás, a função de utilidade dos economistas tampouco define, na maioria dos casos, o que deve ser maximizado. Uma função de utilidade é simplesmente uma representação matemática das preferências dos lares ou dos agentes econômicos, fazendo-se a hipótese de que essas preferências satisfazem certas condições. De um ponto de vista puramente formal,

sua prioridade devem sobretudo garantir igualmente para todos os cidadãos as condições sociais essenciais para o desenvolvimento adequado e para o exercício completo e informado dessas faculdades no que eu chamo de "os dois casos fundamentais".

O primeiro está ligado à capacidade de ter um senso da justiça e se refere à aplicação dos princípios de justiça à estrutura básica da sociedade e a suas políticas sociais. As liberdades políticas e a liberdade de pensamento são examinadas mais adiante. O segundo caso está ligado à capacidade de ter uma concepção do bem e se refere à aplicação dos princípios da razão deliberativa para guiar nossa conduta durante toda a nossa vida. A liberdade de consciência e a liberdade de associação intervêm aqui. O que distingue os dois casos são a extensão e o caráter fundamental do objeto ao qual se devem aplicar os princípios de justiça e da razão deliberativa. Essa noção nos permitirá mais tarde definir a noção de importância de uma liberdade, o que nos ajudará a sublinhar a maneira pela qual deve ser preenchida a segunda lacuna[33].

Minha conclusão será que o critério, nas etapas posteriores, deverá definir e ajustar as liberdades básicas de modo que se permitam o desenvolvimento adequado e o exercício completo e informado das duas faculdades morais, no contexto social em que esses dois casos têm origem, no seio da sociedade bem ordenada em questão. É esse sistema de liberdades que chamo de "sistema plenamente adequado". Esse critério é coerente com o do ajustamento do sistema de liberdades segundo os interesses racionais do cidadão representativo igual, segundo critério mencionado mais acima.

---

nada existe que possa impedir um agente intuicionista pluralista de ter uma função de utilidade. (É óbvio que um agente caracterizado por uma ordem léxica* das preferências não tem função de utilidade.)

33. Devo a Susan Wolf o esclarecimento da noção de caso fundamental.

Isso porque está claro, dados os motivos nos quais se baseiam os parceiros na posição original para adotar os dois princípios de justiça, que esses interesses, considerados a partir de uma etapa apropriada, são mais bem servidos por um sistema plenamente adequado. Assim, é possível preencher a segunda lacuna aprofundando a maneira pela qual a primeira lacuna foi preenchida.

Ora, há duas razões pelas quais a idéia de um máximo não se aplica para definir e ajustar o sistema das liberdades básicas. *Em primeiro lugar*, falta-lhe uma noção coerente do que deve ser maximizado. Não podemos maximizar o desenvolvimento e o exercício das duas faculdades morais ao mesmo tempo. E como poderíamos maximizar o desenvolvimento e o exercício de cada uma das faculdades por ela mesma? Será que maximizamos, tudo o mais sendo igual, a quantidade de manifestações voluntárias de apoio a essa concepção do bem? Isso seria absurdo. Ademais, não temos idéia alguma do que seja o desenvolvimento máximo dessas faculdades. O que de fato temos é uma concepção de uma sociedade bem ordenada com certos traços gerais e certas instituições básicas. Dada essa concepção, formamos a noção de um desenvolvimento e de um exercício das duas faculdades que seja adequado e completo em relação aos dois casos fundamentais.

*Em segundo lugar*, a razão pela qual a idéia de um máximo não se aplica está em que as duas faculdades morais não esgotam a definição da pessoa, pois as pessoas têm igualmente uma concepção do bem. Recordemo-nos de que uma concepção assim inclui um ordenamento de certos interesses e fins últimos, de compromissos e fidelidades para com pessoas e associações, bem como uma visão do mundo à luz da qual se compreendem essas finalidades e compromissos. Se os cidadãos não tivessem concepções determinadas do bem que eles procuram concretizar, as instituições justas de uma sociedade bem ordenada não teriam razão de ser. Sem dúvida, os motivos em favor do desenvolvimento e do exercício das faculdades morais incitam vigorosamente os parceiros na posição original a adotar as liberdades de base e sua prioridade. Mas a importância desses motivos, do ponto de vista dos parceiros, não implica que o exercício das faculdades morais por parte dos cidadãos da sociedade seja ou a forma suprema ou a forma única do bem. O papel e o exercício dessas faculdades são sobretudo (nas circunstâncias apropriadas) uma condição do bem. Isso quer dizer que os cidadãos devem agir justa e racionalmente, como as circunstâncias o exigem. Em particular, sua conduta justa e honrada (e plenamente autônoma) os torna, como diria Kant, dignos da felicidade, torna suas realizações inteiramente admiráveis e seus prazeres perfeitamente bons[34]. Mas seria absurdo maximizar as ações justas e racionais maximizando as ocasiões que as requerem.

VIII

Agora que a noção de um sistema plenamente adequado das liberdades básicas foi introduzida, posso esboçar a maneira pela qual o sistema das liberdades básicas é definido e ajustado nas etapas posteriores. Começo ordenando as liberdades básicas de maneira que se mostre sua relação com as duas faculdades morais e com os dois casos fundamentais nos quais essas faculdades se exercem. As liberdades políticas iguais para todos e a liberdade de pensamento devem garantir, por intermédio do exercício completo e efi-

---

34. Um tema central da doutrina de Kant é que a filosofia moral não responde à questão "como ser feliz", mas sim "como ser digno da felicidade". Pode-se encontrar esse tema em todas as suas obras fundamentais, começando pela *Crítica da razão pura*.

caz do senso da justiça dos cidadãos, a aplicação livre e informada dos princípios de justiça à estrutura básica. (As liberdades políticas, corretamente circunscritas, uma vez garantidos tanto o seu justo valor como outros princípios gerais pertinentes, podem certamente completar os princípios de justiça.) Essas liberdades básicas requerem alguma forma de regime democrático representativo, as proteções necessárias da liberdade política do discurso e da imprensa, a liberdade de reunião etc. A liberdade de consciência e a liberdade de associação devem garantir a aplicação completa, informada e eficaz das faculdades da razão deliberativa dos cidadãos à formação, revisão e busca racional de sua concepção do bem, durante toda a sua vida. As liberdades básicas que restam (e que sustentam as primeiras) são a liberdade e a integridade da pessoa (que são violadas, por exemplo, pela escravidão e pela servidão, bem como pela negação da liberdade de movimento e de emprego) e os direitos e liberdades garantidos pelo Estado de direito. Podem-se ligar essas liberdades aos dois casos fundamentais assinalando que elas são necessárias caso se queira que as liberdades básicas precedentes sejam corretamente garantidas. Em suma, a posse dessas liberdades básicas define o *status* comum e garantido dos cidadãos iguais numa sociedade democrática bem ordenada[35].

---

35. O ordenamento, nesse parágrafo, se destina a acentuar o papel desses dois casos fundamentais e a ligá-los às duas faculdades morais. Esse ordenamento provém, portanto, de uma concepção particular da justiça. Outros ordenamentos poderiam ser igualmente úteis para outros propósitos. Vincent Blasi, em seu ensaio "The Checking Value in First Amendment Theory", em *Weaver Constitutional Law Series* (American Bar Foundation), n.º 3, 1977, classifica os valores da Primeira Emenda sob três títulos de capítulo: a autonomia individual, a diversidade e a autonomia política (*self-government*), além do que ele chama de "valor do controle político". Esse valor enfatiza as liberdades protegidas pela Primeira Emenda, que são consideradas como uma maneira de controlar a boa conduta do governo. Penso que o ordenamento de meu texto recobre essas distinções. O exame da seção VI indica que estou de acordo com Blasi quanto à importância do valor do controle.

Dado esse ordenamento das liberdades básicas, a noção da *importância* de uma liberdade particular, necessária para preencher a segunda lacuna, pode ser explicada da seguinte maneira: uma liberdade é mais ou menos importante segundo esteja mais ou menos essencialmente implicada no exercício completo, informado e eficaz das faculdades morais em um dos dois casos fundamentais (ou em ambos) ou segundo ela seja um meio institucional mais ou menos necessário para proteger esse exercício. Portanto, a importância relativa das reivindicações particulares de liberdade de palavra, de imprensa e de debate deve ser julgada à luz desse critério. Certos tipos de discurso não são especialmente protegidos e outros podem inclusive constituir delitos, como, por exemplo, a calúnia e a difamação dos indivíduos, e até mesmo o discurso político quando se torna uma incitação ao uso anárquico da força. Obviamente, o que faz com que esses discursos sejam delitos pode exigir uma reflexão atenta e difere geralmente de um caso a outro. A calúnia e a difamação das pessoas privadas (por contraposição aos personagens políticos) não têm importância alguma para o uso público da razão que julga ou regulamenta a estrutura básica (ademais, é uma transgressão privada), enquanto a incitação ao uso anárquico da força, qualquer que seja a importância das idéias políticas dominantes do orador, é demasiado destrutiva para o processo democrático para que as regras de ordem do debate político a autorizem. Uma constituição bem concebida tenta obrigar os dirigentes políticos a governarem com bastante justiça e bom senso, de modo que, entre pessoas razoáveis, tais incitações à violência se produzam raramente e não sejam jamais graves. Enquanto os apelos em favor de doutrinas revolucionárias e mesmo sediciosas forem completamente protegidos, como deveriam ser, não haverá restrição alguma ao conteúdo do discurso político, mas somente regulamentações quanto ao tempo e aos meios utilizados para expressá-lo.

É importante ter em mente que, para preencher a segunda lacuna, o primeiro princípio de justiça deve ser aplicado na etapa da assembléia constituinte. Isso significa que as liberdades políticas e a liberdade de pensamento entram de maneira essencial na definição de um justo procedimento político. Os delegados a uma tal assembléia (que são ainda representantes dos cidadãos enquanto pessoas livres e iguais, mas que aqui têm uma tarefa diferente) devem adotar, entre as constituições justas que sejam ao mesmo tempo justas e viáveis, aquela que pareça reunir mais condições de levar a uma legislação justa e eficaz. (O fato de essas constituições e legislações serem justas é estabelecido pelos princípios de justiça sobre os quais já houve acordo na posição original.) Essa adoção de uma constituição é guiada pelo conhecimento geral do funcionamento das instituições políticas e sociais, bem como dos dados gerais do contexto social existente. No primeiro exemplo, portanto, a constituição é considerada como um justo procedimento político que comporta as liberdades políticas iguais para todos e procura assegurar seu justo valor, de tal modo que os processos de decisão política sejam acessíveis a todos, numa base relativamente igual. A constituição deve também garantir a liberdade de pensamento para que o exercício dessas liberdades seja livre e informado. A ênfase é posta em primeiro lugar na constituição na medida em que ela define uma política justa e viável e desprovida de qualquer restrição constitucional explícita quanto ao que a legislação produzida poderia ser. Ainda que os delegados tenham uma noção do que é uma legislação justa e eficaz, o segundo princípio de justiça, que faz parte do conteúdo dessa noção, não é incorporado na própria constituição. De fato, a história das constituições que funcionaram bem sugere que os princípios que regem as desigualdades econômicas e sociais, bem como outros princípios distributivos, não convêm, de maneira geral, como restrições constitucionais. Em compensação, a melhor maneira de obter uma legislação justa parece ser garantir a eqüidade na representação e o recurso aos outros procedimentos constitucionais.

A ênfase, portanto, recai inicialmente na constituição, na medida em que ela define o procedimento político justo e viável, sem qualquer restrição constitucional sobre o conteúdo da legislação. Contudo, esse primeiro ponto a sublinhar não é, claro está, o último. As liberdades básicas, associadas à capacidade de ter uma concepção do bem, devem também ser respeitadas, o que requer restrições constitucionais adicionais contra a transgressão da liberdade de consciência e da liberdade de associação iguais para todos (assim como em relação às outras liberdades básicas que as sustentam). É evidente que essas restrições são simplesmente o resultado da aplicação do primeiro princípio da justiça na etapa da assembléia constituinte. Entretanto, se, uma vez mais, tomarmos como ponto de partida a concepção que considera as pessoas como capazes de ser membros normais e plenamente cooperativos da sociedade e de respeitar seus termos eqüitativos de cooperação durante toda uma vida, então as restrições poderão ser vistas sob outra luz. Se as liberdades básicas iguais para todos de certos cidadãos são cerceadas ou negadas, a cooperação social baseada no respeito mútuo é impossível porque, como vimos, os termos eqüitativos são termos segundo os quais, enquanto pessoas iguais, desejamos cooperar com todos os membros da sociedade durante toda a nossa vida. Quando os termos eqüitativos não são respeitados, os perdedores sentirão ressentimento ou humilhação, enquanto os beneficiários deverão ou bem reconhecer seu erro e, assim, ficar perturbados por causa dele, ou considerar os perdedores como tendo merecido a sua infelicidade. Dos dois lados, as condições do respeito mútuo ficam solapadas. Portanto, é pelas restrições constitucionais explícitas que as liberdades de consciência e de associação são protegidas de maneira satisfatória. Essas restrições exprimem publicamente, no texto da constituição, a concepção da cooperação social defendida pelos cidadãos iguais numa sociedade bem ordenada.

Desse modo se conclui a minha tentativa de preencher a segunda lacuna, pelo menos na etapa constitucional. Todos os direitos legais e todas as liberdades legais outras que não as liberdades básicas, protegidas por disposições constitucionais variadas (incluindo a garantia do justo valor das liberdades políticas), devem ser definidos na etapa legislativa à luz dos dois princípios de justiça e de outros princípios pertinentes. Isso implica, por exemplo, que a questão da propriedade privada dos meios de produção ou de sua propriedade social, bem como outras questões análogas, não é resolvida no nível dos princípios primeiros de justiça, mas dependem das tradições e instituições sociais de um país, de seus problemas particulares e do contexto histórico[36]. Ademais, mesmo se, por um argumento filosófico convincente – pelo menos convincente para nós e para alguns outros que pensem como nós –, pudéssemos fazer o direito de propriedade privada ou social depender dos princípios primeiros de justiça ou dos direitos básicos, resta uma boa razão para elaborar uma concepção da justiça que não o faça. Isso porque, como vimos mais acima, o objetivo da teoria da justiça como eqüidade enquanto concepção política é retirar a tradição democrática do impasse constituído pela dificuldade de organizar as instituições sociais de maneira que elas se conformem à liberdade e à igualdade dos cidadãos enquanto pessoas morais. Um argumento filosófico, por si só, tem muito pouca probabilidade de convencer uma parte de que a outra tem razão a respeito de uma questão como a da pro-

---

36. Para as referências a *TJ* sobre esse ponto, ver a nota 13 mais acima.

priedade privada ou social dos meios de produção. Parece mais fecundo procurar quais poderiam ser as bases de um acordo implícito na cultura pública de uma sociedade democrática e, por conseguinte, nas suas concepções subjacentes da pessoa e da cooperação social. Sem dúvida, essas concepções são obscuras e é possível formulá-las de maneira variada. Isso fica por ser examinado. No entanto tentei indicar a maneira pela qual se podem compreender essas concepções e descrever a maneira pela qual a noção de posição original pode ser utilizada para ligá-las aos princípios precisos da justiça que se encontram na tradição da filosofia moral. Esses princípios nos permitem explicar muitos, se não a maioria, dos nossos direitos e liberdades constitucionais fundamentais e proporcionam um meio para resolver as questões de justiça que permanecem na etapa legislativa. Estando disponíveis os dois princípios de justiça, dispomos da possibilidade de um tribunal de recursos comum, que permite resolver as questões de propriedade que surjam à luz das circunstâncias sociais correntes e previsíveis.

Em suma, portanto, a constituição define um justo procedimento político e abrange restrições que ao mesmo tempo protegem as liberdades básicas e garantem a sua prioridade. O resto pertence à etapa legislativa. Uma constituição desse tipo está em conformidade com a idéia tradicional de um governo democrático, abrindo espaço, ao mesmo tempo, para a instituição da revisão dos processos à luz da constituição (*"judicial review"*)[37]. Essa concepção da constituição não a baseia, em primeiro lugar, sobre os princípios de justiça ou sobre os direitos fundamentais (ou naturais). A base dessa constituição é antes formada pelas concepções

---

37. Para uma análise válida da *"judicial review"* no âmbito da teoria da justiça como eqüidade, ver Franck I. Michelman, "In Pursuit of Constitutional Welfare Rights: One View of Rawls' Theory of Justice", *University of Pennsylvania Law Review*, vol. 121, nº 5, maio de 1973, pp. 991-1019.

da pessoa e da cooperação social que têm mais probabilidade de estar em harmonia com a cultura pública de uma sociedade democrática moderna[38]. Eu deveria acrescentar que a mesma idéia é utilizada a cada vez em cada uma das etapas que examino. Vale dizer que, em cada etapa, o Razoável condiciona o Racional, que lhe está subordinado; o que mudam são as tarefas dos agentes racionais da deliberação e os cerceamentos aos quais eles estão submetidos. Desse modo, os parceiros na posição original são indivíduos representativos racionalmente autônomos, limitados pelos cerceamentos razoáveis que comportam a posição original, e sua tarefa consiste em adotar princípios de justiça que se apliquem à estrutura básica. Já os delegados de uma assembléia constituinte têm menos margem de liberdade, uma vez que devem aplicar, quando da escolha de uma constituição, os princípios de justiça que foram adotados na posição original. Os legisladores, numa assembléia parlamentar, têm ainda menos liberdade, pois as leis que devem promulgar, quaisquer que sejam elas, devem estar de acordo, ao mesmo tempo, com a constituição e com os dois princípios de justiça. À medida que se desenrolam as etapas e se dá a transformação das tarefas requeridas que se tornam cada vez mais precisas, os cerceamentos do Razoável se fazem mais pesados e o véu de ignorância se torna menos espesso. Em cada etapa, então, o Racional está condicionado pelo Razoável de uma maneira diferente. É na posição original que os cerceamentos do Razoável se fazem sentir menos e o véu de ignorância é mais espesso, enquanto exatamente o inverso se produz na etapa judiciária. No seu conjunto, a série é um sistema que permite elaborar uma concepção da justiça e guiar a aplicação de seus princípios no bom campo e na boa ordem. É claro que esse sistema não é uma descrição de algum pro-

---

38. Ver, neste volume, pp. 53-4, nota 3.

cesso político real, e menos ainda uma descrição da maneira pela qual um regime constitucional deveria funcionar. Tal sistema faz parte de uma concepção da justiça e, ainda que esteja em relação com a análise das engrenagens da democracia, não deve ser confundido com esta última.

## IX

Concluirei com as seguintes observações. Para começar, gostaria de recordar que a teoria da justiça como eqüidade não se dirige tanto aos especialistas do direito constitucional quanto aos cidadãos de uma democracia constitucional. Ela lhes propõe uma maneira de conceber o seu *status* comum e garantido de cidadãos iguais entre si e tenta ligar uma concepção particular da liberdade e da igualdade a uma concepção particular da pessoa, estando esta última, acredito, em harmonia com as idéias comuns e as convicções fundamentais implícitas na cultura pública de uma democracia. Dessa maneira, talvez, a dificuldade de compreender a liberdade e a igualdade poderá pelo menos ser esclarecida, se não superada. É especialmente importante ter em mente que a concepção da pessoa faz parte de uma concepção da justiça social e política. Ela caracteriza a maneira pela qual os cidadãos tomam consciência de si mesmos e dos demais no seio de suas relações políticas e sociais, na medida em que possuem as liberdades básicas próprias de pessoas livres e iguais, capazes de ser membros plenamente cooperativos da sociedade, durante toda a sua vida. O papel de uma concepção da pessoa na concepção da justiça política é distinto do seu papel num ideal pessoal ou coletivo ou num modo de vida moral e religioso. Numa democracia, os fundamentos da tolerância e da cooperação social sobre uma base de respeito mútuo ficam ameaçados quando as distinções entre esses diversos modos de vida e ideais não são reconhecidas. De fato, quando estes últimos assumem uma forma política, os termos eqüitativos da cooperação são fixados de maneira restritiva e pode tornar-se impossível, para pessoas que tenham diferentes concepções do bem, cooperar livre e voluntariamente. Neste texto, tentei fortalecer a doutrina liberal (enquanto doutrina filosófica) indicando como as liberdades básicas e sua prioridade fazem parte dos termos eqüitativos da cooperação entre cidadãos que consideram a si mesmos e aos demais como pessoas livres e iguais.

Para terminar, farei uma observação a respeito dos parágrafos de conclusão do artigo de Hart, ao qual tanto devo. Hart continua cético, e com justa razão, ante os motivos que exponho antecipadamente em *TJ* em favor da prioridade das liberdades básicas. Ele sugere que o caráter aparentemente dogmático da minha argumentação em favor dessa prioridade pode explicar-se pelo fato de que eu atribuiria tacitamente aos parceiros na posição original um ideal latente que me é próprio. Esse ideal é, segundo ele, o de um cidadão dotado de um elevado senso cívico, que valoriza a atividade política e o devotamento aos demais a ponto de se recusar a trocar a possibilidade de exercer esse tipo de atividades por simples satisfações e bens materiais. Hart continua dizendo que, é claro, esse ideal é um dos principais ideais do liberalismo. O problema, porém, segundo ele, é que minha argumentação em favor da "prioridade da liberdade pretende apoiar-se em interesses e não em ideais e demonstrar que a prioridade geral da liberdade reflete uma preferência pela liberdade em relação a outros bens que qualquer pessoa racional e movida por seu interesse pessoal quereria ter"[39]. Hart tem razão em dizer que não se pode defender a prioridade da liberdade atri-

---

39. H. L. A. Hart, *loc. cit.*, p. 252.

buindo aos parceiros na posição original esse ideal da pessoa, e tem igualmente razão em supor que uma concepção da pessoa que se pode considerar, em certa medida, como liberal está subjacente à argumentação em favor da prioridade da liberdade. Entretanto, essa concepção é de fato completamente diferente. Trata-se da concepção dos cidadãos como pessoas livres e iguais, e ela não aparece na teoria da justiça como eqüidade como uma característica dos parceiros. Aparece sobretudo por meio dos cerceamentos que o Razoável impõe aos parceiros na posição original, assim como na minha nova análise dos bens primários. Essa concepção da pessoa como livre e igual aparece também no fato de os parceiros reconhecerem que as pessoas que eles representam são dotadas das duas faculdade morais e de uma certa natureza psicológica. Na seção V delineei a maneira pela qual esses elementos nos conduzem às liberdades básicas e à sua prioridade; as deliberações dos parceiros nesse caso eram racionais e baseadas no bem preciso das pessoas representadas. Pode-se dizer dessa concepção da pessoa que ela é liberal (no sentido da doutrina filosófica), pois considera como fundamental a capacidade de cooperar socialmente e atribui às pessoas as duas faculdades morais que tornam possível tal cooperação. Essas faculdades definem a base da igualdade. Assim, os cidadãos são considerados como possuindo certa virtude política natural, sem a qual é quimérica a esperança de se chegar a um regime de liberdade. Além disso, as pessoas tendem a ter concepções do bem diferentes e incomensuráveis entre si. Desse modo, a unidade da cooperação social repousa sobre uma concepção pública da justiça que garante as liberdades básicas. Entretanto, a despeito dessa pluralidade das concepções do bem, a noção de sociedade como uma "união social de uniões sociais" mostra como é possível coordenar os benefícios da diversidade humana e chegar assim a um bem maior.

Ainda que os motivos em favor das liberdades básicas e da sua prioridade, que examinei aqui, tenham sido extraídos de *TJ*, eu não havia conseguido sintetizá-los naquele livro. Ademais, as razões que eu expunha não eram suficientes e até mesmo, em certos casos, eram incompatíveis com o tipo de doutrina que eu tentava elaborar. Espero que, graças às críticas de Hart, a argumentação que proponho aqui represente um progresso.

*Tradução francesa de Florence Piron,*
*revista por Catherine Audard.*

# 4. A teoria da justiça como eqüidade: uma teoria política, e não metafísica

## Observação

Este artigo representa uma mudança no pensamento de Rawls, no sentido de que as críticas que lhe foram dirigidas vão obrigá-lo a recuar em sua ambição universalista, proclamada em *Uma teoria da justiça*, de encontrar princípios a respeito dos quais se pudesse criar unanimidade e que poderiam ser *universalmente* aplicáveis. O perigo desse tipo de ambição era ser inaceitável para o liberalismo por duas razões. Para começar, não se pode chegar a um consenso numa sociedade liberal, ou seja, caracterizada pela pluralidade das convicções e das crenças individuais, salvo com a intervenção do poder autoritário do Estado e com a adoção de um comportamento imperialista. Isso está excluído, como está excluída, em segundo lugar, a referência à "*verdade*" de uma concepção da justiça que seria a aplicação de uma doutrina mais geral e "abrangente", metafísica, à questão da justiça social. É em razão desse vínculo entre autoritarismo e verdade metafísica que Rawls proclama que sua doutrina é apenas "*política*". Ora, o sentido desse conceito permanece aqui extremamente impreciso, já que ele é empregado como equivalente de "público" ou ainda de "moral". Somente nos últimos artigos deste volume a questão começará a ser esclarecida. Por outro lado, ele vai especificar de novo em que sentido sua concepção não faz mais do que formular de maneira mais sistemática as idéias características da *nossa* tradição democrática, o que limita seu campo de aplicação. Enfim, é interessante assinalar que ele afirma aqui seu abandono definitivo do conceito estrito de racionalidade que tinha utilizado em *TJ*.

# 4. A teoria da justiça como eqüidade: uma teoria política, e não metafísica[a]

Neste artigo, farei algumas observações gerais sobre a maneira pela qual encaro atualmente a concepção da justiça que eu havia denominado "teoria da justiça como eqüidade" em meu livro *Uma teoria da justiça*. Essas observações são necessárias porque poderia parecer que essa concepção depende de pretensões filosóficas que, na realidade, desejo evitar, como a pretensão a uma verdade universal ou que dizem respeito à natureza e à identidade essenciais da pessoa. Tenho por objetivo mostrar aqui que minha teoria não precisa disso. Para começar, apresentarei o que considero como a tarefa da filosofia política em nossa época, depois examinarei brevemente a maneira pela qual as idéias intuitivas básicas expostas na teoria da justiça como eqüida-

---

a. "Justice as Fairness: Political, not Metaphysical".

Diferentes versões deste artigo [publicado em *Philosophy and Public Affairs*, vol. 14, n? 3, verão de 1985, pp. 223-51] foram apresentadas a partir de novembro de 1983 na Universidade de Nova York, no Workshop de Teoria Legal da Escola de Direito de Yale, na Universidade de Illinois e na Universidade da Califórnia em Davis. Dentre as numerosas pessoas a quem gostaria de agradecer pelos esclarecimentos que me proporcionaram e as objeções que levantaram e que transformaram consideravelmente este texto, mencionarei Arnold Davidson, B. J. Diggs, Catherine Elgin, Owen Fiss, Stephen Holmes, Norbert Hornstein, Thomas Nagel, George Priest, David Sachs e, em especial, Burton Dreben, que me apoiou ao longo de toda a elaboração de meu artigo. As outras pessoas a quem gostaria de agradecer estão mencionadas nas notas. [A tradução francesa deste artigo apareceu em *Individu et justice sociale, autour de John Rawls*, C. Audard, R. Sève, org. por J.-P. Dupuy, Paris, Éd. du Seuil, 1988, pp. 279-317.]

de se combinam para formar uma concepção política da justiça* válida numa democracia constitucional. Veremos também por que e como essa concepção da justiça evita certas pretensões filosóficas. Em resumo, a idéia é que, numa democracia constitucional, a concepção pública da justiça deveria ser, tanto quanto possível, independente de doutrinas religiosas e filosóficas sujeitas a controvérsias. É por isso que, na formulação de tal concepção, devemos aplicar o princípio de tolerância à própria filosofia: a concepção pública da justiça deve ser política, e não metafísica. Daí o título deste artigo.

Deixarei de lado a questão de saber se o texto de *TJ* é passível de outras interpretações além da que delineio aqui. Está claro que em alguns pontos mudei de opinião e que há outros em relação aos quais minha opinião evoluiu sem que eu tenha sempre me dado conta disso[1]. Reconheço, além dis-

---

1. Essas mudanças ou essas modificações ficam evidentes nas três conferências intituladas "Kantian Constructivism in Moral Theory", *The Journal of Philosophy*, n.º 77, setembro de 1980. Por exemplo, nelas a análise a que chamei de bens primários (*primary goods*) foi revista. Agora ela depende claramente de uma concepção particular da pessoa e de seus interesses de ordem mais elevada. Assim, essa análise não é uma tese puramente histórica, sociológica ou psicológica. Ao longo de todas essas conferências, a ênfase é posta de maneira mais explícita no papel de uma concepção da pessoa, bem como na idéia de que a justificação de uma concepção da justiça é mais uma tarefa social prática do que um problema epistemológico ou metafísico. É nesse contexto que se introduz a idéia de "construtivismo kantiano"*, em especial na terceira conferência. Mas é preciso assinalar que essa idéia não é proposta como uma idéia de Kant; o adjetivo *kantiano* indica não uma identidade, mas uma analogia, ou seja, uma semelhança bastante fundamental para que o adjetivo seja apropriado. Trata-se de certos traços estruturais da teoria da justiça, como a eqüidade, e de elementos de seu conteúdo, como a distinção entre o que se poderia chamar de o Racional e o Razoável*, a prioridade do justo e o papel da concepção das pessoas como seres livres e iguais, capazes de autonomia, e assim por diante. Essas semelhanças não devem fazer crer em similitudes com as idéias de Kant sobre questões de epistemologia e de metafísica. Para terminar, ressaltarei que o título dessas conferências, "O construtivismo kantiano na teoria moral", foi uma fonte de mal-entendidos, dado que a concepção da justiça que nelas examinada, é política. Teria sido melhor dizer "O construtivismo kantiano na filosofia política". Saber se o construtivismo é razoável em filosofia moral é uma questão distinta, mais geral.

so, que certos defeitos de exposição, bem como trechos obscuros e ambíguos, em *TJ*, podem ter dado origem a mal-entendidos. Porém creio supérfluo cuidar mais disso, no que não insistirei mais além de algumas indicações nas notas. Para nosso propósito, basta, primeiramente, mostrar em que sentido uma concepção da justiça que tenha a estrutura e o conteúdo da teoria da justiça como eqüidade é política e não metafísica, depois explicar por que devemos buscar esse tipo de concepção numa sociedade democrática.

I

Há uma coisa que não consegui dizer ou, em todo caso, colocar suficientemente em evidência em *TJ*: que a teoria da justiça como eqüidade está concebida como uma concepção política da justiça. Se é evidente que uma concepção política da justiça é uma concepção moral, é necessário especificar que ela é feita para se aplicar a um certo tipo de objeto, a saber, instituições econômicas, sociais e políticas. A teoria da justiça como eqüidade visa em especial àquilo que chamei de "estrutura básica"* de uma democracia constitucional moderna[2] (utilizarei de maneira intercambiável "democracia constitucional" e "regime democrático"). Entendo por isso as principais instituições econômicas, sociais e políticas de uma sociedade desse tipo, assim como a maneira pela qual elas constituem um só sistema unificado de cooperação social. Entretanto, saber se a teoria da justiça como eqüidade pode ser uma concepção política geral, estendendo-se a diferentes tipos de sociedades, em condições históricas e sociais diferentes, ou se ela pode ampliar-se e tornar-se uma concepção moral geral, ou pelo menos uma parte

---

2. *TJ*, seção 2. Ver também, neste volume, pp. 3-5.

importante desta última são questões inteiramente distintas, sobre as quais evitarei me pronunciar de uma ou de outra maneira.

Seria preciso também insistir no fato de a teoria da justiça como eqüidade não representar a aplicação de uma concepção moral geral à estrutura básica da sociedade como se essa estrutura fosse simplesmente um caso entre outros aos quais ela se aplicaria[3]. Desse ponto de vista, minha teoria é diferente das doutrinas morais tradicionais, pois estas são em geral consideradas como concepções gerais desse tipo. O utilitarismo é um exemplo bem conhecido dessas doutrinas, pois se diz comumente que o princípio de utilidade, qualquer que seja a sua formulação, vale para todos os tipos de objetos, desde as ações individuais até o direito público internacional. O ponto essencial é que, em matéria de prática política, nenhuma concepção moral geral pode fornecer um fundamento publicamente reconhecido para uma concepção da justiça no quadro de um Estado democrático moderno. As condições históricas e sociais desses Estados têm suas origens nas guerras de religião que se seguiram à Reforma e no desenvolvimento posterior do princípio de tolerância, assim como no progresso do governo constitucional e das instituições próprias das economias de mercado industriais em grande escala. Essas condições modificam profundamente as exigências de uma concepção da justiça política que pudesse ser posta em prática. De fato, esta deve ter em conta uma diversidade de doutrinas e a pluralidade das concepções do bem que se defrontam e que são efetivamente incomensuráveis entre si, sustentadas pelos membros das sociedades democráticas existentes. Para concluir essas observações introdutórias eu diria que, uma vez que a teoria da justiça como eqüidade é concebida como uma concepção

---

3. Ver mais acima, neste volume, pp. 6-8.

política da justiça válida para uma democracia, ela deve tentar apoiar-se apenas nas idéias intuitivas que estão na base das instituições políticas de um regime democrático constitucional e nas tradições públicas que regem a sua interpretação. Trata-se de uma concepção política em parte porque ela provém de uma certa tradição política. Esperamos que ela possa encontrar pelo menos o que podemos chamar de um consenso por justaposição*, ou seja, um consenso que inclua todas as doutrinas filosóficas e religiosas contrapostas, que podem ser duradouras e encontrar adeptos numa sociedade democrática constitucional mais ou menos justa[4].

II

Existem, obviamente, várias maneiras de compreender o que se entende por filosofia política, e em diferentes épocas, diante de circunstâncias políticas e sociais diferentes, essa tarefa foi encarada de maneira diferente. Desejo mostrar que a teoria da justiça como eqüidade é uma concepção da justiça válida para uma democracia que é, ao mesmo tempo, bastante sistemática e razoável e que oferece uma alternativa para o utilitarismo* que dominou a nossa tradição de filosofia política. Sua primeira tarefa consiste em proporcionar uma base mais segura e mais aceitável para os princípios constitucionais e para os direitos e liberdades básicos que o utilitarismo parece permitir[5]. Vejamos agora de onde vem a necessidade de tal concepção.

---

4. Essa idéia foi introduzida em *TJ*, pp. 429 ss., a fim de tornar mais débeis as condições de uma desobediência civil razoável numa sociedade democrática quase justa. Neste artigo, aqui e nas seções VI e VII, utilizo-a num contexto mais amplo.

5. *TJ*, Prefácio, p. 20.

Na história de qualquer sociedade há períodos, por vezes até mesmo períodos longos, durante os quais certas questões fundamentais são fonte de ásperas controvérsias políticas que acarretam divisões, e parece então difícil, se não impossível, encontrar qualquer base comum de acordo político. De fato, certas questões podem resistir à análise e não serem jamais resolvidas por completo. Uma das tarefas da filosofia política numa democracia é precisamente a de se interessar por esse tipo de questões e ver se uma base subjacente de acordo pode ser descoberta e se é possível estabelecer publicamente um meio mutuamente aceitável de resolver tais problemas. Ou, então, se essas questões não podem ser completamente resolvidas, a divergência de opinião pode ser reduzida de maneira suficiente para que se mantenha uma cooperação política baseada no respeito mútuo[6].

O desenvolvimento do pensamento democrático desde cerca de dois séculos mostrou claramente que não existe acordo algum sobre a maneira de organizar as instituições básicas numa democracia caso elas devam especificar e garantir os direitos e as liberdades básicas dos cidadãos e responder às reivindicações da igualdade democrática – os cidadãos sendo concebidos como pessoas* livres e iguais (como explicam os três últimos parágrafos da seção III). Existe uma profunda discordância sobre a maneira de efeti-

---

6. *Ibidem*, p. 648-9. Sobre o papel de uma concepção da justiça para reduzir as divergências de opinião, ver pp. 47 ss., 60, 347 e 627. Em diversos lugares indiquei os objetivos limitados do desenvolvimento de uma concepção da justiça: p. 403, sobre o fato de que não se deve esperar demais de uma análise da desobediência civil; p. 217, sobre o caráter inevitavelmente indeterminado de uma concepção da justiça quando ela define uma série de pontos de vista a partir dos quais se devem resolver as questões de justiça; p. 95, sobre como é sábio reconhecer que talvez somente um pequeno número de problemas morais (ou melhor, de problemas de justiça política) podem ser resolvidos de maneira satisfatória e que, portanto, é preciso elaborar instituições tais que não se possam levantar problemas insolúveis; pp. 55, 93 e 354 ss., onde a ênfase é posta na necessidade de simplificar. Sobre este último ponto, ver também, neste volume, pp. 121-8.

var o melhor possível os valores da liberdade e da igualdade na estrutura básica da sociedade. Para simplificar, digamos que esse conflito, inserido na tradição do próprio pensamento democrático, é o que existe entre a tradição de Locke, que dá mais importância ao que Benjamin Constant chama de "liberdade dos Modernos"*, isto é, a liberdade de pensamento e de consciência, certos direitos básicos da pessoa e da propriedade, e a tradição de Rousseau, que põe a ênfase na "liberdade dos Antigos"*, ou seja, a igualdade das liberdades políticas e os valores da vida pública. Esse contraste, obviamente, é vago e historicamente inexato, mas pode servir para fixar as idéias.

A teoria da justiça como eqüidade tenta arbitrar entre essas tradições concorrentes, em primeiro lugar propondo dois princípios de justiça* para servirem como guias na efetivação, pelas instituições básicas, dos valores da liberdade e da igualdade, e depois definindo um ponto de vista segundo o qual esses princípios aparecem como mais apropriados do que outros para a natureza dos cidadãos de uma democracia, se eles forem considerados como pessoas livres e iguais. Evidentemente, saber o que quer dizer considerar os cidadãos como pessoas livres e iguais é uma questão fundamental que será examinada nas seções subseqüentes. Porém o que é preciso mostrar é que uma certa organização da estrutura básica, certas formas institucionais são melhores para efetivar os valores da liberdade e da igualdade quando os cidadãos são considerados como pessoas livres e iguais – isto é, como dotadas de uma personalidade moral que lhes permite participar de uma sociedade encarada como um sistema de cooperação eqüitativa com vistas à vantagem mútua. Esses dois princípios de justiça se enunciam portanto da seguinte maneira:

*(1) Cada pessoa tem direito igual a um sistema plenamente adequado de liberdades e de direitos básicos iguais para todos, compatíveis com um mesmo sistema para todos.*

*(2) As desigualdades sociais e econômicas devem preencher duas condições: em primeiro lugar, devem estar ligadas a funções e a posições abertas a todos em condições de justa* (fair) *igualdade de oportunidades; e, em segundo lugar, devem proporcionar a maior vantagem para os membros mais desfavorecidos da sociedade*[7].

Tomados separadamente, cada um desses princípios rege as instituições num campo particular, não apenas no que diz respeito aos direitos, às liberdades e às oportunidades mas também às reivindicações da igualdade; e a segunda parte do segundo princípio garante o valor dessas proteções institucionais. Ademais, tomados em conjunto, o primeiro tendo prioridade sobre o segundo, os dois princípios regem as instituições básicas que efetivam esses valores[8]. Porém não são esses detalhes, importantes em outras situações, que nos preocupam aqui.

Devemos agora nos perguntar como a filosofia política pode encontrar uma base comum para resolver uma questão tão fundamental como a das instituições mais bem habilitadas para efetivar a liberdade e a igualdade. Evidentemente, é provável que o melhor que se poderá fazer será limitar a extensão da discordância pública. Entretanto, mesmo convicções firmes podem mudar gradualmente: hoje a tolerância religiosa é aceita e os argumentos em favor da perseguição já não são defendidos abertamente. Do mesmo modo, a escravidão é repudiada como intrinsecamente injusta e, mes-

---

7. O enunciado desses princípios difere do que é dado em *TJ* e retoma o de "The Basic Liberties and Their Priority", *Tanner Lectures on Human Values*, Salt Lake City, University of Utah Press, 1982, vol. III, p. 5. Ver, neste volume, pp. 144-5. A razão dessas mudanças é examinada nessa conferência. Elas são importantes para as revisões da análise das liberdades básicas que se encontram em *TJ* e que visam responder às objeções de H. L. A. Hart, porém aqui não temos que nos preocupar com elas. Ver, neste volume, pp. 183-7.

8. A idéia do valor dessas garantias é examinada na p. 177.

mo que as seqüelas da escravidão possam persistir em práticas sociais e em atitudes inconfessas, ninguém a defenderia. Partiremos de convicções tão sólidas quanto a crença na tolerância religiosa e o repúdio da escravidão, depois tentaremos organizar as idéias e princípios básicos que lhes são implícitos numa concepção coerente da justiça. Podemos tratar essas condições como pontos de referência provisórios que qualquer concepção da justiça tem de levar em conta para que nos pareça razoável.

Em seguida consideraremos nossa própria cultura política pública, incluindo suas instituições principais e as tradições históricas que estão na base da sua interpretação, bem como o acervo comum de idéias e princípios básicos implicitamente aceitos. A aposta é de que essas idéias e esses princípios possam ser formulados com clareza suficiente para constituir uma concepção da justiça política que esteja de acordo com as nossas convicções mais sólidas. É isso que queremos dizer quando afirmamos que, para ser aceitável, uma concepção política da justiça deve estar de acordo com as nossas convicções bem ponderadas*, em todos os níveis de generalidade, depois de uma reflexão suficiente (ou o que chamei de "equilíbrio ponderado"*)[9].

Entretanto, a cultura política pode, ela mesma, ser ambivalente num nível muito profundo. Deve de fato ser assim para que uma controvérsia tão grave como a que tem como objeto as instituições mais apropriadas para efetivar os valores da liberdade e da igualdade dure tanto tempo. É por isso que, se quisermos conseguir encontrar uma base de acordo público, deveremos organizar de maneira nova as idéias e os princípios bem conhecidos a fim de formar uma concepção da justiça política que permita ver sob nova luz as reivindicações em conflito, tais como as compreendíamos anterior-

---

9. *TJ*, pp. 22 ss., 51, 53 e 129 ss.

mente. Uma concepção política não precisa ser uma criação original; ela pode simplesmente combinar as idéias e os princípios intuitivos bem conhecidos mas que estejam de acordo uns com os outros de maneira nova. Contudo, tal concepção pode ir mais longe. Ela pode organizar essas idéias e esses princípios bem conhecidos com a ajuda de uma intuição mais fundamental, cuja estrutura complexa vai em seguida ligar sistematicamente esses outros elementos intuitivos. Como veremos na próxima seção, essa intuição fundamental é a de que a sociedade constitui um sistema de cooperação social eqüitativa entre pessoas livres e iguais. Nesta seção, nosso propósito é saber como encontrar uma base pública para um acordo político. O problema é que uma concepção da justiça só poderá alcançar esse objetivo se proporcionar um meio razoável de unificar numa doutrina coerente as bases de acordo mais profundas que estão enraizadas na cultura política pública de um regime constitucional e que são aceitáveis do ponto de vista das suas convicções mais ponderadas e mais sólidas.

Suponhamos agora que a teoria da justiça como eqüidade atinja o seu objetivo e que uma concepção política da justiça, publicamente aceita, seja encontrada. Nesse caso, essa concepção proporciona um ponto de vista publicamente reconhecido a partir do qual todos os cidadãos podem verificar, uns diante dos outros, se suas instituições políticas e sociais são ou não justas. Ela lhes permite julgá-las apresentando razões suficientes e válidas, reconhecidas como tais entre eles e que são evidenciadas por essa própria concepção. Do mesmo modo, cada cidadão pode examinar as principais instituições da sociedade e a maneira pela qual elas se combinam para constituir um sistema único de cooperação social, quaisquer que sejam a posição social ou os interesses mais particulares desse cidadão. Podemos observar que, nesse caso, a justificação não é simplesmente uma argumentação válida a partir de premissas explícitas, ainda que essas premissas fossem verdadeiras. Trata-se mais de uma justificação que se dirige aos demais, aos que estão em desacordo conosco, e é por isso que ela deve sempre partir de um certo consenso, isto é, de premissas que nós mesmos, assim como os demais, reconhecemos publicamente como verdadeiras; ou, antes, que reconhecemos publicamente como aceitáveis dentro do objetivo de estabelecer um acordo aplicável às questões fundamentais de justiça política. Não é preciso dizer que esse acordo deve ser informado e livre de qualquer coação e que as pessoas devem chegar a ele de uma maneira que respeite o fato de elas serem consideradas como pessoas livres e iguais[10].

Assim, o objetivo da teoria da justiça como eqüidade não é metafísico nem epistemológico, mas prático. De fato, ela não se apresenta como uma concepção verdadeira, mas sim como uma base para um acordo político informado e totalmente voluntário entre cidadãos que são considerados como pessoas livres e iguais. Quando esse acordo está baseado solidamente em atitudes sociais e políticas públicas, ele garante o bem de todos os indivíduos e de todos os grupos que fazem parte de um regime democrático justo. Por isso tentamos evitar tanto quanto possível as questões filosóficas, assim como as morais e políticas que estejam sujeitas a controvérsia. Não porque essas questões não têm importância ou porque nos são indiferentes[11], mas porque as consideramos como demasiado importantes e reconhecemos que não é possível resolvê-las no plano político. A única alternativa para o princípio da tolerância seria o recurso autocrático ao poder do Estado. É por isso que, falando filosoficamente, a teoria da justiça como eqüidade permanece

---

10. *Ibidem*, pp. 646-50.
11. *Ibidem*, pp. 232 ss.

na superfície. Dadas as profundas diferenças que existem entre as crenças e as concepções do bem a partir da Reforma, devemos reconhecer que, como no caso das questões de moral ou de religião, um acordo público sobre as questões filosóficas básicas não pode ser obtido sem que o Estado ofenda as liberdades fundamentais. A filosofia, enquanto busca da verdade no tocante a uma ordem moral e metafísica independente, não pode, a meu ver, proporcionar uma base comum e aplicável para uma concepção política da justiça numa democracia.

Tentaremos portanto deixar de lado as controvérsias filosóficas cada vez que isso for possível e encontrar meios para evitar os problemas tradicionais da filosofia. Assim, naquilo que chamei de "construtivismo* kantiano" tentei evitar o problema da verdade e a controvérsia entre o realismo e o subjetivismo a respeito do *status* dos valores políticos e morais. Essa forma de construtivismo não apóia nem repudia essas doutrinas[12]. Ela tende mais a reformular idéias provenientes da tradição do contrato social a fim de produzir uma concepção realizável da objetividade e da justificação, baseada no acordo público entre juízos bem ponderados. O objetivo é um acordo livre, uma reconciliação graças à razão pública. Do mesmo modo, como veremos na seção V, não é necessário que uma concepção da pessoa numa doutrina política, como, por exemplo, quando os cidadãos são considerados como pessoas livres e iguais, implique questões de psicologia filosófica ou uma doutrina metafísica da natureza do eu. Uma concepção política que dependesse desses problemas de fundo e ainda não resolvidos não poderia servir de concepção pública da justiça num Estado democrático. Como eu disse, devemos aplicar à própria filo-

---

12. Sobre o construtivismo kantiano, ver em especial, neste volume, pp. 111-40.

sofia o princípio de tolerância. A esperança é reduzir, por esse método, as diferenças que existem entre idéias políticas em conflito, ainda que não se possam suprimi-las por completo, a fim de preservar uma cooperação social fundada no respeito mútuo. Se isso ainda for pedir demais, então esse método pode permitir-nos compreender como, dado o desejo de um acordo livre e sem coação, poderia nascer um entendimento público acorde com as condições e os cerceamentos históricos do nosso mundo social. Enquanto nós mesmos não compreendermos como um entendimento assim poderia produzir-se, ele certamente não se produzirá.

### III

Examinemos agora, sucintamente, algumas das idéias básicas da teoria da justiça como eqüidade a fim de mostrar que elas pertencem a uma concepção política da justiça. Como indiquei, a idéia intuitiva fundamental, aquela que permite ligar sistematicamente as outras idéias intuitivas básicas e que as rege, é que a sociedade constitui um sistema eqüitativo de cooperação entre pessoas livres e iguais. A teoria da justiça como eqüidade tem início numa intuição que nos parece estar implícita na cultura pública de uma sociedade democrática[13]. No seu pensamento político e no contexto da discussão pública das questões políticas, os cidadãos não tratam a ordem social como uma ordem natural e fixa, nem como uma hierarquia institucional justificada por valores aristocráticos ou religiosos. É importante sublinhar que os diferentes aspectos do mundo e da nossa rela-

---

13. Ainda que *TJ* utilize essa idéia desde o começo (ela é introduzida a partir da p. 4), ali eu não insisto (como faço aqui e no "Kantian Constructivism") no fato de as idéias básicas da teoria da justiça como eqüidade serem consideradas implícitas ou latentes na cultura pública de uma sociedade democrática.

ção com ele apareceriam sob uma luz inteiramente diferente se fossem examinados por outro ângulo, o da moral pessoal, por exemplo, ou o dos membros de uma associação, ou o das nossas doutrinas filosóficas e religiosas. Mas esses diferentes pontos de vista não têm lugar na discussão política.

Podemos precisar a idéia de cooperação social indicando três de seus elementos:

1. A cooperação é distinta de uma atividade que fosse coordenada apenas socialmente, como, por exemplo, as ordens emitidas por uma autoridade central. A cooperação é guiada por regras publicamente reconhecidas e por procedimentos que aqueles que cooperam aceitam e consideram como regendo sua conduta com toda a razão.

2. A cooperação implica a idéia de que os seus termos são eqüitativos (*fair*), de que cada participante pode razoavelmente aceitá-los, com a condição de que todos os outros os aceitem igualmente. Os termos eqüitativos da cooperação implicam uma idéia de reciprocidade ou de mutualidade. Todos os que estão envolvidos na cooperação e que desempenham o seu papel de acordo com as regras e os procedimentos devem extrair vantagens disso de uma maneira apropriada, avaliada por um critério de comparação correto. É a concepção da justiça política que define os termos eqüitativos da cooperação. Dado que o objeto primeiro da justiça é a estrutura básica da sociedade, a teoria da justiça como eqüidade os define graças a princípios que precisam os direitos e os deveres básicos no âmbito das principais instituições da sociedade e dirigindo suas instituições da justiça do contexto social* com durabilidade, de modo que as vantagens produzidas pelos esforços de cada um sejam eqüitativamente adquiridas e distribuídas de uma geração para outra.

3. A idéia de cooperação social exige que se tenha uma idéia da vantagem racional de cada participante, isto é, do seu bem. Essa idéia do bem especifica aquilo que todos os

que estão envolvidos na cooperação procuram atingir, quer se trate de indivíduos, de famílias, de associações ou mesmo de Estados-nações, quando se considera o sistema do seu ponto de vista.

Consideremos agora a idéia de pessoa[14]. É claro que existem numerosos aspectos da natureza humana que podem ser escolhidos, em função do nosso ponto de vista, como sendo particularmente importantes. Disso dão testemunho expressões como *homo politicus, homo faber*, e assim por diante. A teoria da justiça como eqüidade parte da idéia de que a sociedade deve ser concebida como um sistema eqüitativo de cooperação, e por isso ela adota uma concepção da pessoa que está de acordo com essa idéia. Desde os gregos, tanto em filosofia como em direito, o conceito de pessoa foi compreendido como o de um ser que pode participar da vida social ou nela desempenhar um papel e que, portanto, exerce e respeita diversos direitos e deveres dessa vida social. Assim, dizemos que uma pessoa é um cidadão, isto é, um membro plenamente ativo da sociedade durante toda a sua vida. Acrescentamos "durante toda a sua vida" porque concebemos a sociedade como um sistema de cooperação mais ou menos completo e auto-suficiente, deixando espaço para todas as necessidades e atividades da vida desde o nascimento até a morte. Uma sociedade não é uma associação com objetivos mais limitados; os cidadãos não se juntam a

---

14. Seria preciso sublinhar que uma concepção da pessoa, no sentido como a entendo aqui, é uma concepção normativa, seja ela legal, política ou moral, ou mesmo filosófica ou religiosa, dependendo da visão de conjunto da qual faz parte. No caso presente, a concepção da pessoa é moral, partindo de nossa concepção cotidiana das pessoas como unidades de pensamento, de deliberação e de responsabilidade básica que corresponde a uma concepção política da justiça, e não a uma doutrina moral abrangente*. É de fato uma concepção política da pessoa* e portanto, dados os objetivos da teoria da justiça como eqüidade, uma concepção dos cidadãos. Assim, é preciso distinguir entre uma concepção da pessoa e uma análise da natureza humana pela ciência da natureza ou pela teoria social. Sobre esse ponto, ver, neste volume, pp. 75 ss.

ela voluntariamente, mas nascem nela, e para o nosso propósito pressuporemos que nela devem passar sua vida. Dado que nos colocamos na tradição do pensamento democrático, devemos também considerar os cidadãos como pessoas livres e iguais. A idéia intuitiva básica, aqui, é a de que, em virtude das suas capacidades morais, assim como das da razão, do pensamento e do julgamento que a ela estão ligadas, dizemos que essas pessoas são livres. Ademais, dado que elas possuem essas capacidades na medida necessária para serem membros integrais da sociedade, dizemos que são iguais entre si[15]. Podemos explicar essa concepção da pessoa da seguinte maneira: como as pessoas podem ser membros integrais de um sistema eqüitativo de cooperação social, nós lhes atribuímos as duas faculdades morais* que correspondem à idéia de cooperação social tal como ela foi descrita mais acima, a saber, ser capaz de um senso da justiça e de uma concepção do bem. O senso da justiça é a capacidade de compreender, aplicar e respeitar nos seus atos a concepção pública da justiça que caracteriza os termos de uma cooperação eqüitativa. E ser capaz de uma concepção do bem é poder formar, revisar e buscar racionalmente uma concepção de nossa vantagem ou bem. No caso da cooperação social, é preciso não tomar esse bem no sentido estrito, mas concebê-lo como tudo o que tem valor na vida humana. É por isso que, em geral, uma concepção do bem consiste num sistema mais ou menos determinado de fins últimos, isto é, de fins que queremos concretizar por eles mesmos, assim como laços com outras pessoas e compromissos em relação a diversos grupos e associações. Esses laços e esses compromissos dão origem à afeição e ao devotamento. É por isso que o desenvolvimento das pessoas e das associações que são objeto desses sentimentos também faz parte da

---

15. *TJ*, seção 77.

nossa concepção do bem. Ademais, devemos incluir aí também uma reflexão sobre a nossa relação com o mundo – religiosa, filosófica ou moral – que permita compreender o valor e a importância dos nossos fins e dos nossos laços com outrem.

Além do fato de possuir essas duas capacidades morais, um senso da justiça e uma concepção do bem, as pessoas têm também a todo momento uma concepção particular do bem que tentam concretizar. Como desejamos colocar-nos na perspectiva de uma sociedade que seja um sistema eqüitativo de cooperação, pressupomos que as pessoas, na condição de cidadãos, têm todas as capacidades que lhes permitem ser membros normais e integrais da sociedade. Isso não implica que ninguém jamais sofra enfermidade ou acidente, pois tais infortúnios são comuns no curso da existência humana e é preciso prever tais contingências. Contudo, para o nosso propósito aqui, não levarei em conta as deficiências físicas permanentes ou as doenças mentais tão graves que impedem as pessoas de serem membros normais e integrais da sociedade no sentido habitual.

Ora, essa concepção da pessoa – tendo essas duas faculdades morais e, por conseguinte, sendo livre e igual – é também uma das idéias intuitivas básicas implícitas na cultura pública de uma democracia. Assinalemos, porém, que ela é o resultado de uma idealização e de uma simplificação para se chegar a uma visão clara daquilo que, para nós, é a questão fundamental da justiça política, a saber, qual a concepção da justiça que melhor convém para precisar os termos da cooperação social entre cidadãos considerados como pessoas livres e iguais e como membros normais e integrais da sociedade durante toda a sua vida. Essa é a questão que esteve no centro da crítica liberal da aristocracia, da crítica socialista da democracia constitucional liberal e do conflito entre liberais e conservadores na época atual, a propósito da propriedade privada e da legitimidade (contraposta à eficácia) dos programas sociais ligados ao Estado-Providência.

## IV

Tratarei agora da idéia da posição original*[16]. Essa idéia é introduzida para se descobrir qual a concepção tradicional da justiça ou a variante dessas concepções, que precisa os princípios mais apropriados para a efetivação da liberdade e da igualdade – com a condição de tratar a sociedade como um sistema de cooperação entre pessoas livres e iguais. Com esse objetivo em mente, vejamos por que introduziríamos a idéia da posição original e como ela serve a esse objetivo.

Retomemos a idéia de cooperação social. Perguntemo-nos como os termos eqüitativos da cooperação devem ser determinados. São eles simplesmente ditados por algum poder exterior, distinto das pessoas envolvidas na cooperação? São eles, por exemplo, ditados pela lei divina? Ou será que esses termos devem ser reconhecidos como eqüitativos pelas próprias pessoas com referência ao seu conhecimento de uma ordem moral anterior e independente? Por exemplo, são eles considerados como necessários segundo a lei natural ou em função de um mundo de valores conhecido por intuição? Ou será que esses termos devem ser estabelecidos pelas próprias pessoas à luz daquilo que elas consideram como sua vantagem mútua? Segundo a resposta que dermos, teremos uma concepção diferente da cooperação.

Dado que a teoria da justiça como eqüidade retoma a doutrina do contrato social, ela adotará uma variante da resposta à última pergunta. Os termos eqüitativos da cooperação social são concebidos como sendo aqueles sobre os quais se

---

16. *Ibidem*, seção 4, Capítulo 3, e o índice remissivo temático.

pões de acordo os participantes, isto é, pessoas livres e iguais enquanto cidadãos nascidos na sociedade em que vivem. Entretanto seu acordo, como qualquer outro acordo válido, deve ser obtido em condições apropriadas. Em especial, tais condições devem tratar de modo eqüitativo essas pessoas livres e iguais e não devem permitir que alguns tenham mais trunfos do que outros na negociação. Além disso, devem-se excluir as ameaças da força e da coação, o logro e a fraude, e assim por diante.

Essas considerações são bem conhecidas, dada a realidade cotidiana. Porém os acordos da vida cotidiana se fazem numa situação definida com maior ou menor clareza que está enraizada nas instituições circundantes da estrutura básica. Ora, nossa tarefa é estender a idéia de acordo a esse próprio contexto. Aqui deparamos com uma dificuldade própria de qualquer concepção política da justiça que utilize a idéia de contrato, seja ele social ou de outro tipo. A dificuldade é a seguinte. Devemos encontrar um ponto de vista – distanciado e não deformado pelos traços e pelo contexto particulares do quadro global – a partir do qual se possa atingir um acordo eqüitativo entre pessoas livres e iguais. É esse ponto de vista, com a característica particular que chamei de véu de ignorância*, que constitui a posição original[17]. E a razão pela qual a posição original não deve ter em conta as contingências do mundo social nem ser afetada por elas é que as condições de um acordo eqüitativo sobre os princípios da justiça política entre pessoas livres e iguais devem eliminar as desigualdades na distribuição dos trunfos na negociação, os quais não deixarão de suscitar, nas instituições de qualquer sociedade, as tendências acumuladas naturais, sociais e históricas. Essas vantagens contingentes e essas influências acidentais vindas do passado não devem influen-

---

17. Sobre o véu de ignorância, ver *ibidem*, seção 24, e o índice remissivo.

ciar um acordo sobre os princípios que devem reger as instituições da própria estrutura básica desde o momento presente até o futuro. Parece que estamos agora diante de uma segunda dificuldade. Contudo, ela é apenas aparente. Pelo que acabamos de dizer, fica claro que a posição original deve ser tratada como um procedimento de apresentação e que, portanto, qualquer acordo alcançado pelos parceiros* deve ser considerado ao mesmo tempo hipotético e não histórico. Mas então, dado que os acordos hipotéticos não criam obrigação, qual é o significado da posição original?[18] A resposta está

---

18. Essa questão é levantada por Ronald Dworkin na primeira parte do seu estudo muito esclarecedor, e para mim extremamente instrutivo, "Justice and Rights" (1973), retomado em *Taking Rights Seriously* (Cambridge, Mass., Harvard University Press, 1977). Dworkin examina várias maneiras de explicar a utilização da posição original numa análise da justiça que invoca a idéia de contrato social. Na última parte do seu estudo (pp. 173-83), depois de analisar alguns dos aspectos construtivistas da teoria da justiça como eqüidade (pp. 159-68) e afirmar que se trata de uma concepção baseada nos direitos e não nos deveres ou nos fins (pp. 168-77), ele propõe conceber a posição original e o véu de ignorância como proporcionando um modelo da força do direito natural que impele os indivíduos a uma preocupação e a um respeito iguais, os quais se exprimem na concepção das instituições políticas que os governam (p. 180). Ele acha que esse direito natural está na base da teoria da justiça como eqüidade e que a posição original serve de procedimento para verificar quais são os princípios de justiça requeridos por esse direito. É uma sugestão engenhosa, mas não a segui neste artigo. Prefiro não considerar a teoria da justiça como eqüidade como baseada nos direitos. Na realidade, a classificação de Dworkin entre doutrinas baseadas nos direitos, nos deveres ou nos fins (pp. 171 ss.) é demasiado estreita e deixa de lado possibilidades importantes. É por isso que considero que a teoria da justiça como eqüidade – o que expliquei na seção II – tenta estabelecer uma concepção idealizada de certas idéias intuitivas, fundamentais, como as da pessoa como ser livre e igual, de uma sociedade bem ordenada e do papel público de uma concepção da justiça política, e que ela vincula essas idéias à idéia ainda mais fundamental e geral da sociedade como sistema eqüitativo de cooperação através do tempo, de uma geração à seguinte. Os direitos, os deveres e os fins são apenas elementos desse tipo de concepção idealizada. Assim, a teoria da justiça como eqüidade está de fato baseada em concepções ou, como Elisabeth Anderson me sugeriu, em ideais, já que essas idéias intuitivas fundamentais refletem ideais implícitos ou latentes na cultura pública de uma sociedade democrática. Nesse contexto, a posição original é um procedimento de apresentação que fornece um modelo da força não do direito natural com uma preo-

implícita no que eu já disse: ela é dada pelo papel que os diversos traços da posição original desempenham na condição de procedimento de apresentação. Assim, é necessário que os parceiros estejam situados simetricamente caso os consideremos como representantes de cidadãos livres e iguais que devem chegar a um acordo em condições eqüitativas. Além disso, uma das nossas convicções mais ponderadas é, creio eu, a seguinte: o dado de ocuparmos uma certa posição social não é uma razão válida para que aceitemos, ou esperemos que outros aceitem, uma concepção da justiça que favoreça os que ocupam essa posição. Para integrar essa convicção na posição original, dizemos que os parceiros não têm o direito de conhecer sua posição social, e a mesma idéia é estendida a outros casos. Ela é expressa de maneira figurada dizendo-se que os parceiros se encontram por trás de um véu de ignorância. Em suma, a posição original é simplesmente um procedimento de apresentação; ela descreve os parceiros – cada um deles sendo responsável pelos interesses essenciais de uma pessoa livre e igual – como estando numa situação eqüitativa e chegando a um acordo que está sujeito às restrições referentes àquilo que deve contar como razão válida nesse caso[19].

---

cupação e um respeito iguais, mas sim dos elementos essenciais dessas idéias intuitivas fundamentais que precisam os argumentos em favor dos princípios de justiça que aceitamos após reflexão. Enquanto procedimento, ela serve primeiro para combinar e depois para pôr em evidência a força resultante de todos esses argumentos, escolhendo os princípios de justiça mais apropriados numa sociedade democrática. (Desse modo, a força do direito natural estará presente, mas de outra maneira). Essa análise da utilização da posição original se parece em vários aspectos com a que Dworkin rejeita na primeira parte de seu estudo, em especial nas pp. 153 ss. Dadas a ambigüidade e a obscuridade de *TJ* quanto a alguns pontos que ele examina, não tenho por objetivo criticar a valiosa análise de Dworkin, mas antes indicar em que sentido minha interpretação da posição original difere da sua. Algumas pessoas poderão preferir a análise dele à minha.

19. A posição original fornece um modelo de um traço básico do construtivismo* kantiano, a saber, a distinção entre o Razoável* e o Racional*, sendo o Razoável anterior ao Racional. (Para uma explicação dessa distinção, ver, neste vo-

Ambas as dificuldades que mencionei mais acima são superadas tratando-se a posição original como um procedimento de apresentação. Essa posição fornece um modelo das condições, na nossa opinião, eqüitativas segundo as quais os representantes de pessoas livres e iguais devem precisar os termos da cooperação social no caso da estrutura básica da sociedade. E, como esse modelo também vale para aquilo que, nesse caso, consideramos como restrições aceitáveis, limitando as razões disponíveis para os parceiros a fim de favorecer mais um acordo do que outro, a concepção da justiça que os parceiros adotariam define a concepção que consideramos – *aqui* e *agora* – eqüitativa e que é sustentada pelas melhores razões. Tentamos fornecer um modelo das restrições que se aplicam às razões de modo que se torne perfeitamente evidente o acordo que seria concluído pelos parceiros na posição original na medida em que eles representam cidadãos. Mesmo que existam, como é certo, razões pró e contra cada concepção da justiça, deveria haver aí um conjunto de razões que favorecessem nitidamente uma concepção em relação ao resto. Na condição de procedimento de

---

lume, pp. 66-74 ss.). A pertinência dessa distinção aqui provém de que *TJ* fala de maneira mais ou menos regular de condições não racionais, mas sim razoáveis (ou às vezes adequadas ou apropriadas) que limitam os argumentos em favor dos princípios de justiça (ver pp. 20 ss., 22 ss., 129 ss., 140 ss., 148-9, 494-5, 574 ss., 643-4 e 652 ss.). É a posição original que fornece o modelo desses cerceamentos e que os impõe aos parceiros, ficando suas deliberações submetidas, e de forma absoluta, às condições razoáveis das quais a posição original fornece um modelo graças ao qual ela é eqüitativa (*fair*). O razoável é, portanto, anterior ao racional, o que conduz à prioridade do justo (*right*). Constituía portanto um erro (e uma fonte de graves mal-entendidos) descrever a teoria da justiça como uma parte da teoria da escolha racional\* (ver *TJ*, pp. 18 e 649-50). O que eu deveria ter dito é que a concepção da justiça como eqüidade utiliza uma análise da escolha racional, porém submetida a condições razoáveis, para descrever as deliberações dos parceiros, representativos de pessoas livres e iguais – tudo isso no âmbito de uma concepção política da justiça que é também, claro está, uma concepção moral. Na realidade, não se trata de tentar derivar o conteúdo da justiça de uma estrutura que utilizaria como única idéia normativa a idéia do racional. Essa idéia seria incompatível com uma concepção kantiana de qualquer tipo que fosse.

apresentação, a idéia da posição original serve de meio para a reflexão pública e permite um auto-esclarecimento. Podemos utilizá-la para melhor compreender o que pensamos agora, tendo uma visão clara e precisa das exigências da justiça no caso em que a sociedade é concebida como um sistema de cooperação entre pessoas livres e iguais, que passa de uma geração a outra. A posição original serve portanto para unificar as nossas convicções mais ponderadas, em todos os níveis de generalidade, e para aproximá-las umas das outras a fim de alcançar um acordo mútuo maior e uma melhor compreensão de nós mesmos.

Em conclusão, direi que uma idéia como a da posição original é introduzida porque não há melhor meio para elaborar uma concepção política da justiça para a estrutura básica a partir da intuição fundamental de que a sociedade é um sistema eqüitativo de cooperação entre cidadãos, isto é, entre pessoas livres e iguais. Entretanto existem certos riscos. Na condição de procedimento de apresentação, a posição original corre o risco de parecer um pouco abstrata e por isso mesmo sujeita a mal-entendidos. A descrição dos parceiros pode parecer pressupor alguma concepção metafísica da pessoa, como, por exemplo, que a natureza essencial das pessoas é independente dos seus atributos contingentes e anteriores a elas, incluindo os seus fins últimos e os seus laços com outrem, e, finalmente, de seu caráter tomado como um todo. Mas trata-se aqui de uma ilusão provocada pelo fato de não se ver que a posição original não passa de um procedimento. O véu de ignorância, para citar um traço importante da posição, não tem implicação metafísica alguma referente à natureza do eu; ele não implica que o eu seja ontologicamente anterior aos fatos referentes aos indivíduos, que os parceiros não têm o direito de conhecer. Podemos adotar essa posição, em qualquer momento, simplesmente raciocinando a fim de encontrar princípios de justiça que estejam de acordo com as restrições enumeradas. Quando desse modo simulamos essa situação, nosso raciocínio não nos compromete mais em relação a uma doutrina metafísica sobre a natureza do eu, do mesmo modo que o fato de jogar Monopoly não nos leva a pensar que somos proprietários empenhados num combate encarniçado no qual o vencedor ganha tudo[20]. Não esqueçamos nosso objetivo, que é o de mostrar como a idéia de uma sociedade enquanto sistema eqüitativo de cooperação social pode ser desenvolvida com o fim de precisar os princípios mais apropriados para a efetivação das instituições da liberdade e da igualdade, sendo os cidadãos considerados como pessoas livres e iguais.

---

20. *TJ*, pp. 147 ss. e 158. Diz-se que os parceiros na posição original (p. 158) são indivíduos teoricamente definidos, cujas motivações são precisadas pela análise dessa posição e não por uma concepção psicológica das motivações reais dos seres humanos. Aí está também uma parte do que se quer dizer quando se fala (p. 130) que o reconhecimento dos princípios particulares de justiça não é encarado como uma lei ou uma probabilidade psicológicas, mas antes que ela decorre da descrição completa da posição original. Ainda que esse objetivo possa não ser perfeitamente concretizado, queremos que a argumentação seja dedutiva, "uma espécie de geometria moral". Neste volume (p. 73), os parceiros são descritos como "agentes puramente artificiais vivendo numa construção". Assim, creio que R. B. Brandt se engana quando objeta que a argumentação da posição original está baseada numa psicologia defeituosa. Ver *A Theory of the Good and of the Right* (Oxford, Clarendon Press, 1979, pp. 239-42). Naturalmente se poderia objetar à posição original que ela fornece um modelo da concepção da pessoa e das deliberações dos parceiros de uma maneira inadaptada às finalidades de uma concepção política da justiça. Contudo, para essas finalidades a teoria psicológica não é diretamente pertinente. Pelo contrário, a teoria psicológica é pertinente para a análise da estabilidade de uma concepção da justiça, tal como a examinei em *TJ*, terceira parte (ver mais adiante a nota 32). Do mesmo modo, penso que Michel Sandel se equivoca quando pressupõe que a posição original implica uma concepção do eu "despojado de todos os seus atributos contingentes", um eu que "possui uma espécie de *status* supra-empírico [...] e que recebe, anteriormente aos seus fins, um puro tema de ação e de posse, definitivamente sem densidade" (ver *Liberalism and the Limits of Justice*, Cambridge University Press, 1982, pp. 93-5). Não posso aqui examinar essas críticas em detalhe. O ponto essencial (como sugeri em minhas observações introdutórias) não é saber se certos trechos de *TJ* requerem uma interpretação, mas ver se a concepção da justiça como eqüidade que ali é apresentada pode ser compreendida à luz da interpretação que delineio neste artigo e nas conferências sobre o construtivismo, como eu acredito.

## V

Acabo de mostrar que a idéia da posição original e a descrição dos parceiros poderiam fazer-nos pensar que está pressuposta uma doutrina metafísica da pessoa. Quando digo que tal interpretação seria um erro, não basta simplesmente descartar o recurso às doutrinas metafísicas porque, malgrado as nossas intenções, elas sempre podem estar presentes. Para rejeitar afirmações dessa natureza, é preciso examiná-las em detalhe e mostrar que elas não têm cabimento. Mas não poderei fazê-lo aqui[21].

Posso, em compensação, delinear uma análise positiva da concepção política da pessoa*, ou seja, a concepção da pessoa como cidadão (examinada na seção III) que é implicada pela posição original enquanto procedimento de apresentação. Para explicar o que quer dizer uma concepção política da pessoa, consideremos como os cidadãos são representados na posição original enquanto pessoas livres. A re-

---

21. Uma parte da dificuldade provém do fato de não haver acordo sobre o que seja uma doutrina metafísica. Poder-se-ia dizer, como me sugeriu Paul Hoffman, que desenvolver uma concepção política da justiça sem pressupor ou utilizar explicitamente uma doutrina metafísica – aqui uma concepção metafísica particular da pessoa – já é pressupor uma tese metafísica, a saber, que nenhuma tese metafísica particular é requerida para esse propósito. Poder-se-ia também dizer que a nossa concepção cotidiana das pessoas como unidades básicas de deliberação e pensamento pressupõe ou implica de certa maneira teses metafísicas a respeito da natureza das pessoas como agentes morais e políticos. Seguindo meu método de "evasão", não desejo rejeitar essas objeções. Eis o que direi. Se considerarmos a apresentação da teoria da justiça como eqüidade e assinalarmos como ela é estabelecida, assim como as idéias e as concepções que ela utiliza, nenhuma doutrina metafísica particular sobre a natureza das pessoas, distinta e contraposta a outras doutrinas metafísicas, surgirá entre suas premissas nem parecerá requerida por sua argumentação. Se há uma implicação de pressupostos metafísicos, talvez eles sejam tão gerais que não acarretariam uma diferença entre as doutrinas metafísicas distintas – cartesiana, leibniziana ou kantiana, realista, idealista ou materialista – com as quais a filosofia tradicionalmente manteve uma relação. Nesse caso, eles não pareceriam ser pertinentes para a estrutura social e o conteúdo de uma concepção política da justiça de uma maneira ou de outra. Sou grato a Daniel Brudney e a Paul Hoffman pelo exame dessas questões.

presentação de sua liberdade parece ser uma das idéias que sugerem uma doutrina metafísica no segundo plano. Disse em outro lugar que os cidadãos se consideram a si mesmos como livres de três pontos de vista. Portanto, examinemos sucintamente cada um e indiquemos em que sentido a concepção da pessoa utilizada é política[22].

*Em primeiro lugar*, os cidadãos são livres pelo fato de se considerarem a si mesmos e aos demais como moralmente capazes de ter uma concepção do bem. Mas isso não significa que se considerem, na sua concepção política de si mesmos, como inevitavelmente ligados à concretização da concepção particular do bem que sustentam. Em vez disso, enquanto cidadãos, consideram-se como capazes de rever e de modificar essa concepção em função de motivos pessoais e razoáveis, e podem fazê-lo se assim o desejarem. Desse modo, na condição de pessoas livres, os cidadãos reivindicam o direito de considerar suas pessoas como independentes de qualquer concepção particular do bem e de qualquer sistema de fins últimos, e de não se identificarem com tais concepções.

Dada a sua capacidade moral de formar, de rever e de tentar concretizar racionalmente uma concepção do bem, sua identidade pública, enquanto pessoas livres, não é afetada pelas mudanças no tempo de sua concepção do bem. Por exemplo, quando cidadãos se convertem de uma religião para ou-

---

22. Para os dois primeiros pontos de vista, ver, neste volume, pp. 94 ss. (para o terceiro, ver mais adiante a nota 25). Desenvolvo aqui a análise que se encontra nessas conferências e sou mais explícito sobre a distinção entre o que chamei de nossa "identidade pública" por contraposição à "identidade não pública ou moral". O interesse do termo *moral* nesta última expressão é indicar que as concepções que as pessoas têm do bem (completo) são em geral um elemento essencial para caracterizar sua identidade não pública (ou não política) e que essas concepções são consideradas como comportando normalmente elementos morais importantes, ao mesmo tempo que incluem outros filosóficos e religiosos. Deve-se compreender o termo *moral* como representando todas essas possibilidades. Sou grato a Elisabeth Anderson pelo exame e esclarecimento dessa distinção.

tra, ou cessam de aderir a uma religião estabelecida, não deixam de ser, para as questões de justiça política, as mesmas pessoas de antes. Não há perda daquilo que se poderia denominar sua identidade pública, sua identidade básica perante a lei. De maneira geral, eles têm sempre os mesmos direitos e os mesmos deveres, conservam as mesmas propriedades e podem fazer as mesmas reivindicações que antes, salvo quando estas se acham ligadas à sua filiação religiosa anterior. Podemos imaginar uma sociedade (e a História de fato oferece numerosos exemplos disso) na qual os direitos básicos e as reivindicações legítimas dependem da filiação religiosa, da classe social, e assim por diante. Uma sociedade desse tipo tem uma concepção política da pessoa diferente. Ela pode não ter em absoluto uma concepção da cidadania, pois essa concepção, tal como a utilizamos, acompanha aquela da sociedade como sistema eqüitativo de cooperação em vista da vantagem mútua entre pessoas livres e iguais.

É essencial sublinhar que, na sua vida pessoal ou na vida interna dos grupos a que pertencem, os cidadãos podem encarar seus fins últimos e seus compromissos de uma maneira muito diferente do que pressupõe a concepção política. É possível que os cidadãos tenham – e efetivamente em geral as têm em qualquer momento – relações de afeto, de devotamento e de lealdade das quais pensam que não se separariam – e de fato não o poderiam nem o deveriam – e que não poderiam avaliar objetivamente do ponto de vista de seu bem puramente racional. Eles podem considerar simplesmente impossível pensar em si mesmos, abstração feita de certas convicções morais, filosóficas e religiosas ou de certos compromissos ou lealdades duradouros. Essas convicções e esses compromissos fazem parte do que podemos chamar de sua "identidade não pública". Eles ajudam a organizar e a formar o modo de vida de uma pessoa, a maneira pela qual vemos os nossos atos e aquilo que tentamos realizar no nosso mundo social. Pensamos que, se ficássemos subitamente privados dessas convicções e desses compromissos particulares, ficaríamos desorientados e incapazes de prosseguir. De fato, já não haveria, segundo pensamos, interesse em prosseguir. Mas as nossas concepções do bem podem mudar e de fato mudam a longo prazo, em geral lentamente, mas às vezes com bastante rapidez. Quando essas mudanças são súbitas, corremos o risco de dizer que já não somos a mesma pessoa. Sabemos o que isso quer dizer; referimo-nos então a uma mudança profunda nos nossos fins últimos e no nosso caráter; referimo-nos à nossa identidade não pública e talvez moral ou religiosa. Na estrada de Damasco, Paulo de Tarso se transformou no apóstolo Paulo. Em compensação, não há mudança na nossa identidade pública ou política nem na nossa identidade pessoal, no sentido que esse conceito pode ter na filosofia do espírito (*philosophy of mind*)[23].

---

23. Aqui, suponho que uma resposta ao problema da identidade pessoal tentará precisar os diversos critérios (por exemplo, a continuidade psicológica das recordações e a continuidade física do corpo ou de uma parte do corpo) segundo os quais duas ações ou estados psicológicos diferentes, produzindo-se em dois momentos diferentes, podem ser considerados como ações ou estados da mesma pessoa que dura no tempo. Ela tentará também precisar como se deve conceber essa pessoa que dura, seja como substância cartesiana ou leibniziana, seja como um *eu* transcendental kantiano, seja como uma continuidade de algum outro tipo, corporal ou física, por exemplo. Ver a coletânea de artigos de John Perry, *Personal Identity* (Berkeley, University of California Press, 1975), em especial a introdução de Perry, pp. 3-30; e o artigo de Sidney Shoemaker em *Personal Identity* (Oxford, Basil Blackwell, 1984), sendo que ambos os textos examinam um certo número de doutrinas. Às vezes as análises desse problema ignoram a continuidade nos fins e nas aspirações fundamentais, como, por exemplo, em H. B. Grice (na coletânea de Perry) que enfatiza a continuidade da recordação. É claro que, uma vez introduzida a continuidade dos fins e das aspirações fundamentais, como no livro de Derek Parfit, *Reasons and Persons* (Oxford, Clarendon Press, 1984, 3.ª parte), já não há distinção nítida entre o problema da identidade não pública ou moral das pessoas e o problema da sua identidade pessoal. Esse último problema suscita questões graves, sobre as quais as doutrinas filosóficas passadas e atuais divergem amplamente e continuarão certamente a divergir. É por isso que é importante tentar desenvolver uma concepção política da justiça que evite esse problema na medida do possível.

*Em segundo lugar*, os cidadãos consideram a si mesmos como livres na condição de fontes originárias (*self-originating*) de reivindicações legítimas. Eles pensam que suas reivindicações têm valor independentemente do fato de derivar de deveres ou obrigações especificadas pela concepção política da justiça – por exemplo, deveres e obrigações devidos à sociedade. Reivindicações que os cidadãos consideram baseadas em deveres e obrigações oriundos da sua concepção do bem e da doutrina moral que defendem em sua própria vida são também, para o nosso propósito aqui, reivindicações originárias. Tratá-las assim é razoável numa concepção política da justiça válida para uma democracia; de fato, desde que essas concepções do bem e essas doutrinas morais sejam compatíveis com a concepção pública da justiça, esses deveres e essas obrigações são originárias do ponto de vista político.

Quando descrevemos a maneira pela qual os cidadãos consideram a si mesmos como livres, descrevemos como eles próprios se vêem numa democracia, caso se apresentem questões de justiça. Na nossa concepção da democracia, esse é um aspecto da maneira pela qual os cidadãos vêem a si mesmos. Que esse aspecto da sua liberdade pertence a uma concepção política particular aparece claramente por contraposição a uma concepção política diferente, na qual os membros da sociedade não são considerados como fontes originárias de reivindicações legítimas. Suas reivindicações só têm valor se elas puderem ser derivadas dos deveres e das obrigações para com a sociedade ou dos papéis que lhes são prescritos na hierarquia social justificada por valores religiosos ou aristocráticos. Ou, para tomar um exemplo extremo, os escravos são seres humanos que não são tratados como fontes de reivindicações, nem mesmo de reivindicações baseadas em obrigações ou deveres sociais, porque os escravos não são considerados como capazes de ter deveres ou obrigações. As leis que proíbem maltratar e explorar os escravos não se baseiam em reivindicações feitas pelos próprios escravos, mas são oriundas dos proprietários de escravos ou dos interesses gerais da sociedade (que não incluem os dos escravos). Os escravos estão, por assim dizer, socialmente mortos, não são em absoluto reconhecidos publicamente como pessoas[24]. Assim, o contraste com uma concepção política que autorize a escravidão mostra claramente por que conceber os cidadãos como pessoas livres em razão das suas capacidades morais e das suas aptidões para formar uma concepção do bem acompanha uma concepção política particular da pessoa. Esta última está de acordo com uma concepção política da justiça baseada na idéia de que a sociedade é um sistema de cooperação cujos membros são concebidos como livres e iguais.

*Em terceiro lugar*, os cidadãos se consideram livres porque são capazes de assumir a responsabilidade dos seus fins, o que afeta a maneira de avaliar suas diversas reivindicações[25]. *Grosso modo*, a idéia é a seguinte. Levando-se em conta instituições justas no segundo plano, e para cada cidadão um índice eqüitativo de bens primários* (tais como o exigem os princípios de justiça), considera-se que os cidadãos são capazes de ajustar seus objetivos e suas aspirações em função daquilo que podem razoavelmente esperar obter. Além disso eles são considerados capazes de limitar suas reivindicações no que se refere à justiça daquilo que os princípios de justiça permitem. Por conseqüência, os cidadãos devem reconhecer que o valor das suas reivindicações não se mede pela força e

---

24. Para a idéia de "morte social", ver Orlando Patterson, *Slavery and Social Death*, Cambridge, Mass., Harvard University Press, 1982, em especial pp. 5, 9, 38, 45 e 337. Essa idéia está desenvolvida de maneira interessante nesse livro e ocupa um lugar central no estudo comparativo da escravidão feito pelo autor.

25. Ver "Social Unity and Primary Goods", em *Utilitarianism and Beyond*, org. por Amarty Sen e Bernard Williams, Cambridge, Cambridge University Press, 1982. Ver seção IV, pp. 167-70.

intensidade psicológica das suas demandas e dos seus desejos (por contraposição às suas necessidades e às suas exigências de cidadãos), ainda que, do seu ponto de vista, estas sejam racionais. Não prosseguirei aqui nesse estudo. Mas o procedimento é o mesmo que o de antes: partimos da idéia intuitiva básica de uma sociedade como sistema de cooperação social. Uma vez desenvolvida essa idéia numa concepção da justiça política, ela implica que tratemos a nós mesmos como pessoas envolvidas na cooperação social durante toda a nossa vida e que, portanto, possamos assumir a responsabilidade dos nossos fins, isto é, ajustá-los de maneira que possam ser buscados, graças a meios que podemos razoavelmente esperar adquirir dadas as nossas perspectivas e a nossa posição na sociedade. Essa idéia de responsabilidade está implícita na cultura política pública e se discerne nas suas práticas. Uma concepção política da pessoa explicita essa idéia e a integra na da sociedade como sistema de cooperação social durante toda uma vida.

Para terminar, recapitularei os três pontos essenciais desta seção e das duas precedentes.

*Em primeiro lugar*, na seção III considera-se que as pessoas são livres e iguais porque possuem, na medida requerida, as duas faculdades que caracterizam a personalidade moral (assim como as capacidades de argumentação, de pensamento e de julgamento que lhes são associadas), a saber, um senso da justiça e uma concepção do bem. Essas faculdades estão associadas, na nossa opinião, a dois elementos essenciais da cooperação, a idéia de termos eqüitativos da cooperação e a idéia da vantagem racional para cada um.

*Em segundo lugar*, nesta seção (seção V) examinamos sucintamente os três pontos de vista segundo os quais se considera que há pessoas livres, e vimos que, desses pontos de vista, os cidadãos, na cultura política pública de uma democracia, se consideram livres.

*Em terceiro lugar*, dado que a questão de saber qual é a melhor concepção da justiça política para concretizar nas instituições básicas os valores da liberdade e da igualdade permanece sujeita a controvérsia na própria tradição democrática em que os cidadãos são considerados como pessoas livres e iguais, o objetivo da teoria da justiça como eqüidade é tentar responder a essa questão partindo da idéia intuitiva básica da sociedade como sistema eqüitativo de cooperação social, sendo os termos eqüitativos da cooperação objeto de um acordo entre os próprios cidadãos. Na seção IV, vimos como essa conduta leva à idéia da posição original como procedimento de apresentação.

VI

Examinarei agora um ponto essencial para se compreender que a teoria da justiça como eqüidade é uma concepção liberal. Ainda que esta seja uma concepção moral, ela não é concebida, como eu disse, como uma doutrina moral abrangente. A concepção do cidadão como pessoa livre e igual não é um ideal moral que deva reger todos os aspectos da vida, mas sim um ideal que pertence a uma concepção da justiça política que se aplica à estrutura básica da sociedade. Insisto nesse ponto porque do contrário essa doutrina seria incompatível com o liberalismo* enquanto doutrina política. Recordemos que, enquanto doutrina política, o liberalismo pressupõe que num Estado democrático moderno existem necessariamente concepções do bem em conflito e incomensuráveis entre si. Essa é uma característica da cultura moderna desde a Reforma. Este é um fato social fundamental que toda concepção política viável da justiça, que não queira depender do uso autocrático do poder do Estado, deve reconhecer. Isso não quer dizer, é claro, que tal concepção não possa impor cerceamentos aos indivíduos e aos grupos, mas sim que, se o fizer, esses cerceamentos serão justificados, direta ou indiretamente, pelas condições exigidas pela justiça política para a estrutura básica[26].

Dado esse fato, adotamos uma concepção da pessoa entendida como parte de uma concepção explicitamente política da justiça, à qual ela fica portanto limitada. Nesse sentido, a concepção da pessoa é política. Como sublinhei na seção precedente, as pessoas podem aceitar essa concepção de si mesmas como cidadãos e utilizá-la para as questões de justiça política sem ficarem comprometidas nos outros aspectos de sua vida, com ideais morais que são muitas vezes associados com o liberalismo, como, por exemplo, os da autonomia e da individualidade. A ausência de compromisso com esses ideais, e na realidade com qualquer ideal particular desse tipo, é essencial para o liberalismo enquanto doutrina política. A razão disso está em que esse ideal, quando procurado na condição de ideal abrangente, é incompatível com as outras concepções do bem, com as formas de vida pessoal, moral e religiosa compatíveis com a justiça e que têm efetivamente seu lugar numa democracia. Na condição de ideais morais, a autonomia e a individualidade não convêm a uma concepção política da justiça. Esses ideais, tais como se encontram em Kant e em Stuart Mill, a despeito de sua extrema importância para o pensamento liberal, saem de seus limites quando são apresentados como o único fun-

---

26. Por exemplo, as Igrejas são limitadas pelo princípio da igualdade da liberdade de consciência e devem conformar-se ao princípio de tolerância; as universidades, por tudo que pode permitir manter a justa (*fair*) igualdade de oportunidades; e os direitos dos pais, por aquilo que é necessário para a manutenção do bem-estar dos seus filhos e para a garantia do desenvolvimento adequado das suas faculdades morais e intelectuais. Como as Igrejas, as universidades e os pais exercem sua autoridade no contexto da estrutura básica, eles devem reconhecer as exigências que essa estrutura impõe a fim de manter um contexto de justiça.

damento válido de um regime democrático[27]. Nesse sentido, o liberalismo se torna uma doutrina sectária entre outras. Essa conclusão suscita comentários. Não quero dizer, é claro, que o liberalismo de Kant e o de Mill não são concepções morais apropriadas que nos permitam sustentar instituições democráticas. Porém elas são apenas duas concepções entre outras, e portanto entre as doutrinas filosóficas suscetíveis de durar e de conquistar partidários numa sociedade democrática relativamente justa. Num regime assim, as doutrinas morais que sustentam suas instituições básicas podem comportar a doutrina liberal do indivíduo e a da autonomia. Ademais, é possível que essas doutrinas façam parte das doutrinas mais importantes, aquelas que suscitam um consenso por justaposição, no qual doutrinas diferentes e às vezes até conflitantes sustentam a base comum e pública das disposições políticas. O liberalismo de Kant e o de Mill têm uma certa preeminência histórica, estão entre as primeiras e mais importantes filosofias que aderiram à democracia constitucional moderna e que desenvolveram suas idéias subjacentes de maneira influente. Pode mesmo ocorrer que as sociedades em que os ideais da autonomia e da individualidade são amplamente compartidos sejam as mais bem governadas e as mais harmoniosas. Porém essas filosofias não podem ter a pretensão de serem as únicas bases das instituições democráticas, nem as mais apropriadas e ainda menos as únicas corretas[28].

Por contraposição ao liberalismo enquanto doutrina moral abrangente, a teoria da justiça como eqüidade tenta apre-

---

27. Para Kant, ver *Fundamentos da metafísica dos costumes* e *Crítica da razão prática*. Para Mill, ver *Sobre a liberdade*, em especial o Capítulo 3, onde o ideal da individualidade é examinado de forma mais completa.

28. Essa análise foi feita em função do liberalismo de Kant e do de Mill. Entretanto, na cultura norte-americana seria preciso mencionar as concepções da individualidade democrática expressas nas obras de Emerson, Thoreau e Whitman. Estas são examinadas de maneira interessante por George Kateb em "Democratic Individuality and the Claims of Politics", *Political Theory*, 12, agosto de 1984.

sentar uma concepção da justiça política que esteja enraizada nas idéias intuitivas básicas da cultura pública de uma democracia. Supomos que essas idéias têm possibilidades de ser sustentadas por todas as doutrinas morais que se contrapõem e são influentes numa sociedade democrática relativamente justa. Assim, a teoria da justiça como eqüidade busca precisar o núcleo central de um consenso por justaposição, isto é, idéias intuitivas comuns que, coordenadas numa concepção política da justiça, se revelarão suficientes para garantir um regime constitucional justo. Isso é o que podemos esperar de melhor e não necessitamos de nada mais[29]. Mas devemos assinalar que, quando a teoria da justiça como eqüidade está completamente concretizada numa sociedade bem ordenada*, o valor da autonomia completa está igualmente concretizado. Nesse sentido, a teoria da justiça como eqüidade assemelha-se ao liberalismo de Kant e ao de Mill; porém, ao contrário deles, nela o valor da autonomia completa é especificado por uma concepção política da justiça, e não por uma doutrina moral abrangente.

Pode então parecer que, tomada nesse sentido, a aceitação pública da teoria da justiça como eqüidade não seja mais do que prudência, isto é, que os que sustentam essa concepção só o fazem como um *modus vivendi* que permite aos grupos, no âmbito desse consenso, buscar o seu próprio bem com certos cerceamentos que, segundo cada um deles, lhes são vantajosos, dado o contexto. A idéia de um consenso por justaposição pode fazer pensar em Hobbes. Mas farei duas objeções a respeito desse ponto. *Em primeiro lugar*, a teoria da justiça como eqüidade é uma concepção moral. Ela comporta concepções da pessoa e da sociedade, conceitos do justo (*right*) e da eqüidade, assim como dos princípios de justi-

---

29. Para a idéia de um núcleo central do consenso por justaposição (que mencionei mais acima), ver *TJ*, última parte da seção 35, pp. 241 ss. Para a idéia de plena autonomia, ver pp. 65 ss., neste volume.

ça, e as virtudes graças às quais esses princípios se encarnam no caráter humano e regem a vida política e social. Essa concepção da justiça fornece uma análise das virtudes da cooperação que convêm a uma doutrina política em função das condições requeridas por uma democracia. Não deixa de ser uma concepção moral, mesmo restrita à estrutura básica da sociedade, porque essa restrição lhe permite servir de concepção política da justiça no contexto atual. Assim, no âmbito de um consenso (no sentido que lhe atribuí), a concepção da justiça como eqüidade não é considerada um mero *modus vivendi*.

*Em segundo lugar*, em tal consenso cada uma dessas doutrinas filosóficas, religiosas e morais reconhece a teoria da justiça como eqüidade à sua maneira. Poderíamos dizer que elas reconhecem seus conceitos, seus princípios e suas virtudes como, por assim dizer, teoremas com os quais coincidem suas idéias diferentes. Mas isso não torna menos morais esses pontos de coincidência e não faz deles simples meios. Na realidade, esses conceitos, esses princípios e essas virtudes são reconhecidos de forma geral, por todos, como fazendo parte de uma doutrina filosófica, religiosa ou moral mais abrangente. Algumas pessoas podem mesmo sustentar que a teoria da justiça como eqüidade é uma concepção moral natural que pode ser independente. Elas a reconhecem como uma base razoável da cooperação política e social e sustentam que ela é tão natural e fundamental quanto os conceitos e os princípios de honestidade e confiança mútua e quanto as virtudes de cooperação na vida cotidiana. As diferenças entre as doutrinas referem-se à necessidade, segundo elas, de um fundamento suplementar e ao que ele deveria ser. Mas essas diferenças são compatíveis com um consenso sobre a teoria de justiça como eqüidade enquanto concepção política da justiça.

## VII

Concluirei examinando de que modo o liberalismo enquanto doutrina política (e não como concepção moral abrangente) pode abarcar a unidade e a estabilidade da sociedade[30].

Uma das distinções mais profundas entre as concepções políticas da justiça está entre as que toleram uma pluralidade de concepções do bem que se contrapõem e até carecem de uma medida comum e que afirmam existir uma única concepção do bem que deve ser reconhecida pelos indivíduos na medida em que eles são plenamente racionais. As concepções da justiça de cada lado dessa separação se distinguem de diversas maneiras fundamentais. Platão, Aristóteles e a tradição cristã representada por Santo Agostinho e São Tomás de Aquino estão do lado do bem único racional. Essas filosofias tendem a ser teleológicas e a sustentar que as instituições são justas na medida em que favoreçem eficazmente esse bem. De fato, desde a época clássica, parece que a tradição dominante foi a de que só existe uma concepção racional do bem e de que a meta da filosofia moral, assim como da teologia e da metafísica, é determinar a sua natureza. O utilitarismo clássico pertence a essa tradição dominante. Por contraposição, o liberalismo enquanto doutrina política pressupõe que existem múltiplas concepções do bem, conflitantes e incomensuráveis entre si, cada uma sendo compatível, até onde possamos julgar, com a plena racionalidade dos seres humanos. Como conseqüência dessa hipótese, o liberalismo considera como um traço característico de uma cultura democrática livre o fato de concepções do bem, conflitantes e incomensuráveis entre si, serem defendidas pelos seus cidadãos. O liberalismo enquanto dou-

---

30. Essa análise da unidade social se encontra em "Social Unity and Primary Goods", cujas referências se acham na nota 25. Ver em especial pp. 160 ss., 170-3, 183 ss.

trina política afirma que a questão à qual a tradição dominante tentou responder não tem resposta ou, mais exatamente, que ela não tem resposta válida para uma concepção política da justiça numa democracia. Numa tal sociedade, uma concepção política teleológica está fora de questão, já que não se pode alcançar um acordo público sobre a concepção do bem requerida.

Como assinalei, a origem histórica dessa hipótese liberal é a Reforma e suas conseqüências. Até as guerras de religião dos séculos XVI e XVII, os termos eqüitativos da cooperação social eram estreitamente delimitados; a cooperação social baseada no respeito mútuo era considerada impossível entre pessoas de credos diferentes ou (segundo minha terminologia) com pessoas que sustentam uma concepção do bem fundamentalmente diferente. Assim, uma das raízes históricas do liberalismo foi o desenvolvimento de diversas doutrinas que exigiam a tolerância religiosa. Um dos temas da teoria da justiça como eqüidade é o reconhecimento das condições sociais que dão origem a essas doutrinas no contexto subjetivo da justiça* e, em seguida, a explicitação das implicações do princípio de tolerância[31]. O liberalismo, tal como foi formulado no século XIX por Benjamin Constant, Tocqueville e Stuart Mill, aceita a pluralidade de concepções do bem incomensuráveis entre si como um fato da cultura democrática moderna, com a condição, é claro, de que essas concepções respeitem os limites indicados pelos princípios de justiça. Uma das tarefas do liberalismo enquanto doutrina política é responder à questão de saber como compreender a unidade da sociedade, dado que nela não pode haver acordo público sobre um bem racional único e considerando-se que existe uma pluralidade de concepções contrapostas e incomensuráveis. Ademais, supondo-se que a unidade da

---

31. A distinção entre o contexto objetivo e subjetivo da justiça está em *TJ*, pp. 36 ss. A importância do papel do contexto subjetivo está sublinhada neste volume, pp. 87-92.

sociedade seja concebível de uma maneira algo definida, em que condições seria ela efetivamente possível? Na teoria da justiça como eqüidade, compreendemos a unidade da sociedade a partir de sua concepção como sistema de cooperação entre as pessoas livres e iguais. A unidade da sociedade e a fidelidade dos cidadãos às suas instituições comuns não estão baseadas no fato de todos aderirem à mesma concepção do bem, mas no fato de aceitarem publicamente uma concepção política da justiça para reger a estrutura básica da sociedade. O conceito de justiça é independente do conceito do bem e anterior a ele, no sentido de que seus princípios limitam as concepções autorizadas do bem. Uma estrutura básica justa e suas instituições estabelecem um contexto dentro do qual as concepções autorizadas do bem podem ser sustentadas. Em outro lugar, chamei essa relação entre uma concepção da justiça e as concepções do bem de prioridade do justo. Acredito que essa prioridade é característica do liberalismo enquanto doutrina política e que algo comparável parece essencial para qualquer concepção razoável da justiça numa democracia. Assim, para compreender como a unidade da sociedade é possível, dadas as condições históricas de uma sociedade democrática, partimos da idéia intuitiva básica, a da cooperação social, idéia presente na cultura pública de uma sociedade democrática, para ir na direção de uma concepção pública da justiça como base da unidade da sociedade da maneira como delineei.

Quanto à questão de saber se essa unidade é estável, isso depende em essência do conteúdo das doutrinas morais disponíveis para se formar um consenso por justaposição. Suponhamos, por exemplo, que essa concepção seja a da teoria da justiça como eqüidade, e imaginemos que os cidadãos sustentam uma das três doutrinas seguintes. A primeira sustenta a teoria da justiça como eqüidade por causa das suas crenças religiosas e da sua compreensão da fé, que conduzem a um princípio de tolerância e garantem a idéia fundamental da sociedade como um sistema de cooperação social entre pessoas livres e iguais. A segunda a sustenta como conseqüência de uma concepção moral liberal como a de Kant ou a de Mill. Quanto à terceira, ela sustenta a teoria da justiça como eqüidade não como conseqüência de uma doutrina mais ampla, mas como suficiente por si mesma para exprimir os valores que se impõem normalmente a todos os outros que se pudesse contrapor-lhes, pelo menos em condições relativamente favoráveis. Esse consenso parece portanto muito mais estável do que aquele baseado em doutrinas céticas ou indiferentes em relação aos valores morais, filosóficos e religiosos ou que consideram a aceitação dos princípios de justiça como um simples *modus vivendi* prudente, dado o equilíbrio das forças sociais opostas entre si. Porém existem, naturalmente, muitas outras possibilidades. A força de uma concepção como a da teoria da justiça como eqüidade pode revelar-se como estando no fato de, numa sociedade democrática regida por seus princípios, as doutrinas mais abrangentes que persistem e conquistam adeptos terem possibilidades de formar juntas um consenso mais ou menos estável. Mas está claro que tudo isso continua sendo altamente especulativo e suscita questões que são pouco compreendidas, dado que essas doutrinas que duram e conquistam apoio dependem em parte de condições essenciais e, em particular, dependem dessas condições quando elas são regidas pela concepção pública da justiça. Assim, somos forçados a considerar, num momento ou em outro, os efeitos das condições sociais requeridas por uma concepção da justiça política sobre a aceitação dessa própria concepção. Sendo as coisas em tudo o mais iguais, uma concepção será mais ou menos estável na medida em que as condições na direção das quais ela leva sustentem doutrinas morais, filosóficas e religiosas abrangentes, capazes de constituir um consenso por justaposição estável. Não aprofundarei aqui essa questão[32]. Basta assinalar que, numa sociedade marcada por profundas divisões entre concepções do bem contrapostas e incomensuráveis entre si, a teoria da justiça como eqüidade nos permite pelo menos conceber a maneira como a unidade da sociedade poderia ser ao mesmo tempo possível e estável.

*Tradução francesa de Catherine Audard.*

---

[32]. A terceira parte de *TJ* tem essencialmente três objetivos. Em primeiro lugar, apresentar uma análise da virtude como racionalidade (Capítulo 7) que forneça uma base para precisar os bens primários, bens esses que, dada a sua concepção das pessoas, os parceiros consideram necessários às pessoas a quem representam (pp. 439, 479 ss.). Em segundo lugar, fornecer uma análise da estabilidade de uma concepção da justiça (Capítulos 8-9) e da teoria da justiça como eqüidade em particular e mostrar que esta última é mais estável do que outras concepções tradicionais com as quais foi comparada e também que ela é suficientemente estável. E, em terceiro lugar, fazer uma análise do bem de uma sociedade bem ordenada, isto é, de uma sociedade justa na qual a teoria da justiça como eqüidade é a concepção política da justiça que é publicamente sustentada e eficazmente concretizada (Capítulos 8-9 e, sobretudo, a seção 86). Entre os defeitos da terceira parte citarei os seguintes, tais como os vejo agora. A análise do bem como racionalidade é muitas vezes interpretada como uma análise do bem completo por uma doutrina moral abrangente; tudo o que ela precisa fazer é explicar a lista dos bens primários e a base dos diversos bens naturais reconhecidos pelo senso comum\*, em particular a importância fundamental do auto-respeito próprio\* e da auto-estima (que não são corretamente distinguidos, como me assinalaram David Sachs e Laurence Thomas), assim como das bases sociais do auto-respeito como bem primário. Do mesmo modo, a análise da estabilidade da teoria da justiça como eqüidade não foi estendida, como deveria tê-lo sido, ao importante exemplo do consenso por justaposição tal como o delineei neste artigo. Em vez disso, essa análise continuou limitada ao caso mais simples, em que a concepção pública da justiça é sustentada como sendo, em si mesma, suficiente para exprimir valores que prevalecem normalmente, dado o contexto político da democracia, sobre todos os valores, sejam eles quais forem, que podem contrapor-se a ela (ver a terceira idéia na base do consenso que indiquei neste artigo). Do ponto de vista da análise, nas seções 32-5 do Capítulo 4, da liberdade de consciência, a extensão ao exemplo do consenso por justaposição é essencial. Para terminar, a pertinência da idéia de uma sociedade bem ordenada como união social de uniões sociais para fornecer uma análise do bem numa sociedade justa não foi suficientemente explicada. Foi deixado ao leitor demasiado trabalho para estabelecer a relação, tanto que algumas pessoas foram levadas a se perguntar sobre o interesse de boa parte dos Capítulos 8 e 9.

# 5. A idéia de um consenso por justaposição

## Observação

Voltando-se doravante para os problemas políticos, Rawls trata do tema central de sua teoria, o da sua visão das relações entre moral e política, que retomará com mais clareza ainda em seu artigo de 1989. Criticou-se a sua incapacidade de compreender o conceito do político. Aqui ele responde especificando sua oposição a dois tipos de enfoque. Ou uma visão instrumental que vê num consenso político sobre a justiça uma necessidade social à qual só se pode responder com ajustes ou com um *modus vivendi* hobbesiano, ou então uma visão hegemônica, na qual somente a referência a uma crença única pode soldar politicamente a sociedade e levar à aceitação dos cerceamentos do justo. O desenvolvimento de sua noção de um "consenso por justaposição" é um elemento na sua estratégia em relação a esse tipo de objeções.

## 5. *A idéia de um consenso[a] por justaposição*

Os fins da filosofia política dependem da sociedade à qual ela se dirige. No caso de uma democracia constitucional, um dos seus fins mais importantes consiste em oferecer uma concepção política da justiça* que não se contente com fornecer um fundamento à justificação das instituições políticas e sociais sobre o qual a opinião pública deva ficar de acordo, mas que contribua também para garantir a sua estabilidade de uma geração a outra. Ora, fundar tal justificação

---

a. "The Idea of an Overlapping Consensus".

Este artigo é uma versão consideravelmente revista [publicada no *Oxford Journal of Legal Studies*, vol. 7, n° 1, Oxford, Oxford University Press, 1987] de uma conferência pronunciada em Oxford em maio de 1986, a "Hart Lecture" de Jurisprudência e Filosofia Moral, sob o título "A filosofia política numa sociedade democrática". O título foi modificado a fim de dar uma idéia mais precisa do conteúdo. Foi para mim um privilégio pronunciar essa conferência em honra do Prof. Herbert Hart, com quem muito aprendi, tanto por meio de sua obra como de seu exemplo pessoal, desde o outono de 1956, quando o conheci em Oxford. Gostaria de agradecer ao diretor e aos membros do University College pelo convite para ir a Oxford. Sou grato a Derek Parfit pelas numerosas sugestões que me fez antes dessa conferência, bem como a Ronald Dworkin, Allan Gibbard, Paul Seabright e ao próprio Prof. Hart pelo utilíssimo debate que se seguiu. Apresentei elementos dessa conferência na Universidade de Saint Andrews quando da Knox Memorial Lecture, que me permitiu receber comentários muito instrutivos de John Haldane, bem como no Bedford College, Universidade de Londres. Gostaria enfim de agradecer a todos os que me apresentaram sugestões úteis quando regressei aos Estados Unidos, Joshua Cohen, Thomas Nagel, David Sachs e T. M. Scanlon. Burton Dreben me apoiou desde o começo. [Este artigo foi lançado numa tradução francesa na *Revue de métaphysique et de morale*, número especial, *John Rawls, le politique*, n° 1, 1988, pp. 3-32.]

apenas nos interesses individuais ou nos interesses de grupo não pode ser garantia de estabilidade; um fundamento dessa natureza, na minha opinião, mesmo quando atenuado por uma hábil montagem constitucional, não pode deixar de ser um simples *modus vivendi*, dependente de uma conjunção fortuita de contingências. O que se requer é uma concepção política da justiça\* que seja reguladora, que possa articular e ordenar os ideais, bem como os valores do regime democrático em função de um princípio e, dessa maneira, definir os objetivos que uma constituição deve alcançar e os limites que ela deve se impor. Ademais, deve-se esperar, para que essa concepção política seja assim, que haja alguma possibilidade de que ela se beneficie do respaldo de um consenso por justaposição\*, isto é, de um consenso que a sancione através das diversas doutrinas religiosas, filosóficas e morais cuja perenidade parece assegurada ao longo das gerações numa democracia constitucional mais ou menos justa, na qual o critério da justiça é essa própria concepção política.

Na primeira parte de minha análise (seções I e II), passarei em revista três características de uma concepção política da justiça e mostrarei por que uma concepção assim definida é apropriada nas condições históricas e sociais de uma sociedade democrática moderna e, em particular, àquilo que designarei como "o fato do pluralismo"\*. A segunda parte (seções III a VII) se prenderá a quatro objeções típicas mas, a meu ver, fora de propósito, suscetíveis de serem levantadas contra um consenso por justaposição, assim como contra o seu corolário segundo o qual a unidade social de uma democracia não pode repousar sobre uma concepção comum do sentido, do valor e da finalidade da vida humana. Esse corolário não implica, como se poderia pensar, que a unidade social deva repousar, por conseguinte, unicamente sobre a convergência dos interesses individuais e dos interesses de grupo ou sobre a conclusão feliz da negociação política. Ele prevê a possibilidade de uma unidade social estável, garantida por um consenso sobre uma razoável concepção política da justiça. É essa concepção de uma unidade social adaptada à sociedade democrática que desejo desenvolver e defender.

Em primeiro lugar, porém, alguns comentários como plano de fundo. Quando Hobbes se defronta com os conflitos de sua época, que contrapõem tanto as diversas seitas religiosas quanto a Coroa, a aristocracia e as classes médias, o fundamento de seu apelo é o interesse individual que repousa sobre o medo da morte e o desejo de possuir os meios para viver confortavelmente. É sobre esse fundamento que ele faz repousar a sua justificação da obediência a um soberano que exista de modo efetivo (e, se necessário, absoluto). Nem por isso Hobbes acreditava na verdade dessa forma de egoísmo psicológico. Entretanto ele a achava suficientemente justificada para justapô-la ao seu propósito. Seu pressuposto era de ordem política e adotado com o intuito de dar uma dimensão prática às suas idéias. Ele não encontrou nenhum outro ancoradouro comum possível para o debate político que pudesse convir a uma sociedade fragmentada pelo sectarismo e pelos conflitos de interesses.

Escapa ao nosso propósito aqui procurar saber até que ponto Hobbes tinha uma percepção justa da situação, pois, no que nos diz respeito, os problemas são diferentes. Somos herdeiros de três séculos de pensamento democrático e de desenvolvimento da prática constitucional. Podemos portanto deduzir daí não apenas uma sensibilidade generalizada aos ideais e valores democráticos como também certa lealdade a eles, tais como são postos em prática nas instituições existentes. Isso abre o caminho para uma elaboração da idéia do consenso sobre uma concepção política da justiça. Um consenso desse tipo, como veremos, é moral tanto do ponto de vista de seu objeto como do de seus fundamentos e se distingue assim de um consenso inevitavelmente frágil que repousasse somente sobre os interesses individuais ou de grupo, ainda que estivesse regido por uma constituição bem estruturada[1]. A idéia de um consenso por justaposição deve permitir-nos compreender como um regime constitucional, caracterizado pelo fato do pluralismo, poderia assegurar, a despeito de divisões profundas e graças ao reconhecimento público de uma concepção política razoável da justiça, a estabilidade e a unidade sociais.

I

A tese da primeira parte de minha exposição é que as condições históricas e sociais de uma sociedade democrática moderna devem incitar-nos a considerar de um modo particular uma concepção da justiça válida para as suas instituições políticas. Ou, antes, elas exigem isso de nós unicamente se tal concepção precisar, ao mesmo tempo, ser posta em prática e ser compatível com os limites de uma política democrática. Destacarei o que são essas condições e como elas afetam as características de uma concepção realizável na prática referindo-me a três elementos que definem uma

---

1. Vez por outra eu me refiro à corrente liberal inspirada por Hobbes, que defino como aquela segundo a qual a idéia de uma liberdade organizada só pode ser mais bem efetivada por uma montagem constitucional hábil e elaborada para orientar os interesses individuais (familiares) e os interesses de grupo, a fim de que eles operem com fins sociais graças a uma variedade de meios, como o equilíbrio dos poderes e outros da mesma ordem. Essa idéia foi desenvolvida em *Do espírito das leis* (1748) de Montesquieu, no ensaio de Hume *That Politics May Be Reduced to Science* [De como a Política pode ser reduzida a Ciência] (1741), no número 10 da revista de Madison *Federalist* (1788) e, por fim, no *Projeto de paz perpétua* (1796) de Kant. Essa corrente se revela puramente hobbesiana, já que considera os interesses individuais (familiares) ou os interesses de grupo como o único tipo de motivação politicamente pertinente. Entende-se que nem Montesquieu, nem Hume, nem Madison, nem Kant sustentaram esse ponto de vista.

concepção política da justiça; desses, desenvolverei dois agora, antes de passar ao terceiro na segunda parte.

A *primeira* característica de uma concepção da justiça é que, embora evidentemente ela seja uma concepção moral, ainda assim continua sendo concebida em vista de um certo objeto, a saber, as instituições políticas, sociais e econômicas[2]. Ela é concebida em especial para ser aplicada ao que podemos chamar de "a estrutura básica"* de uma democracia constitucional moderna. (Utilizarei indistintamente as expressões "democracia constitucional", "regime democrático" e outras semelhantes.) Por *estrutura* entendo as principais instituições políticas, sociais e econômicas de uma sociedade e a maneira pelas quais elas se põem de acordo num sistema unificado de cooperação social. Uma concepção política da justiça deve concentrar-se acima de tudo no contexto formado pelas instituições básicas, bem como nos princípios, regras gerais e preceitos que a elas se aplicam; a maneira pela qual essas normas se exprimem por meio do caráter e das atitudes dos membros de uma sociedade que concretizam os seus ideais é igualmente fundamental. Poder-se-ia pensar que esse primeiro elemento se deduz prontamente do próprio sentido de uma concepção política da justiça, porque, se tal concepção não se aplicasse à estrutura básica da sociedade, ela não seria de forma alguma uma concepção política. Mas isso não me satisfaria, porque aquilo que entendo por concepção política da justiça corresponde a uma concepção elaborada em alto grau[3] para se aplicar unicamente ao caso específico da estrutura básica.

---

2. Ao escrever que uma concepção é moral, entendo, entre outras coisas, que seu conteúdo provém de certos ideais, princípios e modelos e que essas normas enunciam certos valores, no caso valores políticos.

3. A expressão "em alto grau" indica que nos dedicamos antes de tudo à "estrutura básica". Se obtivermos uma concepção da justiça que se adapte de modo suficientemente satisfatório a esse caso, estaremos em condições de estendê-la a outros casos, dos quais um dos mais importantes abrange as relações entre os Estados

O *segundo* elemento completa o primeiro: uma concepção política não deve ser compreendida como uma concepção moral geral e abrangente\* que se aplicaria ao campo político, como se esse campo não fosse mais do que um dentre outros, um caso específico abrangido por essa concepção[4]. Desse modo, uma concepção política da justiça é diferente de muitas doutrinas morais bem conhecidas, pois estas costumam ser compreendidas como visões gerais e abrangentes. O perfeccionismo\* e o utilitarismo\* são exemplos evidentes disso, na medida em que os princípios de perfeição e de utilidade são concebidos para ser aplicados a uma diversidade de objetos, indo da conduta dos indivíduos e das relações pessoais até à organização da sociedade no seu conjunto e ao direito internacional público. Seu conteúdo, enquanto doutrinas políticas, define-se por sua aplicação às instituições políticas e aos problemas de política social. Sob diversas formas, o idealismo e o marxismo são também doutrinas gerais e abrangentes. Em contrapartida, uma concepção política da justiça implica, tanto quanto possível, não estar previamente comprometida com nenhuma doutrina mais ampla. Ela deve considerar antes de tudo a

---

e seu sistema de cooperação. Aceito o ponto de vista de Kant, no *Projeto de paz perpétua*, segundo o qual um Estado mundial seria uma autocracia tirânica ou estaria continuamente perturbado por guerras civis, abertas ou latentes, contrapondo regiões e populações. A partir desse fato, teríamos que procurar os princípios que permitissem organizar uma confederação de Estados e precisar os respectivos poderes dos seus diferentes membros. Além disso, precisamos esclarecer a maneira pela qual os princípios de justiça se aplicam às associações no seio do Estado. Ver sobre esse ponto as minhas observações neste volume, pp. 6-9 e 32-7.

4. Considero que uma concepção moral é geral quando se aplica a uma ampla variedade de temas de apreciação (em última análise, a todos os temas possíveis) e que ela é abrangente quando compreende concepções daquilo que constitui o valor da vida humana, ideais da virtude pessoal e do caráter e de tudo o que pertence a essa ordem, que nos deve informar sobre a nossa conduta (em última análise, sobre a nossa vida em seu conjunto). Numerosas doutrinas religiosas e filosóficas tendem a ser gerais e inteiramente abrangentes. Ver também a nota 23.

estrutura básica e tentar desenvolver uma concepção razoável para essa estrutura. Uma boa razão para se concentrar inteiramente numa concepção política adaptada à estrutura básica prende-se ao fato, do ponto de vista da prática política, de não haver visão geral e abrangente que possa fornecer um fundamento publicamente aceitável para uma concepção política da justiça[5].

As condições históricas e sociais dos regimes democráticos modernos encontram sua origem nas guerras de religião que se seguiram à Reforma, no desenvolvimento do princípio de tolerância que ela acarretou e, por outro lado, na extensão da modalidade de governo constitucional e das economias ligadas a um vasto mercado industrial. Essas condições afetam profundamente os imperativos de uma concepção concretizável da justiça. Entre outras coisas, tal concepção deve levar em conta uma diversidade de doutrinas gerais e abrangentes e uma pluralidade de concepções opostas e verdadeiramente impossíveis de serem avaliadas relativas ao sentido, ao valor e à finalidade da vida humana (ou daquilo que chamarei mais sucintamente de "concepções do bem"), defendidas pelos cidadãos das sociedades democráticas[6].

Essa diversidade de doutrinas – "o fato do pluralismo" – não é uma simples condição histórica que deve desaparecer rapidamente. Ao contrário, ela é, pelo menos assim pen-

---

5. Por fundamento publicamente aceitável entendo um fundamento que inclua os ideais, os princípios e os critérios que o conjunto dos membros de uma sociedade vai não apenas afirmar mas também reconhecer uns perante os outros como mutuamente válidos. Um fundamento público implica, desde logo, o reconhecimento público de certos princípios erigidos como princípios reguladores das instituições políticas e como expressões dos valores políticos que a constituição está obrigada a concretizar por meio de sua própria elaboração.

6. Saber se as concepções do bem são incomensuráveis entre si é um problema controvertido. Para o nosso propósito, essa impossibilidade de avaliá-las deve ser compreendida enquanto fato político. Esse é um dos aspectos do fato do pluralismo, a saber, que não há acordo político disponível que permita medir entre si essas concepções a fim de resolver os problemas de justiça política.

so, uma característica permanente da cultura pública das democracias modernas. Nas condições políticas e sociais garantidas pelos direitos fundamentais e pelas liberdades historicamente associadas a esses regimes, a diversidade das opiniões é chamada a durar ou até mesmo a se desenvolver. Um acordo público e efetivável, baseado numa única concepção geral e abrangente, só poderia ser mantido pelo uso tirânico do poder do Estado[7]. Desde o momento em que procuramos assegurar a estabilidade do regime constitucional e desejamos efetivar um acordo livre e voluntário sobre uma concepção política da justiça que estabeleça pelo menos as exigências constitucionais essenciais, devemos descobrir uma base de acordo diferente daquela proveniente de uma doutrina geral e abrangente[8]. Assim, como outro fun-

---

7. Para maior facilidade, dou aqui uma lista mais completa dessas condições sociais e históricas, a começar pelas três mencionadas mais acima: 1) o fato do pluralismo; 2) o fato da permanência do pluralismo, ligado às instituições democráticas; 3) o fato de o entendimento sobre uma única doutrina abrangente pressupor o uso tirânico do poder do Estado. Devem-se acrescentar quatro condições suplementares: 4) o fato de um regime democrático durável e estável, não dividido em credos ou em classes hostis, dever ser sustentado voluntária e livremente por uma maioria substancial ou, pelo menos, por cidadãos politicamente ativos; 5) o fato de uma doutrina abrangente compartida por uma sociedade de maneira muito ampla, se não universal, tender a se tornar tirânica e sufocante; 6) o fato de condições razoavelmente favoráveis (do ponto de vista administrativo, econômico, tecnológico e outros), que tornam possível a democracia existir; 7) o fato de a cultura política de uma sociedade cuja tradição é democrática conter implicitamente certas idéias intuitivas fundamentais, das quais é possível extrair uma concepção política da justiça, aplicável a um regime constitucional (este último ponto é importante para a maneira pela qual caracterizamos uma concepção política da justiça na segunda parte). Podemos considerar as seis primeiras dessas condições como sendo conhecimentos do senso comum*, isto é, deduzidas da nossa história comum, ou ainda como características e aspectos evidentes da nossa cultura política, assim como das circunstâncias presentes. Elas pertencem àquilo a que podemos referir-nos como a sociologia do senso comum nas sociedades democráticas. Ao elaborarmos uma concepção política da justiça, devemos ter em mente que ela deve ser concretizável na prática para uma sociedade na qual têm curso as seis primeiras condições.
8. Pressuponho aqui que um entendimento livre e voluntário é um entendimento sancionado por nossas convicções bem ponderadas* com toda a reflexão requerida ou por aquilo que em outro lugar eu chamo de "equilíbrio ponderado"*.

damento possível, procuramos uma concepção política da justiça que possa ser sustentada por um consenso por justaposição.

Não pressupomos, é claro, que um consenso desse tipo seja sempre possível, dadas as doutrinas existentes em qualquer sociedade democrática. Muitas vezes é até mesmo evidente que ele não é realizável, pelo menos enquanto as crenças firmemente arraigadas não mudem de maneira radical[9].

Porém o ponto importante da idéia de um consenso por justaposição consiste em demonstrar como, malgrado uma pluralidade de doutrinas, a convergência numa concepção política da justiça pode ser obtida e a unidade social mantida num equilíbrio de longo prazo, isto é, de uma geração para outra.

II

Até agora ressaltei duas características de uma concepção política da justiça. Em primeiro lugar, ela deve ser expressamente elaborada a fim de ser aplicada à estrutura básica da sociedade. Em segundo, ela não deve ser derivada de nenhuma doutrina geral e abrangente.

Pode ser que as conseqüências dessas características sejam claras. Entretanto, é provavelmente útil estudá-las mais de perto. Se mais ninguém acredita que uma concepção política aplicável a um regime constitucional possa repousar sobre a crença comum na fé católica ou protestante, ou em qualquer crença religiosa que seja, continua sendo concebível que doutrinas gerais e abrangentes de ordem filosófica ou moral possam servir para esse fim. A segunda caracterís-

---

9. A maneira pela qual essas crenças podem ser transformadas será vista mais adiante, nas seções VI e VII.

tica exclui do caso em questão não apenas o idealismo de Hegel e o marxismo e ainda, como já assinalei, as visões morais teleológicas, mas igualmente numerosas formas do liberalismo*. Ainda que na minha opinião qualquer possível concepção política da justiça para um regime democrático deva ser liberal, isso certamente num sentido apropriado – voltarei a esse ponto mais tarde –, o liberalismo dessa concepção não será nem o de Kant nem o de J. S. Mill, para tomar dois exemplos muito conhecidos.

Examinemos por que razões. O papel público de uma concepção da justiça mutuamente admitida é precisar um ponto de vista a partir do qual todos os cidadãos possam verificar, uns perante os outros, se suas instituições são ou não justas. Esse ponto de vista lhes proporciona essa verificação ao precisar as razões válidas e suficientes com as quais estão acordes e que são definidas como tais por essa própria concepção[10]. Os problemas de justiça política podem ser discutidos por todos os cidadãos relativamente aos mesmos fundamentos e quaisquer que sejam as suas posições sociais, suas metas e seus interesses particulares, ou suas idéias religiosas, filosóficas ou morais. Uma justificação, quando se trata de justiça política, se dirige aos "outros", àqueles que estão em desacordo "conosco", e, por esse fato, emana de um certo consenso, de hipóteses que os outros e nós mesmos admitimos como verdadeiras ou suficientemente razoáveis quando se busca alcançar um acordo realista referente aos

---

10. Considero que essas razões devem ser precisadas pelos ideais, princípios e critérios da concepção política mutuamente aceita que, como assinalamos mais acima, é uma concepção moral. Assim, as instituições políticas não são compreendidas como estando justificadas aos olhos de todos os cidadãos em vista de uma convergência feliz dos interesses individuais, de grupo e de outra natureza. Essa concepção de uma justificação se contrapõe à tendência hobbesiana da tradição do pensamento liberal. Ela é revelada no *Contrato social* (1762) de Rousseau e desempenhará um papel central na filosofia do direito (*Princípios da filosofia do direito*, 1821) de Hegel.

fundamentos da justiça política. Dado o "fato do pluralismo" e o fato de que uma justificação deve emanar de um consenso inquestionável, nenhuma doutrina geral e abrangente pode assumir a função básica publicamente aceitável da justiça política.

Dessa conclusão decorre claramente aquilo que configura um problema nos liberalismos de Kant e de Mill. Ambas são doutrinas morais gerais e abrangentes: gerais porque se aplicam a uma grande variedade de temas e abrangentes porque compreendem concepções daquilo que tem algum valor na vida humana, os ideais da virtude pessoal e do caráter que devem esclarecer nosso pensamento e nosso comportamento de maneira geral. Penso aqui no ideal kantiano da autonomia e nas suas relações com os valores do Iluminismo, bem como no ideal individualista de Mill e na sua relação com os valores da modernidade. Essas duas formas de liberalismo se estendem bem além do liberalismo político[11]. Suas concepções das instituições da liberdade repousam em grande parte sobre ideais e valores que não são unanimemente, nem mesmo amplamente, compartidos no seio das sociedades democráticas. Elas não constituem um fundamento público para uma concepção política da justiça, e suspeito que isso ocorra igualmente com numerosos liberalismos, além dos de Kant e de Mill.

Chegamos assim a uma *terceira* característica de uma concepção política da justiça. Esta não pode ser formulada nos termos de uma doutrina religiosa, filosófica ou moral geral e abrangente, mas antes nos de certas intuições fundamentais latentes no seio da cultura política pública de uma sociedade democrática. Essas idéias são utilizadas com o fim de enunciar e ordenar, em função de um princípio, os valo-

---

11. Para Kant, reportar-se novamente a *O que é o Iluminismo?* e, para Mill, ver muito especialmente *Sobre a liberdade* (1859), Capítulo III, §§ 1-9.

res políticos fundamentais de tal sociedade. Pressupomos que nesta exista uma tradição de pensamento democrático cujo conteúdo é, pelo menos intuitivamente, familiar para a maioria dos cidadãos. As principais instituições da sociedade, bem como as formas admitidas de sua interpretação, podem ser consideradas como um fundo de idéias e de princípios fundamentais implicitamente compartidos. Pressupomos que essas idéias e esses princípios podem ser desenvolvidos numa concepção política da justiça que, espera-se, deve poder obter o apoio de um consenso por justaposição. Evidentemente, demonstrar que isso pode ser concretizado pressupõe que uma concepção da justiça esteja efetivamente elaborada e que seja revelada a maneira pela qual ela poderia, por conseguinte, ser respaldada. É igualmente provável que mais de uma concepção política seja suscetível de ser desenvolvida a partir do mesmo fundo de idéias políticas comuns. Na verdade, isso é mesmo desejável, já que concepções rivais irão concorrer para obter o apoio dos cidadãos e, desse modo, se modificarão e se aprofundarão progressivamente graças a essa competição.

Evidentemente, é-me impossível tentar delinear aqui o desenvolvimento de tal concepção política. Entretanto, a fim de traduzir o que entendo como tal, acrescentarei que a concepção do que chamei em outro lugar de "a justiça como eqüidade" é uma concepção desse tipo[12]. Ela pode ser compreendida como tomando seu impulso a partir da intuição fundamental de uma sociedade política como justo sistema de cooperação social entre cidadãos que são considerados

---

12. Para o estudo completo, reportar-se a *TJ* (1971). Analisei a justiça enquanto eqüidade, mas dessa vez desenvolvida como concepção política, neste volume, pp. 201-41. A concepção liberal da igualdade de Ronald Dworkin é, a meu ver, outro exemplo de uma concepção política da justiça. Ver em *A Matter of Principle* (Cambridge, Harvard University Press, 1986) [Trad. bras. *Uma questão de princípio*, São Paulo, Martins Fontes, no prelo] as análises da terceira parte sobre o liberalismo e a justiça.

pessoas livres e iguais. Pressupor-se-á também que esses cidadãos nasceram nessa mesma sociedade em que deverão passar toda a sua existência. Eles se caracterizam ademais, com maior precisão, por certas faculdades morais* que lhes deveriam permitir tomar parte na cooperação social. O problema da justiça se torna então o da definição dos termos eqüitativos da cooperação entre cidadãos assim concebidos. Nossa conjetura é que podemos obter, chegado o momento, princípios* amplamente aceitáveis referentes à justiça política desenvolvendo idéias que considero implícitas no seio da cultura política pública[13].

Os detalhes não são importantes no momento. O importante é que, tanto quanto possível, essas instituições fundamentais não sejam tomadas por idéias religiosas, filosóficas ou metafísicas. Por exemplo, quando se diz que os cidadãos são considerados pessoas livres e iguais, sua liberdade e sua igualdade devem ser compreendidas na linguagem da cultura política pública e ser explicáveis com referência ao desígnio e às exigências das instituições fundamentais que

---

13. Esses princípios exprimirão e darão certo peso a valores políticos familiares, tais como a liberdade ou a igualdade, uma igualdade eqüitativa de oportunidades, a determinação eficaz das instituições com vistas a servir ao bem comum e outras. Entretanto, podemos alcançar uma concepção política da justiça de uma maneira muito diferente, a saber, equilibrando esses valores rivais uns em relação aos outros para torná-los compatíveis entre si, num equilíbrio de conjunto ou segundo um modelo que pareça o mais bem adaptado. Um procedimento desse tipo foi delineado por Isaiah Berlin; ver, por exemplo, seu ensaio "Equality" [Igualdade], em *Concepts and Categories*, Oxford, 1980, p. 100. A vantagem de partir da idéia intuitiva fundamental da sociedade como sistema eqüitativo de cooperação social está talvez no fato de que não nos contentamos com equilibrar os valores à luz de um modelo de conjunto, mas consideramos também a maneira pela qual os valores e sua influência chegaram ao ponto em que foram precisados pelas deliberações dos parceiros* na posição original*. Nossa posição aqui é a de que esses detalhes fornecem uma concepção da maneira pela qual se pode determinar contrapesos, mais clara do que a oferecida pela idéia de um equilíbrio possibilitado por um modelo de conjunto. Mas pode ser que a própria idéia de uma sociedade como sistema eqüitativo de cooperação social seja suscetível de assemelhar-se a tal modelo, caso em que os dois procedimentos coincidiriam.

ela pressupõe. A concepção dos cidadãos livres e iguais é, assim, uma concepção política cujo conteúdo é precisado mediante referência às liberdades e aos direitos fundamentais dos cidadãos de uma democracia[14]. A esperança é que a concepção da justiça à qual pertence essa concepção dos cidadãos seja aceitável para um amplo leque de doutrinas abrangentes e, portanto, respaldada por um consenso por justaposição.

Entretanto, como já assinalei, mas devo ainda sublinhar, conseguir chegar a um consenso exige que a filosofia política tente permanecer, tanto quanto possível, independente e autônoma em relação aos outros segmentos da filosofia e, em especial, aos seus eternos problemas e às suas controvérsias. Isso porque, dados os objetivos do consenso, proceder de outro modo seria uma garantia de fracasso. Mas, como veremos (na seção IV), corremos o risco de não respeitar inteiramente essa exigência se tentarmos responder à objeção segundo a qual tender para o consenso implica o ceticismo ou a indiferença para com as verdades religiosas, filosóficas ou morais. Não obstante, continua sendo justificado evitar as questões mais problemáticas. De fato, como eu disse mais acima, podemos apresentar uma concepção política, seja explicitamente, a partir de uma doutrina geral e abrangente, seja a partir de intuições fundamentais consideradas latentes na cultura política pública. Essas duas maneiras de proceder são muito diferentes, e essa diferença continua sendo importante mesmo que possamos, de tempos em tempos, ser obrigados a defender certos aspectos da nossa própria doutrina abrangente. Desse modo, enquanto corremos o risco de não poder desprezar completamente essas doutrinas, continuamos a fazer o possível para reduzir a nossa dependência em relação aos seus

---

14. Ver sobre esse ponto, neste volume, pp. 225-32.

detalhes mais específicos e aos seus traços mais controvertidos. Por conseguinte, uma questão se apresenta: qual é o mínimo que deve ser defendido? Se deve ser defendido, qual é a forma menos discutível?

Enfim, ligada a uma concepção política da justiça existe uma concepção paralela essencial, a de uma razão pública livre*. Essa concepção implica diversos elementos. Um elemento crucial é o seguinte: do mesmo modo que uma concepção política da justiça tem necessidade de certos princípios de justiça para que o conteúdo de uma estrutura básica seja precisado, ela tem igualmente necessidade de certos fios condutores para a pesquisa e as regras publicamente admitidas com respeito à maneira de tratar as provas, a fim de orientar a sua realização. De outro modo, não poderá haver conciliação com vistas a determinar se esses princípios primeiros de justiça são respeitados e a estabelecer o que eles exigem de certas instituições ou em situações particulares. Um acordo sobre uma concepção da justiça será vão – pelo menos, não será de forma alguma um acordo efetivo – se não abranger também esses outros problemas. Tendo em conta o "fato do pluralismo", não há, penso eu, melhor solução do que a de recorrer aos métodos comuns e ao conhecimento público disponível ao senso comum, bem como aos procedimentos e conclusões da ciência quando estas não são discutíveis. São esses métodos e esse conhecimento comuns que nos permitem falar de uma razão pública[15]. O reconhecimento desse limite – voltarei a tratar disso mais extensamente – não se deve a um ceticismo ou a uma indiferença em relação às reivindicações das doutrinas abrangentes, mas antes ao "fato do pluralismo", na medida em que este significa que, numa sociedade pluralista, a livre

---

15. Para um desenvolvimento completo, ver *TJ*, seção 34, e, neste volume, pp. 79-98.

razão pública não pode efetivamente ser reconhecida de nenhuma outra maneira[16].

## III

Passo agora à segunda parte de minha análise (seções III a VII), que debate quatro objeções suscetíveis de serem levantadas contra a idéia de uma unidade social baseada num consenso a propósito da concepção política da justiça. Desejo refutar essas objeções porque elas trazem o risco de impedir-nos de aceitar o que acredito ser o fundamento mais razoável de uma unidade social ao nosso alcance. Começarei por aquela que é talvez a mais evidente das objeções, a saber, que um consenso por justaposição seria um simples *modus vivendi*. Antes disso, porém, alguns comentários explicativos.

Explicitei mais acima o que significa uma concepção da justiça apoiada por um consenso por justaposição. Disse que ela é respaldada por um consenso que inclui as doutrinas conflitantes, de ordem religiosa, filosófica ou moral, que são suscetíveis de perdurar ao longo das gerações de uma sociedade eficazmente regulada por essa concepção da justiça. Damos como estabelecido que essas doutrinas podem

---

16. Dois elementos suplementares contidos na idéia de uma livre razão pública aplicada à justiça enquanto eqüidade são os seguintes: o *primeiro* é uma concepção publicamente admitida da vantagem (racional) ou do bem de cada um, a ser utilizada como base de acordo que possibilite comparações interpessoais relativas aos problemas de justiça política. Isso leva a tomar em conta os bens primários. Ver "Social Unity and Primary Goods", em *Utilitarianism and Beyond* (Cambridge University Press, 1982), de A. K. Sen e B. Williams, seções I-V. O *segundo* elemento suplementar é a idéia de publicidade, segundo a qual os princípios de justiça política, assim como sua justificação, devem estar (em seus próprios termos) ao alcance de todos os cidadãos, do mesmo modo que a prova da justiça ou da injustiça das instituições políticas por eles induzidas. Ver, neste volume, pp. 79-98.

implicar concepções conflitantes e, de fato, incomensuráveis, no tocante ao sentido, ao valor e à finalidade da vida humana (isto é, às concepções do bem), e que o campo político não oferece recursos que permitam julgar essas condições conflitantes. Elas são todas igualmente aceitáveis, desde que respeitem os limites impostos pelos princípios da justiça política. Contudo, apesar do fato de existirem concepções contrapostas na sociedade, isso não representa uma dificuldade tal que não possa existir um consenso por justaposição. Na medida em que postulados diferentes podem conduzir às mesmas conclusões, pressupomos somente que os elementos essenciais de uma concepção política, seus princípios, seus critérios e seus ideais são, por assim dizer, teoremas aos quais se justapõem ou para os quais convergem num consenso as doutrinas abrangentes.

A fim de fixar as idéias, utilizarei um caso-tipo de consenso por justaposição. Retornarei depois, vez por outra, a esse exemplo. Ele é formado por três pontos de vista. Um *primeiro* ponto de vista consiste em apoiar a concepção política em função de uma doutrina religiosa e do fato de se levar em conta a fé, o que inspiraria um princípio de tolerância e garantiria as liberdades fundamentais de um regime constitucional. O *segundo* ponto de vista apóia a concepção política com base numa doutrina moral liberal, tal como as de Kant ou de Mill, enquanto o *terceiro* apóia a concepção política não com referência a uma doutrina mais ampla qualquer, mas sim na medida em que ela é, em si mesma, suficiente para exprimir valores políticos que, nas condições relativamente favoráveis que tornam possível uma democracia constitucional mais ou menos justa, se impõem normalmente a quaisquer outras que a ela se contraponham. Convém observar, a propósito desse exemplo, que apenas os dois primeiros pontos de vista – a doutrina religiosa e o liberalismo de Kant e de Mill – são gerais e abrangentes. A concepção política da justiça não o é, embora sustente efetivamente que, em condições suficientemente favoráveis, está adaptada aos problemas de justiça política. Observemos também que esse exemplo pressupõe que os dois pontos de vista abrangentes estão de acordo, nessa medida, com os julgamentos da concepção política.

Vejamos agora a objeção propriamente dita. Pode-se pensar que, ainda que um consenso por justaposição fosse suficientemente estável, mesmo assim a idéia de tal consenso deveria ser rejeitada, porque ela renuncia à esperança de uma comunidade política* e fornece em seu lugar um acordo público que, no fundo, seria um simples *modus vivendi*. A essa objeção respondemos que, de fato, a esperança de uma comunidade política deve ser abandonada se entendemos por tal uma sociedade política unificada pela afirmação de uma doutrina geral e abrangente. Essa eventualidade é excluída pelo "fato do pluralismo", bem como pela rejeição do uso tirânico do poder do Estado para chegar a ela. Creio que não há solução realista superior à de uma unidade política estável garantida por um consenso relativo a uma concepção razoável da justiça. Por conseguinte, a verdadeira questão é a das características essenciais de tal consenso e da maneira pela qual essas características afetam a harmonia social e a qualidade moral da vida pública. Chego assim às razões em virtude das quais um consenso por justaposição não é um simples *modus vivendi*[17].

---

17. Assinalemos que não são *todos* os valores da comunidade (sabendo-se que uma comunidade é compreendida como uma associação ou uma "sociedade" cuja unidade repousa sobre uma concepção do bem) que não podem ser aplicados, mas somente a comunidade, enquanto *política,* e seus valores. A teoria da justiça enquanto eqüidade pressupõe, como outras concepções políticas liberais, que os valores da comunidade são não apenas essenciais, mas também efetiváveis, e isso, em primeiro lugar, por via das diversas associações que levam sua existência própria no âmbito da estrutura básica e depois nessas associações, tais como as Igrejas e as sociedades científicas, que se desenvolvem para além dos limites dos Estados-nações. Mas o liberalismo rejeita a idéia de que o Estado seja uma comu-

Usa-se, de maneira típica, a expressão *modus vivendi* para caracterizar um tratado celebrado entre dois Estados que tenham entrado em conflito por causa das suas intenções e dos seus interesses nacionais. Cada Estado, ao negociar um tratado, seria sábio e prudente ao assegurar-se de que o acordo proposto representa um ponto de equilíbrio, isto é, de que os termos e as condições desse tratado são definidos de modo tal que fique publicamente notório que nenhum dos dois Estados poderia tirar vantagem da sua violação. O tratado será então assinado, pois dessa maneira considerará que ele respeita o interesse nacional de cada um, inclusive o interesse em preservar sua reputação de Estado que honra seus tratados. Em geral, porém, os dois Estados estão prontos a prosseguirem suas intenções respectivas um em detrimento do outro, e, se as condições devessem modificar-se, poder-se-ia esperar que sua atitude também mudaria. Esse segundo plano põe em evidência a maneira pela qual semelhante tratado é um simples *modus vivendi*. Um segundo plano idêntico vem à mente quando se pensa num consenso social baseado nos interesses individuais, ou

---

nidade, porque, entre outras coisas, isso conduz à negação sistemática das liberdades fundamentais e ao exercício tirânico, pelo Estado, do seu monopólio da força (legal). Acrescentarei que, na sociedade bem ordenada* pela teoria da justiça como eqüidade, os cidadãos compartilham um objetivo comum que tem uma importância prioritária, aquele que é representado pela justiça política, isto é, fazer com que as instituições políticas e sociais sejam justas e a justiça seja proporcionada a todos de modo geral, tanto no que diz respeito àquilo de que os cidadãos têm necessidade para si mesmos como àquilo que eles desejam para os demais. Assim, é falso sustentar que, de um ponto de vista liberal, os cidadãos não compartilham objetivos fundamentais. Tampouco é certo que o objetivo representado pela justiça política não constitui uma parte importante de sua identidade (entendendo-se por "identidade", como agora se faz freqüentemente, os objetivos e os projetos fundamentais em relação àqueles com os quais definimos o tipo de pessoa que desejaríamos particularmente ser). Porém esse objetivo comum, representado pela justiça política, não deve ser confundido com (aquilo que chamei de) uma concepção do bem. Para uma análise deste último ponto, ver Amy Gutmann, "Communitarian Critics of Liberalism", *Philosophy and Public Affairs*, verão de 1985, p. 311, nota 14.

nos interesses de grupo, ou, ainda, nos resultados da negociação política. A unidade social é apenas aparente, na medida em que sua estabilidade depende de circunstâncias que mantêm uma situação adequada para não perturbar a boa convergência dos interesses.

Ora, pelo nosso caso-tipo evidencia-se que um consenso por justaposição é inteiramente diferente de um *modus vivendi*. Dois aspectos devem ser ressaltados. *Em primeiro lugar*, o objeto do consenso, a concepção política da justiça, é ele próprio uma concepção moral. *Em segundo lugar*, ele invoca razões morais, isto é, inclui concepções da sociedade e dos cidadãos enquanto pessoas\* e integra também princípios de justiça e uma análise das virtudes cooperativas mediante as quais esses princípios se encarnam no caráter humano e se expressam na vida pública. Um consenso por justaposição não é, por isso mesmo, um simples consenso que reconhecesse certas autoridades ou se conformasse com certos arranjos institucionais baseados na convergência dos interesses individuais ou nos interesses de grupo. Os três pontos de vista do nosso exemplo defendem a mesma concepção política. Como eu disse, todos reconhecem seus conceitos, seus princípios e suas virtudes, que formam o conteúdo comum sobre o qual eles se reúnem. O fato de aqueles que apóiam a concepção política o fazerem referindo-se à sua própria opinião abrangente e partirem assim de premissas e razões diferentes não torna por isso a sua afirmação menos religiosa, filosófica ou moral, como poderia ser o caso.

Os dois aspectos precedentes (o objeto moral e as razões morais) de um consenso por justaposição estão ligados a um *terceiro*, o da estabilidade. De fato, os que apóiam as diversas opiniões sobre as quais repousa a concepção política não lhe vão retirar o seu apoio, mesmo quando a força relativa, na sociedade, da sua própria opinião aumentar ou até se tornar dominante. Enquanto as três opiniões estiverem sendo defendidas e não questionadas, a concepção política continuará a ser apoiada, quaisquer que sejam as redistribuições do poder político. Poderíamos dizer que cada ponto de vista defende a concepção política por si mesma e por seu valor intrínseco. Prova disso seria a capacidade do consenso de permanecer estável malgrado as mudanças na distribuição de sua influência. Essa característica, a estabilidade, põe em evidência uma contraposição fundamental entre um consenso por justaposição e um *modus vivendi*, cuja estabilidade depende dos acasos e do equilíbrio das forças relativas.

Tudo isso se tornará claro se modificarmos o nosso exemplo e incluirmos nele as opiniões de católicos e protestantes no século XVI. Já não se tem um consenso sobre o princípio de tolerância. Naquela época, os dois credos sustentavam que era dever do soberano dar o seu apoio à verdadeira religião e reprimir o desenvolvimento da heresia ou da doutrina errada. Nesse caso, o reconhecimento do princípio de tolerância é, sem dúvida, um simples *modus vivendi*, pois, se algum dia um ou outro se tornasse predominante, esse princípio deixaria de ser respeitado. A estabilidade na partilha do poder não pode durar. Enquanto opiniões como as que defendiam os católicos e os protestantes do século XVI permanecem minoritárias e parecem continuar assim, elas não afetam de modo significativo a qualidade moral da vida pública e a base da concórdia social. Isso porque a grande maioria da sociedade permanece na certeza de que o poder vai continuar a ser partilhado entre doutrinas, num consenso para defender uma concepção política da justiça. Mas, se essa situação viesse a se modificar, a qualidade moral da vida política também mudaria, de um modo que suponho ser evidente e não exigir nenhum comentário suplementar.

As observações precedentes nos levam a considerar quais são as concepções da justiça bem conhecidas que podem integrar-se num consenso estável, que leve em conta a partilha do poder. Parece que, se certas concepções teológicas podem convir, outras certamente não convêm, como, por exemplo, o utilitarismo[18]. Ou pelo menos esse parece ser o caso, a menos que certas hipóteses sejam dadas para limitar o conteúdo dos desejos, das preferências ou dos interesses dos cidadãos[19]. De outro modo, não parece haver garantia de que restringir ou suprimir as liberdades fundamentais de alguns seja a melhor maneira de maximizar a totalidade (ou a média) do bem-estar social. Na medida em que o utilitarismo, sob suas diversas formas, é um elemento de importância permanente e historicamente preeminente na tradição do pensamento democrático, podemos esperar que existam meios de decompor ou de revisar a doutrina utilitarista de tal maneira que ela possa sustentar uma concepção da justiça adaptada a um regime constitucional, ainda que tenha de chegar a isso indiretamente[20], constituindo o meio que permite alcançar o maior bem-estar. Quanto mais o utilitarismo tiver possibilidade de se manter numa sociedade bem ordenada, tanto mais seguro e estável será o consenso por justaposição.

---

18. Sigo aqui a concepção de Bentham, Edgeworth e Sidgwick, ou de autores contemporâneos como R. B. Brandt em *A Theory of the Good and the Right*, Oxford, 1979, R. M. Hare em *Moral Thinking*, Oxford, 1981, e J. J. C. Smart em *Utilitarianism: For and Against*, Cambridge, 1973.

19. O desejo, a preferência ou o interesse não são idênticos, e sim têm características à parte; essas diferenças desempenham um papel importante nas diferentes versões do utilitarismo adotadas pelos autores mencionados na nota precedente. Creio, não obstante, que o ponto de vista defendido aqui se contrapõe a todas essas versões.

20. O advérbio *indiretamente* se refere aqui ao utilitarismo pretensamente indireto. Para uma exposição precisa do ponto de vista de J. S. Mill, que desenvolve essa doutrina, ver John Gray, *Mill on Liberty: A Defense*, Londres, 1983.

## IV

Passo agora à segunda objeção que se pode fazer à idéia de um consenso por justaposição em torno de uma concepção política da justiça, a saber, a de que o fato de evitar doutrinas gerais e abrangentes implica a indiferença ou o ceticismo com relação ao caráter de verdade de tal concepção. Evitar essas doutrinas pode parecer sugerir que uma concepção política poderia ser mais razoável para nós, mesmo quando ela fosse reconhecida como não verdadeira, como se a verdade aqui estivesse fora de propósito. A isso pode-se redargüir que é mais grave que uma concepção política seja cética ou indiferente em relação à verdade do que simplesmente estar em conflito com ela. Um ceticismo ou uma indiferença desse tipo colocaria a filosofia política em conflito com numerosas doutrinas abrangentes e comprometeria na base o seu objetivo de um consenso por justaposição. Aplicando esse "método de esquiva", como o podemos denominar, esforçamo-nos, tanto quanto possível, para não afirmar nem negar nenhuma opinião religiosa, filosófica ou moral, tampouco suas análises filosóficas da verdade e o *status* que elas atribuem aos valores. Como pressupomos que cada cidadão defende uma opinião desse tipo, esperamos que seja possível para todos reconhecer uma concepção política como verdadeira ou razoável do ponto de vista da sua própria opinião abrangente, seja ela qual for[21].

---

21. É importante compreender que a opinião segundo a qual a filosofia, no sentido clássico, entendida como busca da verdade de uma ordem moral primeira e independente, não pode fornecer uma base de acordo para uma concepção política da justiça (isso é defendido neste volume, pp. 211-2) não implica que seja verdade a discutível reivindicação de ordem metafísica segundo a qual tal ordem não existiria. O parágrafo acima esclarece este último ponto. As razões que apresento para justificar a minha opinião são de ordem histórica e sociológica e nada têm a ver com as doutrinas metafísicas sobre o *status* dos valores. O que eu sustento é que devemos extrair as lições evidentes da nossa história política a partir da Reforma e das guerras de religião, assim como do desenvolvimento das democracias

Assim, uma concepção política da justiça compreendida corretamente não deveria ser mais indiferente à verdade no campo moral, por exemplo, do que o princípio de tolerância, entendido corretamente, o é em relação à verdade em matéria de religião. Aplicamos unicamente nesse caso o princípio de tolerância à própria filosofia. Desse modo esperamos evitar as eternas controvérsias da filosofia e, especialmente, as que se referem à natureza da verdade e ao *status* dos valores expressos pelo realismo ou pelo subjetivismo. Como buscamos um acordo para uma justificação pública no campo da justiça, e como não se pode esperar nenhum acordo político que tenha por objeto esse problema, voltamo-nos, na falta dele, para idéias intuitivas fundamentais que parecemos compartir graças à cultura política pública. Tentamos desenvolver, a partir dessas idéias, uma concepção política da justiça que leve à justaposição das nossas convicções bem ponderadas. Do mesmo modo que, para com a religião, os cidadãos que pensam ou crêem dentro dos limites das suas próprias doutrinas abrangentes consideram a concepção política da justiça como verdadeira ou razoável, qualquer que seja o caso.

Algumas pessoas correm o risco de não ficarem satisfeitas e de retrucar que, apesar desses protestos, uma concepção política da justiça não pode deixar de exprimir indiferença ou ceticismo. De outro modo ela não negligenciaria questões fundamentais de ordem religiosa, filosófica ou moral, sob o pretexto de que são difíceis de resolver politicamente ou se revelam sem solução. Pode-se alegar que cer-

---

constitucionais modernas. Como eu disse mais acima, na seção I, já não é razoável esperar alcançar um acordo *político* com base numa doutrina geral e abrangente, como se isso pudesse ser um meio para se chegar a um acordo político sobre as exigências constitucionais essenciais, a menos, é claro, que estejamos decididos a fazer uso do dispositivo estatal como de um instrumento tirânico. Se não estivermos preparados para fazer isso, devemos, considerando isso como um problema prático, buscar o que chamei de uma concepção política da justiça.

tas verdades dizem respeito a problemas tão importantes que se deve pôr termo às disputas de que são objeto, mesmo ao preço de uma guerra civil. A isso responderíamos, em primeiro lugar, que não se eliminam problemas que estão na pauta política sob o único pretexto de que eles seriam uma fonte de conflito. Preferimos invocar uma concepção política da justiça a fim de distinguir, dentre esses problemas, os que podem razoavelmente ser eliminados e os que não o podem, sempre porém com a preocupação de tender para um consenso por justaposição. Certos problemas levados em conta continuarão sem solução, pelo menos até certo ponto. Isso é perfeitamente normal em relação às questões políticas.

Para ilustrar isso, suponhamos que, no seio de uma concepção política da justiça, possamos dar conta ao mesmo tempo da liberdade de consciência igual para todos, que elimina as verdades religiosas da pauta política, e das liberdades políticas e civis iguais para todos, que, excluindo a servidão e a escravidão, eliminam essas instituições[22]. É inevitável que persistam questões sem solução. Por exemplo, como se deveriam traçar, com maior precisão, as fronteiras

---

22. Algumas observações explicativas: quando certos problemas são subtraídos de um programa político, estes não são considerados como objetos apropriados para suscitar uma decisão política sancionada pelo voto majoritário ou um outro escrutínio pluralista qualquer. Em relação a uma liberdade de consciência igual para todos e ao repúdio da escravidão e da servidão, isso significa que, numa constituição, as liberdades fundamentais de cada um, que recobrem esses problemas, são julgadas fixas e admitidas de uma vez por todas. Elas são parte integrante da carta pública de um regime constitucional, e não um tema próprio para o debate público ou para uma legislação interminável, como se pudessem ser modificadas a qualquer momento de um modo ou de outro. Além disso, os partidos políticos mais estabelecidos julgam esses problemas inteiramente resolvidos. É claro que o fato de certos problemas serem subtraídos de um programa político não implica que uma concepção política da justiça deva isentar-se de explicar por que o são. De fato, como assinalo mais acima, uma concepção política deveria prender-se precisamente a isso. Devo a Stephen Holmes a minha maneira de pensar as liberdades e os direitos básicos como devendo retirar certos problemas da pauta política.

entre as liberdades fundamentais quando estas entram em conflito? (Onde erigir "o muro entre a Igreja e o Estado"?). Como interpretar as exigências da justiça distributiva mesmo quando existe um acordo muito amplo a respeito dos princípios gerais da estrutura básica? Enfim, que acontecerá com problemas de política geral como o recurso às armas nucleares? Essas questões não podem ser eliminadas da pauta política. No entanto, ao evitar as doutrinas abrangentes, tentamos contornar as controvérsias mais graves da religião e da filosofia a fim de manter alguma esperança de descobrir uma base para um consenso por justaposição que seja estável.

Não obstante, ao defender uma concepção política da justiça, corremos o risco de ter de afirmar alguns aspectos, pelo menos, da nossa própria doutrina religiosa ou filosófica abrangente (de modo algum totalmente abrangente)[23]. Esse deve ser o caso cada vez que alguém insiste no fato de certas questões serem tão fundamentais que, para se assegurar de que serão corretamente resolvidas, um conflito civil se justificaria. A salvação religiosa dos que aderem a uma religião em particular ou mesmo a salvação de todo um povo são por vezes consideradas como dependentes desse tipo de questões. Aqui, corremos o risco de não ter outra escolha senão negar essa afirmação e de tomar posição, o que esperamos evitar. Entretanto, os aspectos da opinião que defendemos não devem ir além do que é necessário para o objetivo político do consenso. Assim, por exemplo, podemos sustentar, numa certa medida, a doutrina da liberdade religiosa com o apoio da liberdade de consciência igual para todos.

---

23. Considero que uma doutrina é totalmente abrangente se ela cobre todos os valores e virtudes reconhecidos no seio de um mesmo sistema relativamente bem estruturado, enquanto ela o é apenas parcialmente quando inclui um certo número de valores e virtudes não políticas e permanece estruturada de maneira sobretudo flutuante. Esse campo limitado e essa margem de manobra se revelam importantes no que diz respeito à estabilidade; ver mais adiante as seções VI e VII.

Tendo em conta a existência de um regime constitucional justo, negamos que a salvação eterna exija o que quer que seja de incompatível com essa liberdade. Mas não pretendemos dizer mais a propósito da nossa própria opinião abrangente do que aquilo que julgamos útil para a busca de um consenso.

O motivo dessa reserva se prende à nossa preocupação de respeitar o mais possível os limites da razão pública livre (mencionada mais acima, no fim da seção II). Suponhamos que o respeito desses limites nos permita alcançar um consenso por justaposição relativo a uma concepção política da justiça. Algumas pessoas dirão que alcançar esse acordo ponderado representa em si uma razão suficiente para considerar essa concepção como verdadeira ou, pelo menos, como altamente provável. Mas não cheguemos a tanto. Isso é inútil e acarretaria o risco de nos desviar da nossa proposta prática, a saber, encontrar a base de um acordo público de uma justificação. A idéia de um consenso por justaposição, portanto, deixa os cidadãos livres para irem mais longe individualmente nesse sentido em função das suas próprias doutrinas gerais e abrangentes.

Atuando dessa maneira, uma concepção política da justiça completa e amplia o movimento de pensamento que começou há três séculos com a aceitação progressiva do princípio de tolerância e conduziu ao Estado leigo, bem como à liberdade de consciência igual para todos. Essa ampliação é necessária para um acordo sobre uma concepção política da justiça, tendo-se em conta o contexto histórico e social de uma sociedade democrática. Desse modo a autonomia completa dos cidadãos de uma democracia pode prender-se a uma concepção da filosofia política que seria, ela própria, autônoma e independente em relação a doutrinas gerais e abrangentes. Aplicando os princípios de tolerância à própria filosofia, deixa-se aos cidadãos a tarefa de resolver individualmente por si próprios os problemas religiosos, filosóficos e morais, em função das opiniões que eles defendem livremente.

## V

Uma terceira objeção possível é a seguinte. Mesmo que concedamos que um consenso por justaposição deva distinguir-se de um *modus vivendi*, sempre é possível sustentar que uma concepção política realista não pode deixar de ser geral e abrangente. Sem tal doutrina, não haveria meio algum de resolver os diversos conflitos em matéria de justiça que sobrevêm na vida pública. Essa idéia pressupõe que, quanto mais profundos sejam os fundamentos conceituais e filosóficos desses conflitos, mais o grau de reflexão filosófica deve ser geral e abrangente para pôr a nu suas raízes e lhes encontrar uma solução apropriada. Segundo a conclusão dessa objeção, é vão tentar elaborar uma concepção política da justiça, expressamente para a estrutura básica, excluindo qualquer doutrina abrangente. E, como acabamos de ver, podemos ser obrigados a nos referir, pelo menos em certa medida, a uma doutrina abrangente[24].

---

24. É fundamental distinguir entre visões gerais e abrangentes e visões que julgamos abstratas. Assim, como a justiça enquanto eqüidade parte da idéia intuitiva fundamental da sociedade enquanto sistema eqüitativo de cooperação e procede de maneira que se desenvolva essa idéia, a concepção política da justiça que dela resulta pode ser dita abstrata. Ela é abstrata da mesma maneira que a concepção de um mercado totalmente competitivo, ou de um equilíbrio econômico geral, é abstrata, isto é, ela isola ou se concentra em certos aspectos da sociedade particularmente importantes do ponto de vista da justiça política e deixa outros de lado. Mas determinar se a concepção que dela resulta é geral e abrangente, no sentido em que entendo essas palavras, é outra questão. Creio que os conflitos implícitos em razão do "fato do pluralismo" forçam a filosofia política a oferecer concepções abstratas da justiça, se isso pode ajudá-la a alcançar os seus objetivos. Entretanto, esses mesmos conflitos protegem essas concepções do risco de serem gerais e abrangentes.

Essa objeção é perfeitamente natural. De fato, somos tentados a nos perguntar como julgar de outra maneira essas reivindicações conflitantes. Ainda aqui, uma parte da resposta pode ser encontrada por meio da terceira opinião do nosso caso-tipo, a saber, a concepção política da justiça considerada não na condição de conseqüência de uma doutrina abrangente, mas como se bastando a si própria para expressar valores que normalmente se impõem a quaisquer outros que se contrapusessem a eles – no âmbito das condições relativamente favoráveis que tornam possível uma democracia constitucional. Nesse caso, o critério de um regime justo se define por essa concepção política; ademais, os valores em questão são avaliados do ponto de vista dos seus princípios e critérios, assim como em função de sua análise das virtudes da cooperação na justiça política. Os que sustentam essa concepção podem, é claro, ter em outros pontos outras opiniões que definem valores e virtudes a respeito de outros aspectos da vida. Em todo caso, eles diferem dos cidadãos que sustentam os dois outros pontos de vista do nosso caso-tipo por não terem uma doutrina totalmente (por contraposição a parcialmente[25]) abrangente, segundo a qual se ordenariam todos os valores e virtudes. Eles não pretendem com isso que tal doutrina seja impossível, mas sim que ela é inútil do ponto de vista prático. Sua convicção é que, no campo autorizado pelas liberdades fundamentais e pelas outras disposições de uma constituição justa, todos os cidadãos podem prosseguir com seu modo de vida numa base eqüitativa e respeitar corretamente os seus valores (não públicos). Enquanto essas garantias constitucionais estiverem asseguradas, eles julgam que não há nenhum conflito de valores suscetível de eclodir a ponto de justificar sua oposição

---

25. Para a diferença entre uma doutrina, seja total, seja parcialmente abrangente, ver a nota 23 da seção IV.

à concepção política no seu conjunto, ou em torno de assuntos tão cruciais como a liberdade de consciência, as liberdades políticas iguais para todos ou os direitos cívicos fundamentais etc. Os que sustentam essa opinião parcialmente abrangente poderiam defini-la da seguinte maneira: não devemos pressupor que existam respostas globalmente razoáveis e aceitáveis para os numerosos problemas de justiça política que podem apresentar-se para nós. Devemos antes estar prontos para aceitar o fato de que somente algumas dessas questões podem ser resolvidas de maneira satisfatória. A sabedoria política consiste em identificar estas últimas, e entre elas as mais urgentes. Uma vez feito isso, devemos estabelecer as instituições da estrutura básica de maneira que se evitem conflitos insolúveis. Precisamos também reconhecer a necessidade de princípios claros e simples dos quais a forma geral e o conteúdo possam ser, espera-se, compreendidos publicamente. Uma concepção política não é, na melhor das hipóteses, mais do que um quadro que guia a deliberação e a reflexão e nos ajuda a alcançar um acordo político que incide pelo menos sobre as exigências constitucionais essenciais. Ela terá preenchido a sua função política se parecer ter esclarecido nossa opinião e tornado mais coerentes entre si as nossas convicções bem ponderadas e se tiver reduzido a distância que separa as diferentes convicções dos que aceitam de boa-fé as idéias fundamentais de um regime constitucional. Isso continua sendo verdade mesmo que não possamos explicar inteiramente o nosso acordo. Sabemos apenas que os cidadãos que sustentam a concepção política e que cresceram e desse modo se familiarizaram com as idéias fundamentais da cultura política pública constatam que, quando adotam o seu quadro de deliberação, seus julgamentos convergem o suficiente para que a cooperação política baseada no respeito mútuo possa ser mantida. Eles vêem a concepção política como sendo ela própria suficiente e não contam com um acordo político melhor, julgando-o desnecessário.

Aqui, porém, devemos fazer-nos a seguinte indagação: como uma concepção política da justiça pode exprimir valores que, nas condições relativamente favoráveis que tornam possível a democracia, se impõem a quaisquer outros valores em conflito com eles?

Podemos responder do seguinte modo: como já dito, a mais razoável das concepções políticas da justiça para um regime democrático deve ser, no sentido amplo, liberal. Mas isso significa, como explicarei na próxima seção, que ela deve proteger os direitos básicos e lhes conferir uma prioridade particular. Essa concepção deve também compreender medidas que visem garantir a cada membro da sociedade os meios materiais suficientes que permitam um uso eficaz desses direitos básicos. Uma opinião liberal confrontada pelo "fato do pluralismo" deve eliminar da pauta política os problemas mais discutíveis, a incerteza difusa e os conflitos mais sérios, que não deixarão de minar os alicerces da cooperação social.

As virtudes da cooperação política que tornam possível um regime constitucional são assim virtudes superiores. Entendo como tais, por exemplo, as virtudes da tolerância, o fato de estar pronto a se juntar aos demais no meio do caminho, a virtude da moderação e o senso de eqüidade. Quando essas virtudes (consideradas com os modos de pensamento e os sentimentos que elas implicam) se espalham na sociedade e subjazem à concepção política da justiça, constituem um bem público essencial, uma parte do capital político da sociedade[26]. Assim, os valores que entram em conflito com a concepção política da justiça e as virtudes a ela

---

26. O termo *capital* é apropriado nesse contexto, pois essas virtudes se desenvolvem lentamente no tempo e dependem não apenas das instituições políticas

subjacentes podem ser normalmente suplantados, pois entram em conflito com as próprias condições que possibilitam uma cooperação social eqüitativa baseada no respeito mútuo.

Ademais, os conflitos entre valores políticos se reduzem consideravelmente quando a concepção política é sustentada por um consenso por justaposição. Quanto mais isso for verdade, tanto mais global será o consenso. Isso porque, nesse caso, a concepção política não é considerada incompatível com os valores religiosos, filosóficos ou morais básicos. Evitamos ter de considerar as reivindicações da concepção política da justiça que se contraporiam a tal ou qual dessas opiniões. Tampouco há necessidade, a nosso ver, de que os valores políticos sejam julgados intrinsecamente mais importantes do que outros, o que implicaria que estes últimos devem ser deixados de lado. De fato, isso seria exatamente o tipo de coisa que esperamos proscrever. Alcançar um consenso por justaposição deve ajudar-nos nessa tarefa.

Concluirei dizendo que, dado o "fato do pluralismo", o que a obra de reconciliação baseada na livre razão pública conseguiu, permitindo-nos assim evitar depender de doutrinas gerais e abrangentes, resume-se a dois elementos. *Em primeiro lugar*, ela permite identificar o papel fundamental dos valores políticos, que consiste em expressar os termos de uma cooperação social eqüitativa e compatível com um respeito mútuo dos cidadãos considerados como livres e iguais. *Em segundo lugar*, ela traz à luz um ajustamento suficientemente global entre os valores políticos e os outros valores no seio de um consenso por justaposição.

---

e sociais existentes (elas próprias lentamente instauradas) mas também da experiência geral dos cidadãos e do seu conhecimento do passado. Do mesmo modo, tal como um capital, essas virtudes podem depreciar-se e devem ser constantemente renovadas, sendo reafirmadas e exercidas na atualidade.

## VI

A segunda dificuldade que considerarei é a idéia de que um consenso por justaposição é utópico, isto é, de que não existem forças políticas, sociais ou psicológicas tais que suscitariam um consenso desse tipo (quando ele não existe) ou o tornariam estável (se chegasse a existir). Só posso aqui tratar sucintamente essa questão complicada e vou ater-me às linhas mestras do processo suscetível de fazer surgir eventualmente um consenso ou de garantir a sua estabilidade. Para tanto, utilizarei a idéia de uma concepção liberal da justiça política cujo conteúdo estipulo que compreende três elementos principais (precisados mais acima): *primeiro*, a especificação de certas liberdades, de oportunidades e de direitos básicos (como aqueles que são bem conhecidos nos regimes democráticos constitucionais); *segundo*, a determinação de uma prioridade particular atribuída a essas liberdades, a essas oportunidades e a esses direitos, examinando, muito especialmente, as reivindicações relativas ao bem geral e aos valores do perfeccionismo; *terceiro*, medidas que assegurem a cada cidadão os meios adequados e polivalentes que permitam o uso eficaz de suas liberdades e de suas oportunidades básicas[27].

---

27. Uma idéia mais completa do conteúdo de uma concepção liberal da justiça é a seguinte: 1) a autoridade política deve respeitar o Estado de direito e uma concepção do bem comum que compreende o bem de cada cidadão; 2) a liberdade de consciência ou de pensamento deve ser garantida, e isso deve estender-se à liberdade de seguir a sua própria concepção do bem, ficando entendido que esta não deve violar os princípios de justiça; 3) direitos políticos iguais devem ser garantidos, assim como a liberdade de imprensa e de associação, o direito de constituir partidos políticos, que pressupõe por outro lado a eventualidade de uma oposição leal; 4) a igualdade das oportunidades e a livre escolha de um trabalho devem ser mantidas na perspectiva de oportunidades variadas; e 5) todos os cidadãos devem ter a garantia de uma distribuição eqüitativa dos meios materiais, de modo que eles sejam suficientemente independentes e possam tirar proveito da igualdade dos seus direitos básicos, das liberdades e das oportunidades eqüitativas. É evidente que cada um desses elementos pode ser compreendido de modo diferente e

Suponhamos agora que num dado momento, como resultado de acontecimentos e de circunstâncias históricas variados, os princípios de uma concepção liberal sejam finalmente aceitos como simples *modus vivendi* e que as instituições políticas existentes satisfaçam às suas exigências. Podemos supor que essa aceitação terá sido obtida em grande parte da mesma maneira que a aceitação do princípio de tolerância enquanto *modus vivendi* consecutivo à Reforma: inicialmente com dificuldade, mas oferecendo, não obstante, a única solução possível para uma guerra civil interminável e destruidora. Nossa questão é, portanto, a seguinte: como se dá que através das gerações o assentimento inicial a uma concepção liberal da justiça tomada como *modus vivendi* se desenvolva num consenso por justaposição estável e duradouro? Penso que nossas opiniões abrangentes, a esse respeito, são muito flutuantes e imperfeitas. Para compreender isso, retornemos ao nosso caso-tipo.

Esse exemplo é atípico no caso das duas doutrinas descritas como sendo totalmente gerais e abrangentes, a doutrina da liberdade da fé e o liberalismo de Kant e de Mill. No caso em apreço, a aceitação da concepção política devia derivar e depender apenas de uma doutrina abrangente. Porém em que ponto, na prática, a fidelidade a uma concepção política depende efetivamente da sua derivação de uma opinião desse tipo? Há aqui várias respostas possíveis. Para maior simplicidade, vamos distinguir três casos: a concepção política deriva de uma doutrina abrangente; ela não deriva desta, mas é compatível com ela; por fim, a concepção política é incompatível com essa doutrina. Na nossa vida de todos os dias não decidimos qual desses três casos é o correto – na verdade, nem pensamos nisso. Isso faria surgir pro-

---

que existem assim numerosos liberalismos. Entretanto eu os concebo a todos como compartilhando, pelo menos, os três elementos mencionados neste texto.

blemas particularmente complicados, e nem chega a ser evidente que seja necessário tomar uma decisão. A maioria das doutrinas religiosas, filosóficas ou morais da maioria das pessoas não é julgada por elas como sendo totalmente geral e abrangente, e mesmo esses aspectos pressupõem variações de grau. Há numerosas maneiras pelas quais a concepção política pode pôr-se de acordo com essas opiniões (parcialmente) abrangentes e ao mesmo tempo conservar certa flutuação, e numerosas maneiras, dentro dos próprios limites de uma concepção política da justiça, de se prosseguir em diferentes doutrinas desse tipo. Isso sugere que muitos cidadãos, talvez a maioria, vêm a defender sua concepção política comum sem estabelecer uma relação particular entre esta e as suas outras opiniões. Assim, é possível para eles defender prioritariamente a concepção política e avaliar os seus efeitos sobre o bem público numa sociedade democrática. Porém, se depois aparece uma incompatibilidade entre a concepção política e suas doutrinas mais gerais, eles podem muito bem reajustar ou rever essas doutrinas em vez de rejeitar a concepção política[28].

Nesse ponto, podemos perguntar-nos em virtude de quais valores políticos uma concepção liberal da justiça é suscetível de acarretar obediência. Uma fidelidade às instituições e à concepção que as rege pode, é claro, estar baseada em parte nos interesses de longo prazo, sejam eles individuais ou de grupo, no hábito e nas atitudes tradicionais ou, simplesmente, no desejo de se conformar ao que é esperado e normalmente realizado. Uma fidelidade generalizada pode

---

28. Deve-se assinalar que distinguimos aqui entre a fidelidade inicial à doutrina política ou a avaliação posterior desta última e o ajuste posterior, ou a revisão das doutrinas abrangentes às quais essa fidelidade ou essa avaliação conduzem quando surgem contradições. Esses ajustes ou revisões devem efetuar-se, podemos supor, lentamente ao longo do tempo, à medida que a concepção política modela as doutrinas abrangentes e as torna compatíveis consigo. No que respeita a essa abordagem, muito devo a Samuel Scheffler.

também ser favorecida por instituições que garantam a todos os cidadãos os valores políticos compreendidos como aquilo que Hart chama de conteúdo mínimo da lei natural. Mas aqui estamos preocupados com os fundamentos posteriores de uma fidelidade produzida por uma concepção liberal da justiça[29].

Quando uma concepção liberal rege com eficácia as instituições políticas fundamentais, ela satisfaz a três exigências essenciais de um regime constitucional estável. *Primeiramente*, dado o "fato do pluralismo" – o fato que torna necessário, em primeiro lugar, um regime liberal enquanto *modus vivendi* –, uma concepção liberal satisfaz à necessidade política urgente de fixar, de uma vez por todas, o conteúdo das liberdades e dos direitos básicos e de lhes atribuir uma prioridade particular. Isso retira essas garantias da discussão política e as coloca além do cálculo dos interesses sociais, estabelecendo desse modo, clara e firmemente, os termos de uma cooperação social que repousa sobre o respeito mútuo. Ao contrário, julgar esses cálculos pertinentes para resolver tais problemas deixa ainda incertos o *status* e o conteúdo desses direitos e dessas liberdades; submete-os às condições aleatórias de tempo e de lugar e, ressaltando o que está em jogo nas controvérsias políticas, aumenta perigosamente a insegurança e a hostilidade da vida pública. Assim, por contraposição, garantir as liberdades básicas e reconhecer a sua prioridade pode realizar uma obra de reconciliação e selar uma aceitação mútua num pé de igualdade.

A *segunda* exigência está ligada à idéia que o liberalismo faz de uma razão pública livre. É especialmente desejá-

---

29. Ver *The Concept of Law*, Oxford, 1961, pp. 189-95, para aquilo que Hart chama de o conteúdo mínimo da lei natural. Suponho que uma concepção liberal (como muitas outras) inclui esse conteúdo mínimo. Assim sendo, concentro-me nas bases de uma fidelidade que é gerada por uma concepção dessas em virtude do conteúdo distinto de seus princípios.

vel que a forma do raciocínio que recomenda uma concepção seja considerada correta e suficientemente confiável em vista dos seus próprios termos e possa ser publicamente reconhecida como tal[30]. Uma concepção liberal tenta satisfazer a esses desideratos de múltiplas maneiras. Como vimos ao elaborar uma concepção política da justiça, ela parte de intuições fundamentais latentes no seio da cultura pública comum; separa os valores políticos das outras doutrinas particulares abrangentes e sectárias (não públicas); tenta, por fim, limitar o campo dessa concepção aos problemas de justiça política (a estrutura básica e seus programas sociais). Ademais (como vimos na seção II), ela admite que um acordo sobre uma concepção política da justiça pode ter algum efeito sem um acordo complementar sobre as linhas mestras da pesquisa pública e sobre as regras de avaliação das provas. Dado o "fato do pluralismo", essas linhas mestras e essas regras devem ser precisadas com referência às formas de raciocínio ao alcance do senso comum e pelos procedimentos e conclusões da ciência, quando não estão sujeitas a controvérsia. O papel desses métodos e desse conhecimento comuns aplicados à concepção política torna a razão *pública*; a proteção atribuída à liberdade de expressão e pensamento a define como *livre*. As reivindicações da religião e da filosofia (tais como foram precisadas mais acima) não são excluídas por ceticismo ou indiferença, mas somente para permitir a instauração de uma base comum da livre razão pública.

A idéia de uma concepção liberal da razão pública comporta também uma certa simplicidade. Isso pode ser ilustra-

---

30. A expressão "em vista dos seus próprios termos" significa aqui que não estamos, no momento, preocupados com a verdade ou o caráter razoável, segundo o caso, da concepção em apreço, mas sim com a facilidade com a qual os seus princípios e os seus critérios podem ser corretamente compreendidos e fielmente aplicados no debate público.

do pelo fato de que, mesmo que as concepções teleológicas gerais e abrangentes fossem aceitáveis enquanto concepções políticas da justiça, a forma da argumentação pública especificada por elas seria politicamente irrealista. Isso porque, se os cálculos teóricos complexos acarretados pela aplicação dos seus princípios são publicamente admitidos em matéria de justiça política (pensamos, por exemplo, naquilo que é implicado pela efetivação do princípio de utilidade para a estrutura básica), a natureza altamente especulativa e a enorme complexidade desses cálculos prometem tornar os cidadãos que têm interesses conflitantes mutuamente desconfiados em relação aos seus respectivos argumentos. A informação pressuposta por esses cálculos é muito difícil, talvez até impossível de obter, e muitas vezes surgem problemas insuperáveis para se atingir uma avaliação objetiva que seja aceitável. Ademais, mesmo que achemos, quando os apresentamos, que os nossos argumentos são sinceros e não egoístas, devemos considerar o que outros provavelmente pensarão ao conhecer um fracasso quando a nossa argumentação prevalece sobre a deles. Os argumentos em apoio dos julgamentos políticos deveriam, se possível, não ser apenas válidos mas também aparecerem publicamente como tais. A máxima segundo a qual não nos devemos contentar em fazer justiça mas também em mostrar que ela é feita vale não apenas num contexto jurídico mas também para a livre razão pública.

A terceira exigência requerida por uma concepção liberal está ligada às precedentes. As instituições fundamentais tornadas necessárias por tal concepção e sua visão de uma livre razão pública – quando elas funcionam de modo eficaz e duradouro – favorecem as virtudes cooperativas da vida política. A virtude da moderação e o senso da eqüidade, um espírito de acomodação e uma propensão a saber juntar-se aos outros no meio do caminho são outros tantos elementos ligados à boa vontade, se não ao desejo, de cooperar com os outros em termos políticos, que todo o mundo pode aceitar publicamente e que são compatíveis com o respeito mútuo. O liberalismo político confere os princípios e põe em ordem as instituições em função da sua influência sobre a qualidade moral da vida pública, sobre as virtudes cívicas e os hábitos intelectuais que devem ser encorajados por sua admissão pública e que são requeridos para sustentar um regime constitucional estável. Essa exigência está ligada às duas precedentes da seguinte maneira. Quando os termos da cooperação social estão fixados e ancorados num respeito mútuo, estabelecem de uma vez por todas as suas liberdades e oportunidades básicas, assim como a sua prioridade, e, quando esse fato é ele próprio reconhecido publicamente, as virtudes cooperativas essenciais tendem a se desenvolver. Essa tendência é acentuada ainda mais pelos êxitos da livre razão pública, que chega a programas políticos justos e a acordos eqüitativos.

As três exigências satisfeitas por uma concepção liberal são visíveis no âmbito das características estruturais básicas do mundo público por ela concretizado e por meio dos seus efeitos sobre o caráter político dos cidadãos. Esse caráter consiste em considerar como consolidados as liberdades e os direitos básicos e em conduzir suas deliberações de acordo com as linhas mestras da livre razão pública. Uma concepção política da justiça (liberal ou outra) especifica a forma de um mundo social – um quadro para a vida das associações, dos grupos e dos cidadãos. Dentro desse quadro, um consenso posto em prática pode muitas vezes ser garantido por uma convergência de interesses individuais ou de interesses de grupo. Mas, para garantir a estabilidade, esse quadro deve ser respeitado e considerado como estando fixado pela concepção política, que é, ela própria, sustentada por razões morais.

Portanto, a conjetura é que, à medida que os cidadãos vêm a avaliar os resultados de uma concepção liberal, ela acarreta a sua fidelidade, que se reforça sempre mais com o tempo. Os cidadãos acabam por conceber que é ao mesmo tempo razoável e sábio confirmar a sua fidelidade a esses princípios de justiça que expressam valores que, nas condições relativamente favoráveis que tornam a democracia possível, contrabalançam normalmente quaisquer outros valores suscetíveis de se contrapor a eles. É assim que se concretiza um consenso por justaposição.

## VII

Acabo de delinear a maneira pela qual a aquiescência inicial a uma concepção liberal da justiça, considerada como simples *modus vivendi*, pode com o tempo se transformar num consenso por justaposição estável. Essa conclusão é tudo de que necessitamos para responder à objeção segundo a qual um consenso desse tipo seria utópico. Entretanto, a fim de tornar essa conclusão ainda mais plausível, indicarei, sucintamente, algumas das principais hipóteses que sustentam a exposição sobre a maneira pela qual se produz a fidelidade política.

*Em primeiro lugar*, devem ser tomadas em consideração as hipóteses daquilo que chamarei de uma psicologia moral razoável, isto é, uma psicologia dos seres humanos na medida em que eles são capazes de ser razoáveis e de se envolver numa cooperação social eqüitativa. Devo introduzir aqui o seguinte: 1) além da capacidade de conceber o bem, as pessoas têm a faculdade de adquirir concepções da justiça e da eqüidade (que especificam os termos eqüitativos da cooperação) e de agir da maneira requerida por essas concepções; 2) quando acham que as instituições ou as práticas sociais são justas e eqüitativas (no sentido dessas concepções), elas se mostram dispostas a desempenhar o seu papel no âmbito desse dispositivo, ficando entendido que têm a garantia suficiente de que os outros também farão a mesma coisa; 3) se alguns, de maneira intencional, desempenham com um zelo particular esse papel, eles inspirarão confiança nas pessoas; 4) essa confiança aumentará e será sempre mais forte e mais completa enquanto perdurar o êxito de um dispositivo cooperativo comum; e 5) serão reconhecidas com mais firmeza e boa vontade as instituições básicas elaboradas para garantir os nossos interesses fundamentais (as liberdades e os direitos básicos).

Podemos, *em segundo lugar*, pressupor que todos reconhecem o que denominei condições históricas e sociais das sociedades democráticas modernas: (a) o fato do pluralismo, (b) o fato da sua permanência, bem como (c) o fato de esse pluralismo só poder ser superado pelo uso tirânico do poder do Estado (o que pressupõe por si mesmo um poder de controle do Estado que nenhum grupo detém). Essas condições constituem uma categoria comum. Por outro lado, concebidos como partes integrantes dessa categoria, devem ser levados em conta (d) o fato da escassez relativa dos recursos e (e) o fato de existirem numerosos benefícios a serem extraídos da cooperação social bem organizada, com a condição de que ela se estabeleça em termos eqüitativos. Todas essas condições e hipóteses caracterizam o contexto da justiça política* (*the circumstances of justice*).

Estamos agora prontos para tirar as conclusões das hipóteses precedentes a fim de responder novamente à seguinte pergunta: como um consenso sobre uma concepção liberal da justiça pode desenvolver-se a partir de seu reconhecimento enquanto simples *modus vivendi*? Lembremo-nos da hipótese segundo a qual as doutrinas abrangentes da maioria das pessoas não o são totalmente, e de que isso abre um vasto campo para o desenvolvimento de uma fidelidade independente a uma concepção liberal, uma vez avaliada a obra desta última. Por sua vez, essa fidelidade independente leva certas pessoas a agir intencionalmente de acordo com o dispositivo liberal, na medida em que elas têm a garantia (baseada na experiência passada) de que os outros também lhe obedecerão. Assim, progressivamente, com o passar do tempo, enquanto perdurar o êxito da cooperação política, a confiança mútua dos cidadãos aumentará.

Assinalemos também que o êxito das instituições liberais pode configurar-se como a descoberta de uma nova possibilidade para a sociedade, a possibilidade de uma sociedade pluralista estável e relativamente harmoniosa. Não havia meio de provar essa possibilidade antes da concretização, de modo humano e pacífico, do princípio da tolerância nas sociedades que comportam instituições políticas liberais. Pode parecer mais natural acreditar, como o confirma a prática secular da intolerância, que a unidade e a concórdia sociais exigem um acordo sobre uma doutrina geral e abrangente, religiosa, filosófica ou moral, já que a intolerância era aceita como a condição da ordem social e da estabilidade[31]. O enfraquecimento dessa crença contribui para abrir o caminho para as instituições liberais. E, se perguntarmos como a doutrina da liberdade religiosa pode desenvolver-se, isso deve ser compreendido com referência ao fato de ser difícil, talvez impossível, acreditar na danação daqueles com quem cooperamos durante muito tempo na base de termos eqüitativos e com uma confiança mútua.

Concluamos agora: o terceiro ponto de vista do nosso caso-tipo, o da concepção liberal da justiça, pode levar um simples *modus vivendi* a se transformar finalmente num con-

---

31. Ver as observações de Hume sobre esse ponto no § 6 de *Liberty of the Press* [Liberdade da imprensa] (1741).

senso, pela simples razão de que ele não é nem geral nem abrangente. O campo limitado dessa concepção, bem como a flutuação das nossas doutrinas abrangentes, torna possível certa margem de manobra com vistas a obter uma fidelidade inicial e a modificar essas doutrinas em função dos conflitos que surjam. Esse é um processo que deve desenvolver-se progressivamente ao longo das gerações (pressupondo-se uma psicologia moral satisfatória). As religiões que, no passado, rejeitaram a tolerância podem acabar por aceitar e defender a doutrina da liberdade religiosa. Os liberalismos de Kant e de Mill, mesmo que possam ser julgados adequados para a vida não pública e também considerados como bases possíveis para se defender um regime constitucional, não devem, entretanto, ser propostos como concepções políticas da justiça. Por essa razão, um consenso por justaposição não é uma feliz coincidência, ainda que seja facilitado, como sem dúvida deve ser o caso, por um desenvolvimento histórico favorável; ele é antes, em grande parte, a obra da tradição de pensamento político que se manifesta publicamente na sociedade.

## VIII

Concluirei comentando sucintamente o que designei como liberalismo político. Consideramos que esse ponto de vista se situa entre a tendência hobbesiana do liberalismo – o liberalismo enquanto *modus vivendi* garantido pela convergência de interesses individuais ou de interesses de grupo, coordenado e equilibrado por um dispositivo constitucional bem concebido – e um liberalismo baseado numa doutrina moral abrangente, como as de Kant e de Mill. Entregues a si mesmos, o primeiro não pode garantir uma unidade social persistente, enquanto o segundo não pode produzir um acordo suficiente. O liberalismo político é representado no nosso caso-tipo de consenso por justaposição pelo terceiro ponto de vista, com a condição de se considerar a concepção em apreço como liberal. Assim encarado, o liberalismo político é o ponto de vista segundo o qual, nas condições relativamente favoráveis que tornam possível a democracia constitucional, as instituições políticas que irão satisfazer aos princípios de uma concepção liberal da justiça concretizam os valores e os ideais políticos que se impõem normalmente aos outros valores, sejam eles quais forem, que as doutrinas lhes poderiam contrapor.

O liberalismo político deve dirimir duas objeções fundamentais: uma é a acusação de ceticismo e indiferença, enquanto a outra nega que ele possa obter um apoio suficiente para assegurar a obediência aos seus princípios de justiça. A solução dessas duas objeções está numa concepção liberal razoável da justiça capaz de ser respaldada por um consenso por justaposição. Isso porque tal consenso efetiva essa obediência, ajustando entre si a concepção política e as doutrinas gerais e abrangentes, e o faz no reconhecimento público do valor superior das virtudes políticas. Porém, como vimos, o fato de conseguir encontrar um consenso obriga a filosofia política a ser, tanto quanto possível, independente e autônoma em relação aos outros segmentos da filosofia, notadamente em relação aos seus eternos problemas e controvérsias. Isso, por sua vez, suscita a objeção segundo a qual o liberalismo político é cético quanto às verdades religiosas e filosóficas ou indiferente aos seus valores. Entretanto, se fizermos a ligação da natureza de uma concepção política com o "fato do pluralismo" e com aquilo que parece essencial, com uma base comum da livre razão pública, essa objeção parecerá inaceitável. Podemos também assinalar (ver o final da seção IV) que a independência e a autonomia da filosofia política em relação aos outros segmentos da filosofia podem ser comparadas com a liberdade e a autonomia dos cidadãos numa democracia.

Alguns pensarão que o fato de garantir uma unidade social estável num regime constitucional procurando um consenso por justaposição separa a filosofia política da filosofia e a reduz à política pura. Sim e não: o político, como se costuma afirmar, só está interessado na próxima eleição, o estadista na geração seguinte e a filosofia no futuro indefinido. A filosofia considera o mundo político como um sistema de cooperação que funciona para além das épocas, por assim dizer, perpetuamente. A filosofia política está ligada à política porque ela tem de se preocupar, o que não ocorre com a filosofia moral, com as possibilidades políticas práticas[32]. Isso nos leva a valorizar, por exemplo, a maneira pela qual as divisões profundas das sociedades pluralistas podem ser reconciliadas numa concepção política da justiça que progressivamente, através das gerações, pode tornar-se o ponto de reunião de um consenso por justaposição. Ademais, essa preocupação com uma possibilidade prática obriga a filosofia política a tomar em consideração as questões institucionais fundamentais, bem como as hipóteses de uma psicologia moral satisfatória.

Assim, a filosofia política não pode ser confundida com a simples política. Dirigindo-se à cultura pública, ela adota a mais vasta das perspectivas, prende-se às condições sociais e históricas permanentes da sociedade e procura intervir nos seus conflitos mais profundos. Ela tende a expor e a favorecer o arranjo de uma base comum para um consenso sobre uma concepção política da justiça desenvolvida a partir das intuições fundamentais dos cidadãos refe-

---

32. Ver sobre esse ponto as observações esclarecedoras de Joshua Cohen em "Reflections on Rousseau: Autonomy and Democracy" [Reflexões sobre Rousseau: Autonomia e Democracia], *Philosophy and Public Affairs*, vol. 15, 1986, pp. 296 ss.

rentes à sua sociedade e ao seu próprio lugar nela. Ao revelar a possibilidade de um consenso por justaposição numa sociedade de tradição democrática, e confrontada com o "fato do pluralismo", a filosofia política assume o papel que Kant atribuía à filosofia em geral: a defesa da crença razoável. Para nós, isso deve tornar-se a defesa de uma crença razoável na possibilidade real de um regime constitucional justo.

*Tradução francesa de A. Tchoudnowsky,*
*revista por Catherine Audard.*

# 6. A prioridade do justo e as concepções do Bem

**Observação**

Neste artigo, Rawls responde à crítica segundo a qual sua concepção da justiça ou seria intolerante em relação a certas concepções do bem (como as doutrinas religiosas antiindividualistas) ou conduziria ao ceticismo por sua neutralidade diante do conteúdo das crenças presentes numa sociedade pluralista. Sua resposta a esses dois tipos de objeção consiste em afirmar a prioridade do justo sobre o bem. É verdade que nem todas as concepções particulares do bem são aceitáveis numa democracia liberal e que é preciso submetê-las aos cerceamentos do justo. Mas Rawls vai tentar mostrar que esses cerceamentos são eles próprios um bem num sentido particular, são o "bem da justiça", no sentido de uma concepção política compartilhada. Rawls retoma e desenvolve as teses sobre o bem e o justo na terceira parte de *TJ*. Não se trata de justificar a prioridade do justo impondo e ensinando uma doutrina particular, kantiana ou de outro tipo. O debate aqui, portanto, é inteiramente atual para democracias que procuram repensar os seus conceitos-chaves, como os de "laicidade" na França, ou de tolerância para com populações de imigrantes e suas culturas. É interessante assinalar que, em última análise, a resposta de Rawls está bastante próxima do "republicanismo", como ele explica na seção VII, e que a neutralidade à qual se refere nada tem de um formalismo oco.

# 6. A prioridade do justo e as concepções do Bem[a]

A idéia da prioridade do justo é um elemento essencial daquilo que chamei de liberalismo político*. Ela tem um papel central na teoria da justiça como eqüidade*, que é uma forma desse liberalismo. Mas essa prioridade corre o risco de dar lugar a mal-entendidos; pode-se pensar, por exemplo, que ela implica que uma concepção liberal da justiça não possa recorrer a uma idéia do bem que não seja puramente instrumental ou, pelo menos, que as idéias do bem não instrumentais por ela utilizadas devem ser concebidas como provenientes de uma escolha individual – caso em que a concepção política, no seu conjunto, comporta um preconceito em favor do individualismo. Proponho-me dissipar os mal-entendidos relativos ao significado dessa prioridade do

---

a. "The Priority of the Right and Ideas of the Good".

A conferência original que leva esse título foi pronunciada em Paris, em 21 de março de 1987, durante um colóquio organizado pela Association française de philosophie du droit e o CREA da École polytechnique. Este artigo, publicado na *Philosophy and Public Affairs*, vol. 17, outono de 1988, pp. 251-76, revê e amplia consideravelmente aquela conferência. Tendo introduzido certas modificações, sou particularmente grato a Paul Stern pelas discussões que mantivemos e que me levaram a esclarecer certos pontos, bem como a Joshua Cohen e T. M. Scanlon, por numerosas e valiosas sugestões que foram integradas neste texto e por todas as suas críticas que conduziram a numerosas revisões. Devo a Burton Dreben seus conselhos atilados, bem como sua colaboração na preparação da conferência inicial de Paris. [Uma tradução em francês da conferência de 1987, por Alexis Tchoudnowsky, foi publicada nos *Archives de philosophie du droit*, Paris, Sirey, t. 33, 1988, pp. 39-61.]

justo. Mostrarei como ela está ligada a cinco idéias do bem que se encontram na teoria da justiça como eqüidade:
1) a idéia do bem como racionalidade*,
2) a idéia dos bens primários*,
3) a idéia de concepções abrangentes* e aceitáveis do bem,
4) a idéia de virtudes políticas,
5) a idéia do bem representado por uma sociedade (política) bem ordenada*.

À guisa de prefácio, farei a seguinte observação geral: no quadro da teoria da justiça como eqüidade, a prioridade do justo implica que os princípios* da justiça (política) impõem limites aos modos de vida que são aceitáveis; é por isso que as reivindicações que os cidadãos apresentam como fins que transgridem esses limites não têm peso algum (do ponto de vista da concepção política em questão). Entretanto, instituições justas, assim como as virtudes políticas correspondentes entre os cidadãos, não teriam nenhuma razão de ser caso se contentassem em autorizar certos modos de vida. É igualmente necessário que elas as encorajem para que os cidadãos as defendam como dignas de sua fidelidade total. Uma concepção da justiça deve ser suficientemente aberta para incluir modos de vida capazes de inspirar o devotamento. Em suma, a justiça estabelece os limites, o bem indica a finalidade. Assim, o justo e o bem são complementares, o que a prioridade do justo não nega em absoluto. Essa prioridade quer dizer simplesmente que, se uma concepção política da justiça, para ser aceitável, deve respeitar formas de vida variadas às quais os cidadãos possam dedicar-se, não é menos verdade que as idéias do bem sobre as quais ela se apóia devem respeitar os limites – o espaço autorizado – fixados por ela própria.

# I

Começarei por recordar a distinção, fundamental para a minha análise, entre uma concepção política da justiça* e uma doutrina abrangente, de ordem religiosa, filosófica ou moral[1]. As características de uma concepção política são, *em primeiro lugar*, que ela é uma concepção moral concebida para um campo específico, a estrutura básica* de um regime democrático constitucional; *em segundo lugar*, que o fato de se aceitar essa concepção política não pressupõe a aceitação de uma doutrina abrangente particular qualquer. Ao contrário, a concepção política pretende valer unicamente para a estrutura básica. E, *em terceiro lugar*, que ela é formulada não nos termos de uma doutrina abrangente qualquer, mas nos de certas idéias intuitivas fundamentais, consideradas como latentes na cultura política pública de uma sociedade democrática.

Assim, a diferença entre concepções políticas da justiça e outras concepções morais é uma questão de extensão da gama de questões às quais uma concepção se aplica e diz respeito ao conteúdo maior que esta deve ter caso abranja uma gama mais extensa. Uma concepção é dita *geral* quando se aplica a uma gama extensa de questões (praticamente, a todas); ela é dita *abrangente* quando compreende as concepções daquilo que tem valor para a existência humana, os ideais referentes à virtude e ao caráter pessoais, ideais que influenciam boa parte da nossa conduta não política (e praticamente toda a nossa existência). As concepções religiosas e filosóficas tendem a ser gerais e perfeitamente abrangentes; esse caráter é mesmo, às vezes, considerado como um ideal a ser atingido. Uma doutrina é perfeitamente abrangente quando cobre todos os valores e virtudes

---

1. Essa distinção está desenvolvida neste volume, pp. 203-5.

admitidos no âmbito de um esquema de pensamento articulado de maneira relativamente precisa. Ao contrário, uma doutrina é apenas parcialmente abrangente quando compreende certos valores e virtudes não políticos (mas não todos), articulados de maneira mais frouxa. Assinalemos que, por definição, mesmo neste último caso ela deve estender-se além do político para incluir valores e virtudes não políticos.

O liberalismo elabora uma concepção política da justiça, no sentido que acabamos de precisar, que consiste numa concepção da política, mas não da existência no seu conjunto. Evidentemente, essa concepção deve ter o tipo de conteúdo que associamos com o liberalismo; por exemplo, ela deve defender certos direitos e liberdades básicos, atribuir-lhes uma certa prioridade, e assim por diante. Ora, como eu disse mais acima, o justo e o bem são complementares no sentido de que uma concepção política *deve* apoiar-se em diferentes idéias do bem. Em que condições será isso possível para o liberalismo político?

A principal condição parece ser que as idéias em questão devem ser idéias políticas. Elas devem pertencer a uma concepção política razoável da justiça, de maneira que 1) sejam, ou possam ser, compartilhadas por cidadãos considerados como pessoas livres e iguais e 2) não pressuponham nenhuma doutrina particular perfeitamente (ou parcialmente) abrangente.

Na teoria da justiça como eqüidade, essa condição se expressa pela prioridade do justo. Sob sua forma geral, esta quer dizer que as idéias aceitáveis do bem devem respeitar os limites da concepção política da justiça e nela desempenhar um certo papel.

## II

A fim de precisar o significado da prioridade do justo enunciada sob essa forma geral, considerarei o modo como *cinco* idéias do bem que se encontram na teoria da justiça como eqüidade (enumerei-as na introdução) preenchem essas condições.

A *primeira* idéia – a do bem como racionalidade – é, sob uma ou outra forma, considerada por todas as concepções políticas da justiça[2] como valendo por si mesma. Essa idéia pressupõe que os membros de uma sociedade democrática possuem, pelo menos numa forma intuitiva, um projeto de vida racional à luz do qual planejam os seus empreendimentos mais importantes e distribuem os seus diversos recursos (inclusive mentais e físicos). Podem assim concretizar as suas concepções do bem durante a sua vida, se não de maneira inteiramente racional, pelo menos de modo sensato (ou satisfatório). Pressupõe-se, é claro, que, ao conceber esses projetos, as pessoas tomem em consideração as suas expectativas razoáveis em matéria de necessidade e de demandas a respeito da sua situação futura e de todas as eta-

---

2. Essa idéia está desenvolvida de maneira aprofundada em meu livro *Uma teoria da justiça*, São Paulo, Martins Fontes, 1997; ver Capítulo VII, pp. 437-501. Não desejo retomar aqui essa análise, e me contentarei com indicar seus pontos mais fundamentais e mais pertinentes para a presente análise. Em compensação, permito-me mencionar o fato de que há vários níveis em que gostaria agora de modificar a apresentação do bem como racionalidade que eu havia proposto. O ponto mais importante, talvez, seria assegurar que esta seja compreendida como parte integrante de uma concepção política da justiça, de uma forma de liberalismo político, e não como elemento de uma doutrina moral abrangente. A distinção entre uma doutrina abrangente e uma concepção política não se encontra em *TJ* e, embora eu pense que quase toda a estrutura e o conteúdo da teoria da justiça como eqüidade (incluindo o bem como racionalidade) permanecem imutáveis quando considerados como uma concepção política, admito que com isso a compreensão da teoria no seu conjunto fica profundamente modificada. Charles Larmore, em *Patterns of Moral Complexity* (Cambridge, Cambridge University Press, 1987), tem toda a razão ao criticar vigorosamente a ambigüidade de *TJ* no tocante a essa questão fundamental.

pas de sua vida, de tal forma que as possam avaliar a partir da sua situação presente na sociedade e das condições normais da existência humana. Dados esses pressupostos, qualquer concepção política da justiça suscetível de ser aplicada e servir de base pública para a justificação e que autorizasse a suposição de que os cidadãos teriam grandes probabilidades de adotá-la, deve levar em conta a existência humana e a satisfação das necessidades e dos objetivos humanos básicos, tais como eles são compreendidos na noção geral do bem. Ela deve, portanto, reconhecer a racionalidade como princípio básico de uma organização política e social. Uma doutrina política concebida por uma sociedade democrática pode portanto pressupor que todos os participantes do debate político sobre o justo e a justiça aceitam esses valores, com a condição de que sejam formulados de maneira suficientemente geral. De fato, se não fosse assim, não parece que se apresentariam os problemas de justiça política tais como os conhecemos.

Importa sublinhar que, por si mesmos, evidentemente, esses valores básicos não bastam para descrever com precisão uma doutrina política particular. A idéia do bem como racionalidade, tal como é utilizada em *TJ*, é uma idéia básica a partir da qual, em conjunção com outras idéias (como, por exemplo, a concepção política da pessoa\* apresentada na seção seguinte), poder-se-ão elaborar outras idéias caso isso se faça necessário. Exatamente como a teoria estrita do bem, a concepção do bem como racionalidade fornece um quadro parcial com dois objetivos em vista: *primeiro*, ajudar-nos a identificar uma lista factível de bens primários; *segundo*, apoiando-nos num índice desses bens, permitir-nos ao mesmo tempo precisar a motivação dos parceiros\* na posição original\* e explicar por que essa motivação é racional. Deixarei de lado por enquanto o segundo objetivo e tratarei imediatamente do primeiro.

## III

Um dos objetivos da idéia do bem como racionalidade é fornecer um quadro parcial para a análise dos bens primários. Mas, para que esse quadro esteja completo, essa idéia deve ser combinada com uma concepção política dos cidadãos como sendo livres e iguais. Isso feito, podemos a seguir determinar o que os cidadãos precisam e o que eles demandam quando são considerados como pessoas* livres e iguais e como membros normais e integrais, por toda a sua vida, da cooperação social. É crucial aqui ver claramente que a concepção que define os cidadãos como pessoas livres e iguais é uma concepção política, e não uma concepção pertencente a uma doutrina moral abrangente. É essa concepção política das pessoas e sua análise das suas faculdades morais* e dos seus interesses superiores*, assim como o quadro fornecido pela idéia do bem como racionalidade, como a consideração dos fatos essenciais da vida social e das condições do desenvolvimento e do desabrochar humano, que fornece o plano de fundo necessário para a especificação das necessidades e demandas dos cidadãos. Tudo isso nos permite chegar a uma lista utilizável de bens primários[3].

O papel da idéia de bens primários é o seguinte[4]. Uma característica fundamental de uma sociedade política bem ordenada é que nela reine um entendimento público não apenas a respeito dos tipos de reivindicações que os cidadãos normalmente expressem quando se levantam questões de justiça mas também acerca do modo pelo qual tais reivindicações devem ser defendidas. Esse entendimento é ne-

---

3. A respeito da idéia de uma concepção política da pessoa, ver mais acima, neste volume, pp. 225-32.
4. Aqui, assim como nas duas seções seguintes, inspiro-me no meu artigo "Social Unity and Primary Goods", em *Utilitarianism and Beyond*, organizado por A. Sen e B. Williams, Cambridge, Cambridge University Press, 1982.

cessário para se chegar a um acordo sobre a maneira pela qual as diversas reivindicações devem ser avaliadas e sua importância relativa, determinada. A satisfação dessas reivindicações justificadas é publicamente reconhecida como vantajosa e suscetível de melhorar a situação dos cidadãos no que se refere à justiça política. Uma concepção pública efetiva da justiça implica assim um entendimento político a respeito daquilo que é preciso reconhecer mutuamente como vantajoso nesse sentido. No liberalismo político, o problema das comparações interpessoais com relação ao bem-estar dos cidadãos vem a ser o seguinte: dado que suas concepções abrangentes do bem estão em conflito, como será possível chegar a um entendimento político a respeito daquilo que deve ser considerado como reivindicações justificadas?

A dificuldade está em que o Estado não pode agir com vistas a maximizar a satisfação das preferências racionais dos cidadãos ou das suas necessidades (como no utilitarismo*[5]), ou ainda com o fim de promover a excelência humana ou os valores de perfeição (como no perfeccionismo*), tanto quanto não pode agir no intuito de promover o catolicismo, o pro-

---

5. No caso de um utilitarismo como o de Henry Sidgwick em *The Methods of Ethics* (Londres, 1907) ou de R. B. Brandt em *The Good and the Right* (Oxford, Clarendon Press, 1979), que têm por objetivo examinar o bem dos indivíduos tal como eles devem compreendê-lo quando são racionais e quando o bem é caracterizado de modo hedonista ou em termos de satisfação do desejo ou dos interesses, a posição que defendo me parece correta. Entretanto, como sustentou T. M. Scanlon, há uma outra noção de utilidade, a que se encontra na economia do bem-estar, que tem um alcance bem diferente. Já não se trata, então, de examinar o bem dos indivíduos tal como eles deveriam compreendê-lo de um ponto de vista moral. Trata-se antes de encontrar uma característica geral do bem dos indivíduos que se separe do modo pelo qual eles o compreendem mais precisamente e que seja suficientemente imparcial (ou neutro) em relação às pessoas para ser utilizado, em teoria econômica normativa, no exame das questões de política social. Ver T. M. Scanlon, "The Moral Basis of Interpersonal Comparisons", Colóquio sobre as Comparações Interpessoais, Universidade da Califórnia, Davis, abril de 1987. A posição que proponho aqui precisaria talvez ser reformulada para levar em conta esse uso da idéia de utilidade.

testantismo ou outra religião qualquer. Nenhuma dessas opiniões sobre o sentido, o valor e a finalidade da existência humana, definidas pelas concepções do bem correspondentes, de ordem religiosa ou filosófica, é adotada pelo conjunto dos cidadãos. Por conseguinte, a concretização de uma dentre elas por meio das instituições básicas daria ao Estado um caráter sectário. Para encontrar uma concepção comum do bem dos cidadãos que seja politicamente apropriada, o liberalismo político busca uma idéia da vantagem racional definida por uma concepção política independente de qualquer doutrina abrangente particular e que possa tornar-se o centro de um consenso por justaposição*.

Na teoria da justiça como eqüidade, a concepção dos bens primários responde a esse problema prático. A resposta sugerida repousa sobre a descoberta de uma semelhança estrutural parcial entre as concepções autorizadas do bem dos cidadãos, com a condição de considerá-los como pessoas livres e iguais. Aqui, as concepções autorizadas são aquelas cuja concretização não é proibida pelos princípios da justiça política. Ainda que os cidadãos não defendam a mesma concepção abrangente (autorizada) e completa do ponto de vista dos seus fins últimos e das suas fidelidades, duas condições bastam para que eles possam compartilhar uma mesma idéia da vantagem racional. *Em primeiro lugar*, que os cidadãos defendam a mesma concepção de si mesmos como pessoas livres e iguais; *em segundo lugar*, que suas concepções abrangentes (autorizadas) do bem, por diferentes que sejam o seu conteúdo e as doutrinas religiosas ou filosóficas a elas vinculadas, tenham necessidade, para se desenvolverem, aproximadamente dos mesmos bens primários, isto é, das mesmas liberdades, oportunidades e direitos básicos, dos mesmos meios polivalentes, como a renda e a riqueza, todos garantidos pelas mesmas bases sociais do respeito próprio. Sustentamos que esses bens são aquilo de que os cidadãos, enquanto pessoas livres e iguais, necessitam e que a reivindicação desses bens é justificada[6].

A lista básica dos bens primários (que podemos ampliar se necessário) compreende os cinco pontos seguintes:

1) os direitos e as liberdades básicos, dos quais se pode igualmente propor uma lista;

2) a liberdade de circulação e a liberdade na escolha de uma ocupação com, no segundo plano, oportunidades variadas;

3) os poderes e as prerrogativas pertinentes de certos empregos e posições de responsabilidade nas instituições políticas e econômicas da estrutura básica;

4) as rendas e a riqueza; e, por fim,

5) as bases sociais do respeito próprio.

Essa lista inclui essencialmente traços institucionais, como os direitos e as liberdades básicos, as oportunidades criadas pelas instituições e as prerrogativas ligadas ao emprego e às posições, assim como a renda e a riqueza. As bases sociais do respeito próprio são aí explicadas em termos institucionais, aos quais se acrescentam as características da cultura política pública, tais como o reconhecimento e a aceitação pública dos princípios de justiça.

A idéia é encontrar assim uma base pública e realista para as comparações interpessoais, nos termos das características objetivas do contexto social visível. Com a condição de tomarmos as precauções necessárias, podemos em princípio, como sugere A. Sen, ampliar a lista para outros bens, como tempo de lazer[7] e mesmo certos estados mentais, como

---

6. Se expressamos essa idéia nos termos do bem como racionalidade, devemos pressupor que todos os cidadãos têm um projeto racional de vida e que ele exige, para a sua efetivação, quase o mesmo tipo de bens primários. Como eu disse na seção II, baseamo-nos aqui nos diversos fatos psicológicos do senso comum* a respeito das necessidades humanas, seu desenvolvimento e assim por diante. Ver *TJ*, Capítulo 7.

7. A questão de saber como gerar o tempo de lazer foi levantada por R. A. Musgrave em "Maximin, Uncertainty and the Leisure Trade-off", *Quarterly Jour-*

a ausência de dor física⁸. Não me estenderei a esse respeito aqui. O importante é que reconheçamos, ao introduzir esses bens suplementares, os limites do que é político e do que é realizável. *Em primeiro lugar*, devemos permanecer nos limites da teoria da justiça como eqüidade na medida em que ela é uma concepção política da justiça capaz de servir de centro para um consenso por justaposição; e *em segundo lugar* devemos respeitar as exigências de simplicidade e de disponibilidade da informação aos quais está submetida qualquer concepção política realizável (por contraposição a uma doutrina moral abrangente).

IV

Estamos agora em condições de dar uma resposta à nossa questão inicial sobre a maneira pela qual, dado o fato do pluralismo, é possível um entendimento político sobre o que é preciso considerar como vantajoso nas questões de justiça política. Partimos da natureza prática dos bens primários. Entendo por isso o fato de sermos efetivamente capazes de fornecer um esquema das liberdades básicas iguais para todos e da igualdade eqüitativa das oportunidades que, quando são garantidas pela estrutura básica, asseguram a todos os cida-

---

*nal of Economics*, vol. 88, 1974. Ver o meu "Reply to Alexander and Musgrave", *ibidem*. Contentar-me-ei aqui em dizer que um período de 24 horas menos a duração de uma jornada-tipo de trabalho poderia ser um elemento do nosso índice do tempo de lazer. Os que não quisessem trabalhar teriam como lazer suplementar uma jornada-tipo de trabalho e se estipularia que esse lazer suplementar deveria ser equivalente ao índice dos bens primários dos mais desfavorecidos. Assim, os que praticam surfe o dia inteiro em Malibu deveriam encontrar uma maneira de prover às suas próprias necessidades e não poderiam beneficiar-se dos fundos públicos. Isso indica simplesmente que em princípio, se necessário, a lista dos bens primários pode ser ampliada.

8. Faço minha aqui a sugestão de T. M. Scanlon na sua conferência citada na nota 5, mais acima.

dãos o desenvolvimento apropriado e o pleno exercício das suas duas faculdades morais, assim como uma parte eqüitativa dos meios polivalentes indispensáveis à efetivação das suas concepções do bem. Se não é possível nem justo permitir que todas as concepções do bem sejam satisfeitas (já que algumas implicam a violação dos direitos e das liberdades básicos), uma estrutura que respeite os princípios de justiça deve admitir um amplo leque de concepções que sejam plenamente dignas da existência humana (o que não quer dizer, como veremos na seção VI, que ela possa concretizar um mundo social sem nada perder dessas formas de vida).

Para evitar qualquer mal-entendido, convém observar que as partes eqüitativas de bens primários não se destinam a servir de medida do bem-estar psicológico global dos cidadãos, isto é, da sua "utilidade", para falar como os economistas. A teoria da justiça como eqüidade rejeita a idéia de comparar e maximizar formas de bem-estar globais com o fim de resolver os problemas de justiça política. Ela não tenta tampouco avaliar até que ponto os indivíduos conseguem efetivar o seu projeto de vida – o esquema global dos seus fins últimos – nem julgar a qualidade intrínseca (ou o valor perfeccionista) desses fins (desde que eles sejam compatíveis com os princípios de justiça).

Mas é fácil pensar que a idéia de bens primários está errada. De fato, considerados do ponto de vista de uma doutrina abrangente particular, eles não parecem ser da maior importância, ou seja, não representam, em geral, os valores fundamentais da existência humana, como qualquer um poderia imaginá-los. Por esse fato, poder-se-ia objetar que concentrar-se nos bens primários redunda em trabalhar no espaço errado – no espaço das características institucionais e dos bens materiais, e não no dos valores morais básicos[9]. Res-

---

9. Amartya Sen enunciou essa objeção com vigor em vários lugares. Ver, por exemplo, "Equality of What?" (1979), em *Choice, Welfare and Measurement*, Cambridge, MIT Press, 1982, pp. 353-69.

ponderei a essa objeção dizendo que um índice de bens primários não está destinado a fornecer uma aproximação daquilo que é da mais alta importância para uma doutrina abrangente particular e para a sua análise dos valores morais. De fato, seu papel numa concepção política impede que seja considerado assim. Do ponto de vista dessa concepção, não há outro espaço de valores cujo índice dos bens primários seja uma aproximação, pois, se houvesse, isso a transformaria numa doutrina parcialmente abrangente e trairia, por conseguinte, o objetivo a atingir, isto é, um consenso por justaposição no contexto do pluralismo[10]. A objeção pode, por conseguinte, incidir sobre a idéia de uma concepção da justiça como tal. Evidentemente, os cidadãos devem decidir por si mesmos se puderem – em vista das suas concepções abrangentes e tendo em conta os valores políticos superiores efetivados pela concepção política da justiça – endossar esta última e a sua idéia da sociedade como um sistema eqüitativo de cooperação[11].

Concluirei dizendo que, dada a concepção política dos cidadãos que os trata como sendo livres e iguais, os bens primários definem o que são as suas necessidades – ou os seus

---

10. Evidentemente, qualquer lista de bens primários ou qualquer índice particular destes deverá ser aceitável em relação aos princípios e critérios da própria concepção política, bem como às diversas idéias do bem por ela utilizadas. A seleção dos bens é guiada pelos valores políticos dessa concepção, pelos fins expressos na sua visão política da pessoa e da sociedade, assim como pelos objetivos que as instituições básicas devem concretizar. Mas essas questões já foram levadas em conta se os bens primários foram definidos corretamente e vinculados de maneira apropriada à concepção política tomada como um todo. Seremos ajudados a concretizar esses objetivos se as idéias do bem contidas na concepção política nos permitirem afirmar que a vida política é, de diversos pontos de vista, intrinsecamente boa e se, por esse fato, com essas idéias, a concepção política estiver completa no sentido indicado na seção VII. Não posso examinar aqui a maneira pela qual os bens primários são vinculados àquilo que Sen chama de "capacidades básicas", nem a questão (suscitada por sua objeção) de saber se um índice desses bens pode ser flexível o bastante para ser inteiramente satisfatório.

11. A respeito desse ponto, ver mais acima, neste volume, pp. 272-6.

bens enquanto cidadãos – quando se trata das questões de justiça. É essa concepção política (completada pela idéia do bem como racionalidade) que nos permite descobrir quais são os bens primários requeridos. Enquanto um índice dos bens primários pode ser precisado nos estágios constitucional e legislativo e interpretado de maneira ainda mais precisa no estágio judiciário[12], ele não tem vocação para se tornar uma aproximação da vantagem ou do bem racionais, definidos por uma concepção (abrangente) não política. Este último ponto, em especial, é o que o liberalismo político procura evitar. Ao contrário, um índice assim mais preciso define, para casos mais concretos, aquilo que deve ser levado em conta enquanto necessidades dos cidadãos do ponto de vista da concepção política.

Dito de outro modo, a definição dessas necessidades é uma construção elaborada a partir do interior de uma concepção política, e não a partir de uma doutrina abrangente qualquer. A idéia é que essa construção, dado o fato do pluralismo*, forneça o melhor critério de justificação disponível diante das reivindicações concorrentes e que seja ao mesmo tempo mutuamente aceitável pelos cidadãos no seu conjunto[13]. Na maioria dos casos, o índice não será uma aproximação precisa daquilo que as pessoas desejam e valorizam acima de tudo em função das suas doutrinas abrangentes. Não obstante, elas podem endossar a concepção política e sustentar que o que conta nas questões de justiça política é a satisfação das necessidades dos cidadãos graças às instituições da estrutura básica, e isso de uma maneira que os princípios de justiça sustentados por um consenso por justaposição definem como eqüitativo.

---

12. A respeito desses estágios, ver *TJ*, § 31.
13. Essa definição das necessidades dos cidadãos graças a uma construção retoma aquilo que Scanlon chama de interpretação "convencionalista" do seu conceito de urgência. Ver seu artigo "Preference and Urgency", *Journal of Philosophy*, vol. 72, n.º 19, 1975, p. 668.

## V

Historicamente, um dos temas do pensamento liberal foi que o Estado deve esforçar-se por permanecer neutro em relação às doutrinas abrangentes e às concepções do bem a elas associadas. Mas uma das críticas feitas ao liberalismo é também a acusação de não se manter neutro e de ser, na realidade, parcial em favor de uma ou outra forma de individualismo. Como indiquei na introdução, a afirmação da prioridade do justo pode parecer justificar tal objeção com respeito à teoria da justiça como eqüidade (enquanto forma do liberalismo político).

Eis por que, no meu exame das duas noções seguintes – a idéia de concepções autorizadas do bem (autorizadas pelos princípios de justiça) e a das virtudes políticas –, vou utilizar como fio condutor o conceito bem conhecido de neutralidade. Acredito, não obstante, que os conceitos de "neutro" e de "neutralidade" são pouco felizes. Algumas das suas conotações se prestam muito à confusão, outras sugerem princípios inteiramente irrealistas. É por isso que os evitei até agora (como o fiz em *TJ*). Contudo, tomando as precauções necessárias e utilizando-os como simples apoio, deveria ser possível esclarecer a maneira pela qual a prioridade do justo se articula com as duas idéias do bem acima mencionadas.

A neutralidade pode ser definida de maneira muito diferente[14]. Uma dentre elas, por exemplo, a caracteriza como um procedimento suscetível de ser legitimado ou justificado sem se recorrer a valores morais. Ou então, se isso pare-

---

14. Desenvolvo aqui um certo número de sentidos diferentes. Um que não retomo é a posição de William Galston, segundo a qual certas formas do liberalismo são neutras no sentido de que não utilizam nenhuma idéia do bem que não seja puramente instrumental (meios neutros de alguma maneira). Ver seu artigo "Defending Liberalism", *American Political Science Review*, n.º 76, 1982, pp. 622 ss. Contrariamente ao que ele sugere, a teoria da justiça como eqüidade não é neutra nesse sentido, o que vai tornar-se evidente, se ainda não o é.

cer impossível, na medida em que qualquer justificação parece fazer referência a certos valores, um procedimento neutro poderá ser definido como se justificando com referência a valores neutros, tais como a imparcialidade, a coerência na aplicação de princípios gerais a casos que se podem razoavelmente tratar como ligados entre si (ver o princípio judiciário que consiste em tratar casos semelhantes de maneira semelhante)[15] ou ainda o fato de as partes em conflito terem uma oportunidade igual de impor as suas reivindicações. Esses valores são os que regem os procedimentos eqüitativos de arbitragem dos conflitos. A definição de um procedimento neutro pode também apoiar-se nos valores que sustentam os princípios da discussão livre e racional entre pessoas razoáveis e em plena posse das suas capacidades de pensar e julgar, preocupadas além disso em encontrar a verdade ou alcançar um acordo razoável, baseado na melhor informação disponível[16].

A teoria da justiça como eqüidade não é processualmente neutra, sem ressalvas importantes. É evidente que seus princípios de justiça são concretos e vão muito mais longe

---

15. É assim que Herbert Wechsler, na sua conhecida análise das decisões judiciárias baseadas em princípios (ele se ocupa sobretudo das decisões da Corte Suprema), chama de neutros os princípios gerais que somos persuadidos a aplicar não somente no caso presente mas em todos os casos semelhantes e relativamente previsíveis que se podem produzir, dada a constituição e a estrutura política existentes. Princípios neutros transcendem o caso particular presente e devem ser justificáveis na medida em que são amplamente aplicáveis. Wechsler pouco diz a respeito da derivação desses princípios a partir da própria constituição ou de casos precedentes. Ver seu artigo "Towards Neutral Principles of Constitutional Law", em *Principles, Politics and Fundamental Laws*, Cambridge, Harvard University Press, 1961.

16. Para esse tipo de enfoque, ver a instrutiva discussão de Charles Larmore, *op. cit.*, pp. 53-9. Ele evoca "a justificação neutra da neutralidade política como estando baseada numa norma universal do diálogo racional" (p. 53) e se apóia (modificando-as) nas idéias desenvolvidas por Jürgen Habermas em *Raison et Légitimité*, Paris, Payot, 1978 (reed. 1986), 3.ª parte, e em *Morale et Communication*, Paris, Éd. du Cerf, 1986.

do que os valores processuais; o mesmo acontece com suas concepções políticas da pessoa e da sociedade. Se lhe aplicamos a idéia da neutralidade processual, devemos fazê-lo na medida em que se trata de uma concepção política que visa ser o centro de um consenso por justaposição. Isso quer dizer que ela espera constituir uma base pública de justificação para a estrutura básica de um regime constitucional. Procedendo a partir de idéias intuitivas fundamentais, implícitas no seio da cultura política pública, e fazendo abstração das doutrinas abrangentes, ela busca um terreno comum – ou, caso se prefira, um terreno neutro – que respeite o fato do pluralismo. Esse terreno comum ou neutro é a concepção política da justiça enquanto centro de um consenso por justaposição.

Há outro modo, muito diferente, de tratar a neutralidade. Ele consiste em defini-la com relação aos objetivos das instituições básicas e das políticas sociais, sempre tendo em conta as doutrinas abrangentes e as concepções do bem a elas associadas. Aqui a neutralidade do objetivo, por contraposição à neutralidade processual, significa que essas instituições e essas políticas são neutras no sentido de poderem ser aprovadas pelos cidadãos em seu conjunto por se situarem no espaço de uma concepção política. Nesse caso, a neutralidade poderá significar, por exemplo:

1) que o Estado deve assegurar a todos os cidadãos uma oportunidade igual de efetivar a sua concepção do bem, seja ela qual for, que adotaram livremente;

2) que o Estado nada deve fazer que possa favorecer ou promover uma doutrina abrangente particular mais do que outra ou proporcionar mais assistência aos que a apoiarem[17];

---

17. Esse é o sentido da idéia de neutralidade no artigo de Ronald Dworkin, "Liberalism", em *A Matter of Principle*, Cambridge, Harvard University Press, 1985, pp. 191 ss.

3) que o Estado nada deve fazer que torne mais provável a adoção pelos cidadãos de uma concepção particular mais do que outra, a menos que se tomem disposições visando anular ou compensar os efeitos de medidas desse tipo[18].

No que se refere à neutralidade do objetivo no *primeiro* sentido, a prioridade do justo a exclui porque somente as concepções que respeitem os princípios de justiça são autorizadas. Mas esse primeiro sentido pode ser modificado, e então se dirá que o Estado deve assegurar uma oportunidade igual de efetivar uma concepção autorizada, seja ela qual for. Nesse caso, em função da definição do que é uma oportunidade igual, a teoria da justiça como eqüidade pode ser neutra do ponto de vista do seu objetivo. Quanto ao *segundo* sentido, ele se efetiva em razão das características de uma concepção política. Enquanto a estrutura básica for regida por tal concepção, suas instituições não favorecerão intencionalmente uma doutrina abrangente em particular. Porém, no que diz respeito ao *terceiro* sentido (considerado na seção VI mais adiante), é certamente impossível que a estrutura básica de um regime constitucional justo não produza influências ou efeitos importantes sobre a escolha das doutrinas abrangentes chamadas a perdurar e a obter sempre mais aderentes. Seria fútil tentar neutralizar esses efeitos e essas influências, ou mesmo avaliar para fins políticos a sua profundidade ou amplitude na sociedade. Devemos aceitar os dados da sociologia política do senso comum.

Em resumo, podemos distinguir a neutralidade processual daquela que caracteriza um objetivo. No entanto, não se deve confundir esta última com a que diz respeito aos efeitos ou às influências. Na condição de concepção política aplicada à estrutura básica, a teoria da justiça como eqüi-

---

18. Esse enunciado das três formas de neutralidade inspira-se nas formulações de Joseph Raz em *The Morality of Freedom*, Oxford, Oxford University Press, 1986, pp. 114-5.

dade, no seu conjunto, pode ser considerada como um exemplo de neutralidade processual. Ela se esforça igualmente por respeitar a neutralidade do objetivo no sentido de que as instituições básicas e as políticas sociais não devem ser concebidas com o fim de favorecer uma doutrina em particular[19]. O liberalismo político se afasta da neutralidade das influências e dos efeitos em razão do seu caráter irrealizável e, como essa idéia é fortemente sugerida pelo próprio termo neutralidade, esta é uma razão a mais para se evitar servir-se dela.

Entretanto, mesmo que o liberalismo político possa ser considerado como neutro desses dois pontos de vista, é importante sublinhar que nele se conserva a possibilidade de afirmar a superioridade de certas formas do caráter moral e de encorajar certas virtudes morais. É por isso que a teoria da justiça como eqüidade compreende uma análise de certas virtudes políticas – as virtudes da cooperação social eqüitativa, tais como a civilidade e a tolerância, a moderação e o senso de eqüidade[20]. O elemento crucial aqui é que o fato de incluir essas virtudes numa concepção política não conduz a uma doutrina abrangente perfeccionista.

As razões disso ficam claras uma vez elucidada a idéia de uma concepção política da justiça. Como eu disse na seção I, as idéias do bem podem ser livremente introduzidas, se necessário, para completar a concepção política da justiça, mas é preciso que sejam idéias políticas, isto é, que pertençam a uma concepção política da justiça para um regime constitucional. Isso garante que elas sejam compartidas pelos cidadãos e que não dependam de nenhuma doutrina abrangente particular. No momento em que os ideais associados

---

19. Essa distinção entre neutralidade processual e neutralidade do resultado é inspirada pela instrutiva análise de Charles Larmore, *op. cit.*, pp. 42-7.
20. Ver mais acima, neste volume, pp. 272-6, para um exame da importância central dessas virtudes.

às virtudes políticas também são ligados aos princípios de justiça política, bem como às formas de julgamento e de conduta essenciais para se manter uma cooperação social eqüitativa e duradoura, esses ideais e essas virtudes são compatíveis com o liberalismo político. Eles caracterizam o ideal do cidadão de um Estado democrático – papel definido pelas instituições políticas deste último. Nesse sentido, as virtudes políticas devem ser distinguidas das virtudes inerentes aos modos de vida que correspondem a doutrinas abrangentes, religiosas ou filosóficas. Elas são distintas tanto das que caracterizam diversos ideais associativos (ideais próprios das Igrejas, das universidades, dos empregos e das profissões, dos clubes e dos times) como de todas que correspondem aos diferentes papéis na família e nas relações entre indivíduos. Se um regime constitucional toma certas disposições com o fim de reforçar as virtudes de tolerância e de confiança mútua, opondo-se, por exemplo, às diversas formas de discriminação religiosa ou racial (de um modo compatível com a liberdade de consciência e de expressão), nem por isso ele se torna um Estado perfeccionista no sentido de Platão ou de Aristóteles, e tampouco estabelece uma religião em particular como religião do Estado, como aconteceu com o catolicismo e o protestantismo na época clássica. Ele toma antes medidas razoáveis para reforçar as maneiras de pensar e de sentir que favoreçam a cooperação social entre cidadãos considerados livres e iguais, o que é inteiramente diferente de um Estado que estivesse a serviço de uma doutrina abrangente particular[21].

---

21. É preciso ter em mente o fato de que as virtudes políticas são definidas e justificadas em função da necessidade que se tem de certas qualidades de caráter entre os cidadãos de um regime constitucional justo e estável. Isso não quer dizer que essas mesmas características ou outras semelhantes não pudessem ser igualmente virtudes não políticas, na medida em que são valorizadas por outras razões no quadro de diversas doutrinas abrangentes.

## VI

Vimos que a neutralidade do efeito ou da influência é um objetivo inacessível. Os princípios de qualquer concepção política razoável devem impor restrições às opiniões abrangentes aceitáveis, e as instituições básicas às quais esses princípios conduzem encorajam de maneira inevitável certos modos de vida e desencorajam outros, ou mesmo os excluem pura e simplesmente. É por isso que a questão essencial diz respeito à maneira pela qual a estrutura básica exigida por uma concepção política encoraja ou desencoraja certas doutrinas abrangentes e determina se suas maneiras de proceder são justas ou injustas. Tratar dessa questão permitirá explicar em que sentido o Estado, pelo menos no que diz respeito às exigências constitucionais essenciais*, nada deve fazer para favorecer uma doutrina abrangente em particular[22]. Nesse estádio, o contraste entre o liberalismo como doutrina política e o liberalismo como doutrina abrangente torna-se claro e fundamental[23].

---

22. Esse é o segundo sentido da neutralidade do objetivo, tal como o precisei na seção precedente, p. 310; ele se efetiva por uma concepção política.

23. Os próximos parágrafos foram adaptados de minha resposta em "Fairness to Goodness", *The Philosophical Review*, 74, n.º 4, 1975, pp. 548-51, e uma objeção levantada por Thomas Nagel em seu comentário de *TJ* na mesma revista, 72, 1973, pp. 226-9. Numa análise interessante, que não tentarei resumir aqui, Nagel afirma que o dispositivo da posição original, ainda que evidentemente neutro quanto às diferentes concepções do bem, na realidade não o é completamente. Ele pensa que isso se deve à supressão da informação (em razão do véu de ignorância) requerida para permitir a unanimidade, o que não seria igualmente eqüitativo para todos os parceiros. A razão disso estaria em que os bens primários, nos quais os parceiros baseiam a sua seleção dos princípios de justiça, não têm valor igual para a efetivação de todas as concepções do bem. Ademais, ele afirma que a sociedade bem ordenada da teoria da justiça como eqüidade apresenta uma forte parcialidade individualista que é arbitrária e que, portanto, a objetividade em relação às concepções do bem não se concretiza. A resposta que dou aqui vem completar a de meu artigo de 1975 de duas maneiras. Ela torna claro, em primeiro lugar, que a concepção da pessoa utilizada para se chegar a uma lista factível de bens primários é uma concepção política; em segundo lugar, que a teoria da

Para encorajar ou desencorajar doutrinas abrangentes, pode-se proceder pelo menos de duas maneiras: essas doutrinas podem estar em conflito direto com os princípios de justiça, ou então elas podem ser aceitáveis, mas não conseguir encontrar adeptos nas condições políticas e sociais de um regime constitucional justo. O *primeiro* caso é ilustrado por uma concepção do bem que exigiria a supressão das liberdades ou a degradação de certas pessoas por motivos sociais, étnicos ou perfeccionistas, como, por exemplo, a escravidão em Atenas ou no sul dos Estados Unidos antes da Guerra de Secessão. Exemplos do *segundo* caso podem ser representados por certas formas de religião. Suponhamos que uma religião em particular, bem como sua concepção do bem, só possa sobreviver mediante o controle do aparelho do Estado e fazendo reinar uma intolerância de fato. Essa religião deixará de existir no contexto da sociedade bem ordenada do liberalismo político. Pode-se conceber que tais casos existem e que outras doutrinas abrangentes possam sobreviver, mas sempre de um modo limitado a segmentos relativamente reduzidos da sociedade.

A questão então é a seguinte: se certas concepções estão fadadas a desaparecer e outras a apenas sobreviver num regime constitucional eqüitativo, será que isso implica que a concepção política da justiça que lhe corresponde fracassou no seu desígnio de se manter neutra? Dadas as conotações do termo *neutra*, é possível que ela fracasse, e esse é precisamente o problema desse termo. Mas falta estabelecer a importante questão de saber se a concepção política tem ou não uma postura parcial contra essas doutrinas, ou melhor, se ela é injusta para com as pessoas que a elas aderem. À pri-

---

justiça como eqüidade é ela própria uma concepção política. Uma vez compreendido isso, podemos fornecer uma resposta muito mais convincente à objeção de Nagel, ficando entendido que a neutralidade de influência continua sendo inacessível.

meira vista isso parece não acontecer. De fato, as influências sociais que favorecem certas doutrinas mais do que outras não podem ser evitadas. Nenhuma sociedade pode incluir todos os modos de vida. Podemos sem dúvida lamentar a limitação dos mundos sociais e do nosso em particular; podemos igualmente lamentar certos efeitos inevitáveis da nossa cultura e da nossa estrutura social. Como diz Sir Isaiah Berlin (esse é um dos seus temas fundamentais), não há universo social sem perda, ou seja, sem exclusão de certos modos de vida que concretizam, de maneira particular, certos valores fundamentais. Em razão da sua cultura e das suas instituições, uma sociedade pode revelar-se refratária em relação a certos modos de vida[24]. Mas não se devem confundir essas necessidades sociais com as parcialidades arbitrárias ou com alguma forma de injustiça.

A objeção deve portanto ir mais longe e mostrar que a sociedade bem ordenada no sentido do liberalismo político não chega a estabelecer, de uma maneira compatível com as circunstâncias existentes – em especial com o fato do plura-

---

24. Para uma interessante análise do enfoque de Berlin, ver a introdução de Bernard Williams a *Concepts and Categories*, Oxford, Oxford University Press, 1980, que é uma coletânea de alguns dos seus artigos mais importantes. Um enfoque parecido costuma ser atribuído a Max Weber, por exemplo em *Le savant et le politique* (1918), Paris, Plon, 1959, e em *Essais sur la théorie de la science*, Paris, Plon, 1965. Entretanto, as diferenças entre a posição de Berlin e a de Weber são nítidas. Não me estenderei sobre essa questão senão para dizer que acredito que a posição de Weber repousa sobre uma forma de ceticismo em relação aos valores e ao voluntarismo; a tragédia política advém do conflito entre os compromissos subjetivos e as vontades resolvidas. Para Berlin, ao contrário, o reino dos valores pode ser perfeitamente objetivo; o problema é que o leque completo dos valores é vasto demais para ser concretizado num universo social em particular. Não apenas esses valores são incompatíveis entre si, impondo às instituições exigências conflitantes, e isso malgrado a sua objetividade, como também não há nenhuma família de instituições factíveis que possa proporcionar a todas um espaço suficiente. O fato de não haver universo social sem perda está ancorado na natureza dos valores e dos universos, e uma grande parte da tragédia humana é a sua expressão. Uma sociedade liberal justa pode oferecer um espaço muito mais vasto do que outras sociedades, mas jamais poderá fazê-lo sem perda.

lismo –, uma estrutura básica justa no âmbito da qual os modos de vida autorizados têm uma possibilidade eqüitativa de se manter e de obter mais adeptos ao longo das gerações. No entanto, se uma concepção abrangente do bem é incapaz de perdurar numa sociedade que garante a igualdade das liberdade básicas habituais e uma tolerância mútua, é porque não existe nenhum outro meio de preservá-la de maneira compatível com os valores democráticos de uma sociedade definida como sistema eqüitativo de cooperação e de cidadãos livres e iguais. Isso levanta, sem o resolver, o problema de saber se o modo de vida correspondente seria viável em outras condições históricas e se devemos lamentar o seu desaparecimento[25].

A experiência histórica revela que numerosos modos de vida conseguem perdurar e aumentar o número de seus adeptos numa sociedade democrática. E, embora o número de adeptos não seja o critério do êxito – por que haveria de ser? –, o importante é que esses numerosos modos de vida dão certo com o mesmo grau de sucesso; diferentes grupos, com tradições e modos de vida distintos, encontram doutri-

---

25. No trecho extraído de "Fairness to Goodness" (1975), criticado por Galston (*loc. cit.*, p. 627a), eu deveria ter mencionado e feito minha a posição de Berlin por mim indicada aqui. Podemos, de fato, ser muitas vezes tentados a lamentar o desaparecimento de certos modos de vida. O que eu dizia nesse trecho não é, a meu ver, incompatível com o liberalismo político, mas permanece muito insuficiente, porque eu não insistia na posição de Berlin. Eu devia ter rejeitado de maneira mais explícita a idéia, que Galston, aliás, repele com razão, segundo a qual somente os modos de vida pouco dignos de interesse perdem sua importância no quadro de um regime constitucional. Essa visão otimista é errônea. Os que sustentam concepções que têm pouca probabilidade de se desenvolverem podem sempre objetar que o liberalismo político não lhes proporciona um espaço suficiente. Entretanto, não existe critério daquilo que se pode considerar como espaço suficiente fora de uma concepção política razoável e aplicável da própria justiça. A idéia de um espaço suficiente é metafórica e não tem sentido fora da gama de doutrinas abrangentes autorizadas pelos princípios de justiça e que os cidadãos podem reconhecer como dignas de seu devotamento total. Pode-se continuar dizendo que a concepção da justiça é incapaz de identificar esse espaço suficiente, mas então persiste a questão de saber qual é a concepção política mais razoável.

nas abrangentes diferentes que são inteiramente dignas da sua adesão. Assim, que o liberalismo político comporte ou não um viés arbitrário em favor de certas doutrinas depende, dados o fato do pluralismo e as outras condições históricas do mundo moderno, da seguinte condição: que a efetivação dos seus princípios pelas instituições defina ou não um contexto eqüitativo que permita a adoção e a concretização de concepções do bem diferentes e mesmo antagônicas. O liberalismo político não é injusto em relação a certas concepções abrangentes senão na medida em que, por exemplo, somente as doutrinas individualistas podem sobreviver numa sociedade liberal ou são de tal maneira predominantes que as associações que defendem valores religiosos ou comunitários não podem desenvolver-se nela, e, além disso, na medida em que as condições que acarretam tal resultado são elas próprias injustas, dadas as circunstâncias presentes e previsíveis.

Um exemplo poderá esclarecer esse ponto: diversas seitas religiosas se opõem à cultura do mundo moderno e desejam levar sua vida cotidiana afastadas da sua influência. Surge então um problema a propósito da educação das crianças dessas seitas, bem como diante das exigências que o Estado tem o direito de impor nesse campo. O liberalismo de Kant ou de Mill pode levar à imposição de exigências concebidas com o fim de encorajar os valores da autonomia e da individualidade, encaradas como ideais abrangentes. O liberalismo político tem um objetivo diferente e exigências menores. Ele exigirá simplesmente que a educação das crianças comporte o estudo de seus direitos cívicos e constitucionais, a fim de que elas saibam que a liberdade de consciência existe em sua sociedade e que a apostasia não é um crime aos olhos da lei, tudo isso a fim de garantir que, quando se tornarem adultos, sua adesão a essa seita religiosa não seja baseada na ignorância dos seus direitos básicos ou no medo de castigos por crimes que não existem. Além disso, sua educação deve prepará-las para serem membros integrais da sociedade e torná-las capazes de autonomia; deve também encorajar as virtudes políticas a fim de que elas desejem respeitar os termos eqüitativos da cooperação social nas suas relações com o resto da sociedade.

Pode-se então objetar que exigir das crianças que elas compreendam a concepção política dessa maneira equivale, na realidade, ainda que isso não seja intencional, a inculcar-lhes uma concepção liberal abrangente. Uma acarreta a outra, quando mais não seja porque, tão logo a conhecemos, podemos ir por nossa própria vontade na direção da doutrina correspondente. É preciso reconhecer que esse tipo de coisas pode ocorrer em certos casos. E certamente há uma semelhança entre os valores do liberalismo político e os das doutrinas liberais de Kant e de Mill[26]. Porém a única resposta possível a essas objeções consiste em indicar claramente as importantes diferenças, tanto do ponto de vista do seu alcance como da sua generalidade, que existem entre o liberalismo político e o liberalismo como doutrina abrangente (tal como as defini na seção I). Sem dúvida deve ser aceito, mesmo que a contragosto, o fato de, embora razoáveis, as exigências em matéria de educação das crianças terem conseqüências inevitáveis. Uma apresentação completa do liberalismo político deveria por si só fornecer uma resposta suficiente para esse tipo de objeção.

Mas, afora as exigências que acabo de descrever, a teoria da justiça como eqüidade não procura cultivar as virtudes e os valores próprios do liberalismo, a saber, a autonomia e a individualidade, assim como, aliás, as de qualquer outra doutrina abrangente. Isso porque, de outro modo, ela deixa-

---

26. Assim como com a posição de Joseph Raz, *op. cit.*, em especial os Capítulos 14 e 15, para mencionar um exemplo contemporâneo.

ria de ser uma forma do liberalismo político. Ela respeita, na medida do possível, as demandas dos que desejam retrair-se do mundo moderno e obedecer aos mandamentos da sua religião, com a condição única de que respeitem os princípios da concepção política da justiça e reverenciem seus ideais políticos da pessoa e da sociedade. Convém observar, por exemplo, que tentamos responder à questão da educação das crianças tomando em consideração unicamente a concepção política. A preocupação que o Estado tem para com a sua educação está ligada ao seu futuro papel como cidadãos. Ela incide sobre elementos tão essenciais quanto sua aquisição de uma faculdade de compreender a cultura pública e de participar das suas instituições, sua capacidade de ser membros da sociedade economicamente independentes e autônomos durante toda a sua vida, de desenvolver virtudes políticas, tudo isso a partir de um ponto de vista que é, ele próprio, político.

## VII

Uma quinta idéia do bem que se encontra na teoria da justiça como eqüidade é a do bem representado por uma sociedade política, mais precisamente, do bem que os cidadãos efetivam ao mesmo tempo enquanto pessoas e enquanto corpo constituído quando apóiam um regime constitucional justo e o administram. Como anteriormente, tentaremos explicar essa idéia do bem tomando em consideração unicamente a concepção política.

Consideremos em primeiro lugar a objeção segundo a qual, pelo fato de não se basear numa doutrina abrangente particular, a teoria da justiça como eqüidade abandonaria o ideal da comunidade política* e trataria a sociedade como um conjunto de associações ou de indivíduos distintos que só cooperariam em vista do seu próprio interesse, individual ou associativo, sem compartilhar nenhum fim último. (Um fim último é compreendido aqui como um objetivo avaliado ou desejado por si mesmo, e não apenas como um meio de obter outra coisa.) Na condição de forma do liberalismo político, é lícito supor que a teoria da justiça como eqüidade considera as instituições políticas como puramente instrumentais, a serviço de fins individuais ou associativos, como as instituições daquilo que poderíamos chamar de uma "sociedade privada". Como tal, a sociedade política não constituiria em absoluto um bem em si mesma e seria, no máximo, um meio de alcançar o bem, individual ou associativo.

Responderei que, efetivamente, a teoria da justiça como eqüidade abandona o ideal da comunidade política caso se entenda por isso uma sociedade política unificada por uma única doutrina abrangente, seja ela religiosa, filosófica ou moral. O fato do pluralismo exclui tal concepção da unidade da sociedade; é uma opção política inaceitável para os que respeitam as exigências em matéria de liberdade e tolerância que estão inscritas nas instituições democráticas. Como vimos, é de um modo inteiramente diverso que o liberalismo político encara a unidade da sociedade; ela deve resultar de um consenso por justaposição em torno de uma concepção política da justiça. Num consenso desse tipo, essa concepção da justiça é adotada pelos cidadãos que abraçam doutrinas abrangentes diferentes e talvez mesmo conflitantes. E eles chegam a essa conclusão a partir de suas próprias posições pessoais, distintas umas das outras.

Ora, afirmar que uma sociedade é bem ordenada graças a uma concepção da justiça significa três coisas:

1) que é uma sociedade em que todos os cidadãos aceitam os mesmos princípios de justiça e os reconhecem publicamente uns em relação aos outros;

2) que sua estrutura básica – suas principais instituições políticas e sociais e a maneira pela qual elas se organizam num único sistema de cooperação – é publicamente conhecida como respeitadora desses princípios (em todo caso, há boas razões para se acreditar nisso);

3) que os cidadãos têm, em geral, um senso da justiça efetivo, isto é, que eles podem compreender e aplicar os princípios de justiça e agir na maior parte do tempo em conformidade com eles em função das exigências de sua situação. Penso que a unidade da sociedade assim compreendida é, entre as concepções disponíveis, a mais atraente para nós; é o limite daquilo que podemos concretizar de melhor.

Uma sociedade bem ordenada assim definida pela teoria da justiça como eqüidade não é portanto uma "sociedade privada", pois nela os cidadãos têm de fato fins últimos em comum. Se é verdade que eles não abraçam as mesmas doutrinas abrangentes, em compensação adotam a mesma concepção política da justiça. Isso quer dizer que compartilham um fim político, inteiramente fundamental e prioritário, que consiste em defender as instituições justas e em proporcionar justiça de acordo com elas, sem contar os numerosos outros fins que devem igualmente compartilhar e efetivar através de sua organização política. Ademais, a justiça política pode fazer parte dos objetivos mais fundamentais dos cidadãos graças aos quais eles definem o tipo de pessoa que querem ser.

Ligados a outras hipóteses, esses fins últimos compartilhados fornecem a base para se compreender o que é o bem representado por uma sociedade bem ordenada. Vimos que os cidadãos são considerados como detentores das duas faculdades morais e que os direitos e as liberdades básicos de um regime constitucional devem garantir a todos a possibilidade de desenvolver essas faculdades e de exercê-las sem entraves durante sua vida. Tal sociedade deve igualmente fornecer aos seus cidadãos meios polivalentes apropriados (por exemplo, os bens primários que são a renda e a riqueza). Em circunstâncias normais, podemos então supor que essas faculdades morais serão desenvolvidas e exercidas no âmbito de instituições que garantam a liberdade política e a liberdade de consciência, com sua efetivação se apoiando nas bases sociais do respeito mútuo.

Resolvidas essas questões, pode-se dizer que a sociedade bem ordenada é um bem em dois sentidos. *Em primeiro lugar*, ela representa um bem para as pessoas *individualmente*, e isso por duas razões. A *primeira* é que o exercício das duas faculdades morais é vivido como um bem. Essa é uma conseqüência da psicologia moral que utilizei na teoria da justiça como eqüidade[27]. Fica claro que o seu exercício pode representar um bem importante para numerosas pessoas quando se pensa no papel central desempenhado por essas faculdades na concepção política que trata os cidadãos como pessoas. Na perspectiva da justiça política, consideramos os cidadãos como membros normais e integrais da sociedade, durante a sua vida, dotados por conseguinte das faculdades morais que lhes permitem assumir esse papel. Nesse contexto, poderíamos dizer que a natureza essencial dos cidadãos (no seio da concepção política) é em parte constituída pela posse dessas duas faculdades morais que lhes permitem participar da cooperação social eqüitativa. Uma *segunda* razão pela qual a sociedade política é um bem para os cidadãos individualmente é que ela lhes assegura esse bem que é a justiça, assim como as bases sociais do seu respeito mútuo. Desse modo, ao assegurar os direitos e as liberdades básicos iguais para todos, bem como a igualdade eqüitativa das oportunidades, a sociedade política garante

---

27. Em *TJ*, essa psicologia utiliza o princípio que denominei "aristotélico"; ver § 65; outras posições adotariam outros princípios para chegar quase à mesma conclusão.

os elementos essenciais do reconhecimento público das pessoas como membros livres e iguais, isto é, seu *status* de cidadãos.

Ora, o bem representado pelo exercício das duas faculdades morais e pelo reconhecimento público do *status* de cidadãos das pessoas pertence ao bem político de uma sociedade bem ordenada, e não ao bem oferecido por uma doutrina abrangente, seja ela religiosa, filosófica ou moral. Devemos retornar constantemente a essa distinção, ainda que uma doutrina desse tipo possa vir a adotar esse bem a partir do seu próprio ponto de vista. De outro modo, perderíamos de vista a direção que a teoria da justiça como eqüidade deve seguir a fim de obter o apoio de um consenso por justaposição. Como não cessei de sublinhar, a prioridade do justo não significa que seja preciso evitar as idéias do bem, o que é, aliás, impossível. Ela significa antes que as idéias do bem utilizadas devem ser políticas; devem ser concebidas de maneira que obedeçam às restrições impostas pela concepção política da justiça e se adaptem ao espaço por ela autorizado.

Em *segundo* lugar, uma sociedade política bem ordenada é boa igualmente de um ponto de vista social. De fato, cada vez que existe um fim último comum, um fim que conclama à cooperação do maior número de pessoas, o bem concretizado é social; ele se concretiza graças à atividade conjunta de cidadãos que dependem mutuamente de medidas apropriadas tomadas por outros. Assim, estabelecer e dirigir com êxito instituições democráticas suficientemente justas (ainda que sempre imperfeitas), e isso durante um longo período, eventualmente reformando-as progressivamente ao longo de gerações, malgrado as falhas prováveis e mesmo certas, representa um bem social muito importante e como tal reconhecido. É o que revela o fato de um povo poder referir-se a isso como uma das grandes realizações da sua história.

Que esses bens políticos e sociais devam existir é tão evidente quanto o fato de os membros de uma orquestra, os jogadores de um mesmo time ou até de dois times opostos deverem sentir prazer e um certo orgulho (justificado) em dar um bom concerto ou jogar uma partida memorável. Não há dúvida alguma de que as condições a serem satisfeitas se tornam mais difíceis quando as sociedades crescem e se ampliam os distanciamentos sociais entre cidadãos, mas essas diferenças, por mais importantes e cerceadoras que sejam, não afetam o princípio psicológico implicado. Ademais, mesmo quando condições da sua efetivação são inteiramente imperfeitas, esse bem continua longe de ser desprezível; a consciência de ser privado dele pode ter igualmente um impacto importante – por exemplo quando um povo democrático distingue diferentes períodos na sua história ou quando se orgulha de poder destacar-se de outros povos não democráticos. Não prosseguirei aqui nessas reflexões. Não precisamos estabelecer a importância absoluta do bem no sentido político, mas apenas a sua importância no seio de uma concepção política da justiça. Teremos assim explicitado as cinco idéias do bem[28].

Entretanto, pode ser útil completar essa explicação com algumas observações sobre o republicanismo clássico e o

---

28. Poder-se-á contudo perguntar até que ponto o bem de uma sociedade política é *stricto sensu* um bem político. Entende-se que as instituições políticas encorajam o desenvolvimento e o exercício das duas faculdades morais e lhes fornecem um certo espaço, o que representa um bem. Mas essas faculdades morais se exercem igualmente nos outros campos da existência com múltiplos desenhos, e certamente esse exercício mais amplo não corresponde a um bem político. São sobretudo as instituições políticas que protegem e asseguram esse bem. Para responder a essa objeção, o ponto importante é que, no que se refere ao bem político *stricto sensu*, pressupomos que as faculdades morais se exercem na vida política e nas instituições básicas e que os cidadãos se esforçam por exercê-las e utilizá-las para a gestão dos assuntos públicos. Evidentemente, continua sendo verdade que as faculdades morais se exercem também de maneira muito mais geral, e pode-se então esperar que os aspectos políticos e não políticos da vida se reforcem mutuamente. Pode-se reconhecê-lo sem com isso negar a existência de um bem político tal como o defini.

humanismo cívico. O republicanismo clássico me parece ser uma posição que exige dos cidadãos de uma sociedade democrática, caso eles queiram preservar as suas liberdades e os seus direitos básicos, incluindo os direitos cívicos que asseguram as suas liberdades privadas, que possuam igualmente, num grau suficiente, as virtudes políticas (tal como as designei) e estejam prontos para participar da vida pública[29]. A idéia é que, na ausência de um corpo político ativo e vigoroso de cidadãos informados, que participam da vida política democrática, e caso se produza um recuo geral sobre a vida privada, mesmo as instituições políticas mais bem concebidas cairão nas mãos daqueles que buscam dominar e impor a sua vontade por meio do aparelho do Estado, seja por sede de poder ou de glória militar, seja por motivos de interesse econômico ou de classe, para não mencionar o fervor religioso ou o fanatismo nacionalista. A salvação das liberdades democráticas exige a participação ativa de cidadãos que possuam as virtudes políticas necessárias para a sustentação de um regime constitucional.

O republicanismo clássico assim concebido não se opõe de maneira alguma à teoria da justiça como eqüidade enquanto forma do liberalismo político. No máximo pode haver certas diferenças quanto à concepção das instituições e à sociologia política dos regimes democráticos. Essas diferenças certamente não são secundárias, e podem mesmo ser muito importantes. Porém não há uma oposição fundamental, pois o republicanismo clássico não pressupõe nenhuma doutrina abrangente, seja ela religiosa, filosófica ou moral. Nada no republicanismo clássico, tal como ele foi definido, é incompatível com o liberalismo político que descrevi aqui.

---

29. Maquiavel, nos seus *Discursos*, às vezes é tomado como exemplo de republicanismo clássico. Ver Quentin Skinner, *Machiavelli*, Oxford, Oxford University Press, 1981, em particular o Capítulo 3. Um exemplo mais pertinente aqui seria Tocqueville, *A democracia na América*.

Em compensação, existe uma oposição fundamental com relação ao humanismo cívico tal como eu o compreendo. Na condição de forma do aristotelismo, às vezes ele é apresentado como a posição segundo a qual o homem é um animal social, e mesmo político, cuja natureza essencial se efetiva por excelência numa sociedade democrática em que exista uma ampla e intensa participação política. Aqui a vida política não é favorecida, porque ela é necessária à proteção das liberdades básicas que constituem a cidadania democrática, permanecendo como uma forma do bem dentre outras, mesmo que para muitos ela seja muito importante. É a participação política na democracia que é considerada como o lugar privilegiado da vida realmente boa[30].

Do ponto de vista do liberalismo político, a objeção feita a essa doutrina abrangente é a mesma que se faz a todas as outras doutrinas do mesmo tipo, de modo que não preciso voltar ao assunto. Nem por isso é menos verdade que a teoria da justiça como eqüidade não nega, evidentemente, o fato de que para certas pessoas o bem mais importante é constituído pela vida política e de que, por conseguinte, a vida política é central na sua visão abrangente do bem. Efetivamente, numa comunidade política bem concebida, geralmente é para o bem da sociedade em seu conjunto que assim ocorre, da mesma forma que é geralmente benéfico as pessoas desenvolverem as suas competências e os seus talentos diferentes e complementares e se envolverem em sistemas de cooperação social mutuamente vantajosos. Isso conduz a uma nova idéia do bem, aquele representado por uma sociedade bem ordenada que seria uma união social de uniões sociais. Mas essa idéia é demasiado comple-

---

30. Tomo emprestada de Charles Taylor essa interpretação do humanismo cívico. Ver *Philosophical Papers*, Cambridge, Cambridge University Press, 1985, vol. 2, pp. 334-5. Taylor examina Kant e atribui essa posição a Rousseau, ao mesmo tempo que assinala que Kant não a compartilha.

xa para ser ao menos esboçada neste estágio e, por outro lado, ela não é necessária para o nosso propósito aqui[31].

## VIII

Concluirei observando a importância do fato de a teoria da justiça como eqüidade ser completa enquanto concepção política. Como dissemos na introdução, o justo e o bem são complementares, e a prioridade do justo não o nega. As instituições justas que ela exige e as virtudes políticas que encoraja não teriam razão de ser se elas se contentassem em autorizar modos de vida. É preciso igualmente que as encorajem como plenamente dignas do nosso devotamento. Ademais, é altamente desejável que a concepção política da justiça exprima a idéia de que a própria sociedade política possa ser um bem intrínseco – definido segundo a concepção política –, e isso para os cidadãos entendidos ao mesmo tempo como indivíduos e como corpo constituído. Vimos que isso ocorre efetivamente no caso de uma sociedade bem ordenada no sentido da teoria da justiça como eqüidade, por contraste com o que chamamos de "sociedade privada", cujas instituições são consideradas pelos cidadãos como puramente instrumentais e da qual todo bem intrínseco é não político. As formas do bem intrínseco definidas pela teoria da justiça como eqüidade fazem dela uma doutrina completa que define o justo e o bem de modo que eles possam desempenhar os seus papéis complementares no seu contexto.

Ora, uma *primeira* razão pela qual esse caráter completo é desejável é que ele exibe, de um modo até então insuspeito, o motivo pelo qual um consenso por justaposição

---

31. Ver *TJ*, § 79.

não é um simples *modus vivendi*. Numa sociedade bem ordenada pelos princípios que foram mutuamente reconhecidos e que são objeto de um consenso por justaposição, os cidadãos têm não somente numerosos fins últimos em comum, como ademais entre estes figura a justiça política mútua. Referindo-nos às cinco idéias do bem que estudamos, podemos mesmo falar do bem mútuo da justiça mútua, pois, com toda a certeza, a justiça política é algo que é racional para cada cidadão esperar de todos os demais[32]. Isso dá um sentido profundo à idéia segundo a qual uma concepção política sustentada por um consenso por justaposição é uma concepção moral adotada por razões morais.

Uma *segunda* razão pela qual esse caráter completo é desejável é que ele mostra com mais força como um *modus vivendi* cujo conteúdo é uma concepção liberal da justiça é suscetível de se transformar progressivamente num consenso por justaposição. Vimos que tal evolução dependia muito do fato de a maioria das nossas concepções políticas serem

---

32. Apóio-me aqui na maneira pela qual diferentes idéias do bem são construídas encadeando-se a partir da idéia do bem como racionalidade. Retrospectivamente, é evidente que, ao começar por essa idéia, obtemos imediatamente a idéia de bens primários. Uma vez obtidos estes últimos, a argumentação extraída da posição original pode desenvolver-se de tal modo que chegamos depois aos dois princípios de justiça que, então, utilizamos para definir as concepções autorizadas (abrangentes) do bem. De posse desses dois princípios, estamos prontos para identificar as virtudes políticas essenciais para a manutenção de uma justa estrutura básica. E, para terminar, apoiando-nos no princípio aristotélico e em outros elementos da teoria da justiça como eqüidade, podemos definir as razões pelas quais uma sociedade política bem ordenada por essa teoria da justiça é intrinsecamente boa. Esta observação, aqui, é simplesmente uma conseqüência dessas idéias. A idéia do bem como racionalidade nos permite dizer que certas coisas não são boas (no seio da concepção política) se não apresentam as propriedades que é racional demandar (enquanto pessoas livres e iguais conforme à concepção política), tendo-se em conta nosso projeto racional de vida. Do ponto de vista dos parceiros na posição original, a justiça mútua preenche essa condição para os cidadãos que eles representam, e, enquanto cidadãos de uma sociedade, esperamos normalmente a justiça uns dos outros. O mesmo ocorre com as virtudes políticas. Mas dar uma demonstração convincente de tudo isso é, claro está, uma outra história.

apenas parcialmente abrangentes. Em geral não dispomos de uma doutrina perfeitamente abrangente, religiosa, seja ela filosófica ou moral, e menos ainda procuramos estudar as que existem efetivamente ou elaborar uma por nós mesmos. Isso permite pensar que os bens que estão dentro da vida política, isto é, o bem intrínseco que suas instituições e suas atividades implicam e produzem (ver seção VII, mais acima), são muito suscetíveis de conseguir da nossa parte uma adesão inicial que seja independente das nossas crenças abrangentes e anterior aos conflitos suscitados por elas. Assim, quando surgem conflitos, a concepção política tem mais probabilidades de se manter e de influenciar essas crenças a fim de que elas se conformem às suas próprias exigências. Não chegaremos, é claro, ao ponto de dizer que, quanto mais intensa for a adesão inicial, mais isso valerá, mas que é desejável, de um ponto de vista político, que ela o seja o bastante para estabilizar um consenso por justaposição[33].

O liberalismo político pode então ser compreendido como a concepção segundo a qual, nas condições relativamente favoráveis que tornam possível a democracia constitucional, as instituições políticas que respeitam os princípios de uma concepção liberal da justiça efetivam os valores e os ideais políticos que, normalmente, se impõem a todos os outros valores que a eles pudessem contrapor-se. Os dois *desiderata* de uma concepção política que decorrem do seu caráter completo reforçam a sua estabilidade. A adesão a essa concepção tende a ser mais profunda, e tanto maiores são as probabilidades de que seus ideais e seus valores se imponham a seus rivais.

Evidentemente, a estabilidade não pode ser assegurada. O bem político, qualquer que seja a sua importância, não poderá jamais, como regra geral, impor-se aos valores trans-

---

33. Ver mais acima, neste volume, pp. 277-87, para uma exposição mais aprofundada do conteúdo desse parágrafo.

cendentais – religiosos, filosóficos ou morais – com os quais ele é suscetível de entrar em conflito. Aliás, não é isso o que eu sugiro. Meu ponto de partida é antes a convicção de que um regime democrático constitucional é suficientemente justo e factível para que valha a pena defendê-lo. O problema que se apresenta, dado o fato do pluralismo, é saber como conceber nossa ação em seu favor de modo que se obtenha para ele um apoio suficientemente amplo.

Não é examinando as doutrinas abrangentes que existem e delas tirando uma concepção política que seria uma espécie de conciliação entre elas que atingiremos esse resultado. Ilustrarei minha resposta da seguinte maneira. Quando se define uma lista de bens primários ou um critério qualquer daquilo que é vantajoso segundo uma concepção política, pode-se proceder de duas maneiras. Podem-se examinar as diferentes doutrinas abrangentes que existem na sociedade e pode-se definir um índice desses bens que se aproximaria do centro de gravidade dessas doutrinas – que indicaria de algum modo uma média daquilo que é necessário, segundo essas doutrinas, em matéria de reivindicações e de proteções institucionais, assim como de meios polivalentes. Essa parece ser a melhor maneira de assegurar que o índice forneça os elementos básicos necessários para a concretização das concepções do bem associadas a essas doutrinas e de aumentar a probabilidade de um consenso por justaposição. Mas não é assim que procede a teoria da justiça como eqüidade. Ela elabora uma concepção política a partir da idéia intuitiva fundamental de que a sociedade é um sistema eqüitativo de cooperação. A esperança, então, é que o índice ao qual se chega a partir dessa idéia possa ser objeto de um consenso por justaposição. Deixamos portanto de lado as doutrinas que existem ou que poderiam existir. A idéia não é que os bens primários fazem justiça às concepções do bem associadas a essas doutrinas porque eles representariam uma conciliação justa entre elas, mas sim que eles fazem justiça aos cidadãos livres e iguais enquanto pessoas que adotam tais concepções. Procuramos portanto elaborar uma concepção da justiça para um regime constitucional tal que os que apóiam esse tipo de regime, ou que são suscetíveis de fazê-lo, aderem igualmente à concepção política, tendo em conta o que sabemos de antemão a respeito de suas crenças abrangentes. Somos assim conduzidos à idéia de uma concepção política da justiça que não pressupõe nenhuma doutrina particular desse tipo, e acalentamos a esperança de que ela poderá ser o objeto de um consenso por justaposição com a condição, é claro, de se ter sorte e tempo suficiente para conquistar o devotamento dos cidadãos.

*Tradução de Catherine Audard.*

# 7. O campo do político e o consenso por justaposição

**Observação**

Somente neste último artigo é que Rawls trata diretamente da questão do político. O político tem para ele um sentido descritivo e sociológico a que estamos habituados desde Max Weber e ao qual Rawls se refere. Ele se contrapõe ao não-político como o público se contrapõe ao privado. O político é compreendido, de fato, por contraste com agrupamentos humanos privados, escolhidos de maneira mais ou menos livre, em que em princípio as liberdades básicas não são ameaçadas, como, por exemplo, uma Igreja, uma associação esportiva ou uma universidade. É político, ao contrário, um agrupamento humano não escolhido, em que a dominação e a coação de uns sobre outros são exercidas, e isso em razão da presença daquilo que Hume chamava de "o contexto da justiça"\* (*the circumstances of justice*). O campo do político demanda portanto princípios e regras para policiá-lo. Numa democracia liberal em que os perigos assinalados mais acima estão presentes, esses princípios devem ao mesmo tempo respeitar a diversidade das crenças e cercear as que se oponham à cooperação. Nela, portanto, o político é ao mesmo tempo o quadro do "consenso por justaposição" para o não-político e um bem intrínseco da justiça, superior a outros bens, o que torna a posição de Rawls a um só tempo atraente, em razão do seu repúdio tanto do ceticismo quanto do autoritarismo, mas também bastante perigosa, como o perceberam muitos dos seus críticos.

# 7. O campo do político e o consenso por justaposição[a]

*Introdução*

Neste artigo, examinarei a noção do consenso por justaposição (*overlapping consensus*)*[1] e seu papel numa concepção política da justiça* aplicada a um regime constitucional. Pressuporei que uma concepção política considera o campo político como especial, com propriedades distintas que demandam uma concepção que exprima os valores característicos desse campo. A teoria da justiça como eqüidade, apresentada no meu livro *Uma teoria da justiça*, é um exemplo de concepção política e farei referência a ela para fixar as idéias. Tratando dessas questões, espero dissipar os mal-entendidos a respeito da noção de consenso por justaposição, especialmente aqueles que tornam política, no mau sentido do termo, a filosofia política[2].

---

a. "The Domain of the Political and Overlapping Consensus".
Este artigo, publicado na *New York University Law Review*, vol. 64, n? 2, 1989, pp. 233-5, é uma versão remodelada da John Dewey Lecture in Jurisprudence, conferência pronunciada na Escola de Direito da Universidade de Nova York em 15 de novembro de 1988.
1. Utilizei essa idéia em "A teoria da justiça como eqüidade: uma teoria política, e não metafísica" e em "A idéia de um consenso por justaposição", neste volume. A idéia foi introduzida no meu livro *Uma teoria da justiça* (*TJ*), p. 429.
2. Agradeço a G. A. Cohen e a Paul Seabright por me terem chamado a atenção para esses mal-entendidos (após a minha conferência em Oxford em maio de 1986, "Overlapping Consensus"). A discussão com Jürgen Habermas foi igualmente esclarecedora (em Harvard, outubro de 1986). Gostaria igualmente de agra-

De fato, esse termo pode levar algumas pessoas a pensar que, no meu entendimento, a política do consenso deve dominar a vida política e que, em conseqüência, o conteúdo dos princípios* primeiros de justiça deve ser ajustado em função das reivindicações dos interesses políticos e sociais dominantes.

Esse mal-entendido pode ser explicado pelo fato de eu ter utilizado a idéia de um consenso por justaposição sem distinguir duas etapas na exposição da teoria da justiça como eqüidade e sem insistir no fato de que é somente na segunda etapa que falo de consenso por justaposição. Na *primeira* etapa, a teoria da justiça como eqüidade deve ser apresentada como uma concepção política independente. Ela busca articular os valores que se aplicam ao especial campo político delimitado pela estrutura básica* da sociedade. A *segunda* etapa expõe a estabilidade da teoria, isto é, sua capacidade de engendrar seu próprio sustento[3], à luz do conteúdo dos seus princípios e dos seus ideais formulados na primeira etapa. A idéia de consenso por justaposição é introduzida na segunda etapa para explicar como, apesar da pluralidade de doutrinas abrangentes*, morais, filosóficas e religiosas opostas, que caracterizam uma sociedade democrática – o tipo de sociedade que a própria teoria da justiça como eqüidade recomenda –, as instituições livres podem, não obstante, encontrar o apoio necessário para durar.

---

decer, por suas sugestões, a Ronald Dworkin, Thomas Nagel e T. M. Scanlon. Finalmente, sou devedor a Wilfried Hinsch pela importante idéia de uma doutrina abrangente* razoável. Aliada a outras idéias paralelas, como a das "dificuldades da razão" (ver a segunda parte) e os preceitos da discussão razoável (ver a terceira parte), essa idéia impõe um limite apropriado para as doutrinas abrangentes que, normalmente, devem fazer parte de um consenso por justaposição.

3. Ver a oitava parte, mais adiante, na p. 359.

## I. Quatro fatos gerais

Começarei por analisar o segundo plano da minha concepção política da justiça. Toda concepção desse tipo pressupõe uma visão do mundo político e social e reconhece certos fatos gerais da sociologia política e da psicologia humana. Quatro fatos gerais são particularmente importantes.

O *primeiro* é que a diversidade das doutrinas abrangentes, morais, filosóficas e religiosas, que encontramos nas sociedades democráticas modernas não é uma simples contingência histórica. É um traço permanente da cultura pública das democracias. Dadas as condições políticas e sociais que garantem os direitos e as liberdades básicas das instituições democráticas, uma diversidade de doutrinas abrangentes, conflitantes e irreconciliáveis, não deixará de emergir, se é que já não existe. Além do mais, essa situação só pode persistir e se acentuar. Esse fato, que se refere às instituições livres, é o do pluralismo*.

Um *segundo* fato, ligado ao precedente, é que somente a utilização tirânica do poder estatal pode manter uma adesão e um apoio duradouros a uma doutrina abrangente única, moral, filosófica ou religiosa. Se temos uma representação de uma sociedade política como uma comunidade quando ela é unificada pela fidelidade a uma única e mesma doutrina, então o uso tirânico do poder estatal é necessário para se manter uma comunidade política*. Na sociedade medieval, mais ou menos unificada pela fé católica, a Inquisição não foi um acidente; a preservação de uma crença religiosa comum requeria a supressão da heresia. Isso me parece valer para qualquer doutrina moral ou filosófica, mesmo leiga. Uma sociedade que fosse unida em torno de uma forma de utilitarismo*, ou do liberalismo* de Kant ou de Mill, também exigiria, para se manter, as sanções do poder estatal.

Um *terceiro* fato é que, para ser duradouro e seguro, e não dividido por doutrinas antagônicas e pelas classes sociais hostis umas às outras, um regime democrático precisa ter o apoio voluntário e livre de uma maioria substancial dos seus cidadãos politicamente ativos. Confrontado com o primeiro fato, isso quer dizer que uma concepção da justiça que quiser servir de base pública de justificação num regime constitucional deve ser aceita por doutrinas extremamente diferentes e talvez irreconciliáveis. De outra forma, o regime não será duradouro nem seguro. Como veremos mais adiante, isso sugere a necessidade daquilo que chamei de concepção política de justiça[4].

Um *quarto* fato é que a cultura política de uma sociedade democrática relativamente estável contém normalmente, pelo menos de modo implícito, certas idéias intuitivas fundamentais, e é possível, a partir delas, formular uma concepção política da justiça adaptada a um regime constitucional. Esse fato é importante quando descrevemos de maneira precisa os traços gerais de uma concepção política da justiça e elaboramos com esse fim a teoria da justiça como eqüidade.

*II. As "dificuldades da razão"*

Esses fatos requerem explicações suplementares, sobretudo o primeiro, a saber, que a diversidade de doutrinas abrangentes é um traço permanente de uma sociedade caracterizada por instituições livres, e essa diversidade só pode ser ultrapassada pelo uso tirânico do poder estatal. De fato, por que instituições livres, assim como os direitos e as liberdades básicos que lhes correspondem, deveriam levar à

---

4. Ver a sétima parte, mais adiante, p. 355.

diversidade, e por que seria necessário recorrer ao poder estatal para suprimi-la? Por que os nossos esforços sinceros e conscienciosos para argumentar uns com os outros não desembocam num acordo? No entanto, assim parece ocorrer na ciência ou, pelo menos, nas ciências naturais a longo prazo, pois os desacordos na teoria social e nas ciências econômicas parecem insuperáveis.

Existem, é claro, várias explicações possíveis. Podemos supor que a maior parte das pessoas apóia opiniões que protegem os seus interesses no sentido estreito; e, como esses interesses são todos diferentes, dar-se-á o mesmo com as suas opiniões. Ou então as pessoas são muitas vezes irracionais e incapazes de refletir, o que, acrescido a erros de lógica, leva a opiniões contraditórias.

Contudo, tais explicações são fáceis demais e não são do tipo que procuramos. Queremos saber como um desacordo que seja ao mesmo tempo razoável é possível, pois trabalhamos, para começar, no âmbito da teoria ideal. É por isso que a questão consiste em saber de que forma um desacordo razoável pode acontecer.

Podemos propor a seguinte explicação. Podemos dizer que um desacordo razoável é um desacordo entre pessoas razoáveis, isto é, pessoas que desenvolveram as suas duas faculdades morais*[5] em um grau suficiente para serem cidadãos livres e iguais numa democracia, que têm um desejo duradouro de ser membros plenamente ativos da sociedade durante toda a sua vida. Pressupomos que tais pessoas compartilham uma razão humana comum, faculdades de pensamento e de julgamento semelhantes, uma capacidade de fazer inferências e de pesar provas, de ponderar considerações rivais, e assim por diante.

---

5. Essas faculdades são a capacidade de ter um senso da justiça e uma concepção do bem. Ver *TJ*, pp. 561 e 216-7 deste volume.

Ora, a idéia de desacordo razoável implica um relato das fontes, ou causas, de desacordo entre pessoas razoáveis. Chamarei essas fontes de "dificuldades da razão". O relato deve ser tal que seja plenamente compatível com o caráter razoável dos que estão em desacordo.

Que aconteceria então para desencadear o desacordo? Se dissermos que são os preconceitos, os interesses pessoais ou de grupo, a cegueira e a teimosia – para não falar da irracionalidade e da burrice –, estaremos questionando o caráter razoável de pelo menos alguns daqueles que estão em desacordo. Temos de encontrar outra solução.

Uma explicação satisfatória seria a de que as dificuldades da razão, as fontes de desacordo razoável entre pessoas razoáveis, seriam constituídas pelos numerosos perigos passados durante o exercício correto (e consciencioso) das nossas faculdades de raciocínio e julgamento no curso ordinário da vida política. Salvo no que se refere às duas primeiras fontes que indico mais adiante, as que menciono agora não são particulares do raciocínio referente aos valores; minha lista tampouco é completa. Ela só inclui as fontes mais visíveis de desacordo razoável:

(a) A prova – empírica e científica – que sustenta o caso pode ser contraditória e complexa e, portanto, difícil de avaliar.

(b) Mesmo quando estamos de pleno acordo sobre o tipo de considerações que são pertinentes, podemos divergir no tocante ao seu peso relativo e, assim, chegar a julgamentos diferentes.

(c) Em certa medida, todos os nossos conceitos, e não apenas nossos conceitos morais ou políticos, são vagos e suscetíveis de casos-limites; essa indeterminação significa que devemos recorrer ao julgamento e à interpretação (e a julgamentos sobre interpretações) no que se refere a uma certa margem (ela própria imprecisa) de desacordo entre pessoas razoáveis.

(d) Numa proporção que desconhecemos, nossa experiência total durante a nossa vida, até o momento presente, influencia a maneira pela qual avaliamos uma prova e os valores morais e políticos, e essa experiência certamente é diferente para cada um. Assim, numa sociedade moderna, com sua diversidade de empregos e de funções, sua divisão do trabalho, seus numerosos grupos sociais, assim como sua diversidade muitas vezes étnica, as experiências dos cidadãos, no seu conjunto, são tão díspares que os seus julgamentos divergem, pelo menos numa certa medida, em numerosos casos relativamente complexos, ou talvez mesmo na maioria deles.

(e) Com freqüência há diferentes tipos de considerações normativas que têm peso diferente de parte a parte para uma determinada questão, o que torna difícil uma avaliação global[6].

(f) Para concluir, dado que todo sistema de instituições sociais só pode aceitar um número limitado de valores, é preciso proceder a uma seleção entre toda a gama dos valores políticos e morais que podem ser efetivados. O espaço

---

6. Expressei essa fonte de desacordo de maneira bastante simples. Ela poderia ser formulada com mais força dizendo-se, como Thomas Nagel, que existem conflitos básicos entre valores de tal ordem que parece haver razões (normativas) decisivas e suficientes para duas ou várias possibilidades de ação incompatíveis; entretanto, é necessário tomar uma decisão. Ver T. Nagel, *Mortal Questions*, Cambridge, 1979, pp. 128-41. Além do mais, essas razões normativas não têm peso igual, sendo portanto muito importante que se tome uma decisão. A ausência de peso igual procede do fato de, em tais casos, os valores serem incomparáveis. Cada um é definido por uma das múltiplas perspectivas irredutivelmente diferentes que originam os valores, especialmente os que indicam as obrigações, os direitos, a utilidade, os objetivos perfeccionistas e os compromissos pessoais. Dito de outro modo, esses valores têm bases diferentes, refletidas por suas propriedades formais diferentes. Esses conflitos básicos revelam aquilo que Nagel chama de fragmentação dos valores. Acho que boa parte da análise de Nagel é absolutamente plausível, e eu a aceitaria como minha se tivesse de expressar a minha própria doutrina moral (parcialmente) abrangente; como não é esse o caso, e estou procurando evitar as controvérsias filosóficas fazendo um relato das dificuldades da razão, que repousa nos próprios fatos, não posso permitir-me ir mais longe do que já disse em (e).

disponível é forçosamente limitado. Forçados a escolher entre valores a que somos muito apegados, temos dificuldade para estabelecer prioridades e tomar decisões difíceis, para as quais não parece haver resposta clara[7].

Tais são as fontes de dificuldades que encontramos quando procuramos chegar a acordos entre nossos julgamentos e os de outros, fontes que levam em conta a plena e inteira capacidade de raciocínio daqueles que julgam. Ao assinalar essas fontes, essas "dificuldades da razão", não estamos negando, claro está, que os preconceitos, o interesse pessoal ou o do grupo, a cegueira e a teimosia tenham, infelizmente, um papel por demais familiar na vida política. Mas essas fontes de discórdias não razoáveis devem ser claramente distinguidas das que levam em conta o fato de cada um ser plenamente razoável.

Concluirei apresentando um *quinto* fato. Emitimos vários dos nossos julgamentos mais importantes em condições tais que se torna extremamente improvável que pessoas conscienciosas e plenamente razoáveis possam exercer a sua faculdade de raciocínio de forma que todos cheguem à mesma conclusão, mesmo depois de um debate livre.

*III. Os preceitos da discussão razoável*

Passo agora a considerar o modo como, se somos razoáveis, devemos conduzir-nos, dados esses fatos referentes às "dificuldades da razão". Suponho que, enquanto pessoas razoáveis, somos plenamente conscientes destas últimas e tentamos levá-las em conta. A partir daí admitimos certos preceitos para dirigir a deliberação e o debate. Seguem-se alguns deles.

---

7. Esse ponto foi freqüentemente assinalado por Isaiah Berlin, em particular no seu artigo "On the Pursuit of the Ideal", *The New York Review of Books*, 17 de março de 1988.

*Em primeiro lugar*, o debate político procura concluir um acordo razoável, e por isso deveria ser conduzido, na medida do possível, tendo em vista esse objetivo. Não devíamos acusar-nos precipitadamente uns aos outros por fazer intervir o interesse pessoal, ou o interesse do grupo, ou os preconceitos, nem de cometer erros tão graves quanto a cegueira ou a ilusão ideológica. Tais acusações suscitam o ressentimento e a hostilidade e impedem qualquer acordo razoável. Predispor-se a formular tais acusações sem base sólida é totalmente não razoável, e freqüentemente equivale a uma declaração de guerra intelectual.

*Em segundo lugar*, quando somos razoáveis, esperamos encontrar desacordos fundamentais, e mesmo insolúveis, referentes a questões básicas. O primeiro fato geral que notei mais acima implica que as instituições básicas e a cultura pública de uma sociedade democrática definem um universo social no qual as crenças gerais opostas e as doutrinas abrangentes contraditórias podem desenvolver-se e tornar-se cada vez mais numerosas. Seria então não razoável deixar de reconhecer a probabilidade – na verdade, a certeza prática – de que desacordos insuperáveis, apesar de razoáveis, ocorrerão sobre questões da maior importância. Mesmo quando um acordo parece possível em princípio, acontece de não se poder atingi-lo no caso em apreço, pelo menos num futuro previsível[8].

*Em terceiro lugar*, quando somos razoáveis estamos prontos para participar do debate, pressupondo-se uma certa dose de boa-fé nos outros. Estamos preparados para diferenças profundas de opiniões e aceitamos essa diversidade como sendo o estado normal da cultura pública de uma sociedade democrática. Odiar esse fato equivale a odiar a natureza humana, pois seria o mesmo que odiar as numerosas

---

8. Pode-se tomar o exemplo do desemprego, das suas causas e dos meios mais eficazes para fazê-lo diminuir.

expressões razoáveis da natureza humana que se desenvolvem com as instituições livres[9].

Sugeri que as "dificuldades da razão" são suficientes para explicar os dois primeiros fatos gerais – o fato do pluralismo devido às instituições livres e a necessidade do uso tirânico do poder estatal para manter uma comunidade política (uma sociedade política unida por uma doutrina comum) – quaisquer que sejam os outros fatores que possam intervir. Portanto, esses fatos não são puras contingências históricas. Eles estão enraizados na dificuldade que existe em utilizar a nossa razão nas circunstâncias normais da existência humana.

*IV. As propriedades de uma concepção política da justiça*

O terceiro fato geral define um regime democrático duradouro e estável como um regime que conta com o apoio de uma maioria substancial de seus cidadãos politicamente ativos. Quais são então as características mais gerais da doutrina política presente na base de um regime capaz de suscitar esse tipo de devotamento? É claro que deve ser uma doutrina aceitável por uma diversidade de doutrinas abrangentes, morais, filosóficas e religiosas, cada uma a partir de seu próprio ponto de vista[10]. Isso decorre não apenas do terceiro fato mas também do primeiro, o fato do pluralismo. Isso porque um regime democrático desencadeia, mesmo que não de imediato, uma pluralidade de doutrinas abrangentes.

Digamos que uma concepção política da justiça (diferentemente de um regime político) será estável se preencher

---

9. Adaptei essa idéia da frase de Plínio, o Moço, citada por Judith Shklar em *Ordinary Vices* (Cambridge, 1984), p. 192: "Aquele que odeia o vício odeia a humanidade."

10. Suponho aqui que, não importa em que maioria, haverá cidadãos que professarão doutrinas abrangentes contraditórias.

a seguinte condição: aqueles que crescem numa sociedade bem ordenada* por essa concepção – uma sociedade cujas instituições são reconhecidas publicamente como justas no sentido dessa doutrina – desenvolvem uma fidelidade suficiente a essas instituições, isto é, um sentido da justiça suficientemente forte, guiado por princípios e ideais correspondentes, de tal forma que em geral eles agem de acordo com a justiça, com a condição de estarem certos de que os outros também agem assim[11].

Ora, haverá outros traços gerais de uma concepção política da justiça que sejam sugeridos por essa definição da estabilidade? A idéia de uma concepção política da justiça comporta três traços desse tipo[12].

*Em primeiro lugar*, enquanto uma concepção política da justiça é, obviamente, uma concepção moral, ela é elaborada para um objeto preciso, a saber, a estrutura básica de um regime democrático constitucional. Essa estrutura é constituída pelas principais instituições econômicas, sociais e políticas dessa sociedade, assim como pela sua organização em um único sistema unificado de cooperação social.

*Em segundo lugar*, adotar uma concepção política da justiça não pressupõe a adoção de uma doutrina abrangente particular. A própria concepção se apresenta como válida unicamente para a estrutura básica[13].

*Em terceiro lugar*, uma concepção política da justiça é formulada, na medida do possível, nos termos de certas

---

11. É preciso notar que se trata de uma definição da estabilidade para uma concepção política de justiça. Não confundi-la com uma definição da estabilidade, ou do que chamarei de segurança, de um regime político (enquanto sistema de instituições).

12. As características de uma concepção política da justiça são examinadas em detalhe mais acima neste volume, pp. 203-18.

13. Uma concepção política para a estrutura básica deve também poder ser generalizada numa concepção política para uma sociedade internacional, composta de democracias constitucionais. No momento, porém, deixo de lado essa importante questão. Ver, mais adiante, o final da seção IX.

idéias intuitivas fundamentais que são consideradas implícitas na cultura política pública de uma democracia. Eis dois exemplos: a idéia da sociedade vista como sistema eqüitativo de cooperação através do tempo, de uma geração a outra, e a idéia dos cidadãos vistos como pessoas livres e iguais, plenamente ativas na cooperação social durante toda a sua vida. (A existência de tais idéias intuitivas constitui o quarto fato geral.) Essas representações da sociedade e dos cidadãos são normativas e políticas; fazem parte de uma concepção política normativa, e não de uma metafísica ou de uma psicologia[14].

Assim, a distinção entre as concepções políticas da justiça e outras concepções morais é uma tarefa de grande alcance e amplitude, isto é, da gama de objetos aos quais a concepção se aplica e do conteúdo mais vasto que requer uma gama mais ampla. Uma concepção é geral quando se aplica a uma ampla gama de questões (praticamente a todas as questões); é abrangente quando compreende concepções daquilo que tem valor para a existência humana, ideais do valor e caráter pessoais, e assim por diante, isto é, de tudo o que influencia a maior parte da nossa conduta não política (no limite, a nossa vida no seu conjunto).

As concepções religiosas e filosóficas tendem a ser a um só tempo gerais e perfeitamente abrangentes. Para algumas, é mesmo um ideal a ser atingido. Uma doutrina é perfeitamente abrangente quando recobre todos os valores e todas as virtudes conhecidas dentro de um sistema de pensamento único, estruturado de maneira relativamente precisa. Por outro lado, uma doutrina é parcialmente abrangente quando compreende apenas alguns valores e virtudes não políticos e quando é menos estruturada. Por definição, por-

---

14. Ver pp. 225-32, e nota 20, p. 224, mais acima neste volume, para uma discussão da concepção política da pessoa.

tanto, mesmo uma doutrina parcialmente abrangente ultrapassa o campo do político e inclui valores e qualidades não políticos.

Tendo em mente essas distinções, vemos que o liberalismo político tenta formular uma concepção política da justiça que seja aplicável. Essa concepção consiste em uma visão da política e das instituições mais justas e mais válidas que leve em conta os cinco fatos gerais que indicamos. É daí que nasce a necessidade de basear a unidade social em uma concepção política capaz de estabelecer o acordo de uma diversidade de doutrinas abrangentes. O liberalismo político não é portanto uma doutrina que abarca o conjunto da existência; não é uma doutrina (parcial ou perfeitamente) abrangente.

É certo que, enquanto liberalismo, ela apresenta o tipo de conteúdo que associamos historicamente com o liberalismo. Ela defende certos direitos civis e políticos e certas liberdades básicas, dá-lhes certa prioridade, e assim por diante. A teoria da justiça como eqüidade começa com a idéia intuitiva fundamental de uma sociedade bem ordenada que seja um sistema eqüitativo de cooperação entre cidadãos tratados como pessoas livres e iguais. Essa intuição, assim como os cinco fatos gerais, mostram a necessidade de uma concepção política da justiça e esta, por sua vez, leva à idéia daquilo que podemos chamar de "exigências constitucionais fundamentais"*.

A descrição precisa dos direitos e das liberdades básicas dos cidadãos – direitos e liberdades que eles têm por seu *status* de pessoas livres e iguais – faz parte dessas exigências. Pois tais direitos e liberdades se referem aos princípios fundamentais que determinam a estrutura do processo político – os poderes legislativo, executivo e judiciário, os limites e a extensão do governo exercido pela maioria, assim como os direitos civis e políticos e as liberdades básicas que as maiorias parlamentares devem respeitar, tais como o direito de voto, o direito de participar da vida política, a liberdade de pensamento e a liberdade de consciência, assim como todas as proteções garantidas pelo Estado de direito.

Todas essas questões têm uma grande complexidade que me limito a mencionar aqui. O importante é que uma interpretação política das exigências constitucionais essenciais é da maior urgência, a fim de assegurar uma base para a cooperação eqüitativa social e política entre os cidadãos, considerados como livres e iguais. Se uma concepção política da justiça proporciona um quadro de princípios e de valores que seja razoável e permita resolver as questões referentes a essas exigências essenciais – e esse deve ser o seu objetivo mínimo –, então uma diversidade de doutrinas abrangentes pode adotá-la. Nesse caso, uma concepção política da justiça já terá adquirido grande importância mesmo que tenha relativamente pouco a dizer sobre as inúmeras questões econômicas e sociais que os corpos legislativos devem regulamentar de maneira sistemática.

*V. O campo especial do político*

As três características de uma concepção política como a que foi descrita aqui mostram claramente que a teoria da justiça como eqüidade não depende de uma filosofia moral aplicada. Seu conteúdo – seus princípios, critérios e valores – não se apresenta como a aplicação de uma doutrina moral já elaborada, abrangente em seu alcance e geral na gama das questões de que trata. Ele enuncia mais uma família de valores (morais) extremamente importantes, que se aplicam por excelência às instituições políticas básicas. Ele dá uma descrição precisa desses valores, levando em conta o que é específico da relação política e o que a distingue de outras relações.

A relação política apresenta pelo menos duas características importantes.

*Em primeiro lugar*, é uma relação entre pessoas, no interior do quadro da estrutura básica da sociedade, composta por instituições básicas nas quais ingressamos por nascimento e das quais só saímos por nossa morte (ou é isso o que podemos supor de maneira apropriada[15]). Uma sociedade política é fechada, e não entramos nela, ou não podemos entrar de maneira voluntária, da mesma forma como não podemos sair dela voluntariamente.

*Em segundo lugar*, o poder político que se exerce no âmbito da relação política é sempre coercitivo e tem o apoio da máquina estatal para a aplicação das suas leis. Mas num regime constitucional o poder político é igualmente o poder de cidadãos iguais, constituídos em um corpo coletivo. Ele se exerce regularmente sobre os cidadãos enquanto indivíduos, alguns dos quais podem não aceitar as razões – e no entanto elas são amplamente reconhecidas – que justificam a estrutura geral da autoridade política (a constituição), enquanto outros podem aceitar essa estrutura, mas sem considerar justos numerosos decretos e leis aos quais estão submetidos.

O liberalismo político sustenta, então, que existe um campo específico da política reconhecível graças, pelo menos, a essas duas características. Assim entendido, o campo político é diferente do associativo, que é voluntário. Distingue-se

---

15. Essa hipótese é apropriada, em parte, em função de um ponto que aqui só mencionarei rapidamente e que é o fato de o direito de emigração não transformar a aceitação da autoridade política em uma conduta voluntária no sentido de que a liberdade de pensamento e a liberdade de consciência transformam o reconhecimento da autoridade da Igreja em uma conduta voluntária. Isso põe em evidência outra característica do político que o distingue do associativo.

também do familiar e do pessoal, que são campos afetivos num sentido estranho à política[16].

Caso se trate o político como um campo específico, pode-se dizer que uma concepção política que formula os seus valores básicos é uma doutrina "independente". É uma doutrina que se aplica à estrutura básica e que formula os seus valores independentemente dos valores não políticos. Ela não nega portanto que existam outros valores aplicáveis aos campos associativo, pessoal e familiar. Também não diz que o campo político é inteiramente separado desses valores. Nosso objetivo é sobretudo descrever precisamente o campo especial da política, de modo que suas principais instituições possam suscitar um consenso por justaposição.

Na medida em que constitui uma forma de liberalismo político, a teoria da justiça como eqüidade sustenta que, em relação às exigências constitucionais essenciais, e dada a existência de um regime constitucional relativamente bem ordenado, a família dos valores políticos fundamentais expressos pelos seus princípios e ideais terá um peso suficiente para prevalecer sobre todos os outros valores que possam entrar em conflito com eles. A teoria da justiça como eqüidade sustenta igualmente, ainda em relação a essas mesmas exigências, que na medida do possível as questões que a elas se referem deveriam ser regulamentadas apelando-se somente para esses valores políticos. Pois é sobre essas questões que se faz mais urgente um acordo entre cidadãos que, por outro lado, compartilham doutrinas abrangentes opostas.

Ora, ao defender tais convicções, é claro que deixamos implícita a existência de uma relação entre valores políticos e não políticos. Assim, quando se diz que fora da Igreja não

---

16. O campo associativo, o pessoal e o familiar são somente três exemplos de campo do não político. Existem outros.

há salvação[17] e que, portanto, um regime constitucional, com suas garantias em matéria de liberdade religiosa, é inaceitável a menos que não se possa evitá-lo, temos de encontrar uma resposta. Do ponto de vista do liberalismo político, a resposta apropriada consiste em dizer que tal conclusão não é razoável[18], pois ela propõe utilizar o poder político público – poder do qual os cidadãos têm uma parte igual – para fazer aplicar uma opinião particular que afeta as exigências constitucionais essenciais e sobre a qual os cidadãos, enquanto pessoas razoáveis, dadas as "dificuldades da razão", terão necessariamente juízos opostos.

É importante sublinhar que essa resposta não implica que a doutrina *"Extra ecclesiam nulla salus"* seja verdadeira ou falsa. O que ela faz é dizer que não é razoável utilizar o poder político público para aplicá-la. Ao contrário, uma resposta que se apóie em outra doutrina religiosa ou filosófica – o tipo de resposta que deve ser evitado no debate político – diria que a doutrina em questão é incorreta e repousa sobre uma concepção errônea da natureza divina. Todavia, se rejeitarmos como não razoável a imposição de uma certa doutrina pelo Estado mediante o uso da força, isso não nos impede de considerá-la igualmente falsa. E talvez não seja possível deixar de considerá-la assim, mesmo levando-se em conta as exigências constitucionais essenciais[19].

Notemos portanto que, quando dizemos que não é razoável impor uma doutrina pela força, não a rejeitamos necessariamente como inexata, mas podemos fazê-lo. De fato, é vital para a própria idéia do liberalismo político que pos-

---

17. A máxima medieval corrente *"Extra ecclesiam nulla salus"* foi utilizada, por exemplo, na célebre bula *Unam Sanctam* de 1302, pelo papa Bonifácio VIII.
18. Agradeço a Wilfried Hinsch e a Peter de Marneffe por seus esclarecimentos sobre esse ponto.
19. Ver pp. 270-1, mais acima, neste volume.

samos sustentar de maneira perfeitamente conseqüente que seria desarrazoado utilizar o poder político para fazer aplicar nossas próprias doutrinas abrangentes, sejam elas religiosas, filosóficas ou morais – doutrinas que consideramos evidentemente como verdadeiras ou razoáveis (ou, em todo caso, como não desarrazoadas).

## *VI. Como o liberalismo político é possível?*

A questão que se apresenta neste momento é a de saber como o liberalismo político, tal como o defini, é possível. Ou, ainda, como os valores do campo especial do político podem prevalecer normalmente sobre os outros valores com os quais entram em conflito. Dito de outra forma, como podemos, a um só tempo, defender nossas próprias doutrinas abrangentes dizendo que são verdadeiras e razoáveis e, por outro lado, reconhecer que não é razoável recorrer ao poder do Estado para obter a dedicação dos outros a essas mesmas doutrinas[20]?

A resposta a essa questão comporta duas partes complementares. A *primeira* parte diz que os valores políticos são valores efetivamente superiores e que, por conseqüência, não se podem transgredi-los com facilidade. Esses valores regem o quadro básico da vida social, "o próprio fundamento da nossa existência"[21], e definem precisamente os termos fundamentais da cooperação política e social. Na teoria da justiça como eqüidade, alguns desses valores políticos

---

20. É preciso lembrar aqui a formulação que dei mais acima (4.ª parte) do liberalismo político, a saber, que, dada a existência de um regime democrático bem ordenado, os valores fundamentais expressos por seus princípios e seus ideais, e efetivados nas suas instituições básicas, têm normalmente peso suficiente para prevalecer sobre os outros valores, quaisquer que sejam, que podem entrar em conflito com eles.

21. J. S. Mill, *O utilitarismo*, trad. fr., Paris, 1968, Capítulo 5.

são expressos pelos princípios de justiça para a estrutura básica: a liberdade política e civil igual para todos, a justa igualdade das oportunidades, a reciprocidade econômica, as bases sociais do respeito mútuo entre os cidadãos, e assim por diante.

A idéia de "razão pública livre"* agrupa vários desses valores políticos que se expressam nas linhas diretoras estabelecidas para as pesquisas de opinião pública, nas medidas tomadas para garantir que essas pesquisas sejam livres e públicas, assim como bem informadas e razoáveis. Esses valores implicam somente não o bom uso dos conceitos fundamentais de julgamento, inferência e prova, mas também as virtudes de medida e de eqüidade que se encontram no respeito aos critérios dos procedimentos do saber oriundo do senso comum* e dos métodos e conclusões da ciência quando não são controvertidos, assim como o respeito aos preceitos que regem o debate político razoável[22].

Em seu conjunto, esses valores expressam o ideal político liberal, a saber, que, como o poder político é o poder coercitivo que os cidadãos livres e iguais detêm enquanto corpo político, esse poder deveria ser exercido unicamente quando as exigências constitucionais essenciais estiverem em jogo, de modo que todos os cidadãos possam aprová-lo publicamente, à luz de sua própria razão humana comum[23].

Assim, na medida do possível, o liberalismo político tenta apresentar um relato independente desses valores como pertencentes a um campo especial – o do político. Em contrapartida, cabe aos cidadãos individualmente, em razão da sua liberdade de consciência, decidir como encarar a relação entre esses valores superiores do político e outros valores específicos das suas doutrinas pessoais abrangentes. Esperamos que, assim fazendo, na prática política, possamos

---

22. Ver, mais acima, a terceira parte.
23. Sobre esse ponto, ver a útil discussão de Jeremy Waldron em "Theoretical Foundations of Liberalism", *Philosophical Quarterly*, n.º 127, 1987, p. 37.

basear solidamente as exigências constitucionais essenciais unicamente sobre esses valores políticos e que estes, por sua vez, forneçam uma base comum satisfatória para a justificação pública.

A *segunda* parte da resposta referente à possibilidade do liberalismo político completa a primeira. Ela diz que a história da religião e da filosofia mostrou que existem muitas maneiras diferentes e razoáveis de compreender o campo mais vasto dos valores não políticos; eles podem ou estar de acordo com os valores políticos, ou apoiá-los, ou então não estar em conflito com eles. A história nos dá inúmeros exemplos de doutrinas abrangentes e não desarrazoadas. Mas o fato de elas divergirem torna necessário um consenso por justaposição. O fato de não serem desarrazoadas torna-o possível.

Em outro passo[24] examinei o caso-tipo de um consenso por justaposição. É aquele em que a concepção política é aprovada por três doutrinas abrangentes: a *primeira* aprova a teoria da justiça como eqüidade, porque suas crenças religiosas e seu entendimento da fé a levam ao princípio da tolerância e à defesa do princípio das liberdades básicas iguais para todos; a *segunda* doutrina sustenta a teoria da justiça como eqüidade enquanto conseqüência do liberalismo filosófico, o de Kant ou de Mill; e a *terceira* defende a teoria da justiça como eqüidade enquanto concepção política, isto é, não como a conseqüência de uma doutrina mais ampla, mas como suficiente em si própria para exprimir valores superiores que prevalecem em condições normais sobre todos os outros valores que a ela se podem opor, pelo menos em condições relativamente favoráveis[25]. Muitos outros exemplos poderiam, aliás, apoiar o meu argumento.

---

24. Ver pp. 239-40, mais acima, neste volume.
25. Ver pp. 261-6, mais acima, neste volume, onde esse caso-tipo é discutido mais detalhadamente.

## VII. A questão da estabilidade

A melhor exposição da teoria da justiça como eqüidade se apresenta em duas etapas. Estas correspondem às duas partes da argumentação em favor dos dois princípios de justiça que a posição original propõe. Na *primeira* parte, os parceiros selecionam os princípios sem levar em consideração os efeitos psicológicos particulares[26]. Na *segunda* parte eles se perguntam se uma sociedade bem ordenada pelos princípios selecionados na primeira parte é estável, isto é, se ela engendra nos seus membros um sentido da justiça suficientemente sólido para contrabalançar as tendências à injustiça[27]. A argumentação em favor dos princípios de justiça não será completa enquanto os princípios selecionados na primeira parte não aparecerem como suficientemente estáveis na segunda parte[28]. Na *primeira* etapa, portanto, a teoria da justiça como eqüidade é elaborada como uma concepção política (mas também, é claro, moral) independente, aplicada à estrutura básica da sociedade. Somente quando isso está concluído e o seu conteúdo – seus princípios de justiça e seus ideais – se encontra provisoriamente disponível é que tratamos, na segunda etapa, do problema da estabilidade e introduzimos a idéia de um consenso por justaposição, isto é, um consenso no qual uma diversidade de doutrinas contraditórias aprova uma mesma concepção política, no caso a teoria da justiça como eqüidade.

Acrescentemos, na descrição da segunda etapa, que uma concepção política deve poder ser posta em prática, deve ser viável. É isso que a separa de uma concepção moral que não é política; uma concepção moral pode condenar o mundo e

---

26. *TJ*, pp. 127-208 (Capítulo 3).
27. *TJ*, pp. 437-655 (Capítulos 7 a 9).
28. Assim, em *TJ*, os argumentos não são completos antes da penúltima seção, § 86. Ver também *TJ*, pp. 630-43. Para as duas partes da argumentação e o lugar da hipótese da inveja, ver *ibidem*, pp. 154 e 590-1.

a natureza humana porque são demasiado corrompidos para serem sensíveis aos seus preceitos e ideais.

Entretanto, uma concepção política pode estar relacionada com a estabilidade de duas maneiras[29]. Num primeiro sentido, supomos que a estabilidade é uma questão puramente prática; se uma concepção não consegue ser estável, é fantasioso tentar basear nela uma estrutura política. Pensamos que, nesse caso, existem duas tarefas distintas: uma consiste em elaborar uma concepção política que pareça judiciosa ou razoável, pelo menos para nós; a outra consiste em encontrar meios para persuadir os que a rejeitam a compartilhar dela, ou então, se isso for impossível, a agir de acordo com ela, cerceados, se necessário, por sanções impostas pelo poder estatal. Enquanto se puder encontrar meios para persuadir ou para obrigar, a concepção é vista como estável; ela não é utópica no sentido pejorativo do termo.

Porém, enquanto concepção liberal, a teoria da justiça como eqüidade relaciona-se com a estabilidade de uma *segunda* maneira, bem diferente. Achar uma concepção estável não visa simplesmente evitar doutrinas fantasiosas. O que conta sobretudo é a natureza da estabilidade e das forças que lhe são subjacentes. A idéia então é que, dadas certas hipóteses da psicologia humana (razoável)[30] e as condi-

---

29. Agradeço a T. M. Scanlon por suas utilíssimas observações em relação a este parágrafo e aos que se seguem.
30. As hipóteses de tal psicologia aparecem brevemente nas pp. 284-7, mais acima, neste volume. Na seção VI do mesmo artigo, examino igualmente a forma como uma concepção política pode ganhar a adesão e, assim, influenciar, numa certa medida, doutrinas abrangentes para que elas se conformem a suas exigências. Isso representa evidentemente um aspecto importante da estabilidade e reforça a segunda parte da resposta à questão da possibilidade do liberalismo político. Ver também, mais acima, a sexta parte.

Gostaria de agradecer a Francis Kamm por me haver indicado várias relações complexas e importantes entre uma concepção política e as doutrinas abrangentes que ela influencia e até que ponto a viabilidade do liberalismo político depende do apoio de tais doutrinas. Mas é melhor não continuar essas análises aqui, enquanto um relato mais completo da estabilidade não tiver sido proposto.

ções normais da existência humana, aqueles que são criados nas instituições básicas que são justas – as próprias instituições que a teoria da justiça como eqüidade recomenda – adquirem uma fidelidade razoável e informada a essas instituições, que basta para torná-las estáveis. Dito de outro modo, o senso da justiça dos cidadãos, dado que seus traços de caráter e seus interesses foram formados pelo fato de viverem numa estrutura básica justa, é suficientemente forte para resistir às tendências normais à injustiça. Os cidadãos agem voluntariamente de maneira que faça justiça mútua e duradoura. A estabilidade é garantida por uma motivação suficiente desse tipo e se adquire vivendo em instituições justas. A questão é saber se o justo e o bem são compatíveis. Como já procurei demonstrar[31], uma pessoa que cresce numa sociedade bem ordenada pela teoria da justiça como eqüidade, que possui um projeto de vida racional e que sabe, ou tem razões para crer, que os outros têm igualmente um sentido de justiça, terá motivações suficientes, fundadas no que é o bem para ela (e não na justiça), para obedecer a instituições justas. Essas instituições são estáveis porque o justo e o bem são compatíveis. Isso quer dizer que nenhuma pessoa razoável* e racional* numa sociedade bem ordenada pela teoria da justiça como eqüidade é levada, pela consideração racional do que é o bem para ela, a não respeitar aquilo que a justiça requer.

    O tipo de estabilidade que a teoria da justiça como eqüidade exige baseia-se portanto no fato de que se trata de uma concepção política liberal, que busca ser aceitável para os cidadãos na medida em que eles são racionais e razoáveis, livres e iguais, e se dirige à sua razão pública livre. Mais acima, vimos como esse traço do liberalismo está ligado ao fato de o poder político num regime constitucional ser o poder de cidadãos iguais constituídos em corpo coletivo. Daí resulta

---

31. *TJ*, pp. 437, 630-43.

que, se a teoria da justiça como eqüidade não tivesse sido concebida para obter a adesão ponderada de cidadãos que defendem doutrinas razoáveis, apesar de contraditórias – sendo a existência de tais doutrinas um dos traços da cultura pública que essa concepção estimula –, ela não seria liberal. Não se deve esquecer que as doutrinas abrangentes razoáveis são as que reconhecem as "dificuldades da razão" e que aceitam o fato do pluralismo como uma das condições da existência humana em instituições democráticas e livres, que, portanto, aceitam a liberdade de pensamento e a liberdade de consciência[32].

O importante então é que a teoria da justiça como eqüidade, enquanto concepção liberal, não busca simplesmente evitar doutrinas fúteis; a explicação do que a torna aplicável deve ser, ela própria, de um tipo particular. O problema da estabilidade não é levar os que rejeitam uma concepção a aceitar ou a agir em função dela, utilizando, se necessário, sanções eficazes – como se o problema consistisse em encontrar meios para impor essa concepção a outros, visto estarmos nós próprios convencidos de que ela é judiciosa. Pelo contrário, a teoria da justiça como eqüidade, enquanto concepção liberal, só pode ser razoável se engendrar o seu próprio apoio natural, isto é, de dentro do seu próprio contexto intelectual, dirigindo-se à razão de cada cidadão[33].

Somente assim é que a teoria da justiça como eqüidade fundamenta a legitimidade política. Somente assim é que ela evita ser uma simples exposição da maneira pela qual os detentores do poder político se convencem a si próprios – e

---

32. Ver, mais acima, segunda e terceira partes.
33. A força da expressão "do interior de seu próprio contexto intelectual", que acabo de utilizar, aparece nas duas partes da argumentação da posição original em *TJ*. Ambas as partes são desenvolvidas no mesmo contexto intelectual e submetidas às mesmas condições enraizadas na posição original como método de representação.

não aos cidadãos, de um modo geral – de que agem corretamente, à luz de suas próprias convicções, sejam elas políticas ou mais amplas[34]. Uma concepção da legitimidade política visa a uma base pública de justificação e apela para a razão pública livre, portanto para todos os cidadãos considerados racionais e razoáveis.

## VIII. Comparação com "teoria da justiça"

Pode parecer que a idéia de um consenso por justaposição, assim como as concepções que a ela se ligam, representa uma evolução importante em relação às idéias formuladas em *TJ*. Isso é certo, mas até que ponto? Em *TJ* não se formula a questão de saber se a teoria da justiça como eqüidade é uma doutrina moral abrangente ou se é uma concepção política da justiça. Num momento é dito que, se a teoria da justiça como eqüidade tiver um relativo êxito, a próxima etapa seria estudar a concepção mais geral sugerida pela expressão "o justo como eqüidade".

Mas mesmo uma doutrina desse tipo não seria abrangente. Ela não trataria, por exemplo, das nossas relações com os outros seres vivos, nem com a própria ordem natural[35]. *TJ* insiste no alcance limitado, assim como no alcance do tipo de opiniões que ela representa. O livro deixa em aberto a questão de saber até que ponto suas conclusões podem precisar ser revisadas se esses outros problemas forem levados em consideração. Porém ele não menciona a distinção entre uma concepção política da justiça e uma doutrina abrangente. O leitor pode razoavelmente concluir, então, que a teoria da justiça como eqüidade é parte de uma dou-

---

34. Para essa distinção, ver T. Nagel, "What makes Political Theory Utopian?" (inédito, abril de 1988), p. 5.
35. Ver *TJ*, p. 568.

trina mais ampla que será desenvolvida mais tarde em caso de sucesso.

Essa conclusão é reforçada pela análise da sociedade bem ordenada feita pela teoria da justiça como eqüidade, apresentada na terceira parte de *TJ*[36]. Afirma-se aí que os membros (não importa qual sociedade bem ordenada), quer seja pela teoria da justiça como eqüidade ou por qualquer outra doutrina, aceitam uma mesma concepção da justiça e também, parece, uma mesma doutrina abrangente da qual a concepção da justiça é parte, ou da qual ela pode decorrer. Assim, por exemplo, supõe-se que todos os membros de uma sociedade bem ordenada utilitarista (no sentido do utilitarismo clássico ou mediano) defendem o utilitarismo, que é, por natureza, uma doutrina abrangente (a menos que a restrinjamos expressamente).

Apesar de o termo ter sido utilizado em primeiro lugar num contexto diferente[37], a idéia de um consenso por justaposição foi introduzida para representar a sociedade bem ordenada pela teoria da justiça como eqüidade de uma maneira diferente e mais realista[38]. Dadas as instituições livres que essa própria concepção recomenda, já não podemos supor que os cidadãos em geral, mesmo que aceitem a teoria da justiça como eqüidade, aceitem igualmente a doutrina abrangente particular da qual, de acordo com *TJ*, ela pode parecer ser parte integrante. Supomos agora que os cidadãos defendem duas doutrinas distintas ou, melhor ainda, que sua opinião de conjunto comporta duas vertentes. Uma corresponde a uma concepção política da justiça, e a outra é uma doutrina (mais ou menos) abrangente, à qual está ligada a concepção política[39].

---

36. *TJ*, pp. 504-12.
37. O da desobediência civil. Ver *TJ*, p. 429.
38. Ver pp. 237-41, mais acima, neste volume.
39. Por exemplo, na sociedade bem ordenada pela justiça como eqüidade, alguns podem defender uma certa forma de utilitarismo como doutrina mais am-

A concepção política pode simplesmente ser uma parte ou um adendo da doutrina parcialmente abrangente; ou pode ser adotada por ser dedutível de uma doutrina perfeitamente abrangente e estruturada. Cabe aos cidadãos, individualmente, decidir por si próprios como a sua concepção política comum se liga às suas crenças mais amplas e mais abrangentes. Uma sociedade será bem ordenada pela teoria da justiça como eqüidade enquanto

(1) os cidadãos que defendem as doutrinas abrangentes razoáveis aceitarem que a teoria da justiça como eqüidade forneça o conteúdo para seus julgamentos políticos e que,

(2) doutrinas abrangentes não razoáveis não possam obter suficiente autoridade para comprometer a justiça essencial das instituições de base.

Esta é uma maneira de se representar a sociedade bem ordenada que me parece melhor e que não é utópica. Ela corrige as opiniões emitidas em *TJ*, que não tinham conseguido levar em consideração a condição do pluralismo à qual, entretanto, seus próprios princípios conduziam.

Além do mais, como a teoria da justiça como eqüidade é considerada agora como uma concepção política independente que articula valores políticos e constitucionais fundamentais, aceitá-la implica muito menos do que aquilo que está contido numa doutrina abrangente. Já não parece tão utópico tomar tal sociedade como objetivo das reformas e mudanças. Nas condições relativamente favoráveis que tornam possível um regime constitucional, esse objetivo é um guia razoável e pode ser realizado em boa parte. Ao contrário, uma sociedade livre e democrática que seja bem ordenada por uma doutrina mais ampla, seja ela religiosa ou leiga, é certamente utópica, no sentido pejorativo do termo.

---

pla, com a condição de que a compreendam num sentido compatível, naquilo que for essencial, com as exigências da teoria da justiça como eqüidade, como foi o caso de J. S. Mill. Ver, *op. cit.*, Capítulo 3.

Para efetivá-la, seria necessária a utilização tirânica do poder do Estado. Isso é verdade tanto no que diz respeito ao liberalismo do "justo como eqüitativo" como no cristianismo de São Tomás de Aquino ou de Lutero.

## IX. Política, em que sentido?

Passo agora a resumir brevemente as teses que aventei até aqui[40]. Sugeri que, uma vez que reconheçamos os cinco fatos gerais característicos do mundo político (primeira e segunda partes), assim como as inevitáveis "dificuldades da razão" (segunda parte) que estão presentes mesmo em condições favoráveis, e desde que rejeitemos o uso tirânico do poder do Estado para impor uma doutrina abrangente única e efetivar assim a unidade da sociedade, seremos levados aos princípios democráticos e deveremos aceitar o fato do pluralismo como um traço permanente da vida política. É por isso que, para chegar à unidade da sociedade num regime democrático bem ordenado, a doutrina que chamei de liberalismo político introduz a idéia de consenso por justaposição, assim como a idéia do político como campo específico. O liberalismo político procede assim não somente porque o seu conteúdo induz aos direitos e às liberdades básicas, cuja garantia conduz ao pluralismo, mas também em razão do ideal liberal de legitimidade política; para este último, a cooperação social, pelo menos na medida em que ela se refere às exigências constitucionais essenciais, deve ser conduzida na medida do possível em termos ao mesmo tempo inteligíveis e aceitáveis para todos os cidadãos considerados como racionais e razoáveis. Esses termos são formulados da melhor maneira possível em referência aos valores fundamen-

---

40. Sou grato a Erin Kelley por me haver ajudado a organizar esse resumo.

tais, constitucionais e políticos (expressos por uma concepção política da justiça) que, apesar da diversidade das doutrinas abrangentes que defendem, todos os cidadãos podem contudo adotar.

Devemos, entretanto, atentar para que a concepção política não seja política da maneira errada. Ela deveria buscar formular uma visão coerente dos valores superiores (morais) que se aplicam à relação política e estabelecer uma base pública para a justificação das instituições livres de uma maneira acessível à razão pública livre. Não deve ser política no sentido de que se contentaria em representar um acerto possível entre interesses conhecidos e existentes, nem no sentido de que, partindo de doutrinas abrangentes particulares tais como elas existem na sociedade, ela se constituiria unicamente com vistas a ganhar o seu favor.

Nesse sentido, asseguremo-nos de que as hipóteses relacionadas com o pluralismo não representem a teoria da justiça como eqüidade política no mau sentido do termo. Consideremos em primeiro lugar os cinco fatos gerais examinados na primeira e segunda partes. Pressupomos que estes foram aceitos por você e por mim durante a elaboração da teoria da justiça como eqüidade. Quando a posição original* é tratada como um método de representação, esses fatos tornam-se acessíveis aos parceiros* nessa posição no momento em que decidem quais princípios de justiça devem selecionar. Assim, se alguns princípios que requerem instituições democráticas livres são adotados na primeira etapa, a análise da estabilidade na segunda etapa deve mostrar como a teoria da justiça como eqüidade pode receber um consenso por justaposição. Como já vimos, essa complicação advém do fato de que as próprias instituições livres conduzem ao pluralismo.

A questão crucial, agora, é saber se os cinco fatos gerais, assim como as outras premissas autorizadas pelos cerceamentos da posição original* na primeira etapa, são suficientes para levar os parceiros* a selecionarem os dois princípios de justiça[41], ou se outras hipóteses ligadas ao pluralismo são igualmente necessárias, hipóteses que representariam a teoria da justiça política no mau sentido do termo. Não posso resolver esse problema aqui, pois isso exigiria um exame de toda a argumentação da posição original.

Creio que precisamos pressupor somente, na *primeira* etapa, que os parceiros pensam que o fato do pluralismo se aplica, isto é, que existe uma pluralidade de doutrinas abrangentes na sociedade[42]. Os parceiros devem em seguida proteger-se contra a possibilidade de que a pessoa que cada parceiro representa possa ser membro de uma minoria religiosa, étnica ou outra. Isso bastará como argumento em favor da igual liberdade. Na *segunda* etapa, quando se examina a estabilidade, os parceiros pressupõem novamente que o pluralismo se aplica. Eles confirmam a sua escolha de princípios que levam a um mundo social em que se dá livre curso à natureza humana e que dessa forma, esperamos, é mais propício a uma diversidade de doutrinas razoáveis do que às não razoáveis, dadas as "dificuldades da razão"[43]. É isso que torna possível a estabilidade.

---

41. Esses dois princípios de justiça são os que se seguem, de acordo com "A teoria da justiça como eqüidade: uma teoria política, e não metafísica", pp. 207-8, mais acima, neste volume:

(1) Cada pessoa tem direito igual a um sistema plenamente adequado de liberdades e de direitos básicos iguais para todos, compatíveis com um mesmo sistema para todos.

(2) As desigualdades sociais e econômicas devem preencher duas condições: em primeiro lugar, devem estar ligadas a funções e posições abertas a todos, em condições de justa (*fair*) igualdade de oportunidades; e, em segundo lugar, devem proporcionar a maior vantagem para os membros mais desfavorecidos da sociedade.

42. Gostaria de agradecer aqui a David Chow pelas preciosas indicações sobre esse ponto.

43. Esbocei, em "A idéia de um consenso por justaposição", seções VI e VII, pp. 277-87, mais acima neste volume, as razões pelas quais as doutrinas razoáveis mais do que não razoáveis serão estimuladas.

É costume dizer que os políticos pensam na eleição seguinte e o homem de Estado na geração seguinte. Podemos acrescentar que aquele que estuda a filosofia pensa nas condições duradouras da existência humana e no modo como essas últimas afetam as "dificuldades da razão". A filosofia política deve levar em consideração os cinco fatos que assinalamos, dentre eles o fato de que instituições livres estimulam uma diversidade de doutrinas abrangentes. Mas, assim fazendo, não levamos em conta o seu conteúdo particular, seja ele qual for, nem as múltiplas contingências nas quais essas doutrinas existem. Uma concepção política encarada dessa forma não será então política da maneira errada, mas estará bem adaptada à cultura política pública que seus próprios princípios modelam e estimulam. E, mesmo que tal concepção não possa aplicar-se a todas as sociedades, em todas as épocas e em todos os lugares, isso não a torna historicista ou relativista; ao contrário, ela é universal, no sentido de que pode ser ampliada de maneira válida para indicar o que seria uma concepção razoável da justiça internacional.

Antes de concluir, sem dúvida eu deveria explicar sucintamente em que sentido essa concepção política pode não se aplicar a certas sociedades porque os fatos gerais que apontamos não correspondem ao seu caso. Não obstante, esses fatos aplicam-se amplamente ao mundo moderno, e portanto a concepção política se aplica igualmente a ele. Mas o fato de ela não se aplicar em toda parte não a torna historicista nem relativista, enquanto ela fornecer meios para julgar as instituições básicas das diferentes sociedades e suas políticas de ação social. Assim, para testar a universalidade de uma concepção, é preciso ver se é possível estendê-la ou desenvolvê-la no sentido de uma concepção razoável da justiça para uma sociedade internacional de Estados-nações. Em *TJ*[44] assinalei brevemente como, uma vez adotados os

---

44. *TJ*, pp. 418-21.

princípios de justiça para estrutura básica da sociedade (tomada como um sistema fechado de cooperação), a idéia da posição original pode ser reutilizada, mas num nível mais alto. Os parceiros são agora representantes de Estados. Começamos por sociedades (fechadas) e estabelecemos uma sociedade internacional de Estados. Isso nos situa onde estamos e segue as tendências históricas das sociedades democráticas. Outros podem querer começar por uma posição original, na qual os parceiros são considerados representantes de cidadãos da sociedade mundial. Supus que, em qualquer caso, o resultado teria sido próximo dos princípios bem conhecidos da justiça internacional que governa, mais do que um Estado mundial, uma sociedade de Estados, como, por exemplo, um princípio de igualdade entre os povos organizados em Estados mas que reconhecem alguns deveres perante outros Estados. De fato, penso que Kant tem razão, e que um Estado mundial seria ou tirânico, para não dizer autocrático, ou dilacerado pela guerra civil, pelos povos e pelas diferentes culturas, que nele tentariam conquistar a sua autonomia[45]. É por isso que os princípios da justiça internacional incluirão um princípio de igualdade entre os povos. Ademais, haverá também, penso eu, princípios para formar e reger as confederações frouxas de Estados, bem como critérios de eqüidade para diferentes formas de cooperação entre eles, e assim por diante. Em tais confederações ou agrupamentos, um dos papéis do Estado, ainda que as suas fronteiras possam parecer arbitrárias de um ponto de vista histórico, é ser o representante de um povo no sentido de que ele assume a responsabilidade por seu território e por sua população, pela proteção de seu meio ambiente e por suas capacidades econômicas a longo prazo.

---

45. Kant, *Projet de paix perpétuelle* (1795), Paris, Vrin, 1975.

*TJ* não trata a fundo dessas questões, limitando-se a mencionar a extensão para o sistema internacional como um segundo plano do debate sobre a objeção de consciência na seção 58. Porém, dada essa extensão, podemos ver que a teoria da justiça como eqüidade enquanto concepção política é universal pelo menos em dois sentidos. *Em primeiro lugar*, seus princípios se estendem à sociedade internacional e ligam os seus membros, os Estados-nações; *em segundo lugar*, como certas instituições e programas de ação nacionais podem conduzir à guerra, ou a desígnios expansionistas, ou de tornar um povo indigno de confiança como parceiro numa confederação ou numa associação, essas instituições e esses programas de ação são passíveis de censura e de sanções em graus diversos de severidade pelos princípios da justiça internacional. Assim, as violações dos direitos humanos podem ser particularmente graves. É por isso que as exigências de uma sociedade internacional justa podem descer aos Estados e impor cerceamentos às suas instituições nacionais. Mas esses cerceamentos já terão sido respeitados, penso eu, por um regime constitucional justo.

Não posso estender-me mais longamente aqui sobre essas questões, e esta digressão só foi feita para mostrar por que eu creio que a concepção política da teoria da justiça como eqüidade é universal num sentido satisfatório, e não relativista ou historicista, apesar de não se aplicar a todas as sociedades, em todos os lugares e para sempre[46].

---

46. Ver o livro de Thomas Pogge, *Realizing Rawls*, Cornell University Press, 1989, para uma exposição acerca da justiça internacional a partir de uma concepção próxima da minha, porém revisada e desenvolvida de maneira diferente, em direção à esfera global. Sua discussão muito mais extensa sustenta, creio, o mesmo ponto de vista que defendo sobre a universalidade da teoria da justiça como eqüidade, mas sua abordagem da justiça internacional é muito diferente.

## X. Observações de conclusão

Mostramos, portanto, que as liberdades que foram examinadas acima têm um papel duplo. Por um lado elas são o resultado da elaboração, no nível mais elementar (naquilo que chamei, na primeira etapa, de teoria da justiça como eqüidade), das idéias fundamentais de uma sociedade democrática considerada como um sistema eqüitativo de cooperação entre cidadãos eles próprios considerados como livres e iguais. Por outro lado, na segunda etapa, sabemos, pelos fatos gerais e pela situação histórica da nossa época, que uma concepção da justiça política que conduz a instituições livres deve ser aceitável para uma pluralidade de doutrinas abrangentes opostas. Essa concepção deve, pois, se apresentar como independente de qualquer doutrina abrangente particular e deve garantir com firmeza a todos os cidadãos os direitos e as liberdades básicas como condição para seu senso de segurança e para o seu reconhecimento mútuo pacífico.

Como o primeiro papel talvez seja mais claro do que o segundo, voltarei a este último. Sabemos que, dadas as "dificuldades da razão", mesmo numa sociedade bem ordenada, em que as liberdades básicas são garantidas, persistirão desacordos políticos no que se refere à sua aplicação aos casos particulares. Por exemplo, onde deveria estar a linha de separação entre a Igreja e o Estado? Ou então, supondo-se que se suprima o crime de difamação com relação aos representantes do Estado (*seditious libel*), quem pertenceria exatamente à classe das pessoas públicas perante as quais a lei em matéria de difamação estaria abrandada? Quais são os limites da liberdade de expressão? Assim se apresenta a questão de saber quais são as vantagens de uma concepção política publicamente reconhecida se os desacordos sobre as exigências constitucionais essenciais permanecem, apesar de tudo. Será que o objetivo visado – assegurar os direitos e as liberdades básicas dos cidadãos graças a um consenso por justaposição e, assim, dar a cada um a impressão de que os seus direitos estão efetivamente garantidos – não estará fora do alcance?

Existem duas respostas para isso. *Primeiramente*, garantindo-se as liberdades e os direitos básicos e dando-lhes a prioridade a que têm direito, eliminam-se do debate político as questões mais conflitantes. Isso quer dizer que se reconhece que elas são resolvidas politicamente de uma vez por todas e que todos os partidos políticos concordam em rejeitar todas as opiniões contrárias sobre essas questões[47]. Mesmo que permaneçam, como é provável, esses desacordos ocorrem em zonas menos centrais, onde os cidadãos razoáveis, todos igualmente ligados à concepção política, podem esperar estar em desacordo. Se a liberdade de consciência é permitida, e se a separação da Igreja e do Estado é recomendada, ainda assim podemos esperar por divergências de opiniões quanto à interpretação dessas medidas. Faz parte das condições da existência humana o haver diferenças de julgamento sobre os pormenores de questões relativamente complexas, mesmo entre pessoas razoáveis. Porém, visto que as questões mais conflitantes já não estão em pauta, deveria ser possível chegar a um ajuste pacífico no âmbito das instituições democráticas.

Uma *segunda* resposta, que completa a primeira, é que a concepção política, quando formulada corretamente, deveria guiar o julgamento ponderado a um só tempo para uma enumeração dos direitos e das liberdades básicas que seja unânime e para um acordo quanto à sua importância central. Isso é possível graças às suas duas idéias intuitivas funda-

---

47. Por exemplo, elimina-se a discussão política de saber se certos grupos podem ou não ter o direito de voto, ou se certas opiniões religiosas ou filosóficas têm direito à proteção da liberdade de consciência e à liberdade de pensamento.

mentais: a sociedade é vista como um sistema eqüitativo de cooperação entre cidadãos considerados como pessoas livres e iguais, e estes possuem duas faculdades morais, um senso da justiça e uma concepção do bem, isto é, uma concepção do que é digno do seu compromisso ao longo de toda a sua vida[48]. Os direitos e as liberdades básicas garantem as condições necessárias para o desenvolvimento e o exercício adequados dessas faculdades por cidadãos que são tratados como membros plenamente ativos da sociedade. Pressupõe-se que os cidadãos possuem e desejam exercer essas faculdades, quaisquer que sejam, aliás, as suas doutrinas mais abrangentes. Assim, as liberdades políticas iguais para todos e as liberdades de pensamento e de consciência nos capacitam a desenvolver e a exercer essas faculdades, participando da vida política da nossa sociedade e avaliando a justiça e a eficácia de suas leis e de suas políticas sociais; a liberdade de consciência e a liberdade de associação nos permitem desenvolver e exercer as nossas faculdades morais, formando, revisando e efetivando racionalmente as concepções do bem que pertencem às nossas doutrinas abrangentes, assim como defendê-las enquanto tais[49].

Porém, dado o axioma segundo o qual concepção alguma, seja em direito, em moral ou em ciência, se interpreta nem se aplica ela própria, podemos esperar por uma diversidade de interpretações mesmo no que se refere às exigências constitucionais essenciais. Será que isso coloca em perigo o Estado de direito? Não necessariamente. A idéia de um Estado de direito comporta numerosos elementos e pode ser

---

48. Essa concepção da pessoa é igualmente uma concepção política. Ver "A teoria da justiça como eqüidade: uma teoria política, e não metafísica", pp. 225-32, mais acima neste volume. Acrescento que as pessoas compreendem suas próprias concepções do bem no contexto de suas próprias doutrinas abrangentes.

49. Para uma discussão dos direitos e das liberdades básicas, ver "As liberdades básicas e sua prioridade", mais acima, neste volume.

descrita de diversas formas. Mas, qualquer que seja a maneira como se procede, não é possível apoiar-se numa diretiva clara e nítida, que informaria os cidadãos, os legisladores ou os juízes acerca daquilo que a constituição determina fazer em todos os casos. Não pode haver nada semelhante a isso. O Estado de direito não é ameaçado pelo fato de os cidadãos, e mesmo os legisladores e os juízes, defenderem muitas vezes visões opostas no que concerne à interpretação da constituição.

O Estado de direito implica sobretudo o papel determinante de algumas instituições, assim como práticas judiciárias e legais que lhes estão associadas. Pode implicar, entre outras coisas, que todos os empregados do governo, inclusive o poder executivo, sejam submetidos à lei, que seus atos estejam sujeitos a investigação judicial, que o poder judicial seja suficientemente independente e que a autoridade civil prevaleça sobre a autoridade militar. Além do mais, ele pode significar que as decisões dos juízes repousam sobre a interpretação das leis existentes e sobre os precedentes pertinentes, que os juízes devem justificar seus veredictos com referência a essas interpretações e adotar uma interpretação coerente de um caso a outro, ou então justificar com base razoável as diferenças entre eles, e assim por diante. Os legisladores não estão ligados por cerceamentos desse tipo; apesar de não terem o direito de desafiar a lei básica, e de não poderem tentar politicamente mudá-la, a não ser dentro dos limites da constituição, eles não precisam explicar nem justificar seu voto, mesmo que seus eleitores possam pedir-lhes que prestem contas. O Estado de direito existirá enquanto as instituições legais desse tipo, assim como as práticas a elas associadas, forem regidas de maneira razoável segundo os valores políticos que a elas se aplicam: a imparcialidade e a coerência, a adesão à lei e o respeito pelos precedentes, tudo isso à luz de uma interpretação coerente das normas constitucionais que devem controlar a conduta de todos os funcionários do governo[50].

Duas condições garantem o Estado de direito assim compreendido: *primeiramente*, o reconhecimento, pelos cidadãos politicamente comprometidos, do papel duplo dos direitos e das liberdades básicas; *em segundo lugar*, o fato de que as principais interpretações das exigências constitucionais eliminam as questões mais sujeitas a controvérsia no debate político e descrevem o conjunto central das liberdades básicas quase da mesma forma. As idéias de um campo do político e de um consenso por justaposição indicam como essas condições reforçam a estabilidade de uma concepção política.

É importante, para que um regime democrático justo seja viável e duradouro, que os cidadãos politicamente ativos compreendam essas idéias. Pois a longo prazo as interpretações dominantes das exigências constitucionais essenciais são decididas politicamente. Uma maioria que persista ou uma aliança duradoura de interesses bastante sólidos podem fazer da constituição o que quiserem[51]. Este último fato é simplesmente um corolário do terceiro fato geral – que um regime democrático duradouro deve ter o apoio livre de uma maioria substancial dos seus cidadãos politicamente ativos. Enquanto fato, devemos viver com ele e ver que ele reflete uma das condições necessárias para a efetivação de um Estado constitucional bem ordenado.

*Tradução de Catherine Audard.*

---

50. Agradeço a T. M. Scanlon por seu útil debate do Estado de direito, que resumi nos dois últimos parágrafos.
51. Ver sobre esse ponto A. Bickel, *The Least Dangerous Branch*, Nova York, 1962, pp. 244-72, para a discussão de Dred Scott *versus* Sanford (1857) e para os casos de segregação escolar, como Brown *versus* Board of Educ. (1954).

# *Glossário*

**Auto-respeito:** *self-respect*
Um dos bens primários mais importantes que uma democracia pode garantir para os seus membros. É constituído pela "noção que um indivíduo tem do seu próprio valor e da sua confiança em sua própria capacidade de realizar os seus objetivos", para o que a sociedade política contribui com uma parte essencial e, no caso do ideal liberal, de maneira deliberada (*TJ*, § 29). Ver também **Bens primários**.

**Bens primários:** *primary goods*
"Os bens primários são coisas que todo homem racional presumivelmente quer, não importam quais sejam os seus outros desejos [...] eles são constituídos pelos direitos, liberdades e oportunidades, renda e riqueza." (*TJ*, §§ 11 e 15.) É em função deles que se avalia a justiça de uma partilha. Porém, devido à imprecisão da análise das liberdades (ver o Prefácio da tradução francesa de *TJ*, p. 11), sua base se torna, a partir de 1980, "uma concepção moral da pessoa que encarna um certo ideal" e os bens primários se definem atualmente pelas necessidades das pessoas enquanto pessoas morais*.

**Comunidade política:** *political community*
"A teoria da justiça como eqüidade abandona de fato o ideal da comunidade política se por esse ideal se entende uma sociedade política unificada graças a uma doutrina abrangente única [...], pois isso conduz à negação sistemática das liberdades fundamentais." Mas, acrescenta Rawls, "é errôneo sustentar que, do ponto de vista liberal, os cidadãos não compartilham metas fundamentais. Contudo, essa meta comum não deve ser confundida com uma

concepção do bem". Convém portanto distingui-la bem da meta das comunidades não políticas ou das associações privadas mais ou menos voluntárias, nas quais uma concepção particular do bem pode unir os membros dessas associações sem ameaçar as suas liberdades. Vê-se que o político tem para Rawls um sentido sociológico, quase weberiano.

**Comunitaristas:** *communitarians*
Críticos das teorias universalistas e não históricas da justiça, como a de Rawls, em nome de um ideal da comunidade humana inspirado ao mesmo tempo por Aristóteles (Mac Intyre) e Hegel (C. Taylor) e por uma crítica severa dos fracassos das sociedades liberais contemporâneas (M. Sandel, M. Walzer).

**Concepção política da justiça:** *political conception of justice*
A teoria de Rawls é um exemplo dela. É uma concepção que, desejosa de respeitar as liberdades individuais, se recusa a privilegiar uma visão particular do bem e a deduzir dela princípios coletivos de justiça, mas que tenta evitar o relativismo e o ceticismo. Daí decorre o problema central, para Rawls, de uma legitimação das limitações do justo que não se apoiará em nenhuma crença particular, que não invocará nenhum valor não político.

**Concepção política da pessoa:** *political conception of the person*
Numa democracia constitucional, a cidadania é o *status* que expressa a concepção política da pessoa, isto é, que a trata como livre e igual e como dotada das duas faculdades morais\*. Ela é inseparável da concepção política da sociedade como sistema eqüitativo de cooperação.

**Condições formais da justiça:** *formal conditions of justice*
As limitações formais da justiça – generalidade, universalidade, publicidade, relação de ordem e irrevocabilidade – são apenas condições necessárias e não suficientes da justiça, pois elas "se aplicam à escolha de todos os princípios éticos e não apenas princípios da justiça" (*TJ*, § 23, pp. 140-6). Ver também **Publicidade**.

**Consenso por justaposição:** *overlapping consensus*
"Um consenso por justaposição existe numa sociedade quando a concepção política da justiça que governa as suas instituições bá-

sicas é aceita por cada uma das doutrinas abrangentes*, sejam elas morais, filosóficas ou religiosas, que perduram nessa sociedade ao longo das gerações." Esse consenso se distingue de um simples *modus vivendi* entre doutrinas opostas que seria mantido por puro oportunismo. A idéia foi introduzida em *TJ*, p. 430.

**Construtivismo**: *constructivism*
Um traço essencial de uma doutrina construtivista como a teoria da justiça como eqüidade está em que ela não afirma a existência de fatos morais independentes e anteriores dos quais os seus princípios seriam uma aproximação, pois isso teria como conseqüência a heteronomia. Os princípios de justiça são, ao contrário, o resultado de uma construção que expressa a concepção que têm de si mesmos e da sociedade os cidadãos autônomos de uma democracia.

**Contexto da justiça**: *circumstances of justice*
O "contexto da justiça" foi descrito por Hume como o conjunto das condições que obrigam as sociedades humanas a estabelecer regras de justiça, ou seja, por um lado, as condições *objetivas* de igualdade e de relativa escassez de recursos e, por outro lado, as condições *subjetivas* constituídas pelos conflitos de interesses (*Tratado da natureza humana*, Livro III, 2ª parte, seção II). Rawls (*TJ*, § 22 e pp. 278-82) segue inteiramente Hume nesse ponto: "As circunstâncias da justiça se verificam sempre que pessoas apresentam reivindicações conflitantes em relação à divisão das vantagens sociais (contexto subjetivo) em condições de escassez moderada (contexto objetivo). A não ser que essas circunstâncias existam, não há oportunidade para a virtude da justiça." (*TJ*, p. 161.)

**Contratualismo**: *contractualism*
"Meu objetivo é apresentar uma concepção da justiça que generalize e leva a um plano superior de abstração a teoria conhecida do contrato social como se lê, digamos, em Locke, Rousseau e Kant." (*TJ*, p. 12.)

**Convicções bem ponderadas**: Ver *Julgamentos bem ponderados*

**Desinteresse mútuo**: *mutually disinterested*
O desinteresse mútuo dos parceiros "não significa que eles sejam egoístas. Mas são concebidos como pessoas que não têm interesse

nos interesses das outras." (*TJ*, p. 15.) A expressão designa a hipótese metodológica escolhida aqui por Rawls. Os parceiros só se interessam por seus interesses, e não pelos dos outros. É por isso que eles ignoram a inveja, e é assim que se exprime a sua racionalidade (ver *TJ*, § 25).

**Dificuldades da razão:** *burdens of reason*
São as dificuldades que seres sensatos podem encontrar no exercício das suas faculdades de raciocínio e de julgamento quando não fazem intervir fatores externos à razão, como os conflitos de classe, de interesses, o embuste etc. (1989, seção II).

**Doutrinas e concepções abrangentes:** *comprehensive doctrines and conceptions*
Trata-se das doutrinas – filosóficas, morais e religiosas – pessoais que englobam, de maneira mais ou menos sistemática e completa, os diversos aspectos da existência humana e, portanto, que ultrapassam as questões meramente políticas, considerando-as como um caso particular de uma concepção mais ampla. O próprio Rawls, com a idéia de uma concepção filosófica do "justo como eqüidade", planejava ampliar a sua teoria da justiça nesse sentido. Posteriormente, não só renunciou a esse projeto mas condenou-o como incompatível com o respeito ao "fato do pluralismo" e à diversidade das crenças numa sociedade democrática. Ver **Metafísica, Política**.

**Equilíbrio ponderado:** *reflective équilibrium*
Equilíbrio atingido pela reflexão entre nossos julgamentos bem pesados e nossos princípios de justiça. "Por meio desses avanços e recuos, suponho que acabaremos encontrando a configuração da situação inicial que ao mesmo tempo expresse pressuposições razoáveis e produza princípios que combinem com nossas convicções devidamente apuradas e ajustadas" (*TJ*, p. 23).

**Estabilidade:** *stability*
Refere-se à segunda parte de uma teoria da justiça e aos valores puramente políticos por ela examinados, sendo a primeira consagrada à justificação dos princípios de justiça comuns e aos valores da justiça.

**Estado de direito:** *the rule of law*
"O Estado de direito implica sobretudo o papel determinante de certas instituições, bem como das práticas judiciais e legais que a elas estão associadas. Ele existe enquanto as instituições desse tipo são governadas de maneira razoável, de acordo com os valores políticos que a elas se aplicam: a imparcialidade e a coerência, a adesão à lei e o respeito pelos precedentes" (1989).

**Estrutura básica da sociedade:** *basic structure*
O objeto da teoria da justiça não é o exame das situações particulares, mas sim da estrutura, das instituições básicas da sociedade e do contexto por elas constituído. (*TJ*, § 33.)

**Exigências constitucionais essenciais:** *constitutional essentials*
O conjunto dos direitos e das liberdades básicas que definem a cidadania, que são garantidos pela Constituição e que as maiorias parlamentares devem respeitar.

**Faculdades morais:** *moral powers*
Enquanto cidadãos integrantes da sociedade, estamos dotados de duas faculdades morais indispensáveis à cidadania: a capacidade de ter uma concepção do nosso próprio bem, da nossa vantagem racional, e um senso da justiça, isto é, uma capacidade de compreender e aplicar princípios de justiça.

**Fato do pluralismo:** *the fact of pluralism*
A conseqüência do progresso das liberdades básicas – liberdade de consciência, de expressão, de associação etc. – foi o surgimento de doutrinas conflitantes e irreconciliáveis entre si na cultura pública das democracias. Tornou-se impossível para uma só doutrina reunir os sufrágios do conjunto dos cidadãos, salvo com o emprego da força. Por isso, a democracia não pode ser justificada com base nos argumentos de uma doutrina específica.

**Interesses superiores:** *highest-order interests*
Trata-se de interesses ligados a interesses de primeira ordem e que nos impelem a efetivar a nossa personalidade moral, portanto a desenvolver e a exercer as nossas duas faculdades morais. A sociedade é então, ela própria, um bem se permitir a concretização desses interesses superiores.

**Intuicionismo:** *intuitionism*
Doutrina segundo a qual uma ordem de fatos morais independentes e anteriores ao nosso julgamento poderia ser atingida diretamente ou por aproximação. Rawls distingue o intuicionismo racional do intuicionismo pluralista de Ross, que concluiu pela impossibilidade de descobrir os princípios primeiros de justiça.

**Julgamentos bem ponderados:** *considered judgments*
São os julgamentos de valor aos quais chegamos com base em nossa reflexão amadurecida e aos quais nos parece impossível dever renunciar. A tarefa da teoria moral consiste em fornecer a explicação desses julgamentos.

**Justiça do contexto social:** *background justice*
Corresponde, em *TJ*, à "justiça básica"; ver Índice Remissivo. "Seria um erro chamar a atenção para as posições relativas instáveis dos indivíduos e exigir que cada mudança seja justa em si mesma, vista como uma transação isolada. É a organização da estrutura básica que deve ser julgada, e isso deve ser feito de um ponto de vista geral". Ver **Estrutura básica**.

**Justiça procedimental pura:** *pure procedural justice*
"A justiça procedimental pura se verifica quando não há critério independente para o resultado correto; existe um procedimento correto ou justo de modo que o resultado será também correto ou justo" (*TJ*, p. 92).

**Kantiano**
"Uma concepção kantiana [do contrato social] considera os parceiros como pessoas morais, livres e iguais, isto é, como tendo uma concepção do seu bem e a capacidade de compreender e aplicar uma concepção da justiça." (1978.)

**Léxica:** *Lexical*
Ordem que, como a de um léxico, exige que o primeiro princípio seja inteiramente efetivado antes de se aplicar o segundo.

**Liberalismo:** *liberalism*
Seu ponto essencial é a afirmação da prioridade dos direitos e das liberdades básicas que constituem a cidadania acima de todos os outros valores com os quais elas poderiam entrar em conflito. En-

tretanto, convém distinguir entre o liberalismo político e o liberalismo clássico, como o de Tocqueville ou o de J. S. Mill, que é uma visão de conjunto da existência humana, uma doutrina abrangente.

**Liberdade dos Modernos e liberdade dos Antigos**
A liberdade dos Antigos, ou "liberdade positiva", é concebida como a participação ativa dos cidadãos na vida pública da Cidade. A liberdade dos Modernos, ou "liberdade negativa", é a liberdade privada ou o exercício pelo indivíduo do seu direito natural de gerir sua vida como bem entende (ver Benjamin Constant e Isaiah Berlin).

**Libertários:** *libertarians*
Posição extrema que defende a idéia de um Estado mínimo, que não deve intervir nas questões de justiça social. Seu representante mais conhecido é Robert Nozick.

**Metafísico:** *metaphysical*
Termo empregado por Rawls para designar concepções da justiça, como o utilitarismo, o perfeccionismo etc., que derivam de sistemas filosóficos, religiosos ou morais e se aplicam a todos os aspectos da vida, em vez de se limitarem à esfera política. O termo foi substituído posteriormente (em 1986) por **abrangente** (*comprehensive*), e Rawls fala então mais de doutrinas abrangentes do que metafísicas para expressar a mesma idéia. Ver também **Político, Doutrinas abrangentes.**

**O Racional e o Razoável:** *the Rational and the Reasonable*
Distinção proposta a partir de 1980 com o fim de responder às críticas de Hart e de dar início à reviravolta "kantiana". O Racional representa a busca, por parte de cada um, da satisfação dos seus interesses e remete ao Bem. O Razoável representa as limitações dos termos eqüitativos da cooperação social e remete ao Justo. "O Razoável pressupõe e condiciona o Racional" (1980).

**Parceiros:** *parties*
São os atores imaginários desse procedimento artificial que é a posição original e que são incumbidos de escolher e justificar os princípios primeiros de justiça que representam de forma eqüitativa os interesses de todos os membros da sociedade. Mas eles não são os representantes, no sentido político, dos cidadãos.

**Perfeccionismo:** *perfectionism*
Doutrina que sustenta, como Platão, Aristóteles e Nietzsche, que certas concepções do bem são intrinsecamente superiores a outras e merecem que se sacrifiquem por elas, em nome do aperfeiçoamento da espécie humana, os interesses ou os direitos de certas pessoas.

**Pessoas morais:** *moral persons*
"Os membros da sociedade são concebidos como pessoas morais que podem cooperar tendo em vista a vantagem mútua, e não somente como indivíduos racionais que têm desejos e metas a satisfazer." (1982.) Caracterizam-se por duas faculdades morais e implicam uma concepção da sociedade como sistema eqüitativo de cooperação.

**Político:** *political*
Conceito introduzido por Rawls em 1985 para indicar, em especial aos seus críticos comunitaristas, que sua teoria da justiça como eqüidade tem um alcance muito mais reduzido do que parecia em 1971. Ela se refere somente à esfera do público, da comunidade política*, e não às outras formas de associações humanas que não apresentam os mesmos problemas. De fato, o político designa agrupamentos a que não se pertence por livre opção e nos quais o exercício do poder coercitivo do Estado representa sempre uma ameaça para os direitos e as liberdades, mesmo num regime constitucional. Por isso o político designa igualmente o domínio limitado ao qual se aplica uma teoria da justiça: o consenso a respeito das instituições e sua proteção. Ver também **Comunidade política, Doutrinas abrangentes, Metafísica**.

**Posição original:** *original position*
É um procedimento figurativo que permite representar os interesses de cada um de maneira tão eqüitativa que as decisões daí decorrentes serão elas próprias eqüitativas. Contudo, Rawls modificou o procedimento distinguindo duas categorias de interesses, o racional, por um lado, e o razoável, por outro, atribuindo prioridade ao segundo sobre o primeiro.

**Princípio da diferença:** *difference principle*
É a segunda parte do segundo princípio de justiça que é escolhido em *TJ*, invocando o princípio do *maximin* ou a estratégia de evitação do risco.

**Princípios primeiros de justiça:** *first principles of justice*
São os princípios que governam a estrutura básica da sociedade. Para Rawls, em 1985, esses princípios eram os seguintes:
1. Cada pessoa tem um mesmo direito a um sistema plenamente adequado de liberdades e de direitos básicos iguais para todos, compatíveis com um mesmo sistema para todos.
2. As desigualdades sociais e econômicas devem preencher duas condições: em primeiro lugar, devem estar ligadas a funções e posições abertas a todos em condições de igualdade justa (*fair*) de oportunidades e, em segundo lugar, devem proporcionar mais vantagens aos membros mais desfavorecidos da sociedade.

**Racionalidade:** *rationality*
Em *TJ*, Rawls afirma que "o conceito de racionalidade invocado aqui é aquele conceito clássico famoso na teoria social. Considera-se que uma pessoa racional tem um conjunto de preferências entre as opções que estão a seu dispor. Ela classifica essas opções de acordo com a sua efetividade em promover seus propósitos" (*TJ*, p. 154); "[...] a combinação do desinteresse mútuo\* e do véu de ignorância [...] força cada pessoa a levar em consideração o bem dos outros" (p. 160). Porém nos textos mais recentes (em especial a partir do artigo de 1985) ele reconhece que "um dos erros de *TJ* foi o de ter considerado que a teoria da escolha racional fazia parte da teoria da justiça".

**Razão pública livre:** *free public reason*
"A expressão 'utilização pública da nossa razão' foi adaptada da monografia de Kant intitulada *O que é o Iluminismo*? (1784), onde ele contrapõe a utilização pública da razão que é livre à utilização privada, que não o pode ser" (1982, n̊ 13). Ela representa as regras utilizáveis para as pesquisas de opinião pública, as negociações e os contratos, os debates públicos, morais e políticos etc., e os seus procedimentos são tanto os do senso comum quanto os da ciência quando esta ultrapassa o estágio da controvérsia.

**Retidão como eqüidade:** *rightness as fairness*
Doutrina moral mais ampla, da qual a teoria da justiça como eqüidade seria uma aplicação política: "A teoria da justiça como eqüidade, ou, num sentido mais geral, da retidão como eqüidade, fornece uma definição ou explicação dos conceitos de justiça e de justo"

(ver *TJ*, pp. 18-9 e 118-9). É precisamente a esse gênero de ambição que Rawls renunciou, porque ela é incompatível com o liberalismo político (Prefácio de 1992, p. 1).

**Senso comum:** *common sense knowledge*
O termo não tem, na tradição da língua inglesa, sentido pejorativo. Isso se deve a razões fundamentais ligadas a uma concepção diferente da filosofia a partir de Bacon e Hobbes, na qual o senso comum, o saber do indivíduo emanado das suas observações e da sua experiência, o complemento e não o contrário do saber científico, desempenha um papel de primeira ordem para o empirismo e o pragmatismo que sempre caracterizaram essa concepção.

**Sociedade bem ordenada:** *well-ordered society*
Modelo do que é a sociedade democrática quando os princípios de justiça nela operam e a unificam. Porém Rawls fez a crítica da feição não realista e antiliberal de uma unidade desse tipo quando ela pressupõe que esses princípios de justiça devem derivar de uma doutrina que todos compartilham (ver Prefácio de 1992, p. 4).

**Teoria da justiça como eqüidade:** *justice as fairness*
A expressão é empregada para designar a doutrina contratualista e deontológica da justiça defendida por Rawls a partir de 1957 ("*Justice as Fairness*") para substituir o utilitarismo. Seu traço essencial é a afirmação da prioridade do justo sobre o bem e a definição da justiça pela eqüidade do processo de escolha dos princípios de justiça (*TJ*, § 3, pp. 12-3).

**Utilitarismo:** *utilitarianism*
Doutrina clássica de Bentham e Mill, segundo a qual uma ação é boa se as suas conseqüências aumentam a felicidade do maior número de pessoas. O objetivo de Rawls é mostrar que o utilitarismo é incompatível com os princípios da constituição norte-americana e que é preciso substituí-lo por uma doutrina como a sua.

**Utilitarismo da regra:** *rule-utilitarianism*
Diferentemente do "utilitarismo do ato", para o qual basta avaliar as conseqüências de um ato para julgá-lo, o utilitarismo da regra sustenta que uma ação é boa se, e somente se, ela se conforma a uma regra cujo respeito por todos tem as melhores conseqüências possíveis.

**Utilitarismo médio:** *average utilitarianism*
Diferentemente do utilitarismo clássico, o utilitarismo fundado na utilidade média é compatível com o construtivismo (ver *TJ*, § 27).

**Véu de ignorância:** *veil of ignorance*
Visando preservar a eqüidade na escolha dos princípios e não fazer com que intervenham as contingências naturais e sociais, "os parceiros ignoram certos tipos de fatos particulares [...]. Entretanto eles conhecem todos os fatos gerais que afetam a escolha dos princípios de justiça". Por isso a barganha e as relações de força não podem intervir e a imparcialidade é constitutiva da justiça.

# Bibliografia

## 1. Bibliografia de John Rawls

(1951), "Outline of a Decision Procedure for Ethics", *The Philosophical Review*, n.º 60, pp. 177-97.

(1955), "Two Concepts of Rules", *The Philosophical Review*, n.º 64, pp. 3-32.

(1957), "Justice as Fairness", *The Journal of Philosophy*, n.º 22, pp. 653-62 (trad. fr. de J.-F. Spitz, em *Philosophie*, n.º 3, Paris, 1987).

(1963a), "Constitutional Liberty and the Concept of Justice", em *NOMOS VI: Justice*, orgs. C. J. Friedrich e J. W. Chapman, Nova York, pp. 98-125.

(1963b), "The Sense of Justice", *The Philosophical Review*, n.º 72, pp. 281-305.

(1964), "Legal Obligation and the Duty of Fairplay", em *Law and Philosophy*, org. S. Hook, Nova York, pp. 3-18.

(1966), "The Justification of Civil Disobedience", *Revolution and the Rule of Law*, ed. E. Kent, Englewood Cliffs, N.J., 1971, pp. 30-45.

(1967), "Distributive Justice", em *Philosophy, Politics and Society*, orgs. P. Laslett e W. G. Runciman, Third Series, Londres, pp. 58-82.

(1968), "Distributive Justice: Some Addenda", *Natural Law Forum*, n.º 13, pp. 51-71.

(1971), *A Theory of Justice*, Harvard (trad. fr. de C. Audard, de um texto revisto pelo autor em 1975: *Théorie de la justice*, Paris, 1987).

(1971a), "Justice as Reciprocity", em *Utilitarianism: J. S. Mill, with Critical Essays*, org. S. Gorovitz, Nova York, pp. 242-68.

(1972), "Reply to Lyons and Teitelman", *The Journal of Philosophy*, n.º 69, pp. 556-7.

(1973), "Distributive Justice", *Economic Justice*, org. E. S. Phelps, Londres, pp. 319-62.

(1974), "Some Reasons for the Maximin Criterion", *American Economic Review*, n.º 64, pp. 141-6.

(1974a), "Reply to Alexander and Musgrave", *The Quarterly Journal of Economics*, n.º 88, pp. 633-55.

(1975), "The Independence of Moral Theory", *Proceedings and Addresses of the American Philosophical Association*, n.º 48, pp. 5-22.

(1975a), "A Kantian Conception of Equality", em *Post-Analytic Philosophy*, orgs. J. Rajchman e C. West, Nova York, 1985 (trad. fr. de A. Lyotard-May, *La pensée américaine contemporaine*, Paris, 1991).

(1975b), "Fairness to Goodness", *The Philosophical Review*, 84, n.º 4, pp. 536-54.

(1978), "The Basic Structure as Subject", em *Values and Morals*, orgs. A. I. Goldman e Jaegwon Kim, Dordrecht, pp. 47-71.

(1979), "The Concept of Justice in Political Economy", em *Oxford Readings in Philosophy*, Oxford, pp. 164-9.

(1980), "Kantian Constructivism in Moral Theory", *The Journal of Philosophy*, n.º 77, pp. 515-72.

(1982a), "Social Unity and Primary Goods", em *Utilitarianism and Beyond*, orgs. A. Sen e B. Williams, Cambridge, pp. 159-85.

(1983), "The Basic Liberties and their Priority", em *Liberty, Equality and Law*, orgs. Sterling M. McMurrin, Cambridge (trad. fr. condensada por F. Piron, *Critique*, Paris, 1989).

(1985), "Justice as Fairness: Political, not Metaphysical", *Philosophy and Public Affairs*, vol. 14, n.º 3, pp. 223-251 (trad. fr. de C. Audard, *Individu et justice sociale*, orgs. C. Audard, J.-P. Dupuy e R. Sève, Paris, 1988).

(1987), "The Idea of an Overlapping Consensus", *Oxford Journal of Legal Studies*, vol. 7, n.º 1, pp. 1-25 (trad. fr. de A. Tchoudnowsky, *Revue de métaphysique et de morale*, Paris, n.º 1, 1988, pp. 3-32).

(1987a), Prefácio da tradução francesa de *A Theory of Justice*, Paris, pp. 9-15.

(1987), "The Priority of Right and Ideas of the Good in Justice as Fairness", conferência pronunciada em Paris em 21 de março de 1987, trad. fr. de A. Tchoudnowsky, publicada pelos *Archives de philosophie du droit*, Paris, t. 33, 1988, pp. 39-59.

(1988), "The Priority of Right and Ideas of the Good", *Philosophy and Public Affairs*, vol. 17, pp. 251-76.

(1989), "The Domain of the Political and Overlapping Consensus", *New York Law Review*, vol. 64, n.º 2, pp. 233-55.

(1990), "Justice as Fairness: A Restatement" (inédito), Harvard University, Department of Philosophy, 146 pp.

(1993), *Political Liberalism*, Nova York, Columbia University Press.

## 2. Obras citadas

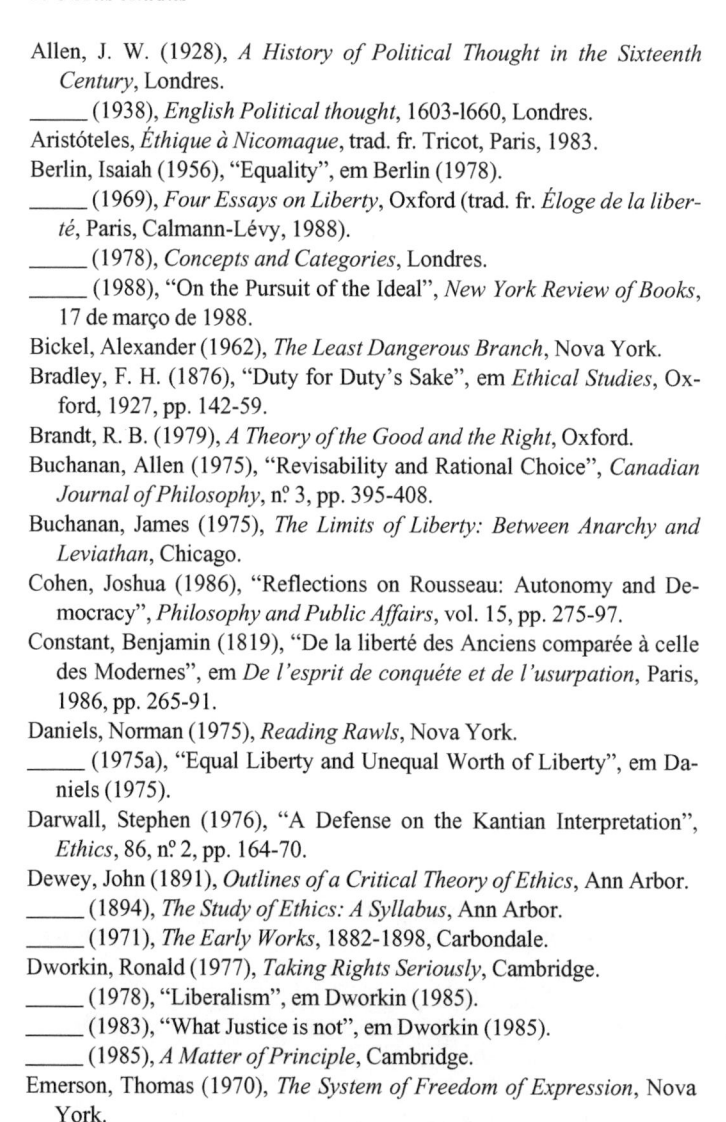

Allen, J. W. (1928), *A History of Political Thought in the Sixteenth Century*, Londres.
\_\_\_\_\_ (1938), *English Political thought*, 1603-1660, Londres.
Aristóteles, *Éthique à Nicomaque*, trad. fr. Tricot, Paris, 1983.
Berlin, Isaiah (1956), "Equality", em Berlin (1978).
\_\_\_\_\_ (1969), *Four Essays on Liberty*, Oxford (trad. fr. *Éloge de la liberté*, Paris, Calmann-Lévy, 1988).
\_\_\_\_\_ (1978), *Concepts and Categories*, Londres.
\_\_\_\_\_ (1988), "On the Pursuit of the Ideal", *New York Review of Books*, 17 de março de 1988.
Bickel, Alexander (1962), *The Least Dangerous Branch*, Nova York.
Bradley, F. H. (1876), "Duty for Duty's Sake", em *Ethical Studies*, Oxford, 1927, pp. 142-59.
Brandt, R. B. (1979), *A Theory of the Good and the Right*, Oxford.
Buchanan, Allen (1975), "Revisability and Rational Choice", *Canadian Journal of Philosophy*, n° 3, pp. 395-408.
Buchanan, James (1975), *The Limits of Liberty: Between Anarchy and Leviathan*, Chicago.
Cohen, Joshua (1986), "Reflections on Rousseau: Autonomy and Democracy", *Philosophy and Public Affairs*, vol. 15, pp. 275-97.
Constant, Benjamin (1819), "De la liberté des Anciens comparée à celle des Modernes", em *De l'esprit de conquête et de l'usurpation*, Paris, 1986, pp. 265-91.
Daniels, Norman (1975), *Reading Rawls*, Nova York.
\_\_\_\_\_ (1975a), "Equal Liberty and Unequal Worth of Liberty", em Daniels (1975).
Darwall, Stephen (1976), "A Defense on the Kantian Interpretation", *Ethics*, 86, n° 2, pp. 164-70.
Dewey, John (1891), *Outlines of a Critical Theory of Ethics*, Ann Arbor.
\_\_\_\_\_ (1894), *The Study of Ethics: A Syllabus*, Ann Arbor.
\_\_\_\_\_ (1971), *The Early Works*, 1882-1898, Carbondale.
Dworkin, Ronald (1977), *Taking Rights Seriously*, Cambridge.
\_\_\_\_\_ (1978), "Liberalism", em Dworkin (1985).
\_\_\_\_\_ (1983), "What Justice is not", em Dworkin (1985).
\_\_\_\_\_ (1985), *A Matter of Principle*, Cambridge.
Emerson, Thomas (1970), *The System of Freedom of Expression*, Nova York.
English, Jane (1977), "Justice between Generations", *Philosophical Studies*, n° 31, pp. 91-104.

Galston, William (1982), "Defending Liberalism", *American Political Science Review*, n.º 76, pp. 621-9.
Gauthier, David (1974), "Justice and Natural Endowments", *Social Theory and Practice*, n.º 3, pp. 3-26.
_____ (1986), *Morals by Agreement*, Oxford.
Gray, John (1983), *Mill on Liberty: A Defense*, Londres.
Grice, H. P. (1975), "Personal Identity", em Perry (1975), pp. 73-95.
Gutman, Amy (1985), "Communitarian Critics of Liberalism", *Philosophy and Public Affairs*, vol. 14, pp. 308-22.
Habermas, Jürgen (1973), *Legitimationsprobleme im Spätkapitalismus* (trad. fr. *Raison et légitimité*, Paris, 1978).
_____ (1983), *Moralbewusstsein und kommunikatives Handelm* (trad. fr. *Morale et communication*, 1986, Paris, Le Cerf).
Hampshire, Stuart, org. (1978), *Public and Private Morality*, Cambridge.
Hare, Richard (1981), *Moral Thinking*, Oxford.
Harsanyi, John (1975), "Can the Maximin Principle Serve as a Basis for Morality?", *American Political Science Review*, n.º 69, pp. 594-606.
Hart, Herbert (1961), *The Concept of Law*, Oxford.
_____ (1973), "Rawls on Liberty and its Priority", *University of Chicago Law Review* e em Daniels (1975).
Hegel, G. W. F. (1821), *Principes de la philosophie du droit*, trad. fr. Paris, 1940.
Hume, David (1741), "That Politics May Be Reduced to Science", e "Liberty of the Press", em *Essays: Moral, Political and Literary*, ed. T. H. Green e T. H. Grose, Londres, 1907.
Hylton, Peter (1978), *The Origins of Analytic Philosophy* (Diss. Harvard).
Johnson, Oliver (1977), "Autonomy in Kant and Rawls: A Reply", *Ethics*, vol. 87, pp. 251-9.
Kant, Emmanuel (1781), *Crítica da razão pura*.
_____ (1784), *O que é o Iluminismo?*
_____ (1785), *Fundamentos da metafísica dos costumes*.
_____ (1788), *Crítica da razão prática*.
_____ (1793), *Sobre a expressão corrente: pode ser que isso seja justo em tese, mas na prática não vale nada*.
_____ (1796), *Projeto da paz perpétua*.
Kateb, George (1984), "Democratic Individuality and the Claims of Politics", *Political Theory*, n.º 12, pp. 331-60.
Larmore, Charles (1986), *Patterns of Moral Complexity*, Cambridge.
Lewis, David (1969), *Conventions*, Cambridge.
Locke, John (1689), *Second Treatise on Government*, Londres (trad. fr. *Traité du gouvernement civil*, Paris, 1984).

_____ (1689a), *Letter on Toleration* (trad. fr. *Lettre sur la tolérance*, Paris, 1992).
Mackie, John (1977), *Ethics*, Nova York.
Madison, James (1978), *Federalist n.º 10, The Federalist Papers*, vol. 10, Chicago, 1977.
Meiklejohn, Alexander (1948), *Free Speech and its Relation to Self-Government*, Nova York.
Mill, John Stuart (1859), *On Liberty*, Londres (trad. fr. Paris, 1990).
_____ (1861), *Utilitarianism*, Londres (trad. fr. Paris, 1968).
Montesquieu, Charles de Secondat de (1748), *De l'esprit des lois*, Paris.
Moore, G. E. (1903), *Principia Ethica*, Cambridge.
Musgrave, R. A. (1974), "Maximin, Uncertainty and the Leisure Trade-off", *Quarterly Journal of Economics*, vol. 88, pp. 625-32.
Nagel, Thomas (1973), "Rawls on Justice", em Daniels (1975).
_____ (1979), "The Fragmentation of Value", em *Mortal Questions*, Cambridge.
_____ (1987), "Moral Conflict and Political Legitimacy", *Philosophy and Public Affairs*, vol. 16, pp. 215-40.
_____ (1988), "What Makes Political Theory Utopian?" (inédito).
Nozick, Robert (1974), *Anarchy, State and Utopia*, Nova York (trad. fr. *Anarchie, état et utopie*, Paris, 1988).
Parfit, Derek (1984), *Reasons and Persons*, Oxford.
Patterson, Orlando (1982), *Slavery and Social Death*, Cambridge.
Perry, John, ed. (1975), *Personal Identity*, Berkeley.
Raz, Joseph (1986), *The Morality of Freedom*, Oxford.
Rorty, Amelie, ed. (1976), *The Identities of Persons*, Berkeley.
Ross, W. D. (1930), *The Right and the Good*, Oxford.
Rousseau, Jean-Jacques (1762), *Du contrat social*.
Russell, Bertrand (1937), *The Principles of Mathematics*, Londres.
Sandel, Michael (1982), *Liberalism and the Limits of Justice*, Cambridge.
Scanlon, T. M. (1972), "A Theory of Freedom of Expression", *Philosophy and Public Affairs*, vol. l, pp. 204-26.
_____ (1975), "Preferences and Urgency", *The Journal of Philosophy*, vol. 72, n.º 19, pp. 655-69.
_____ (1982), "Contractualism and Utilitarianism", em Sen (1982), pp. 103-128.
_____ (1987), "The Moral Basis of Interpersonal Comparisons" (conferência pronunciada na Universidade da Califórnia em Davis).
Schncewind, J. B. (1977), *Sidgwick's Ethics and Modern Victorian Moral Philosophy*, Oxford.

Schopenhauer, Arthur (1840), *Ueber das Fundament der Moral*, Zurique, 1977.
Sen, Amartya (1973), *On Economic Inequality*, Nova York.
_____ (1979), "Equality of What?", em *Choice, Welfare and Measurement*, Cambridge.
_____ e Williams, B., orgs. (1982), *Utilitarianism and Beyond*, Cambridge.
Shklar, Judith (1984), *Ordinary Vices*, Cambridge.
Shoemaker, Sidney (1984), "A Materialist Account", em *Personal Identity*, Oxford.
Sidgwick, Henry (1907), *The Methods of Ethics*, Londres.
Singer, Marcus (1977), "Discussion Review: Justice, Theory and A Theory of Justice", *Philosophy of Science*, vol. 44, pp. 594-618.
Skinner, Quentin (1981), *Machiavelli*, Oxford.
Smart, J. J. C. e Williams, B., orgs. (1973), *Utilitarianism: For and Against*, Cambridge.
Taylor, Charles (1985), *Philosophical Papers*, Cambridge.
Teitelman, Michael (1972), "The Limits of Individualism", *Journal of Philosophy*, vol. 69, pp. 545-56.
Waldron, Jeremy (1987), "Theoretical Foundations of Liberalism", *Philosophical Quarterly*, vol. 37, pp. 127-50.
Weber, Max (1917), "Der Sinn der 'Wertfreiheit' der soziologischen und ökonomischen Wissenschaften", em *Gesammelte Aufsätze zur Wissenschaftslehre*, Tübingen (trad. fr. *Essais sur la théorie de la science*, Paris, 1965).
_____ (1919), *Politik als Beruf*, Heidelberg (trad. fr. *Le savant et le politique*, Paris, 1959).
Wechsler, Herbert (1961), "Towards Neutral Principles of Constitutional Law", em *Principles, Politics and Fundamental Law*, Cambridge.
Williams, Bernard (1976), "Persons, Character and Morality", em A. Rorty (1976).

### 3. Bibliografia em francês

Audard, C., Dupuy, J.-P. e Sève R., orgs. (1988), *Individu et justice sociale: autour de John Rawls*, Éd. du Seuil, Paris.
Dupuy, Jean-Pierre (1992), *Le sacrifice et l'envie*, Calmann-Lévy, Paris.
Höffe, Otfried (1988), *L'état et la justice*, Vrin, Paris.
Ladrière, J. e Van Parijs, P., orgs. (1984), *Fondement d'une théorie de la justice*, Louvain-la-Neuve.

Número especial da *Critique*, n.ᵒˢ 505-6, 1989: *John Rawls, Justice et libertés*.

Número especial da *Revue de métaphysique et de morale*, n.º 1, 1988: *John Rawls, Le politique*.

Van Parijs, P. (1991), *Qu'est-ce qu'une société juste?*, Éd. du Seuil, Paris.

# Índice onomástico

Agostinho (Santo) 237
Allen, J. W. 160
Anderson, Elizabeth 226
Aristóteles 116, 128, 237, 312

Bedau, Hugo 3, 6
Bentham, Jeremy 126, 266
Berlin, Isaiah 155, 160, 184, 257, 315-6, 342
Bickel, Alexander 372
Blasi, Vincent 188
Bradley, F. H. 115
Brandt, R. B. 224, 266, 300
Brown, Oliver 372
Brudney, Daniel 225
Buchanan, Allan 62

Chow, David 364
Clarke 116
Cohen, G. A. 335
Cohen, Joshua 3, 45, 64, 70, 82, 245, 289, 293
Constant, Benjamin 52, 160, 207, 238

Daniels, Norman 75, 176
Darwall, Stephen 70
Davidson, Arnold 201
Descartes, René 225, 228
Dewey, John 46-7, 109

Diggs, B. J. 201
Dreben, Burton 3, 45, 143, 201, 245, 293
Dworkin, Ronald 160, 245, 256, 309, 336

Edgeworth, F. Y. 266
Elgin, Catherine 201
Emerson, Thomas 234
English, Jane 24

Galston, William 307, 316
Gauthier, David 29
Gibbard, Allan 245
Gray, John 266
Grice, H. P. 228
Gutman, Amy 263

Habermas, Jürgen 308, 335
Haldane, John 245
Hare, R. M. 266
Harsanyi, J. C. 7
Hart, H. L. A. 143-6, 183, 196, 245, 280
Hegel, G. W. F. 38, 46-7, 254
Hill, Thomas 3
Hinsch, Wilfried 336, 351
Hobbes, Thomas 39, 116, 235, 247
Hoffman, Paul 225
Holmes, Stephen 201

Hornstein, Norbert 201
Hume, David 56, 116, 119, 248, 286
Hylton, Peter 118

Johnson, Oliver 73

Kamm, Francis 356
Kant, Emmanuel 38, 46-8, 70-2, 107-9, 114-6, 118-20, 130, 138, 151, 187, 202, 233-5, 240, 248, 250, 254-5, 261, 278, 287, 290, 317-8, 326, 337, 354, 366
Kateb, George 234
Kelley, Erin 362
Kronman, Anthony 143

Larmore, Charles 297, 308, 311
Leibniz, Gottfried Wilhelm 116, 120
Locke, John 39-41, 52, 207
Lutero, Martinho 362

Maquiavel, Nicolau 325
Mackie, John 107
Madison, James 248
Marneffe, Peter de 351
Marx, Karl 85
Meiklejohn, Alexander 151
Michelman, Franck 193
Mill, John Stuart 160, 173, 233-5, 238, 240, 254-5, 261, 266, 278, 287, 318, 337, 352, 354, 361
Montesquieu, Charles de Secondat 160, 248
Moore, G. E. 112, 115-6, 118, 121
Morgenbesser, Sidney 94
Musgrave, R. A. 302

Nagel, Thomas 24, 89, 201, 245, 313, 336, 341, 359
Nozick, Robert 9

Parfit, Derek 24, 89, 228, 245
Patterson, Orlando 230
Perry, John 228
Platão 116, 237, 312
Pogge, Thomas 367
Plínio, o Moço 344
Price, Richard 116
Priest, George 201

Rabinowitz, Joshua 3, 23, 45, 64, 150, 176
Raz, Joseph 310, 318
Ross, W. D. 116, 118, 121, 128, 184
Rousseau, Jean-Jacques 52, 138, 207, 254, 326
Russell, Bertrand 118

Sachs, David 201, 241, 245
Sandel, Michael 224
Scanlon, T. M. 3, 62, 64, 89, 245, 293, 300, 303, 306, 336, 356, 372
Scheffler, Samuel 45, 136, 143, 279
Schneewind, J. B. 112
Schopenhauer, Arthur 70-2
Scott, Dred 372
Seabright, Paul 245, 335
Sen, Amartya 35, 302, 304-5
Shklar, Judith 344
Shoemaker, Sidney 228
Sidgwick, Henry 112-8, 121, 126, 266, 300
Singer, Marcus 132
Skinner, Quentin 3, 41, 325
Smart, J. J. C. 266
Stern, Paul 293

Taylor, Charles 326
Teitelman, Michael 64
Thomas, Laurence 241
Thoreau, H. D. 234

Tocqueville, Alexis Clerel de 160, 238, 325
Tomás de Aquino (São) 237, 362
Tribe, Laurence 150

Waldron, Jeremy 353

Weber, Max 315
Wechsler, Herbert 308
Whitman, Walt 234
Williams, Bernard 95, 315
Wolf, Susan 185
Wolff, Christian 116, 120

# Índice temático remissivo

Abrangente (ver *Doutrina abrangente*)
Acordo (ver tb. *Consenso, Contrato social, Posição original*)
– o contrato social como ~ hipotético e não histórico 4, 11n, 21, 23-4, 41, 133, 220
– ~ e verdade 89-90
– ~ entre os parceiros na posição original 25-8, 54, 58-9, 61, 88, 100, 131, 162 (ver tb. *Posição original*)
– ~ eqüitativo 4-5, 13-7, 39, 219
– ~ no equilíbrio ponderado (ver *Equilíbrio ponderado*)
– ~ particular 25-6
– ~ político 206, 210-1, 268
– ~ público 39, 73, 86-7, 106, 140, 209, 239, 252, 262, 299-300 (ver tb. *Publicidade*)
– ~ racional 102-3, 308, 339, 342
Aristocracia 213, 217, 247
Associação(ões) 8, 14, 25-6, 30, 37-8, 59, 104, 157, 159, 215-6, 312, 348-9
Autonomia 31, 45, 317
– ~ como ideal 233-4, 255, 319
– ~ completa 45, 54, 65, 69, 73, 93, 163-4, 235, 271
– ~ racional 45, 54, 64-5, 69, 73, 93, 99, 162-4

Bem (o)
– a participação política como ~ 182, 319-27
– a sociedade bem ordenada como ~ 294, 321-3, 326 (ver tb. *Sociedade*)
– concepções do ~ (ver *Concepções do bem*)
– doutrinas abrangentes do ~ (ver *Doutrinas abrangentes*)
– idéias do ~ 294
– ~ como racionalidade 214, 241, 294, 297, 299, 306, 328n (ver tb. *Racionalidade*)
– ~ e o justo compatíveis 294, 326, 357 (ver tb. *Prioridade*)
– ~ particular das pessoas 164-5, 168, 175, 186, 196, 217
Bem(ns) primário(s) 62, 71, 169
– ampliação da lista dos ~ 302
– idéia de ~ 144, 197, 294, 299, 304
– índice dos ~ 177, 182, 230, 298, 305-6, 330
– lista dos ~ 39, 62, 64, 166-7, 241, 298-9, 302, 330
– preferências pelos ~ 33, 61-5, 71, 134

– ~ como bases das comparações interpessoais 123, 125, 300, 302

Capacidades
– ~ morais (ver tb. *Faculdades morais*)
– ~ naturais 18, 38, 57, 67, 159
– ~ para a cooperação social (ver *Cooperação*)
– ~ para fazer reivindicações (ver *Liberdade*)
– ~ para ter uma concepção do bem (ver *Concepção do bem*)
– ~ para ter uma noção de justiça (ver *Noção da justiça*)

Ceticismo 90, 240, 258-9, 267-8, 281, 288, 316

Cidadão(s) (ver tb. *Pessoa*)
– concepção política da pessoa como ~ 155-6, 215, 298
– metas comuns das ~ 262-3n, 320-1, 327-8
– ~ como pessoa moral livre e igual 54-5, 137, 144, 159, 188, 192, 195-6, 207, 211, 216, 225-32, 256-7, 264, 296, 299, 301, 312, 331, 339, 346, 351, 357, 370
– ~ politicamente ativo 196, 339, 346
– ~ representativo igual 184

Ciência 83, 86, 88, 119n, 131, 259, 339, 353

Coerção 84-5

Comunidade política 137, 262, 319-20, 326, 337, 344

Concepção(ões) do bem 57, 66, 169, 171
– capacidade para formar uma ~ 31, 55, 60, 92, 158, 169, 171, 174, 185, 188, 191, 217, 226, 284
– existência de uma ~ única 237, 239, 252 (ver tb. *Estado*)
– existência de uma pluralidade de ~ 86-7, 237-9 (ver tb. "*Contexto da justiça*")
– incomensurabilidade das ~ 160, 197, 204, 232, 237-9, 241, 250n, 300, 317, 337 (ver tb. *Liberalismo*)
– ~ autorizada(s) 294, 296, 301, 303, 307
– ~ como doutrina abrangente (ver *Doutrina abrangente*)

Conflito 126, 206, 269-70, 287, 329

Consenso 86, 211, 236, 253, 290 (ver tb. *Acordo, Contrato social, Posição original*)
– estabilidade do ~ 240-1, 260, 277-8, 280, 283, 355
– ~ como *modus vivendi* 235, 240, 246, 260, 262-5, 272, 278, 284-7, 328
– ~ por justaposição 44, 205, 234, 239-40, 245-6, 248, 253, 261-2, 264, 267, 270-2, 276-8, 284, 287, 301, 305-6, 309, 320, 323, 327, 331, 335, 354-5, 359-60, 369

Constituição 3, 84, 189-95, 246, 269, 273, 349, 371-2
– papel da ~ na revisão dos processos e das leis ("*judicial review*") 193

Construtivismo 43, 45-6, 67, 89, 92, 111, 115, 121-3, 125, 127-8, 133, 135, 212, 221

"Contexto da justiça" 22, 56, 81, 86, 88, 90, 129, 238, 285

Contingências 22, 40, 57, 67, 105, 219

Contrato social 3-4, 20, 23, 25-6, 38-42, 212, 218 (ver tb. *Acordo, Consenso, Posição original*)

Cooperação
- concepção política da sociedade como ~ 210, 214, 231, 239, 257, 305, 330, 346-7, 370 (ver tb. *Sociedade*)
- ideal da ~ 84, 95, 312
- termos eqüitativos da ~ 66, 68, 137, 156-8, 191, 196, 214, 238, 257, 280, 318
- virtudes da ~ 236, 275, 282-3, 288, 294, 311-2, 318-9, 325, 371
- ~ como bem público 275
- ~ entre gerações 36-7
- ~ política 206, 275
- ~ social 36, 48, 81, 84-5, 155, 193, 195, 213-4, 218, 275-6, 352
- capacidade de ~ social 50-1, 138, 158-9, 191, 197, 216, 319 (ver tb. *Cidadão*, *Pessoa*)
- estabilidade da ~ social (ver *Sociedade*)
- sistema úinico da ~ social 203
- vantagens da ~ social 84, 125
Cultura 51
- ~ política 48, 52, 255, 274, 295, 309, 338, 346, 365
- ~ pública 18, 50, 83, 108, 121-2, 134, 194-5, 209-10, 213, 235, 238-9, 252, 255, 281, 289, 319, 337, 343

Democracia 245, 249, 267, 334
- as idéias intuitivas básicas da ~ 186-7, 192-6, 202-5, 212, 217, 229-30, 235-6, 239, 255, 289, 295, 309, 330, 338, 346
- condições da ~ 252, 275, 285, 289, 324, 329, 337
- lealdade para com a ~ (ver *Teoria da justiça*)
- os partidos políticos na ~ 269

Desejos 39, 62, 73, 95, 231
Desigualdades sociais e econômicas 19-20, 29, 32-5, 98, 104-5, 177, 208, 219
Direito de voto 40, 348, 369
Direito internacional público 59, 250
Direito natural 193, 220
Direitos básicos 52, 193, 205-6, 274-5
Direitos humanos 146, 367
Doutrina(s) abrangente(s) 80, 108, 146, 204, 215, 250, 294-9, 301, 304, 309, 313, 320, 325, 328, 330, 336-7, 345-6, 359-61 (ver tb. *Liberalismo*)

Economia de mercado 3, 204, 251
Egoísmo 29, 65, 70, 114, 117, 247
Emigração 349
Epistemologia 51, 112, 211
Eqüidade (*fairness*)
- teoria da justiça como ~ (ver *Teoria da justiça*)
- noção da ~ 104
- ~ da partilha 14, 32-3, 36, 81
- ~ da posição original (entre os parceiros) 23, 56-8, 68, 103-4
- ~ da representação política 191
- ~ entre gerações 22
- ~ entre pessoas morais iguais 22
Equilíbrio ponderado 75, 133, 209, 252
Eqüitativo(s)
- acordo ~ (ver *Acordo*)
- oportunidades ~ 178
- princípios primeiros ~ (ver *Princípios primeiros de justiça*)
- sistema ~ de cooperação 36
- termos ~ da cooperação social (ver *Cooperação*)

Escassez relativa de recursos (ver "*Contexto da justiça*")
Escolha racional (ver *Teoria da escolha racional*)
"Escolha radical" 133-4
Escravidão 93-4, 188, 229-30, 269, 314
"Espectador judicioso" 101
Estado
– ação coercitiva do ~ 90, 349, 353, 357
– ação tirânica do ~ 161, 211, 232, 252, 262, 268, 285, 301, 314, 337, 344, 351-2, 362
– neutralidade do ~ 307-12
– ~ como associação privada 11, 38 (ver tb. *Sociedade privada*)
– ~ como comunidade política (ver *Comunidade política*)
– ~ e a Igreja 317-9, 368-9
– ~ mínimo 9, 12
– ~ moderno 204, 232, 271
– ~ mundial 366
– ~ sectário 301, 314, 351-2
Estado de direito 145, 188, 348, 370-2
Estado de Natureza 29, 39-40
Estado-nação 71, 80, 215, 262, 365, 367
Estado-providência 218
Estrutura básica 3-6, 37-8, 41, 55, 59, 82, 88, 105, 137, 151, 157, 159, 203, 207, 249, 281, 295, 313, 336
– condições econômicas e sociais e a ~ 17-20, 177
– princípios primeiros especiais para a ~ 6-9
– ~ como objeto primeiro da justiça 68, 103, 107, 124, 203, 214, 345

Exigências constitucionais essenciais 268, 274, 313, 347, 350-1, 353, 362, 368, 370, 372
Expectativas 35, 104, 297

Faculdades morais 60-1, 66, 68, 71, 92, 99, 101-3, 134, 153, 158, 166, 174, 184-7, 216, 257, 299, 321-2, 339, 370 (ver tb. *Cidadão, Pessoa, Concepção do bem, Noção da justiça*)
Família 3, 215, 312, 350
"Fato da razão" 108
Fato do pluralismo 246, 249, 252, 255, 259, 272, 275-6, 280-1, 288, 305-6, 309, 315-6, 320, 330, 337, 344, 361-3 (ver tb. *Pluralismo*)
Fatos morais 51
Filosofia política 258, 272n, 288-9, 335, 365
– tarefa da ~ 50-1, 84, 89, 91, 136, 140, 201, 205, 208, 245, 288
– tradição histórica da ~ 148

Guerras de religião 160, 204, 238, 251, 267

Handicaps (físicos e mentais) 22, 96-7, 217
Haveres 35
Heteronomia 64, 71, 74, 120
Hierarquia 213
Humanismo cívico 325-6

Ideal 33, 36-7, 53, 73, 75-6, 129, 134, 164, 181, 195, 220, 232, 312, 319, 353 (ver tb. *Autonomia, Cooperação, Pessoa*)
Idealismo 37-8, 46, 251

Igrejas 233, 262, 270, 312, 349-50, 368-9
Igualdade
– concepção liberal da ~ 256
– interpretação satisfatória da ~ 53-4
– reivindicação de ~ 207-8
– representação da ~ na posição original 32, 53, 68, 96-7 (ver tb. *Posição original*)
– ~ da partilha 33-6, 181
– ~ das liberdades básicas 31, 354
– ~ das oportunidades 14-5, 31, 36, 178, 208, 233, 353
– ~ das pessoas 36, 96-7, 197 (ver tb. *Cidadãos*, *Pessoas*)
Imparcialidade 91, 101, 308
Imperativo categórico 70, 72, 107, 114
Imperativo hipotético 54
Individualidade 173, 233-4, 255, 320
Individualismo 293, 307, 317
Interesses
– ~ dos parceiros na posição original 30, 60, 71
– ~ mais elevados 61, 63
– ~ pessoais 196, 246-8, 320, 339
– ~ racionais do cidadão representativo igual 144, 184-6
– ~ superiores para o desenvolvimento e o exercício das duas faculdades morais 31, 60-1, 64-6, 76, 92, 99-100, 133, 137, 299, 321
Intuição 128, 210, 213
– ~ moral XXIV
– ~ racional 118-9
Intuicionismo 46, 112, 114-22, 126-8, 146
Inveja 36

Justiça
– concepção política da ~ 202-18, 239, 245, 277n, 295-6, 338, 344-8, 359-62 (ver tb. *Teoria da justiça*)
– condições formais da ~ 67
– princípios primeiros da ~ (ver *Princípios primeiros da justiça*)
– teoria da ~ (ver *Teoria da justiça*)
– ~ entre gerações 22-4, 214
– ~ entre nações 21, 59, 250, 345, 365-7
– ~ perante a ordem natural 59, 360
– ~ social e política 86, 88, 100, 159, 177, 195, 209, 254-5, 281, 298, 328
Justiça do contexto social (*background justice*) 8, 13-5, 36-41, 68, 104, 124, 214
Justiça processualística
– ~ perfeita 58
– ~ pura 23, 33-4, 58-9, 65, 128
Justificação 49, 73, 83, 89, 112-3, 134, 211-2, 245, 254, 267, 298, 306, 309, 338, 354, 359, 363 (ver tb. *Acordo*)

Kantiana 4, 20, 30, 48-9, 202n

Legitimidade 358, 362
Leis 192, 194
Léxico(a) (ver *Ordem léxica*)
Liberalismo 144, 160, 254, 275, 307
– ~ como doutrina abrangente 160, 196-7, 232-41, 254-5, 278-9, 287-8, 295-6, 297n, 313, 318, 354 (ver tb. *Doutrina abrangente*)
– ~ político X, 232-41, 255, 262n, 275, 277n, 280, 283, 287-8, 293,

296, 297n, 300, 307, 311, 313, 316-20, 329, 347, 349
Liberdade
– importância de uma ~ particular 184, 189
– interpretação satisfatória da ~ 53
– preeminência da ~ 145
– representação da ~ na posição original 32, 53-4, 98
– utilidade da ~ 177
– valor da ~ (ver *Liberdades básicas*)
– ~ como capacidade autônoma de formular reivindicações 92-6, 99, 229
– ~ como independência 94, 100, 226
– ~ como responsabilidade 95, 230
– ~ da pessoa 31, 39, 145, 188, 225
– ~ dos Antigos e dos Modernos 52, 154, 207
– ~ e igualdade em desacordo 49, 84, 140, 142, 146, 156, 192, 195, 207-8
Liberdade da escolha do emprego 62, 166, 188
Liberdade de associação 52, 145, 168, 172, 185, 188, 191-2, 370
Liberdade de circulação 62, 166, 188
Liberdade de consciência 52, 145, 154, 166-72, 174, 185, 188, 191-2, 207, 233, 241, 269-71, 312, 317, 322, 348-9, 353, 358, 369-70
Liberdade de expressão 151, 189, 312, 368
Liberdade de imprensa 188-9
Liberdade de pensamento 52, 145, 154, 166, 168, 185, 187, 190, 207, 348-9, 358, 369-70

Liberdade religiosa 86, 270, 278, 286, 351
Liberdades
– presunção contra qualquer restrição das ~ 145, 151
– ~ civis 52, 154, 269, 353
– ~ formais 176
– ~ políticas 52, 145, 154, 168, 178, 185, 187, 190, 207, 269, 274, 322, 353, 370
Liberdades básicas 205, 270, 273, 368
– campo central de aplicação das ~ 150-2
– lista das ~ 146-8
– prioridade das ~ (ver *Prioridade*)
– proteção das ~ 296, 369
– sistema das ~ 144-5, 152-5, 183-7, 207
– valor das ~ 36, 176-9, 189, 208
– ~ como bens primários 63
– ~ constitucionais 269n, 347
Libertarista 9, 39

Maioria 252n, 256, 265, 279, 285, 338, 341, 344, 347-8, 372
Mão invisível XXIX, 15
Marxismo 250, 254
Mercado 14, 179, 272n
Mérito 105-6
Metafísica 201, 211-2, 223-6, 237, 267n, 346
Método de evitação 225n, 267
Minorias 170, 364
Moral
– doutrina ~ abrangente (ver *Doutrina abrangente*)
– papel social da ~ 107, 113, 122
– psicologia ~ 89, 121, 284, 287, 322

Naturalismo 46, 118, 119n, 126

Natureza humana 215, 344
- teoria da ~ 75-7, 82, 129-31
Natureza social dos seres humanos 38-9
Neutralidade 307-11, 313
Noção da justiça 31n, 55, 60, 73, 122, 128, 188, 216, 320-1, 355-6, 370
- capacidade de ter uma ~ 158, 184, 284

Objetividade 51, 111, 132-3, 137, 212
Ordem
- ~ moral precedente 51, 99, 117, 119n, 122, 131-3, 212
- ~ natural 59, 119n, 214, 359
Ordem léxica 72, 142

Parceiros 143, 221, 257n, 298, 366
- autonomia racional dos ~ (ver *Autonomia*)
- desinteresse mútuo dos ~ na posição original 64-5, 99
- ~ como agentes artificiais e racionais 66, 72-3, 75, 79, 133, 162, 194, 223
- ~ na posição original 27, 53-4, 72, 74, 132-4, 363 (ver tb. *Posição original*)
Pensamento democrático 52, 207, 247
Perfeccionismo 13, 46, 114, 116, 120n, 146, 149n, 250, 277, 300
"Personalidade moral" 44, 68, 92, 94, 99, 104, 120, 142, 158, 207, 231
Pessoa
- conceito da ~ 138, 215-8, 224
- concepção da ~ 113-4, 130, 138-40, 144, 153, 156, 162, 191, 202n, 215n, 216-7, 224n

- concepção kantiana da ~ 47, 50, 120
- concepção política da ~ 156, 214, 215n, 225, 299 (ver tb. *Cidadão*)
- ideal da ~ 76, 79
- identidade da ~ 138, 201
- identidade pública da ~ 94, 226-8, 263n, 322-3, 353
- integridade da ~ 35, 39, 145, 188
- liberdade da ~ 31, 39, 145, 188, 226 (ver tb. *Liberdade*)
- ~ moral, livre e igual 22, 31, 39-40, 67, 71, 102-3, 120 (ver tb. *Cidadão, Igualdade*)
Pluralismo 87, 90, 161, 212 (ver tb. *Fato do pluralismo*)
Política(o)(s)
- concepção ~ da justiça (ver *Justiça*)
- concepção ~ da pessoa (ver *Cidadão*)
- concepção ~ da sociedade (ver *Cooperação, Sociedade*)
- debates ~ 298, 353, 369, 372
- idéias ~ 296, 311-2, 323
- ~ e moral 203, 279, 355
Político (O) 142, 201, 250, 335, 362
- ~ como campo particular 348-52
Posição original 23, 38, 106, 143, 218, 257n, 298, 355, 364 (ver tb. *Acordo, Consenso, Contrato social, Igualdade, Liberdade, Publicidade*)
- duas partes na ~ 162-5
- entrada na ~ no momento presente 23
- idéia de ~ 193, 218-24, 366
- limitações razoáveis na ~ 67, 72, 74, 99, 133-4, 162, 194, 197, 222n
- neutralidade da ~ 313n

- representação eqüitativa dos cidadãos na ~ 48-9, 60, 99, 175, 221
- ~ como concepção-modelo 53, 56, 61, 63, 74-5, 80, 131
- ~ como instrumento de representação 75, 162, 220-1, 363

Poupança justa 20, 23-4
Princípio de diferença 29, 33-4, 177, 182, 208
Princípio de eqüidade ("equity") 114, 117
Princípio de satisfação proporcional 182
Princípio de tolerância 202, 204, 211, 213, 233n, 238, 250, 265, 271, 286, 354
Princípio de utilidade 6, 117-8, 126-7, 184-5n, 204, 250, 304
Princípios primeiros de justiça 53-4, 59, 122, 129, 131, 207, 257, 294, 353
- condições formais dos ~ 67-8, 72
- enunciado dos ~ 20, 144-5, 183-7, 207-8, 364n

Prioridade
- do justo (da justiça) sobre o bem 74, 124, 222n, 239, 293-4, 296-7, 323, 327
- do primeiro princípio de justiça sobre o segundo 20n, 124, 155
- do Razoável sobre o Racional 66, 74, 193-4, 221n
- dos direitos e das liberdades básicas 144, 148-55, 175, 280, 296, 347-8, 369

Processo de construção 47, 52, 54, 56, 58, 65, 75, 79, 87 (ver tb. *Autonomia, Parceiros, Posição original*)

Projetos de vida 67, 165, 169, 297, 304, 357
Propriedade 3, 34, 36, 40, 192-3
- direito de ~ 52, 153-4, 207
Propriedade privada 36, 179, 192, 218
Psicologia 169, 212, 224n, 337, 356

Publicidade
- condição de ~ 67, 69, 79, 82-9, 107-9, 122, 282

Público(a)
- bem ~ 149, 279
- concepção ~ da justiça 55, 60, 75-6, 82, 87, 91, 95, 107, 116, 161, 202, 299n, 335
- métodos de pesquisa de opinião ~ 82, 88, 259, 281
- pesquisa de opinião ~ 55, 259, 281, 353
- uso ~ da razão (ver *Razão*)

Racional 40, 47, 66, 158, 357
Racional (o) 47, 66, 68-9, 72-3, 84, 92, 106, 157, 163-4, 221n, 357
Racionalidade 54, 60, 63, 66-7, 164n, 237, 294, 297-9 (ver tb. *Bem*)

Razão
- dificuldades da ~ 338-44, 351, 358, 362, 364, 368
- prática (pura) 72, 120
- reconciliação pela ~ 276, 280
- uso público da ~ 86, 151
- ~ pública livre 212, 259-60, 271, 276, 280-3, 288, 353, 357, 363

Razoável
- por contraste com racional 47, 111-2, 158, 358
- por contraste com verdadeiro 111-2, 135, 290

Razoável (o) 47, 66, 68-70, 72-3, 84, 92, 106, 157, 163-4, 221n, 358
Razões (em matéria de justiça) 51, 88, 117, 128, 131-2, 210, 254
Realismo 212, 268
Receitas 14, 34, 63, 125, 166, 176
Reivindicações (ver *Liberdade*)
Religião 301, 312, 314, 317, 337, 354
– e educação 317-9
Republicanismo clássico 325
Respeito 191, 196, 206, 212, 220n, 276, 322
Respeito por si mesmo 36, 63, 65, 71, 154, 167, 241n, 322-3, 353
Responsabilidade 31, 62, 166
Revolucionário 189
Riqueza 14, 34, 63, 125, 166, 176

Senso comum 50, 82, 86, 88, 119n, 130, 241n, 252n, 259, 310, 353
Situação inicial 24
– ~ eqüitativa 57
Socialismo 179, 218
Sociedade
– ideal da ~ bem ordenada IX, 26, 53-5, 60, 65, 69, 76, 79-80, 86, 91, 130, 134, 137, 151, 164, 235, 263n, 294, 320, 345, 347, 355, 360-1
– concepção política da ~ 210, 213, 230, 239, 256, 305, 330, 345, 347, 370 (ver tb. *Cooperação*)
– estabilidade da ~ 36, 81, 84, 237, 241n, 248, 264, 286, 345n, 355
– unidade da ~ 237n, 238-9, 241n, 246, 248, 260, 262, 264, 286, 320, 347, 362
– ~ como sistema englobando as diferentes gerações 23-4

– ~ como união social de uniões sociais 197, 241n, 326
Sociedade civil 38
"Sociedade privada" 38, 320-1, 327
Sociologia 252n, 310, 337
Subjetivismo 212, 268

Taxação 34
Teleológico 237-8, 254, 266, 282
Teoria da escolha racional 44, 66, 69, 139, 222n
Teoria da justiça 45, 144, 201, 257, 293, 335 (ver tb. *Eqüidade, Justiça, Liberalismo*)
– a estabilidade da ~ 224n, 241, 329, 338, 344-5, 355-9
– duas etapas na ~ 336, 355-6
– lealdade à ~ 279-80, 284-7, 345, 357
– o objetivo primeiro da ~ 56-7, 107-9, 120-1, 146-9, 192, 211
– três pontos de vista na ~ 74-5, 131-6
– ~ como concepção política 256, 327, 335
– ~ como concepção universal 365-7
Teoria moral 45-6, 112 (ver tb. *Moral, Doutrina abrangente*)
– limitações da ~ 121-8
Títulos (no sentido jurídico) 10, 34-6
Tolerância XXI, 160, 195, 208, 312, 320
Tradição 50, 205, 238

Utilitarismo 6-7, 32, 46, 114, 117, 126-7, 146, 204-5, 237, 250, 266, 300, 337, 360

Valor
– noção de seu próprio ~ 63 (ver tb. *Respeito por si mesmo*)

– ~ das liberdades básicas (ver *Liberdades básicas*)
– ~ dos cidadãos 30-1, 98, 166
– ~ moral da pessoa 116
Verdade 90, 111, 113, 135, 201, 211-2, 267-8, 282, 288, 308, 351
– ~ moral 51, 115, 117, 127, 129, 132
– ~ parcial 90
Véu de ignorância 21, 57, 61, 65, 67-8, 89, 91, 99-101, 105, 162, 165, 170, 220n, 221, 223
– versão máxima ou mínima do ~ 102-3, 194
Virtudes 197 (ver *Cooperação*)